KB213117

비판적 사고를 위한

논리

Logic for Critical Thinking
revised edtion

by Kim, Hee Jeong and Park, Eun Jin

비판적 사고를 위한

논리

Logic for Critical Thinking

개정판

김희정 · 박은진 지음

아카넷

개정판 서문

2004년 『비판적 사고를 위한 논리』가 나온 지 4년 만에 개정판을 내기로 했다. 몇 군데 덧붙이고 고치기도 했지만, 술어 논리를 새로이 보탠 것이 가장 크게 바뀐 부분이다. 그 바람에 그렇지 않아도 두꺼웠던 책이 더 두꺼워졌다. 그나마 기초 논리학에서 다루어야 할 내용을 이제라도 포함시킬 수 있어서 다행이다.

『비판적 사고를 위한 논리』를 쓸 당시 우리나라에서는 비판적 사고와 기초 논리학을 구분하지 않는 편이었다. 굳이 구분하더라도 그 차이에 대한 인식은 미미했다. 심지어 복잡한 기호를 사용하면 높은 수준의 논리학이고 그러지 않으면 기초 논리학 또는 비판적 사고라고 생각했을 정도였으니, 당시 이 책에 술어 논리를 실을 수는 없었다.

『비판적 사고를 위한 논리』를 내놓은 다음 몇 해 동안, 비판적 사고와 기초 논리학과 관련해서 우리 사회에 커다란 변화가 있었다. 무엇보다도 지난 2005년 여름, 논술 때문에 벌어졌던 논란은 우리 사회에 비판적 사고 교육에 대한 인식을 확산시켰다. 또한 2004년부터 시행된 공직적성능력평가(PSAT)와 2008년부터 실시되는 법학적성능력시험(LEET)에서는 추리논증능력을 평가한다. 또 그동안 주목받지 못했으나, 이미 취업 시장에서는 추리력 및 논리력 측정이 중요한 항목으로 자리 잡고 있다. 이처럼 우리 사회는 초등 과정부터 중등 과정, 또 대학과 일반 사회에 이르기까지 주요한 고비마다 비판적 사고와 논리학을 강조하고 있다.

올해 초『비판적 사고』를 내놓고 나서,『비판적 사고를 위한 논리』와 다른 게 무어냐는 질문을 많이 받았다. 두 책의 제목이나 목차가 서로 비슷해 보이기 때문이었다. 그러나 두 책의 내용을 따져보면 그 둘은 많이 다르다. 일부 겹치는 항목이 있지만 각각의 서술 방식과 연습 문제를 다르게 구성했다.『비판적 사고를 위한 논리』를 공부하면서도『비판적 사고』의 내용을 복습해서 두 책이 서로 보완되도록 했다.

『비판적 사고』에서는 논증뿐 아니라 주장, 설명 등의 항목을 추가했고, 일상생활에서 흔히 마주치는 도덕적 논증에 대한 내용을 강화했다. 또한 단편적인 논증뿐 아니라 논의(논변, argumentation) 분석에 대한 내용을 추가하여 글쓰기에 도움이 되도록 했다. 이와 달리『비판적 사고를 위한 논리』에서는 논증(argument)을 주로 다루었다. 특히 일상 언어로 된 추리를 합당하게 다루는 데 기호 논리의 내용을 어떻게 활용할 수 있는가에 초점을 맞췄다. 이제『비판적 사고를 위한 논리』에 포함시킨 술어 논리는『비판적 사고』와의 차이를 더 분명하게 보여줄 것이다.

논리학이 부담스러워 보이는 이유는 여러 기호들을 사용하기 때문일 것이다. 그리고 바로 이런 점 때문에 논리학은 일상생활에서 쓰는 말을 다룬다고 하면서도 겉으로는 전혀 그렇게 보이지 않는다. 특히 술어 논리에 이르러서는 이런 면이 아주 심해 보이기도 한다.

그럼에도 불구하고 이 책에서 술어 논리를 소개하는 것은 단순히 술어 논리에 대한 지식을 소개하려는 것 때문만은 아니다. 일상생활에서 쓰는 복잡하고 미묘한 이런저런 표현들을 분명하게 잘 따져보기 위해서이다. 술어논리를 통해서 우리는 일상생활에서 마주치는 다양한 표현들의 논리적인 구조를 확연하게 분석할 수 있다. 이것 말고도 술어 논리를 알아야 할 아주 현실적인 이유가 있다. 법학적 성능력시험(LEET)에서 술어 논리에서 다루는 내용을 출제할 것으로 예고하고 있기 때문이다.

술어 논리는 비판적 사고보다는 논리학 중심 수업에서 명제 논리에 이어서 다룰 수 있다. 일상 언어를 다룬다는 논리학은 복잡한 기호를 사용하기 시작하면서 어려워 보이기 시작했다. 그러나 우리가 쓰는 일상 언어의 복잡한 상황을 치밀하게 따져보려면 어쩔 수 없었다. 논리학은 다른 교과목보다도 배우는 과정에서 인내심을 필요로 한다. 단편적인 지식을 배우는 것이 아니라, 올바른 사고방식을 익혀야 하기 때문이다.

2008년 6월
저자

초판 서문

이 책은 비판적 사고를 기르는 데 필요한 논리적 지식을 배우기 위한 것이다. 오늘날 우리는 정보의 홍수 속에서 다양한 가치관과 입장을 대변하는 사람들과 살고 있다. 이런 상황에서 우리는 정보를 적절하게 취사선택해야 하고, 또 나와 의견이 다른 사람들의 견해를 좀더 잘 이해함으로써 그들과 공론해 나가야 한다. 그런 삶을 위해 비판적 사고를 기르는 일이 절실히 필요하다.

여기서 '비판적 사고'란 어떤 주장에 대해 비난하고 흠을 잡는 부정적인 사고를 의미하는 것이 아니다. '비판적 사고'는 어떤 주장을 깊이 있고 폭넓은 맥락에서 더욱 잘 이해하려는 것이며, 맹목적으로 어떤 주장을 받아들이는 것이 아니라, 요모조모 따져서 추리하며 근거를 제시할 수 있는 합당한 사고를 말한다.

이 책의 「제1부」에서는 비판적 사고란 무엇이며 어떻게 하는 것이 비판적으로 사고를 하는 것인지에 대해 논의한다. 또한 비판적 사고를 학습하는 몇 가지 다른 접근 방식들을 소개한다. 이 책에서는 그 중에서 '논증 유형으로 접근하는 방식'을 택하고 있다. '논증'이란 어떤 주장을 근거로 하여 다른 주장을 옹호하는 주장들의 집합을 말한다. 즉 그것은 추론을 언어로 표현한 것이다. 추론은 어떤 생각에서 다른 생각을 도출하는 사고 과정을 말한다. 이 책에서 논증 유형으로 비판적 사고를 학습하려는 것은 논증(즉 추론)이 비판적 사고의 가장 핵심적인 부분을 이루고 있다고 보기 때문이다.

논증에서는 어떤 주장에 대한 근거가 제시된다. 논증을 분석하고 평가함으로써 우리는 어떤 사고에 대해 근거를 따져보고, 그 주장이 정당화되는가, 혹은 신뢰할 만한 것인가 등에 대한 판단력을 갖게 될 것이다. 이 책에서 배우게 되는 논리란 바로 논증을 지배하는 원리들의 체계이다. 이 책의 「제2부」에서는 논증 일반에 대해 다룬다. 논증과 논증이 아닌 것을 구분하고, 논증을 분석하고 평가하는 법을 배울 것이다.

이 책은 기존 논리학의 성과들 가운데에서 비판적 사고와 밀접하게 관련된 부분을 선별적으로 다룬다. 형식 논리학이 다루어 온 명제 논리에 대해서는 「제4부」에서, 정언 논리에 대해서는 「제5부」에서 논의할 것이다. 형식 논리를 다루는 것 자체가 일상생활이나 개별 학문 영역에서 비판적으로 사고하는 데 직접적으로 응용되지 않을 수도 있다는 의견이 있다. 그래서 어떤 사람은 이 부분이 별로 도움이 되지 않는 것이 아니냐고 의문시하기도 한다. 그러나 형식 논리는 우리 사고의 가장 기본적이고 전형적인 원리를 보여주는 부분이다. 그 자체가 직접적으로 응용되느냐의 여부를 떠나서, 이 부분은 비판적으로 사고해 가는 데 기초가 된다는 점에서 중요하다.

비형식적 논리는 「제3부」와 「제6부」에서 다룬다. 「제3부」에서는 오류, 즉 잘못된 논증을 분석한다. 잘못된 논증의 유형들을 분석하는 목적은 그런 잘못을 저지르지 않게 하는 데에 있다. 물론 오류를 배운다고 해서 좋은 논증이 무엇인지를 다 알 수 있다고 할 수는 없다. 그래서 다른 부분에서는 제대로 된 논증을 배우는 것이고, 여기서는 잘못된 논증이 무엇인지를 배우는 것이다. 여기서 오류의 유형을 장황하게 나열하지 않은 나름대로의 이유가 있다. 어떤 논증에서 무엇이 잘못인지 알아내는 것이 중요한 것이지, 오류의 유형과 이름을 암기하는 것은 그리 중요하지 않을 것이기 때문이다. 그에 앞서 논증은 추론을 언어로 나타낸 것이므로, 언어에 대해 간단히 논의해 본다. 그리고 「제6부」는 귀납논증의 여러 유형을 다룬다.

이 책에서 앞으로 보충할 부분이 있다면 연습문제이다. 책의 분량 때문에 연습문제를 충분히 담을 수 없었다. 그래서 가장 기본적인 것만을 연습문제로 수록했다. 그리고 또한 「제7부」를 더욱 확장시켜 나가야 할 것이다. 이 책에서는 과학과 도덕, 그리고 미·예술 분야를 비판적 사고와 관련시켜 지나치게 간략히 다룬 감이 있다. 당연히 각 분야에 대한 좀 더 심화된 분석이 필요하다. 나름대로의 계획이 있으나, 이를 위해서는 어느 정도의 시간이 필요하리라고 본다.

이 책은 비판적 사고를 하기 위한 출발을 도와주는 책이다. 비판적 사고로 우리가 궁극적으로 도달하려는 것은 이 책의 내용 자체가 아니다. 그것은 개별 학문 분야에서 여러분을 비판적으로 사고할 수 있도록 돕자는 것이다. 이 책을 통해 학습한 다음에, 다른 교양과목이나 전공과목과 같은 개별 학문 분야에 대해서 훨씬 더 효과적으로 비판적인 사고를 심화시켜 가기 바란다. 또한 비판적 사고를 통해서 우리는 한 사회의 시민으로서 다른 배경과 이해관계를 가진 사람들 사이에서 서로의 입장을 이해하고 어떤 합의를 이루며 살아가야 한다.

이 책은 2002년 겨울부터 본격적으로 준비하기 시작했다. 특히 「제1부」의 비판적 사고에 대한 생각들은 서울대학교 교수학습개발센터에 제출한 「비판적 사고와 학술적 글쓰기」라는 보고서를 준비하는 과정에서 제 모습을 갖출 수 있었다. 당연히 그 과정에서 얻은 다양한 자료들이 많은 도움이 되었다. 보고서 작성을 이끌었던 김영정 교수님께 감사드린다. 또한 이 책이 나오게 도와준 아카넷 편집부에 진심으로 감사드린다.

2004년 2월
저자

참고문헌

김영정 외 7인, 「비판적 사고와 학술적 글쓰기」, 서울대학교 교수학습개발
    센터 글쓰기 교실, 2004.

Copi, Irving M. & Cohen, Carl *Introduction to Logic*, 10th ed., Prentice
    Hall, 1998.

DeHaven, Steven *The Logic Course*, Broad view Press, 1996.

Fogelin, Robert J. & Sinnott-Armstrong, Walter *Understanding
    Arguments: An Introduction to informal Logic*, 5th ed.,
    Harcourt Brace College Publishers, 1995.

Govier, Trudy "Ways of Teaching Reasoning Directly," *The First British
    Conference on Informal Logic and Critical Thinking*, 1988.

Hurley, Patrick J. *A Concise Introduction to Logic*, 7th ed. Wadsworth
    Publishing Company, 2000.

Moore, Brooke Noel & Parker, Richard *Critical Thinking*, 4th ed.,
    Mayfield Publishing Company, 1995.

Nosich, Gerald M. *Learning to Think Things Through: A Guide to
    Critical Thinking in the Curriculum*, Prentice Hall, 2001.

Paul, Richard & Elder, Linder *Critical Thinking: Tools for Taking Charge
    of Your Learning and Your Life*, Prentice Hall, 2001.

Salmon, Merrilec H. *Introduction to Logic and Critical Thinking*, 2nd
    ed., Harcourt Brace Jovanovich Publishers, 1989.

【차례】

제3부 언어와 잘못된 논증

제4부 연역 논증 I: 명제 논리

제5부 연역 논증 II: 정언 논리

제6부 연역 논증 III: 술어 논리

제1부

비판적 사고

Logic for Critical Thinking

1장
비판적 사고란 무엇인가?

오늘날에는 정보에 대한 접근이 어느 때보다 용이하다. 이런 시대에 무엇보다도 필요한 것은 홍수처럼 밀려드는 정보를 제대로 파악하고, 그것을 적절하게 취사선택할 수 있는 능력이다. 이런 능력을 갖추기 위해서는 비판적 사고를 기르는 것이 중요하다. 비판적 사고는 책임 있고 성숙한 시민으로서 생활해 가는 데 아주 필요하며, 더나아가 대학에서 다양한 분야나 주제의 교양, 전공과목을 성공적으로 배우는 데도 유용하다.

그렇다면 과연 비판적으로 사고한다는 것은 어떤 것인가? 그리고 어떻게 하면 비판적으로 사고할 수 있을까?

1. 비판적 사고의 특징

'호모 사피엔스(*Homo sapiens*)'라는 말이 있다. '인간은 생각하는 동물'이라는 라틴어로, 이 말은 인간을 특징짓는 가장 대표적인 표현으로 잘 쓰인다. 이럴 정도로 '생각', '사유', '사고'라는 단어는 인간과 밀접하다. 여기서 말하는 사고는 인간 이성의 토대 위에서 이루어진다.

이성의 토대 위에서 이루어지지 않은 사고는 아무 반성 없이 어떤 주장을 그저 수동적으로 받아들이려는 것이다. 이런 사고는 무비판적이고 맹목적이다. 이런 사고가 편할지는 모르겠으나, 바람직한 것은 아니다.

이에 대비되는 개념이 바로 비판적 사고이다. 흔히 비판적으로 사고한다고 하면, 부정적인 생각을 우선 떠올린다. 누군가의 입장을 부정적으로, 즉 꼬투리를 잡거나 흠집을 낼 목적으로 사고하는 것을 떠올리는 것이다. 그러나 비판적 사고가 꼭 부정적인 측면만을 의미하는 것은 아니다.

비판적 사고를 부정적인 것으로 보려고 하면, 어떤 주제나 주장 등을 단순히 수동적, 무비판적으로 받아들이려는 소극적인 태도를 취하게 된다. 또한 이런 태도는 어떤 주제나 주장 등을 꼼꼼히 따지려 하지도 않고, 다르거나 반대되는 견해를 무조건 받아들이지 않으려고 하는 독단적인 태도이다.

그렇다면 비판적으로 사고한다는 것은 무엇인가? 아주 간단히 말하자면 비판적 사고란 어떤 주제나 주장 등을 적극적으로 분석하고 종합하며 평가하는 능동적 사고이다. 비판적 사고의 목적은 어떤 주제나 주장을 무조건 비난하려는 것이 아니라, 더욱더 깊이 있고 폭넓게 이해하려는 것이라 할 수 있다.

사실 냉철한 이성에 따른 비판적 사고라고 하면, 인간의 감정이나 정서가 전혀 개입되지 않은 사고를 떠올릴 수 있다. 그러나 이것 역시 비판적 사고를 잘못 이해한 것이다. 사실상 이런 오해 때문에 비판적 사고가 부정적으로 보이게 된다고 볼 수 있다. 물론 사람들이 어떤 감정에 휩싸여 상황을 냉정하게 판단하지 못하는 경우도 분명히 있다. 그러나 비판적 사고를 위해 정서와 감정을 반드시 배제할 수만은 없다. 오히려 편견이나 정보 왜곡에 대한 분노라든지 진리에 대한 사랑 같은 감정과 정서는 비판적 사고의 동기가 될 수 있다. 때로는 정서가 비판적 사고에 장애가 될 수도 있지만, 비판적 사고를 더욱 고무하기도 한다. 그때그때의 상황에 따라 어떤 정서에 어느 정도 의존해야 할 것인가도 비판적으로 판단해야 할 것이다. 이런 의미에서 비판적 사고에 따른 비판은 비난과 엄격히 다르다. 감정에만 치우친 사고는 곧바로 과거 지향적인 비난으로 치닫겠지만, 이성에 따른 사고는 미래 지향적인 비판을 가능하게 만들 것이다.

　"비판적 사고란 바로 이런 것이다."라고 간단히 정의할 수는 없다. 그렇지만 여러 측면에서 중요한 특징 몇 가지를 제시할 수는 있다. 비판적 사고는 전통적으로 흔히 쓰여 온 다른 말로 표현하면, 추리하는(reasoning) 사고다. 추리하는 사고는 우리의 이성적인 능력을 바탕으로 하는 것이지, 아무런 원리 없이 마구잡이로 머릿속에 떠오르는 이미지나 관념들을 연상하는 것이 아니다. 추리하는 사고는 어떤 이유나 근거에 의존하고 있으므로, 합당한 사고(reasonable thought)이다.

　또한 비판적 사고는 인간의 이성에 따라 이루어진다는 의미에서

의식적이고 반성적인 사고(conscious and reflective thinking)이다. 여기서 사고의 대상은 자신을 포함한 누군가의 주장이나 사고, 말, 글일 수도 있고, 어떤 주제일 수도 있다. 결국 비판적 사고는 그것들을 되새김질하는 것이다.

이런 특징들을 종합해서 말하자면, 비판적 사고는 '합당하게 추리하는 반성적 사고'라고 말할 수 있겠다. 그러나 이 말에 대한 이러저러한 정의(定意)를 아는 것보다, 실제로 우리가 어떻게 하면 비판적으로 사고할 수 있는지를 배우는 것이 무엇보다 중요하다.

그러면 자기 자신을 포함한 누군가의 주장에 대해 비판적으로 사고하는 것이 어떤 것인지 살펴보자. 가령 오늘 아침신문에 세계화에 대한 기사가 실렸는데, 정부는 "피할 수 없는 세계화의 시대에 우리는 한국—미국 간 자유무역협정(FTA)을 적극적으로 추진해야 한다."는 입장이었다고 하자. 이런 주제에 대해 무비판적으로 사고하는 사람은 아마 그저 "그런 것이 있구나….."라고 스쳐 지나갈 것이다. 아니면 "정부가 국가나 국민의 이익을 위해서 그런 결정을 하는 것이겠지." 하는 단순한 생각에서 정부의 방침에 쉽게 동조할지도 모른다. 아니면 현 정부를 근본적으로 불신하는 사람은 정부의 정책을 무조건 비난하면서 쉽게 반대 입장을 취할 수도 있다. 이런 경우들은 이유나 근거, 배경 등을 따져 보지 않은 채, 반성 없이 맹목적으로 특정 주제에 대해서 사고하는 것이다.

또 어떤 사람은 '세계화'라는 주제를 자신의 과거 경험에 비추어 생각할 수도 있다. 예를 들어 "내가 그 주제에 대한 리포트를 쓴 적이 있는데, 그때 학점을 잘 받았지." 하는 식이다. 아니면 세계화에 대해 나름대로 상상의 날개를 펼칠 수도 있다. "지금 뉴욕의 날씨는 따뜻하고 센트럴 파크는 여전하겠지. 거기를 여행하면서 아름다운 추억을 만든다면…" 하는 식이다. 그러나 이런 것들은 제시된 주제와 연관 있는 추리하는 사고가 아니라 개인적인 연상이나 자유로운 상상에 의한 무원칙적인 사고이다.

그렇다면 비판적으로 사고하는 사람은 이 주제에 대해 어떤 생각을 할 것인가? 이성을 바탕으로 해서 어떤 근거를 가지고 합당하게 추리하면서 이 주제에 대해 다음과 같은 질문들을 할 것이다. "사람들이 세계화, 세계화 하는데 도대체 세계화란 정확히 무엇을 의미하는 걸까?" "과연 세계화란 피할 수 없는 일일까?" "왜 피할 수 없다는 걸까?" "어떤 근거에서 그런 말을 하며, 과연 그 근거는 합당할까?" "세계화를 받아들인다면, 당연히 한국−미국 간 자유무역협정을 적극 추진해야 한다는 결론이 따라 나올까?" 더 나아가 다음과 같은 질문도 할 수 있을 것이다. "다른 좋은 방안이 없을까?" "글쓴이는 어떤 관점에서 이렇게 주장하는 걸까? 세계화 지지자일까? 아니면 공정한 입장을 가진 사람일까?" "그는 어떤 목적에서 이런 주장을 하는 걸까?" "이런 주장이 궁극적으로 함축하는 것은 무엇일까?" 등.

비판적 사고는 바로 위와 같이 어떤 주장을 문제로 여기고, 그것에 대해 여러 가지 질문을 던지며, 또 그 질문에 대한 합당한 답을 얻기 위해 추리하는 사고이다. 질문들 각각을 잘 살펴보면 거기에는 나름의 요점이 있게 마련이다. 이런 질문들이 제기되는 측면들을 체계화하고 정리하다 보면, 우리는 비판적 사고를 구성하는 여러 요소를 얻을 수 있다. 또한 우리가 제기한 여러 비판적 질문에 대해 답을 얻었다고 하자. 그렇다면 과연 그 답이 받아들일 만한 것인지에 대해서 우리는 판단해야 한다. 그 답이 합당한지를 어떤 기준으로 판단할 것인가? 아마도 비판적 사고가 일정한 원리에 입각해서 이루어지고 있다면, 분명히 비판적 사고를 판단하는 평가 기준이 있을 것이다.

우리가 비판적 사고를 구성하는 기본 요소들과 평가 기준들을 알고 있으면, 어떤 주제와 관련된 질문이 합당한지 또 어떤 대답이 합당한지를 판단하는 데 크게 도움이 될 것이다. 물론 따로 배우지 않아도 비판적으로 질문하고 거기에 답하는 데 뛰어난 사람들이 우리 주변에는 심심치 않게 있다. 그렇지만 비판적 사고는 학습할 수 있고 연습으로 더 나아질 수 있다. 비판적 사고를 구성하는 요소들과 평가 기준들을 숙지하고 그에 따라 생각을 전개한다면, 미숙련된 사고가 아니라 조직적이고 체계화된 사고를 하기 시작하는 것이다.

2. 비판적 사고의 구성요소와 평가 기준

(1) 비판적 사고의 구성요소[*]

비판적 사고는 우리의 이성을 바탕으로 꼼꼼히 이모저모 제대로 따져서 추리하는 반성적 사고를 말한다. 따라서 비판적 사고의 핵심

---

[*] 학자에 따라 비판적 사고의 구성요소는 8가지로, 혹은 그 이상으로 나뉘기도 한다. 예를 들면 폴(Richard Paul)은 8요소로, 노시치(Gerald. M. Nosich)는 10요소로, 김영정은 9요소로 나누고 있다. 이와 관련해서는 Richard Paul & Linda Elder, *Critical Thinking: Tools for Taking Charge of Your Learning and Your Life*, Prentice Hall, 2001; G. M. Nosich, *Learning to Think Things Through: A Guide to Critical Thinking in the Curriculum*, Prentice Hall, 2001; 김영정 외 7인, 「비판적 사고와 학술적 글쓰기」, 2004(서울대 교수학습개발센터 글쓰기교실) 참조.

은 추리하는 데에 있다. 비판적 사고의 구성요소는 다른 말로 추리의 구성요소라고 해도 무방하다. 그러므로 여러분은 이 부분에서 '비판적 사고'를 '추리'로 바꾸어 읽어도 괜찮다. 자신의 생각을 전개할 때에도, 또 다른 사람의 생각을 비판적으로 반성해 볼 때에도, 이런 요소들로 나누어서 그 요소에 따라 생각하다 보면 비판적으로 사고하는 습관을 체계적으로 발전시킬 수 있다.

1) 목적(purpose)

사람들이 비판적으로 사고할 때는 항상 목적이 있게 마련이다. 만약 어떤 생각에 아무 목적이 없다면, 그것은 결코 비판적인 사고가 될 수 없다. 어떤 주장에 대해 비판적으로 사고한다는 것은 우선 그 주장의 목적이 무엇인지 파악하는 것이다. 또 우리가 가지고 있던 목적과의 연관 속에서 계속 생각해 가는 것이다.

예를 들어 이 책에 대해 비판적으로 사고해 보자. 이 책의 저자는 이 책을 쓴 목적이 있다. 돈을 벌기 위해서, 혹은 자신의 이름을 알리기 위해서, 혹은 새로운 내용을 알리기 위해서 이 책을 썼을 수도 있다. 아니면 여러분이 비판적 사고를 키우기 위한 논리를 습득하는 데 도움이 될 자료를 제시하기 위해서 썼을 수도 있다. 어떤 것이 이 책을 쓴 적절한 목적이라고 생각하는가? 여러분이 비판적으로 사고한다면, 이런 목적을 제대로 파악해야 한다. 또한 여러분이 이 책에 대해 비판적으로 사고한다면, 그런 목적이 책 내용 속에서 잘 실행되고 있는지 살펴보아야 한다.

2) 현안 문제(question at issue)

비판적으로 사고할 때마다, 그 과정에는 적어도 하나의 현안 문제가 있게 마련이다. 현안 문제란 목적을 달성하기 위해 해결해야 하는 문제를 말한다. 우선 현안 문제가 무엇인지 보자.

예를 들어 이 책의 저자는 '여러분이 비판적 사고를 키우기 위한 논리를 습득하는 데 도움이 될 자료를 제시한다'는 목적을 달성하기 위해 "무엇이 학생들의 비판적 사고 능력을 키우는 데 가장 핵심적인 것인가, 또 그것을 어떻게 제시하는 것이 좋은가?" 하는 물음을 가지고 있을 것이다. 그리고 이런 물음에 대한 답을 구하고자 한다.

여러분이 이에 대해 비판적으로 사고한다면, 과연 이런 물음이 저자가 제시하는 목적에 적합한지 곰곰이 생각해 보면 된다. 또한 이런 목적을 달성하기 위해서 또 다른 문제가 제기될 수 있고, 그것에 대한 답을 구해야 한다고 생각할 수도 있다.

3) 개념(concept)

모든 비판적 사고에는 당연히 어떤 개념이 사용된다. 개념 없이 우리는 일관되게 생각할 수 없고, 자연과 세계에 대한 다양한 경험을 조직적으로 다룰 수도 없다. 개념은 우리가 경험을 분류하고 조직화하고 해석할 수 있도록 도와주는 관념의 범주에 해당한다.

만약 여러분이 이 책에 대해 비판적으로 사고하려면, 우선 '비판적 사고', '논리', '논증', '오류' 등의 여러 개념을 파악하고 있어야 한다. 현재 논의되는 주제나 분야의 주요한 개념이 어떤 것인가를 파악하는 것도 중요하다. 이것은 비판적 사고를 위해 기본적으로 갖춰야 할 항목이다.

4) 가정(assumption)

모든 사고는 어딘가부터 어떤 가정을 바탕으로 시작된다. 그 출발점에서 배경으로 삼고 있는 가정은 당연하게 받아들일 수밖에 없다. 우리는 순수하게 아무것도 전제하지 않는 데서는 시작할 수 없다. 따라서 무전제성을 전제로 내세우는 것이 학문의 이상일 수는 있으나, 그 이상이 실제로는 성립될 수 없다.

비판적으로 사고한다는 것은 아무런 전제도 없이 시작하는 것이 아니다. 이것은 실상 가능하지도 않은 일이다. 우리는 항상 어떤 배경 지식을 가지고 시작한다. 비판적으로 사고하려면 우리가 어떠한 가정을 전제로 하고 있는지 파악해야 한다. 이러한 가정은 명시적으로 진술되기도 하지만, 대개 진술되어 있지 않다.

이 책과 관련해서 생각해 보자. 저자는 어떤 것을 가정하고 있는가? 물론 그 가정이 명시적으로 제시되지 않았을 수도 있다. 그러나 그 내용 속에 암암리에 전제되어 있음을 발견할 수 있다. 예를 들어 저자는 논증이나 오류에 대해서는 여러분이 고등학교 때 조금이라도 배웠을 것이라고 가정한다는 점을 생각해 낼 수 있을 것이다. 그리고 그 밖의 부분에 대해서는 여러분이 별다른 지식이 없을 거라 가정한다는 점을 알 수 있을 것이다. 또한 여러분이 어떤 부분은 올바르게, 다른 어떤 부분은 잘못 알고 있으리라고 가정한다는 것도 알아챌 수 있을 것이다.

만약 가정하고 있는 전제나 배경 지식이 잘못된 것일 때는 그것을 포기할 자세가 되어 있어야 한다. 이런 자세야말로 비판적으로 사고하려는 사람이 가져야 할 가장 기본적이고 바람직한 태도이다.

5) 정보(information)

비판적으로 사고를 할 때는 사고의 주제나 문제와 관련된 정보가 있게 마련이다. 우리는 때로는 어떤 정보 자체에 대해 생각하기도 하고, 또 어떤 주장이 어떤 정보와 관련이 있는지를 생각하기도 한다. 혹은 우리에게 어떤 정보가 부족한지를 생각하기도 한다. 여기서 정보란 자료, 증거, 관찰 등 경험과 관련해서 얻는 것을 말한다.

비판적으로 사고하는 사람이라면 정보 그 자체를 그 정보에 대한 해석이나 그 정보가 함축하는 것과 구별해야 한다. 그리고 어떤 주장을 위해 정보가 필요할 경우에는 어떤 정보가 필요한지, 또 부족한 정보를 어떻게 얻을 것인지를 생각해 내는 것도 비판적 사고의 일부이다.

6) 추론(inference)을 통해 도달한 결론(conclusion)

비판적으로 사고한다는 것은 어떤 주장이나 글의 결론을 파악하는 것이기도 하다. 즉 어떤 생각, 즉 가정이나 전제로부터 추론하여 결론에 도달하는 것이다. 추론은 전제로부터 뚜렷한 결론에 도달하는 완결된 형태의 사고 과정이다. 그것은 흔히 "이것이 이러하기 때문에, 저것은 저러하다(혹은 아마도 저럴 것이다)." 또는 "이것은 이래서 저렇다."와 같이 표현된다. 특히 이와 같은 추론이 언어로 표현된 것을 논증이라고 한다. 논증에서 얻은 결론은 궁극적으로 옹호되는 주장 부분이며, 전제는 결론을 정당화하기 위해 근거를 제공하는 부분이다.

예를 들어 어떤 사람이 얼굴을 찌푸리고 있는 모습을 보았다고 하자. 그것으로 우리는 그가 화가 났다는 결론에 도달한다. 비판적으로 사고하는 사람이라면, 어떤 전제에서 그런 결론이 도출되는지 파악할 수 있어야 한다. 또한 그 결론이 도출되는 것이 합당한지를 전제에 비추어 판단할 수 있어야 한다.

7) 관점(point of view)

어떤 주장에 대해 비판적으로 사고할 때, 우리는 어떤 관점이나 준거틀 안에 있다. 사람들은 그것을 의식하지 못할 수도 있지만, 관점이나 준거틀에 의존하고 있지 않은 비판적 사고는 가능하지 않다. 그러므로 자신의 사고가 아무런 관점에도 편향되지 않은 공정하고 중립적인 것이라고 무조건 주장해서는 안 된다. 자신의 관점을 정확하게 파악하고, 의견이 다른 사람과 일치하지 않을 경우에는 혹시 관점의 차이가 없는지 확인해 보는 것도 비판적 사고의 일부이다.

자신의 사고가 어떤 관점에 의존하고 있음을 인정하면, 문제를 다른 관점에서 생각해 볼 수 있는 대안적 사고의 지평을 열 수도 있다. 더 폭넓은 관점으로 발전해 나갈 수 있는 것이다.

8) 결론이 함축(implication)하는 귀결(consequences)

귀결이란 추론에서 이끌어 낸 결론으로부터 다시 도출할 수 있는 어떤 것을 말한다. 어떤 주장에서 명시적으로 도출된 것이 있다면,

그것은 추론의 결론에 해당한다. 반면에 귀결이란 그 결론이 암암리에 포함하고 있는 그 이상의 내용을 말한다. 그 결론을 실행했을 때 발생하는 이익이나 손해 같은 것이 될 수도 있다.

어떤 결론이 함축하는 귀결은 우리가 살펴보려는 말이나 글에 명시적으로 드러나 있지 않다. 결론을 다시 전제로 삼고 관련된 상황과 다른 배경 지식들을 고려하여, 그 속에 함축된 내용을 이끌어 낼 수 있어야 한다.

지금까지 살펴본 8가지 항목은 폴(Richard Paul)이 주장한 것이다. 노시치(Jerald M. Nosich)는 여기에 다음의 두 구성요소를 더해서 10가지 요소를 주장한다.

9) 맥락(context)

비판적으로 사고한다는 것은 뜬금없이 생각하는 것이 아니다. 비판적 사고는 항상 어떤 맥락이나 배경에서 이루어진다. 다시 말해 어떤 주제에 대해 잘 따져 본다는 것은 그것이 발생한 맥락이나 배경을 파악하고 이해하는 것이다.

다시 이 책을 예로 들어 생각해 보자. 이 책이 어떤 맥락이나 배경에서 써졌다고 생각하는가? 어쩌면 지금 우리에게 비판적 사고가 절실히 요구되는 데는 나름의 역사적, 사회적, 문화적 배경과 맥락이 있다고 볼 수 있다. 우리는 인터넷을 중심으로 한 대중 매체의 발달로 정보가 홍수같이 쏟아지는 역사적, 문화적인 맥락 속에 살고 있다. 이런 상황에서 비판적 사고를 함양하기 위한 방법이 요구된다.

이와 같이 우리가 논의하는 주제에 따라서 역사, 정치, 경제, 사회, 문화, 과학, 언어, 개인 상황 등의 배경이나 맥락을 논의할 수 있다. 때로는 특정한 맥락을 아는 것이 어떤 주제를 이해하는 데 아주 중요할 수도 있다.

10) 대안(alternatives)

비판적으로 사고하면, 위의 9가지 요소로 제시된 각 항목에서 다른 생각을 제시할 수 있다. 예를 들어 (자신을 포함한) 누군가가 내세운 주장의 목적에 대해 대안이 되는 목적을 생각해 볼 수 있다. 또한 어떤 목적을 실현하기 위해 기존에 설정된 문제와는 다른 대안적인 문제를 설정하고 그에 대한 해결책을 생각해 볼 수 있다.

이런 식으로 나머지 7가지 요소에서도 대안을 제시할 수 있다. 목적뿐 아니라, 현안 문제, 개념, 가정 등에서도 대안을 제시해 볼 수 있는 것이다.

물론 우리가 비판적으로 사고할 때마다, 이런 10가지 요소를 엄밀히 분리해서 생각하는 것은 아니다. 실제로 비판적 사고를 하는 동안에 이 요소들은 서로 결합해서 복합적으로 나타난다. 예를 들어 정보에 대해 생각할 때, 우리는 그 정보가 어떤 주장을 지지하는가를 생각한다. 그리고 거기에 또 다른 정보가 필요하다고 생각할 수도 있다. 더 나아가 그 정보가 함축하는 바가 무엇인지 생각하면서 그 정보를 다른 주장을 위한 근거로 제시하기도 한다.

비판적으로 사고하는 것이 습관이 되지 않은 사람들, 그리고 그러기 위해 연습해야 하는 사람들은 편의상 이 10가지 항목에 의거해서 생각하면, 이전보다 훨씬 더 체계적, 조직적으로 사고할 수 있을 것이다. 그리고 자신의 사고에 무조건 집착하지 않고, 어떤 원리와 근거에 따라 사고를 진행하게 될 것이다. 물론 비판적으로 사고하기 위해 모든 주제에서 이 10가지 측면을 모두 고려해야 한다는 것은 아니다.

비판적 사고를 연구하는 전문 학자들 사이에서도 이 요소들은 다양한 방식으로 주장되었다. 이것은 단지 비판적 사고의 측면들을 망라해 본 것이다. 분명히 여러분에게 주어진 각각의 주제와 경우에 따라서 이 10가지 요소들 중 좀 더 중요하게 고려해야 할 요소들은 달라질 것이다.

(2) 비판적 사고의 평가 기준[*]

위에서 제시한 10가지 항목은 비판적 사고를 구성하는 요소들이다. 어떤 사고가 비판적 사고가 되기 위해서는, 위의 구성요소들을 고려해서 생각해야 할 뿐 아니라, 이런 구성요소로 분석된 내용까지 평가해 보아야 한다.

그 내용을 평가할 때에는 다음과 같은 10가지 기준을 적용할 수 있다. 이것은 자신의 생각뿐 아니라 다른 사람의 생각이 얼마나 비

---

[*] 학자에 따라 비판적 사고의 평가 기준 역시 8가지로, 혹은 9가지로 나누기도 한다. 예를 들면 폴(Richard Paul)은 9가지로, 노시치(Gerald M. Nosich)는 8가지로, 김영정 교수는 9가지로 나누고 있다. Richard Paul & Linda Elder, *Critical Thinking: Tools for Taking Charge of Your Learning and Your Life*, Prentice Hall, 2001; G. M. Nosich, *Learning to Think Things Through: A Guide to Critical Thinking in the Curriculum*, Prentice Hall, 2001; 김영정 외 7인, 「비판적 사고와 학술적 글쓰기」, 2004(서울대 교수학습개발센터 글쓰기교실) 참조.

판적인지를 가늠할 수 있는 기준이다.

1) 분명함(clarity)

분명함은 평가 기준들 중에서 가장 기본적이고 기초적인 기준이다. 어떤 주장이 분명하지 않으면, 정확성, 명료함, 적절성 등 그 밖의 다른 평가 기준을 적용할 수 없기 때문이다. 분명하지 않은 사고를 표현한 진술 중에는 다음과 같이 무엇을 의미하는지 너무 막연해서 이해하기 힘든 것이 있다.

> 우리는 우리 사회의 성숙한 시민이 되어야 한다.

이 문장은 구체적이지 않아서 불분명하다. 이러한 불분명함을 피하려면 이 문장은 좀 더 구체적인 내용을 제공할 수 있어야 한다. 즉 말하려는 요지에 대한 좀 더 구체적인 예를 들어준다든지, 아니면 좀 더 상세하게 설명해 주어야 한다. 다음과 같이 바꾸면, 위의 문장은 훨씬 더 분명해진다.

> 다양한 가치관이 존재하는 민주 사회를 살아가는 우리는 타인들의 권익을 침해하지 않는 범위에서 서로의 가치를 주장하면서 책임과 의무를 인식하는 성숙한 시민이 되어야 한다.

이런 유형과는 다른 불분명한 경우도 있다. 하나의 진술을 여러 뜻으로 해석할 수 있는 경우가 바로 그것이다. 이런 경우 분명한 주장을 하기 위해서는 애매함(ambiguity)을 피해야 한다.

어떤 주장이 애매하다는 것은 그 주장이 두 가지 이상의 의미를 가지는 것을 말한다. 다음의 진술을 예로 들어보자.

영희는 혜수보다 민재를 더 사랑한다.

언뜻 보면 위의 진술은 쉽게 이해될 것 같지만, 따져 보면 결코 그렇지 못하다. 즉 이 진술은 "영희는 혜수가 민재를 사랑하는 것보다 민재를 더 사랑한다."와 "영희는 혜수보다는 민재를 더 사랑한다."라는 두 가지 의미로 이해될 수 있다. 이런 불분명함을 피하려면 단어나 문장이 애매하게 이해되는 것을 막아야 한다. 그러기 위해서는 애매한 단어를 다른 단어로 대치하거나 애매한 문장을 다른 방식으로 표현해야 한다.

2) 정확성(accuracy)

정확하다는 것은 어떤 사물이나 사건을 실제에 맞게 나타내고 있다는 것이다. 다음의 진술을 보자.

개들은 대부분 20년 넘게 산다.

이 진술에 나타난 생각이 무엇인지를 분명히 이해할 수는 있다. 그렇지만 이 진술을 결코 참이라고 말할 수는 없다. 왜냐하면 개의 수명은 대체로 10년 안팎이기 때문이다. 이 진술에 표현된 생각은 결코 사실과 일치하지 않으므로 정확하지 않다. 위의 진술을 "개들은 대부분 10년 정도 산다."로 고쳐 쓴다면, 이 진술은 (어느 정도) 정확성을 가진다고 할 수 있다. 정확성은 사실과 관련된, 혹은 참과 관련된 기준이다.

3) 명료성(precision)

명료하다는 것은 어떤 사고의 내용을 확실하게 이해하는 데 필요한 세부 사항이 제공되고 있다는 것이다. 분명하고 정확하기는 하지만 명료하지 않은 사고를 진술한 예로는 다음과 같은 것이 있다.

민지네는 부유층이다.

이 진술에는 부유층이 소득이 얼마이며 재산을 얼마나 소유한 계층인지에 관한 논의가 전혀 없다. 예를 들어 "부유층은 연소득 5000만 원 이상에, 5억 원 이상의 재산을 가진 계층을 의미한다."는 것을 덧붙이면, 이 진술은 좀 더 명료해진다. 이와 같이 어떤 개념이 적용되는 영역을 좀 더 엄밀하게 정해 준다면, 그 개념이 더 명료해진다.

4) 적절성(relevance)

어떤 사고가 적절하다는 것은 그 사고가 현재 논의되는 문제나 주제와 잘 맞아떨어진다는 것을 말한다. 어떤 의미에서 모든 사고는 다른 사고와 어떤 방식으로든 관련을 맺을 수 있다. 그런데 여기서 말하는 것은 어떤 식의 관련인가 하는 것이다. 즉 현재 우리가 목적으로 하는 것과 적절한 연관을 맺고 있는가의 문제이다. 이것이 문제인 이유는 적절한 연관관계가 문맥과 목적에 따라 다양하게 나타날 수 있기 때문이다.

가령 어떤 사람이 자기 자동차를 세차할 때마다 벌써 몇 번이나 비가 왔다고 하자. 그리고 이런 사실로부터 우리는 두 사건, 즉 세차를 한 것과 비가 온 것 간에 어떤 적절한 관계가 있을 것이라고 추론했다고 하자. 이런 사고는 적절하지 못하다. 여기서는 두 사건 간에 인과관계를 설정하는 것이 적절하지 못하기 때문이다. 또 다른 예를 들자면, 어떤 학생은 강의를 듣고서 자신이 그 과목에 엄청난 노력을 들였다는 이유에서 좋은 평점을 기대한다. 그런데 오직 자신이 노력했다는 사실만으로 좋은 평점을 기대할 수는 없다. 평점은 대부분 얼마나 노력했느냐가 아니라 어떤 결과를 얻었는가라는 점에서 평가된다. 따라서 이 학생의 기대는 적절하지 않은 셈이다.

5) 중요성(importance, significance)

어떤 주제에 대해 비판적으로 사고할 때, 우리는 가장 중요한 사항에 집중한다. 그것은 그 주제와 관련된 여러 목적, 개념, 정보 가운데에서 좀 더 중요한 목적, 개념, 정보에 더 주의하는 것이다. 이처럼 중요성을 결정하는 데에는 우리의 목적이나 여건 등이 고려된다.

6) 깊이(depth)

깊게 사고한다는 것은 주제를 피상적으로 다루지 않고, 더 깊숙이 들어가 그 안의 복잡한 사안을 파악해서 본질까지 다루는 것을 말한다. 그러려면 주제에 포함된 어떤 문제에 대해 설명해야 한다. 깊이 있는 사고는 주제의 핵심을 다룰 수 있기 때문이다. 이런 이유에서 깊이는 비판적 사고를 평가하는 데에 중요하다.

7) 폭넓음(breadth)

이 기준은 비판적 사고의 요소 중 무엇보다도 관점과 관련이 깊다. 한 가지 관점에서만 파악한 사고는 폭넓지 못하다. 우리는 비판적 사고를 하면서도 여러 관점을 취할 준비가 되어 있어야 한다. 한 관점을 취해 충분히 깊이 사고한 다음, 대안이 되는 다른 관점을 취해 또 충분히 깊게 사고해야 하는 것이다.

우리는 언제나 선입견에 젖어 있을 수 있음을 인정하면서 열린 마음을 가지고 있어야 한다. 이런 태도가 있어야만 우리는 폭넓은 사고를 할 수 있다.

8) 논리성(logicalness)

비판적으로 사고할 때 우리는 다양한 사고들을 조리 있게 결합한다. 결합된 사고들이 서로 지지하고 있으며 그래서 의미가 있다면, 이런 사고는 논리적이라고 할 수 있다. 이와 달리 결합된 사고들이 서로 연관되지 않고 따로 논다면, 또 결합된 사고가 일관적이지 못하거나 서로 모순이 되면, 그런 사고는 비논리적이다.

논리성은 사고들이 서로 모순되지 않고 일관적인가 하는 것과 관련이 있다. 그리고 추론이 얼마나 논리적으로 정당화되는가 하는 것도 논리성에 포함된다. 어떤 사고로부터 다른 사고가 도출되는가, 또한 어떤 사고를 지지하는 증거가 무엇인가를 치밀하고 꼼꼼하게 따져 보아야 한다.

9) 공정성(fairness)

어떤 주제에 대해 사고할 때, 우리는 자신의 사고가 정당화될 수 있다는 것을 확신해야 한다. 그런데 그렇게 할 수 있으려면, 우리의 사고 과정이 공정해야 한다. 인간은 생각하는 가운데 자기 기만에 빠지기 쉽다. 그래서 우리 생각에 변화를 줄 수도 있는 중요한 정보를 무의식중에 또는 의도적으로 누락시킬 수도 있다. 자기 기만에 빠지고 자기 중심적으로 생각하는 것은 우리 인간이 가진 본성이므로, 이를 경계해야 한다.

앞에서 언급한 폴은 비판적 사고를 위한 평가 기준으로 위의 9가지를 제시한다. 그러나 노시치는 폴의 9가지 평가 기준에서 1)~7)의 항목에는 동의하지만, 8)과 9)는 받아들이지 않는다. 노시치는 8)과 9) 대신 '충분성'을 첨가해서 8가지 평가 기준을 내세운다.

10) 충분성(sufficiency)

우리가 어떤 쟁점에 관해 사고할 때, 우리는 목적과 요구에 적절하도록 이 쟁점과 관련된 사항들을 철저히 고려했는가를 따져 보아야 한다. 어떤 목적에 충실하도록 그 문제를 철저히 추리하고 필요한 요소들 모두를 적절히 고려했을 때에만 그 사고가 충분하다고 할 수 있다.

위의 10가지 평가 기준들 가운데에서 적어도 폴이 제시한 '8) 논리성'은 생략해서는 안 될 중요한 기준이다. 또한 '9) 공정성'은 '7) 폭넓음'과 부분적으로 겹치기도 한다. 그러나 '10) 충분성'은 굳이 따로 고려할 기준이 아니라, 다른 여러 평가 기준을 적용할 때에 고려할 사항이기도 하다.

3. 비판적으로 사고하는 방법

비판적으로 사고할 줄 안다는 것은 비판적 사고의 구성요소들을 고려해서 생각하고 또 비판적 사고의 평가 기준들에 따라서 생각할 줄 안다는 것이다. 물론 우리는 이제까지 이런 구성요소와 평가 기준이 있는지 분명하게 의식하지 못한 채, 비판적인 사고를 해 왔을 수도 있다. 그러나 비판적으로 사고하는 방법은 학습할 수 있으며 연습을 통해 향상시킬 수 있다. 즉 비판적 사고의 구성요소와 평가 기준에 맞추어 생각하는 습관을 기른다면, 자신도 모르는 사이에 비판적으로 사고하게 될 것이다. 그런데 모든 주제에 10가지 구성요소와 10가지 평가 기준 모두를 일률적으로 사용할 필요는 없다. 이런 항목들을 기계적으로 적용할 필요는 없다는 말이다. 우리가 직면하는 상황에 따라 그리고 다루는 주제에 따라 이것들 중 몇 가지에 중점을 두는 것이 비판적 사고의 일반적인 상황이다.

비판적 사고의 10가지 구성요소와 10가지 평가 기준이 서로 어떻게 결합될 수 있는가는 아래와 같다. 실제로 여러분이 특정한 주제에 대해 비판적으로 사고할 때, 이들 조합들 중 일부를 사용한다. 또한 여기 제시되지는 않았지만 10항목들 간의 다른 결합도 생각해 볼 수 있다.

구성요소	평가 기준의 적용
1) 목적: 어떤 주제에 대해 누군가가 주장하는 바가 있다면, 일단 그 목적이 무엇인지 파악해서 정식화해야 한다.	그 목적이 1) 분명한지, 3) 명료한지, 4) 적절한지를 평가한다. 이때 4)에 대한 물음은 현실적으로 달성 가능한자 하는 것이다. 또한 그 목적이 5) 중요한지, 8) 논리적 일관성이 있는지 평가해 본다. 예컨대 어떤 사안의 목적이 적절하지 않아 실현 가능성이 없다면, 대안이 될 법한 다른 목적을 생각해야 한다.
2) 현안 문제: 어떤 주제를 달성하기 위해 해결해야 할 문제들을 떠올려 본다. 그리고 그것을 정식화한다.	현안이 되는 문제가 1) 분명한지, 3) 명료한지, 4) 설정한 목적을 달성하는 데 적절한 문제인지, 또 해결하기에 적절한 문제인지를 검토한다. 만약 적절한 문제가 아니라면, 대안이 될 법한 다른 문제를 생각한다.
3) 개념: 주제와 관련 있는 중요한 개념들이 어떤 것인지 파악한다.	그 개념들이 1) 분명한지, 3) 명료한지, 4) 그 맥락에 적절한지, 9) 편향적이지 않고 공정한 관점에서 정의되어 있는지 평가한다. 만약 그렇게 되어 있지 않다면, 적합한 개념을 스스로 정의한다.
4) 가정: 어떤 주장에서 이미 전제로 삼고 있는 명시적이거나 암시적인 가정이 어떤 것인지 파악하여 명시적으로 정식화한다.	그 가정이 4) 맥락에 적절한 것인지, 5) 중요하고 의미 있는 것인지, 8) 논리적 일관성이 있는지 따진다. 만약 그 가정에 문제가 있다면 대안이 될 법한 가정을 생각한다.
5) 정보: 어떤 주장에 어떤 정보가 사용되고 있는지 우선 파악한다.	정보가 1) 분명하게 제시되어 있는지 또 2) 정보가 사실에 어긋나지 않고 정확한지 살펴본다. 또한 정보가 6) 피상적이지 않고 깊이가 있는지, 9) 공정하게 수집된 정보인지 따져 본다. 그리고 정보가 어떤 주장의 근거로 사용된 것이라면, 4) 그 정

비판적 사고를 위한 논리

보가 적절한 근거가 되는지, 5) 일관된 논리를 가지고 있는지, 7) 폭넓은지, 10) 충분히 철저하게 조사한 정보인지 평가한다.

6) 추론을 통해 도달한 결론: 우선 어떤 글에서 추론을 찾아낸다. 그리고 그 추론에서 전제가 무엇이고 결론이 무엇인지 파악한다.

전제로부터 그런 결론을 도출하는 것이 과연 8) 논리적으로 정당화되는지를 평가한다. 또한 그런 결론을 도출하기 위해서 7) 폭넓은 정보에 호소하고 있는지 살펴본다. 또 전제와 결론이 2) 정확히 사실에 일치하는지 따져본다. 만약 이런 것을 만족하지 못한다면, 어떤 결론을 도출하는 것이 적절한지 다른 대안을 생각한다.

7) 관점: 우선 어떤 주장이 어떤 관점에서 제시되고 있는지 파악한다.

그 관점이 7) 다양한 관점을 고려하고 있는지 따져 본다. 또 9) 편향적이지 않은 공정한 관점을 취하고 있는지, 4) 그 맥락에서 적절한 관점인지 살펴본다. 혹은 관점에 8) 논리적 일관성이 있는지 평가한다.

8) 함축된 귀결: 어떤 주장이나 결론으로부터 명시적으로 추론되지는 않았지만 함축되어 있는 내용이 무엇인지 생각한다.

그 귀결의 내용이 5) 중요한지, 4) 적절한지 혹은 6) 깊이가 있는지 생각한다.

9) 맥락: 어떤 주장이 토대를 두고 있는 맥락이나 배경이 어떤 것인지 파악한다.

그 맥락이나 배경이 5) 중요한지, 7) 폭넓게 고려된 것인지 평가한다.

10)대안: 위의 9가지 구성요소 각각에서 대안이 있을 수 있는지 생각한다.

각 대안이 4) 맥락이나 목적에 적절한지, 5) 중요한지, 6) 깊이가 있는지, 7) 폭넓은지를 평가한다.

위에서 보는 바와 같이 비판적 사고는 원리에 입각한 체계적, 조직적 사고이다. 그러나 비판적으로 사고하면 어떤 주제에 대해 누구든 동일한 사고 내용을 갖게 되리라고 생각하는 것은 잘못이다. 비판적 사고는 원리에 입각해 일률적으로 어떤 것을 도출해 내는 기계적 사고가 아니기 때문이다. 어떤 주제에 대해 현실적으로 달성할 수 있는 목적이나 그 목적을 달성하기 위해 생각할 수 있는 현안 문제가 꼭 하나라고 말할 수는 없다.

사실 비판적으로 사고하는 사람들이 10가지 구성요소와 10가지 평가 기준들 중 어느 항목을 좀 더 중요하게 선택하느냐에 따라 사고 내용이 달라질 수 있다. 그리고 그들의 생각 중 단 하나가 아니라 다수가 합당한 것으로 간주될 수 있다.

요 약

* 비판적 사고의 특징
  (1) 어떤 주장을 적극적으로 더욱 깊이 폭넓게 이해하려는 것
  (2) 추리(하는 사고), 즉 이유를 근거로 한 합당한 사고(resonable thought)
  (3) 어떤 주제나 주장에 대해 능동적으로 분석하고 종합하며 평가하기 위한 사고로, 의식적이고 반성적인 사고

* 비판적 사고는 능동적, 적극적이다.

* 비판적 사고에는 경우에 따라 정서/감정이 필요할 수 있다.

* 비판적 사고의 구성요소
  (1) 목적(purpose)

(2) 현안 문제(question at issue)

(3) 개념(concept)

(4) 가정(assumption)

(5) 정보(information)

(6) 추론(inference)을 통해 도달한 결론(conclusion)

(7) 관점(point of view)

(8) 결론이 함축(implication)하는 귀결(consequences)

(9) 맥락(context)

(10) 대안(alternatives)

* 비판적 사고의 평가 기준
  (1) 분명함(clarity)
  (2) 정확성(accuracy)
  (3) 명료성(precision)
  (4) 적절성(relevance)
  (5) 중요성(improtance, significance)
  (6) 깊이(depth)
  (7) 폭넓음(breadth)
  (8) 논리성(logicalness)
  (9) 공정성(fairness)
  (10) 충분성(sufficiency)

* 비판적으로 사고하는 방법: 비판적 사고는 원리에 따라 일률적으로 어떤 것을 도출해내는 기계적인 사고가 아니라, 각 주제에 따라 위의 10가지 구성요소와 10가지 평가기준을 적절히 결합해 사고하는 것이다.

I. 다음 진술이 참인지 거짓인지 답하시오.

1. 비판적 사고의 주요 목적은 어떤 주장의 단점을 파악하려는 데 있다.

2. 비판적 사고는 타고나는 것이지 학습할 수 있는 것은 아니다.

3. 비판적 사고를 하려면 우리의 감정을 철저히 배제해야 한다.

4. 맹목적이고 무원칙적으로 사고하는 것은 비판적으로 사고하는 것이 아니다.

5. 비판적 사고는 다른 사람의 생각이나 주장에 대해서 따져보는 사고를 말한다.

II. 이 책의 서문을 읽고 비판적 사고의 10가지 구성요소에 해당하는 내용을 각각 분석해 보시오.

1. 목적

2. 현안 문제

3. 개념

4. 가정

5. 정보

6. 추론을 통해 도달한 결론

7. 관점

8. 결론이 함축하는 귀결

9. 맥락

10. 대안

Ⅲ. 오늘 신문의 사설을 읽고 비판적 사고의 10가지 구성요소에 해당하는 내용
   을 각각 분석해 보시오.

1. 목적

2. 현안 문제

3. 개념

4. 가정

5. 정보

6. 추론을 통해 도달한 결론

7. 관점

8. 결론이 함축하는 귀결

9. 맥락

10. 대안

Ⅳ. 문제 Ⅱ에서 이 책의 서문을 가지고 파악한 비판적 사고의 요소 각각을 비판적 사고의 평가 기준에 따라 평가해 보시오.

Ⅴ. 문제 Ⅲ에서 주어진 신문의 사설을 가지고 파악한 비판적 사고의 요소 각각을 비판적 사고의 평가 기준에 따라 평가해 보시오.

2장
비판적 사고의 학습

1. 비판적 사고를 학습하는 방법

이제까지 비판적 사고가 어떤 것인지에 대해서 살펴보았다. 그리고 비판적 사고는 학습할 수 있다고 했다. 그렇다면 비판적 사고는 어떤 방식으로 학습할 수 있는가? 비판적 사고를 향상시키는 방식으로 제시된 6가지를 살펴보자. 이 방식들은 아주 형식적인 방식부터 비형식적인 방식까지 다양하다.[*]

(1) 형식 논리학으로 접근하는 방식

비판적 사고를 증진하기 위해 형식 논리학을 학습하는 방식이다.

---

[*] 고비어는 비판적 사고를 가르치는 6가지 방식에 대해 논의하고 있다. Trudy Govier, "Ways of Teaching Reasoning Directly," *The First British Conference on Informal Logic and Thinking*(1988).

여기서 학생들은 일상 언어가 아니라 이상적인 언어로 기호화된 연역 논리학의 체계를 배우게 된다.

형식 논리학은 우리가 사용하는 논증 중 연역 논증에 제한된 것이다. 형식 논리학에서 이루어지는 논의는 비판적 사고를 아주 부분적으로 키워 주는 데 그친다. 즉 이 방식으로는 앞에서 언급한 비판적 사고의 10가지 구성요소를 극히 제한적으로 다루게 된다. 예를 들어 어떤 주장의 목적이나 맥락, 관점, 개념 정의, 전제의 참·거짓을 따지는 일은 전혀 고려되지 않는다. 따라서 형식 논리로 접근하는 방식은 비판적 사고를 향상시키는 데 한계가 있다.

비판적 사고가 적용될 수 있는 논의 중에는 형식 논리로 접근할 수 없는 것도 많다. 특히 일상적인 논의와 시사적 논의, 과학적 논의 등에서는 형식적인 논리를 아는 게 비판적 사고에 크게 도움이 되지 않을 것이다.

(2) 비형식적 오류로 접근하는 방식

오류란 잘못된 논증을 말한다. 비형식적 오류는 형식 논리로는 접근할 수 없거나 형식 논리 내에서는 문제가 없지만 내용에 문제가 있는 논증을 말한다. 이것은 위의 방식과는 대조적으로 좀 더 실용적인 측면에서 비판적 사고를 향상시키려는 방식이다. 이 방식은 논증을 다루는 것이지만, 주로 잘못된 논증에 대해 논의한다. 잘못된 논증들의 유형을 구분하고 어떤 점에서 잘못을 저질렀는가를 분석, 평가한다. 그래서 잘못된 논증을 피할 수 있도록 훈련시키고자 한다.

이 방식은 학생들의 관심을 끌기 쉽다는 장점이 있지만, 이런 접근

비판적 사고를 위한 논리

방식에는 분명한 한계가 있다. 그 한계란 좋은 논증에 대해 적극적으로 가르치지 않는다는 점이다. 앞에서 말했듯이 좋은 논증은 어느 정도 학습을 통해서 체득할 수 있다. 그렇지만 학습이 없으면, 계발될 수 있는 여지도 없게 된다. 물론 비형식적으로 잘못된 논증을 배우면 좋은 논증을 간접적으로 알게 될 수 있으리라는 주장이 있기는 하다. 그러나 좋은 논증과 잘못된 논증을 균형 있게 배우는 것이 필요하다.

또한 오류를 분류하는 방식이 이론가들마다 아주 다르게 나타난다는 점이 문제가 된다. 오류를 분류하는 방식에 따라 같은 논증이 몇 가지 상이한 오류가 되는 경우가 있다. 더 세분된 분류가 반드시 올바른 분류는 아니다. 우리가 오류를 분석하는 것은 그 자체가 의미가 있어서가 아니라, 좀 더 나은 논증을 사용하기 위해서이다.

(3) 논증 유형으로 접근하는 방식

이 방식은 어떤 식의 논증이든 분석하고 평가하는 것을 주로 학습하는 것이다. 여기서는 논증의 형식적 측면과 비형식적 측면을 모두 다룬다. 다시 말해서 연역적 논증과 귀납적 논증을 모두 다룬다. 논증의 형식과 내용을 모두 논의하는 것이다. 타당한 논증의 형식에 집중하는 형식 논리의 방식보다는 비판적 사고의 요소를 훨씬 더 풍부하게 다루고 있다. 어떤 논증이 좋은 형식을 가지고 있느냐 하는 것 외에도, 논증을 구성하는 전제가 참인가 아닌가 하는 문제도 다룬다. 또한 형식적이든 비형식적이든, 좋은 논증과 잘못된 논증을 균형 있게 다룬다.

이 방식은 앞의 두 가지 방식보다도 비판적 사고를 포괄적으로 향상시킨다는 점에서 더 나은 방식으로 볼 수 있다. 그렇지만 이 방식이 비판적 사고를 향상시키기에 충분한 것은 아니다.

다음의 세 방식은 논증 유형으로 접근하는 방식을 충분히 보완해줄 수 있을 것이다.

(4) 논증을 포함한 주장, 설명 등으로 접근하는 방식

우리가 비판적으로 분석하고 평가해야 하는 것은 논증만이 아니다. 왜냐하면 비판적 사고는 논증으로 규정된 글에만 한정되는 것이 아니기 때문이다. 논증과 마찬가지로 주장, 가설, 설명, 제안 등에도 비판적 사고가 필요하다. 이 방식은 논증뿐 아니라 주장, 설명 등의 일반적인 글이나 말을 다루는 것이다.

어떤 논증이 어떤 내용을 다루느냐에 따라 그 논증을 분석하고 평가하는 방법은 달라진다. 물론 논증을 분석하고 평가하는 방법을 지배하는 어떤 일반적인 원리가 있긴 하지만, 주장, 가설, 설명, 제안 등을 분석하고 평가하는 방법의 일반적인 원리를 제시하기는 어렵다. 주장, 가설, 설명, 제안 등의 분석, 평가는 논증의 경우보다도 그 내용에 더욱 의존하고 있기 때문이다. 어쨌든 논증 외의 경우도 더욱 조직적, 체계적으로 다룰 수 있어야 한다.

(5) 개별 교과 내에서 접근하는 방식

이 방식은 다양한 종류의 개별 학문 영역 내에서 비판적 사고를 훈련하는 것이다. 어떤 구체적인 학문의 맥락에서 떼어내어 비판적 사고를 익히는 것이 아니라 물리학, 역사, 생물학, 심리학, 의학, 철학

등 개별 학문 내에서 비판적으로 사고하도록 만드는 것이다. 개별 학문이란 것이 단순히 지식이나 정보의 집합이 아니기 때문이다. 예를 들어 물리학에서는 물리학적 배경과 맥락 안에서 비판적으로 사고하는 법을 배운다. 그래서 우리는 물리학 안에서도 비판적 사고의 구성 요소들을 찾을 수 있다. 물론 이를 위해서는 물리학의 기본을 이해해야 한다. 물리학에는 물리학의 목적이 있고, 현안 문제가 있다. 또 어떤 가정을 가지고 시작한다. 또한 거기에는 중요 개념들, 정보, 추론을 통한 결론이 있고 그 결론이 함축하는 귀결이 있으며 관점과 맥락이 있다. 또 대안적 사고가 가능하다. 그래서 개별 학문 내에서도 비판적으로 사고하기를 배울 수 있으며, 또 그것은 필요한 일이다.

그런데 각각의 개별 학문에만 적용될 수 있는 특수한 사고 방법도 있지만, 거기에 공통적으로 적용되는 사고의 원리들도 있다. 모든 학문이 참된 지식을 추구하는 데 요구되는 공통된 원리를 말하는 것이다. 모든 개별 교과는 필히 논증을 사용하며, 교과의 내용에 관계없이 공통된 원리를 적용하는 것을 볼 수 있다. 따라서 논증 유형으로 접근하는 방식은 바로 모든 개별 교과에 공통으로 적용되는 사고의 원리를 탐구하는 것이다.

이런 의미에서 (5)의 방식은 (3)의 방식을 보완할 수 있다. 그런데 (3)의 방식으로 학습한 사람은 학문 일반이나 사고 일반을 지배하는 원리 등을 알고 있으므로 개별 학문을 지배하는 원리를 좀 더 수월하게 익힐 수 있다.

(6) '강한' 비판적 사고의 방식

이것은 리처드 폴이 주장하는 방식이다. 그의 주장에 따르면, (3)의 접근 방식은 논증을 원자적으로 다루는 것이다. 즉 (3)은 실제로 사용되는 배경이나 맥락을 무시하는 제한된 범위에서 논증을 다룬다. 원자적인 논증 분석 학습은 학생들에게 자신의 세계관이나 사고틀을 비판적으로 반성할 수 있는 동기를 제공하지 않는다. 그래서 폴은 논증을 맥락에서 분리하여 원자적으로 다루는 것은 '약한' 의미의 비판적 사고를 함양할 뿐이라고 비판한다. 그가 말하는 '강한' 비판적 사고는 논증이 기반으로 하고 있는 개념틀이나 세계관을 확인하고 반성하는 데까지 나아가는 사고이다.

과연 폴의 생각대로 (3)의 접근 방식이 추구하는 비판적 사고가 불필요한 것일까? 또는 비판적 사고를 학습하는 적절한 방식이 되지 못할까? 물론 (3)의 방식 자체가 논증이 기반으로 하고 있는 광범위한 문맥이나 배경까지 비판적 사고를 확장하게 만들어 주지는 않는다. 그러나 (3)의 방식은 그렇게 확장된 범위의 비판적 사고를 위해 거쳐야 할 단계이다. 우선 논증 유형의 원리를 탐구하고 그것을 적용하는 훈련을 하면서, 정치, 경제, 대중 매체, 문화, 예술 등의 첨예하고 당면한 문제 등을 더욱 넓은 맥락과 연관시켜 보는 것이 바람직할 것이다. 너무 광범위한 맥락에서 섣불리 논의를 전개하다 보면, 문제를 파악하는 과정에서 혼란에 빠지거나 사소한 논리적 실수나 무지로 길을 잃기도 한다.

강한 비판적 사고의 폭넓은 태도는 (3)의 방식을 통해 기를 수 있다. (3)을 중심으로 한 논의는 폴이 주장하는 강한 비판적 사고의 방식을 더욱 적극적으로 실현할 수 있는 기초 단계인 것이다.

비판적 사고를 학습하는 여러 방식들이 서로 어떤 관련성이 있는 지를 이제까지의 논의를 바탕으로 정리해 보면 다음과 같다.

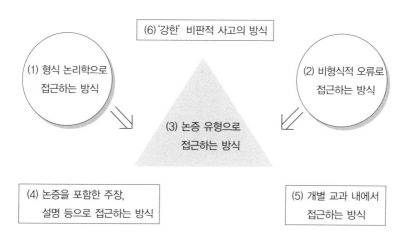

위의 그림에서 보듯이, (3) 논증 유형으로 접근하는 방식은 비판적 사고를 위한 다양한 접근 방식에서 한가운데에 놓인다. (3) 논증 유형으로 접근하는 방식은 (1) 형식 논리학으로 접근하는 방식, (2) 비형식적 오류로 접근하는 방식과 긴밀한 관련을 맺는다. 또한 (3) 논증 유형으로 접근하는 방식은 (4) 논증을 포함한 주장, 설명 등으로 접근하는 방식과 (5) 개별 교과 내에서의 접근 방식, (6) '강한' 비판적 사고의 방식을 좀 더 효율적으로 만든다. (3)은 비판적 사고의 가장 기본적인 체계를 익히도록 만드는 것이다.

2. 비판적 사고를 위한 논리

앞에서 비판적 사고를 학습하는 여러 방식을 설명했다. 그 가운데에서 논증 유형으로 접근하는 방식에는 많은 사람들이 선호할 만한 장점이 있다고 했다. 물론 목표로 하는 비판적 사고력이 이 방식으로 완전하고 광범위하게 향상되는 것은 아니다. 그렇지만 적어도 이 방식으로는 비판적 사고에 관한 가장 기본적인 원리를 익힐 수 있다. 비판적 사고에서 가장 중심이 되는 원리들을 알고 있다면, 그리고 그 원리들이 어떤 분야의 주제에든 적용되는 것이라면, 우리는 어떤 분야에서도 더 깊이 있고 폭넓게 비판적 사고를 확장해 갈 수 있을 것이다.

앞서 비판적 사고의 핵심은 바로 추리하는 사고라고 했다. 추리는 어떤 주제를 이성을 바탕으로 요모조모 따져서 어떤 결론에 도달하려는 사고이다. 이런 사고의 한가운데에 놓여 있는 것이 바로 논증이다. 1장에서 제시한 비판적 사고의 10가지 구성요소를 잘 살펴보면, 모든 요소가 논증과 어떤 방식으로든 밀접하게 관련되어 있음을 알 수 있다. 특히 '가정', '추론을 통해 도달한 결론', '함축된 귀결'이라는 세 항목은 아주 직접적으로 논증과 연관된다. 논증은 전제와 결론으로 구성되는데, 결론은 궁극적으로 옹호하려는 주장이고, 전제는 그 주장을 지지하기 위해서 제시한 주장이다. 가정이란 명시적으로 제시되지 않은 전제이고, 귀결이란 명시적으로 제시되지 않은 추론의 결과이다.

이 밖에도 목적, 현안 문제, 개념, 정보, 관점, 맥락, 대안은 간접적으로 논증과 관련지을 수 있다. 우리는 특정 주제에 대한 어떤 주장의 목적을 파악하고 나서, 과연 그 목적이 적절한지를 평가한다. 그럴 때 우리는 "이러저러한 이유로 이 주장의 목적은 이런 것이라고 결론 내린다, 혹은 결론 내리지 못한다."고 판단한다. 목적의 경우와 마찬가지로 여타의 항목도 논증과 관련지을 수 있다.

그런데 논리는 바로 논증(추론)을 지배하는 여러 개념이나 원리들의 체계를 말하며, 논리학은 바로 그런 것을 탐구하는 학문 분야이다. 물론 논리학을 공부하는 것이 비판적 사고를 향상시키는 유일한 길은 아니지만, 그것의 가장 핵심적인 부분을 다루고 있다. 비판적 사고를 향상시키기 위해 이 책이 채택하고 있는 방식은 논증을 지배하는 원리나 논리를 학습하는 것이다. 이 책에서는 형식 논리와 비형식 논리를 모두 다룬다. 형식 논리는 연역적 논증의 구조에 관한 논리이고, 비형식 논리는 연역적 논증을 구성하는 전제와 결론의 참, 거짓의 문제를 따지는 것을 비롯하여 귀납적 논증을 지배하는 원리 체계를 말한다.

어떤 사람은 비판적 사고를 향상시키는 데 형식 논리는 별로 도움이 되지 않는다고 주장하기도 한다. 형식적인 논리만을 지나치게 강조하는 것은 문제가 있겠지만, 형식 논리를 배제한 내용 중심의 논의만으로는 글 속에 담긴 주장들의 구조를 명확하게 파악하기 어려울 수밖에 없다.

형식 논리와 비형식 논리를 균형 있게 탐구하는 것이 중요하다. 비판적 사고를 위한 논리에서도 "내용 없는 형식은 공허하고, 형식 없는 내용은 맹목적이다."

* 비판적 사고의 학습 방식
  (1) 형식 논리학으로 접근하는 방식
  (2) 비형식적 오류로 접근하는 방식
  (3) 논증 유형으로 접근하는 방식
  (4) 논증을 포함한 주장, 설명 등으로 접근하는 방식
  (5) 개별 교과 내에서 접근하는 방식
  (6) '강한' 비판적 사고의 방식

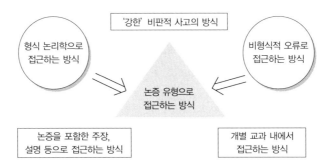

* 비판적 사고를 위한 논리 : 비판적 사고의 가장 핵심에는 추론이 있다. 이런 추론을 언어로 표현한 것이 논증이다. 논증을 지배하는 원리들의 체계, 즉 논리를 익히는 것은 비판적 사고의 가장 핵심적인 부분을 강화하는 것이다. 이 책에서는 형식 논리와 비형식 논리를 다룰 것이다.

I. 다음 진술이 참인지 거짓인지 답하시오.

  1. 논증 유형으로 접근하는 방식이 비판적 사고를 학습하는 가장 포괄적인 방식이다.

  2. 논증 유형으로 접근하는 방식에는 형식 논리학의 내용과 오류에 대한 내용이 포함된다.

  3. 논증 유형으로 접근하는 방식은 개별 교과 내에서 접근하는 방식이나 '강한' 비판적 사고의 방식과 양립할 수 없다.

  4. 논증은 글의 유형 중에서 우리가 비판적으로 분석, 평가해 보아야 할 유일한 경우이다.

  5. 우리가 일상생활에서 개별 교과에서 주로 다루는 논증은 형식 논리학으로 거의 다룰 수 있다.

II. 다음 진술이 참인지 거짓인지 답하시오.

  1. 논증(추론)을 지배하는 원리들의 체계가 논리이고 그런 것을 다루는 학문을 논리학이라고 한다.

  2. 형식 논리는 연역 논증에만 적용할 수 있다.

3. 비형식 논리는 귀납 논증에만 적용할 수 있다.

4. 비판적 사고를 하기 위해서는 논증의 양 측면, 즉 형식, 내용과 관련된 원리들을 익혀야 한다.

5. 논증 유형으로 비판적 사고에 접근하면 광범위하고 깊은 맥락에 닿아있는 사고를 할 수 있다.

비판적 사고를 위한 논리

제2부

논증

Logic for Critical Thinking

1장
논증이란 무엇인가?

1. 문장, 명제, 진술

대개 사람들은 여러 상황에서 다양한 주장을 한다. 이런 주장은 '문장(sentence)'의 형태로 나타난다. 우선 다음과 같은 두 문장을 보자.

(a) 이승엽은 김제동의 친구다.
(b) 김제동은 이승엽의 친구다.

(a)의 주어는 '이승엽'이고, (b)의 주어는 '김제동'이다. 이 두 문장이 말하려는 것이 무엇인가를 따져 보자. 이 두 문장은 '이승엽'과 '김제동' 사이에서 이루어진 어떤 관계에 대해 말하고 있는데, 그것은 같은 내용이다. 따라서 (a)와 (b)는 상이한 문장이지만, 동일한 의미를 담고 있으며 동일한 주장을 하고 있다. 차이점을 좀 더 분명히

이해하기 위하여, 또 다른 예를 보자.

    (c) 눈이 온다.

    (d) It snows. (Snow falls.)

    (e) Es schneit.

  (a), (b)와 마찬가지로 위의 세 문장은 서로 다르다. (c)는 우리말 문장이고, (d)는 영어 문장이며, (e)는 독일어 문장이기 때문이다. 그렇지만 이 세 문장은 동일한 주장을 담고 있다.

  (a), (b)의 예는 같은 언어, 즉 우리말에서 나타날 수 있는 문장과 관련된 경우이며, (c), (d), (e)의 예는 우리말, 영어, 독일어와 같은 다른 언어에서 나타나는 문장의 경우이다. 그렇지만 두 유형의 예들에서 볼 수 있는 공통점은 다른 문장들이 각각 같은 주장을 하고 있다는 것이다. 즉 (c), (d), (e)는 각각 상이한 문장이지만, 동일한 의미와 주장을 담고 있는 한 개의 명제를 언표하고 있다. 명제란 문장이 주장하는 내용을 가리킨다. 그리고 문장이 주장하는 내용은 참이거나 거짓이다. 그래서 명제를 참이거나 거짓인 문장이라고도 한다.

  명제와 그것을 표현하는 문장은 서로 다르다는 것을 분명히 보았을 것이다. 명제와 달리 문장의 기능은 여럿이다. 이에 따라 문장은 평서문, 의문문, 감탄문, 명령문 등으로 나누어진다. 오직 평서문의 경우에만 참과 거짓을 판단할 수 있다. 의문문, 감탄문, 명령문은 주장하는 문장이 아니기 때문이다. 그래서 그런 문장들의 내용에는 참과 거짓이라는 개념을 적용할 수 없다.

이제 문장과 진술이 어떻게 다른지 살펴보자. 동일한 서술 문장이 상황에 따라 각각 다른 주장 내용을 의미하는 경우가 있다. 다음을 보자.

(f) 한국의 현 대통령은 남자이다.

(f)는 올바른 구조로 이루어진 제대로 된 문장이다. 그렇지만 누군가가 (f) 문장을 2015년에 말한다면, 그 말은 거짓이다. 반면에 (f)를 2020년에 말한다면, 그 말은 참이다. 즉 (f)는 언제 말하는가에 따라, 다른 진술 내용을 언표하게 된다. 즉 2015년의 진술과 2020년의 진술은 다른 진술이다. 진술은 서술적인 문장이 어떤 구체적인 맥락에서 사용된 것이다.

또 다른 예를 보자.

(g) 나는 학생이다.

(g)는 어떤 사람이 언제 이 서술적인 문장을 언표하는가에 따라 다른 진술이 된다. 그리고 그 진술 내용은 상황에 따라 참이 될 수도 있고 거짓이 될 수도 있다. '현재', '나', '그', '그때', '거기서', '지금', '여기' 등 특정 상황을 나타내는 말이 들어 있으면, 그 문장은 언표되는 상황에 따라 각기 다른 진술이 된다.

2. 논증(argument)과 추론(inference)

어떤 주장과 그 주장에 대한 근거로 구성되어 있는 것이 논증이다. 즉 논증은 어떤 주장을 담은 명제와 그 주장의 근거에 해당하는 명제(들)로 이루어져 있어야 한다. 또한 논증은 참이거나 거짓인 문장들(또는 주장, 진술)로 이루어진다고 해도 무방하다. 우리는 어떤 주장의 참을 증명하거나 정당화하기 위해서 논증을 사용하기 때문이다.

논증이 명제들의 집합이라고 했는데, 그렇다고 명제들의 집합을 무조건 논증이라고 할 수는 없다. 명제들의 집합이 특정한 구조를 가지고 있을 경우에만 논증이 된다. 논증은 논증자가 옹호하는 명제(주장 내용)와 그 근거로서 제시하는 명제(주장 내용)들의 집합으로 구성된다. 이때 논증자가 옹호하는 명제를 '결론(conclusion)'이라고 하며, 근거로 제시하는 명제를 '전제(premise)'라고 한다. 논증은 명제들의 집합으로서 전제와 결론으로 이루어져 있는 것이다.

사고를 하는 과정에서 우리는 어떤 생각을 근거로 해서 다른 생각을 이끌어 내기도 한다. '추론(inference)'은 바로 이런 사고 과정을 가리킨다. 논증은 바로 이런 사고 과정을 언어로 표현한 것이다. 어떤 사람들은 논리학의 연구 대상을 추론이라고 하고, 어떤 사람들은 논증이라고 한다. 이는 크게 다른 이야기가 아니다. 추론은 어떤 생각(들)을 근거로 다른 생각을 도출하는 사고의 차원을 일컫는 반면에, 논증은 그런 추론의 과정이 언어로 표현된 차원을 일컫기 때문이다.

논증에서 전제가 결론을 잘 지지하고 있는가를 알아보고자 할 때, 우선 전제와 결론을 구분해 내야 한다. 논증에서 전제와 결론의 순서가 항상 정해저 있는 것은 아니다. 아래의 논증처럼 결론이 논증의 맨 뒤에 나오는 경우도 있다.

철수는 인주보다 나이가 많다. 인주는 미혜보다 나이가 많다. 그러므로 철수는 미혜보다 나이가 많다.

위의 예에서는 전제가 먼저 나온 다음에 결론이 나온다. 그러나 다음의 예는 이와 반대되는 경우이다.

철수는 미혜보다 나이가 많다. 왜냐하면 철수는 인주보다 나이가 많고, 또 인주는 미혜보다 나이가 많기 때문이다.

같은 내용의 논증이긴 하지만, 위의 예에서는 결론이 앞에 오고, 전제가 뒤에 온다. 이처럼 논증에서 전제와 결론의 순서가 문제가 되는 것은 아니다. 논증에서는 무엇보다도 전제와 결론의 상관관계가 중요할 뿐이다.

논증은 결론에 해당하는 주장을 옹호하기 위해서 사용하는 것이다. 그래서 논증을 구성하는 전제와 결론은 항상 상관관계를 이룬다. 즉 어떤 명제도 단독으로는 전제일 수도 없고, 결론일 수도 없다. 물론 좋은 논증도 있고, 또 좋지 않은 논증도 있다. 어떤 논증이 좋은 논증인지 아닌지는 전제와 결론 사이의 관계에 따라서 결정된다. 만약 논증에서 전제가 결론의 근거 역할을 충분히 해낼 수 있다면, 그 논증은 좋은 논증이다. 그렇지만 한 논증에서 전제와 결론이 있으나, 전제가 결론을 충분히 지지하지 못하는 경우도 있다. 이 경우는 결코 좋은 논증이라고 할 수 없다. 그러나 좋지 않은 논증은 논증이 아니라고 말할 수는 없다. 이런 경우의 논증은 단지 전제가 결론을 제대로 지지하지 않을 뿐이다.

하나의 단순한 논증에는 하나 혹은 그 이상의 전제가 있을 수 있지만, 결론은 꼭 하나이어야만 한다. 그렇지만 흔히 어떤 주장을 하고 있는 (또는 어떤 주장을 담고 있는) 글을 분석해 보면, 결론이 여럿 나타나는 것을 볼 수 있다. 이런 경우는 그 속에 논증이 여럿 들어 있는 글이다. 즉 각기 독립된 논증 몇 개가 있을 수도 있고, 최종 결론을 이끌어 내기 위해 소결론과 중간 결론이 연쇄적으로 결합된 논증일 수도 있다. 이런 종류는 여러 개의 논증으로 구성된 '복합 논증'이거나 '연쇄 논증'이다. 다음의 예문을 보자.

① 금년부터 강화되는 차량 매연검사가 저소득층에게는 심각한 부담이다. ② 왜냐하면 저소득층은 몇 년 된 중고차를 가지고 있는데 그 차들은 보통 현재의 매연검사를 통과하기 어렵기 때문이다. ③ 몇 년 전에 나온 차량은 대기오염의 심각성을 고려하지 못했을 때 제작된 것이다.

이 글을 꼼꼼히 따져 보면, 결론이 두 개임을 알 수 있다. 즉 이 글은 두 개의 논증으로 구성되어 있다. ①은 ②의 결론이고, ②는 ③의 결론이다. 물론 이 글의 궁극적인 결론은 ①이다. (이에 대해서는 3장 '논증의 재구성과 분석'에서 좀 더 상세히 보자.)

또한 논증이 제시된 글에서 언급된 명제가 모두 그 논증의 전제와 결론에 해당하는 것은 아니다. 논증과는 관계가 없지만, 주장의 유려한 흐름을 위해서, 또 독자들의 이해를 돕기 위해서 삽입된 문장들도 있기 때문이다. 다음의 예를 보자.

① 어제 수업시간에 그 선생님이 뭐라고 하셨는지 아니? ② 그 선생님은 보신탕은 일종의 건강식이고 ③ 건강식은 권장되어야 하기 때문에, ④ 보신탕을 허용해야 한다는 거야. ⑤ 그래, 그 문제에 대해 조금 더 생각해 봐야겠는데.

위의 예문에서 ①은 전제도 결론도 아니다. 물론 이 문장은 의문문이기 때문에 참도 거짓도 아니므로 논증을 구성하는 명제가 아니라고 말할 수 있다. 그러나 이 문장은 의문문의 형태로 되어 있지만, 실제로 상대방에게 묻는 것이 아니다. 어제 수업시간에 선생님이 한 이야기로 화제를 이끌어 가는 역할을 한다. 논증은 그 뒤에 나오는 선생님의 이야기에서 발견할 수 있다.

선생님의 주장은 ②, ③, ④이다. "보신탕을 허용해야 한다."가 결론이며, ②와 ③은 전제에 해당한다. 맨 마지막의 ⑤는 이 논증에서 전제도 결론도 아니다. 그렇기는 하지만 ①과 ⑤는 위의 글에서 아주 중요한 부분이다. 왜냐하면 말하는 사람은 선생님의 논증을 보여주면서, 말하는 사람의 생각이 선생님의 주장과 다를 수 있다는 것을 간접적으로 표현하고 있기 때문이다.

실제로 우리가 접하는 논증들은 복잡하다. 복합 논증이나 연쇄 논증의 형태로 되어 있을 뿐 아니라, 논증과 관련되지 않은 부분들도 뒤섞여 있다. 따라서 논증을 살펴보는 데에서 가장 중요한 작업 중 하나는 전제와 결론을 구분해 내는 일이다. 논증이 들어 있는 모든 글이 꼭 그렇지는 않지만, 대체로 논증에는 전제와 결론을 확인시켜 주는 말이 들어 있다. 무엇보다도 이런 말을 추려내 따지는 것이 중요하다. 일상에서 우리는 전제나 결론을 암시하기 위해서 특정한 표현을 사용하는데, 전제를 가리키는 말을 '전제 지시어(premise indicator)', 결론을 가리키는 말을 '결론 지시어(conclusion indicator)'라고 부른다. 이런 표현들은 다음과 같다.

전제 지시어	결론 지시어
왜냐하면	따라서
…라는 사실을 고려한다면	그래서
…이니	그러므로
…이므로	그러니까
…에서 알 수 있듯이	…이 도출된다.
…라는 사실 때문에 우리는	…라고 결론 내릴 수 있다.
…인 까닭에	그것은 …을 함축한다.
…인 이유로	…임이 틀림없다.
그 까닭은	그 결과 …이다.
그 이유는	…을 의미한다.

이런 표현들은 자신의 주장을 아주 유효하게 하고, 또 상대방의 주장을 효율적으로 파악해 낼 수 있게 하는 역할을 한다. 그러나 잊지 말아야 할 것은 우리의 일상 언어로 이루어진 글에서 이런 몇 가지 용어를 구별해 낸다고 해서, 어떤 명제가 어떤 논증의 전제인지 결론인지 단정할 수 있는 것은 아니라는 사실이다. 많은 예외가 있

을 수 있으며, 이런 예외를 식별해 내려면 좀 더 꼼꼼히 따져 보아야 한다. 예컨대 다음의 예는 전제나 결론을 암시하는 지시어가 전혀 없지만 하나의 논증이다.

① 누군가가 이 아파트에서 강아지를 키우고 있나 보다. ② 밤에 강아지 짖는 소리가 나며, ③ 화단에 강아지 발자국이 있다.

여기서 ①은 결론이다. 그리고 ②와 ③은 ①을 뒷받침하는 전제에 해당한다. 그러나 위 논증에서 결론이나 전제를 암시해 주는 지시어는 없다. 이런 경우 주장과 주장 사이에 지지하는 관계가 제대로 성립하는가를 따져서, 어떤 명제들의 집합이 논증인지 판별해야 한다.

일반적으로 어떤 글이 무엇인가를 증명(정당화)하려고 한다면, 그 글은 논증을 포함하고 있어야 한다. 그러나 무엇인가를 증명(정당화)하려는 글이 아니라면, 그 글에는 틀림없이 논증이 포함되어 있지 않다. 따라서 논증을 포함한 글은 다음의 조건을 충족해야 한다. 우선 글 속에 있는 명제들 가운데에서 근거(혹은 그 무엇에 대한 이유)를 제시해 주는 명제(전제)가 있어야 한다. 그리고 그 근거(혹은 이유)가 뒷받침하는 주장(결론)이 있어야 하며, 그 주장이 참이라는 것을 정당화하려는 의도가 있어야 한다.

여기서 보았듯이 근거(혹은 이유)를 제시하는 명제는 전제이다. 그리고 그 전제가 지지한다고 주장하는 명제는 결론이다. 전제 지시어와 결론 지시어는 어떤 명제들의 집합이 논증이라는 것을 암시할 뿐이다. 중요한 것은 지시어의 유무가 아니라 어떤 명제(들)를 근거로 다른 명제의 내용을 주장하고자 하는가의 여부이다.

3. 논증이 아닌 글들

주장이나 진술, 문장은 논증에서도 발견할 수 있지만 다른 형태의 글에서도 사용된다. 논증이 아닌 글들과 논증을 분명하게 구별하기 위하여, 논증이 아닌 글의 전형들을 살펴보자.

다음의 분류 항목들은 논증이 아닌 글들의 종류를 모두 망라한 것도 아니고, 또 서로 배타적이지도 않다. 그래서 어떤 글은 그 성격상 아래 항목 중 둘 이상에 해당될 수도 있다.

(1) 믿음(의견)

논증이 아닌 글 중 자신의 믿음이나 생각을 표현하는 믿음(belief)이나 의견(opinion)에 관한 진술이 있다.

다음의 예를 보자.

나는 우리 사회에서 타인을 위한 배려가 곧 자기 자신의 권리를 보장받는 길이라고 믿는다. 그리고 타인의 권리를 침해하지 않는 범위 내에서 자신의 권리를 주장하는 것이 현실적으로 자신의 권리를 보장받을 수 있는 길이라고 생각한다.

위의 글은 글쓴이가 옳다고 생각하는 것을 증명하기 위한 것이 아니다. 바로 이런 이유에서 이 글은 논증이라고 할 수 없다. 단지 자신의 믿음이나 의견을 제시하고 있다.

(2) 기술(description)

어떤 장면을 묘사하는 것처럼 상황을 있는 그대로 잘 보여주는 경우이다.

다음의 예를 보자.

> 형사들이 사건 현장에 도착했을 때 방 안은 몹시 어질러져 있었다. 빈 소주병들이 여기저기 있었고, 사람들의 옷가지가 널려 있었다. 또 TV가 켜져 있었으며 창문이 활짝 열려 있었다.

이 글은 현장 상황을 아주 생생하게 보여주고 있다. 즉 이 글을 읽는 이의 머릿속에 현장의 그림이 그려질 수 있을 만큼 확연한 진술들로 구성되어 있다. 이 글은 현장에 대한 성공적인 기술인 셈이다. 그렇지만 어떤 주장에 대한 근거가 제시되어 있지 않으므로, 이 글은 논증이 아니다.

(3) 보고(report)

어떤 글은 어떤 상황에 대한 기술인 동시에 보고인 경우가 있다. 그러나 기술과 비슷하지만 단순히 어떤 내용을 보고하는 경우도 있다. 여기서 우리의 관심사는 논증이 아닌 글들이 구체적으로 어떤 유형에 속하는가를 알아내는 것이 아니라, 그것이 논증인지 아닌지를 구분하는 것이다.

암 치료에 대한 다음과 같은 보고를 보자.

암은 하나의 질병이 아니라 여러 질병을 일컫는다. 그중 어떤 형태는 특히 방사선 치료로 회복될 수 있다. 방사선을 암세포 조직에만 투사하려고 주의 깊게 시도한다. 만약 암세포가 방사선의 파괴적인 효력으로 죽고 다른 세포들이 상하지 않으면 치료는 성공적이다.

암 치료에 관한 위의 보고는 앞서 말한 기술과 여러 면에서 유사하다. 어떤 상황이나 사건에 관한 정보를 전달하는 진술들로 구성되어 있을 뿐, 증명하기 위한 주장이 없기 때문에 논증이라고 할 수 없다.

(4) 해설(expository statements)

상술적 혹은 해설적 진술에서 글쓴이는 화제가 되는 문장으로 시작한 다음, 그것을 계속 전개해 나간다. 이런 종류의 글을 쓰는 사람들의 목적은 화제가 되는 문장을 증명하는 것이 아니라, 화제가 되는 문장을 계속 확장해 자세하게 전개해 나가는 것이다.

다음의 예를 살펴보자.

독서의 속도는 독자에 따라 전적으로 다르다. 어떤 독자는 필요에 따라 아주 천천히 읽기도 하고 아주 빨리 읽기도 한다. 만약 내용을 잘 이해하지 못했다면, 자신이 읽은 곳에서 멈추고 그 부분을 다시 읽을 수도 있고, 그 내용을 곰곰이 생각해 볼 수도 있으며, 메모를 할 수도 있다. 그런데 만약 그 내용이 친숙하거나 쉬운 것이라면 아주 빨리 읽을 수 있다.

이 글의 목적은 첫 번째 진술이 참임을 증명하려는 것이 아니다. 이 글은 이런저런 경우를 들면서 첫 번째 진술에 살을 붙이고 있다. 물론 어떻게 보면 이런 글은 논증과 유사한 점이 있는 것처럼 보이기도 한다. 또 어떤 경우에는 상황의 전개에 따라서 논증으로 해석될 수도 있다. 어떤 주장을 다른 주장으로 증명하거나 정당화하려는 의도가 있을 경우에 한해서 그렇다.

(5) 예시(illustration)

하나의 진술이 그 진술의 예를 나열하는 언급과 연결되는 경우도 생각할 수 있다. 우리는 이런 언급들의 모임을 예시라고 한다. 다음이 그 예다.

사람들이 흥미롭게 생각할 수 있는 컴퓨터의 특징들 중 하나는 지루하게 반복적인 일을 그것이 신속하게 끝내도록 해준다는 점이다. 예를 들어 컴퓨터로 문서를 작성하면서 어떤 단어를 다른 단어로 바꾸려고 할 때, 편집 기능은 단번에 이 일을 해치운다.

그런데 예시도 상술적인 진술처럼 맥락에 따라 논증으로 해석될 수 있다. 만약 어떤 주장을 다른 주장으로 증명하거나 정당화하려는 의도가 있는 경우에 그렇다.

(6) 설명(explanation)

논증이 아닌 것 가운데 논증과 쉽게 혼동할 수 있는 대표적인 것이 설명이다. 설명은 두 요소로 구성되어 있다. 그 하나는 '피설명항 (explanandum)'이고, 다른 하나는 '설명항(explanans)'이다. 피설명항 은 설명되어야 할 사건 혹은 현상을 기술하는 진술이다. 그리고 설 명항은 설명하려고 하는 진술 혹은 진술들이다. 그렇지만 설명은 '왜 냐하면', '…때문에' 같은 전제 지시어를 사용하기 때문에, 논증과 혼 동되기 쉽다. 아래의 예를 살펴보자.

> 나는 어제 영화관에 갔는데, 그 친구는 거기에 함께 가지 않았어. 왜냐 하면 그는 집에서 할 일이 있었거든.

이 예는 친구가 영화관에 가지 않은 사실에 대한 설명이다. 여기 '왜냐하면'이란 전제 지시어가 있다고 해서 이 예를 논증으로 보아서 는 안 된다.

설명에서 설명항은 어떤 것이 그렇게 되는 이유를 보여주고자 한 다. 반면에 논증에서 전제는 어떤 주장이 참임을 지지하고자 한다. 위의 예에서 "그는 집에서 할 일이 있었거든."이라는 명제(또는 진술) 는 그가 어제 영화관에 가지 않았다는 사실을 증명하는 것이 아니 다. 그 친구가 왜 어제 영화관에 가지 않았는지를 설명하는 것이다. 설명과 논증은 이런 점에서 다르다.

다음의 도식을 보면 양자 사이의 차이점이 좀 더 분명해질 것이다.

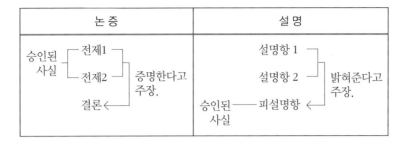

논증	설명
승인된 사실 ┌ 전제1 └ 전제2 ┘ 증명한다고 주장. 결론 ←	설명항 1 설명항 2 ┘ 밝혀준다고 주장. 승인된 사실 ── 피설명항 ←

이 도식에서 보듯이, 설명에서 나타나는 내용을 정확히 논증의 형식으로 다시 표현할 수 있다. 그렇지만 경우에 따라서 어떤 글들은 논증으로 해석될 수도 있고, 설명으로 해석될 수도 있다. 그 글이 논증인지 설명인지 말하기 위해서는 그 글이 사용되는 맥락을 알아야 한다.

다음 예를 보자.

> 괴테는 다른 어린이와 마찬가지로 동생에 대해 적개심과 질투심을 가지고 있었다. 왜냐하면『시와 진실』에서 그는 어린 시절 접시를 창밖으로 던진 일을 회상하는데, 프로이트에 따르면 그것은 동생을 창밖으로 내보내고 싶다는 욕망의 표현이기 때문이다.

이 글은 괴테가 동생에 대해 적개심과 질투심을 가지고 있었음을 설명하는 것일 수도 있다. 하지만 어떻게 보면 괴테가 동생에 대해 적개심과 질투심을 가지고 있었음을 증명하는 것일 수도 있다.

위의 글은 다음과 같이 설명 도식을 가진다.

설명항 1 :『시와 진실』에서 괴테는 어린 시절 접시를 창밖으로 던진 일을 회상한다.

설명항 2 : 프로이트에 따르면 그것은 동생을 창밖으로 내보내고 싶다는 욕망의 표현이다.

피설명항 : 괴테는 동생에 대해 적개심과 질투심을 가지고 있었다.

이 도식에서 설명항 1과 설명항 2가 참일 경우, 피설명항을 명백하게 밝혀준다고 볼 수 있다. 그러나 이 설명 도식은 바로 다음과 같은 논증 도식으로 다시 표현할 수 있다.

전제 1 : 프로이트에 따르면, 어린 시절 접시를 창밖으로 던지는 행위는 동생을 창밖으로 내보내고 싶다는 욕망의 표현이다.

전제 2 : 자전적 작품인 『시와 진실』에 따르면, 괴테는 어린 시절 접시를 창밖으로 던진 일이 있다.

결론 : 괴테는 동생에 대해 적개심과 질투심을 가지고 있었다.

이 논증에서 결론의 참은 전제 1과 전제 2에 의해 제대로 증명될 수 있어야 한다. 즉 전제 1과 전제 2가 참일 경우, 결론은 참이다. 따라서 이 글이 과연 설명인지 논증인지에 대한 판정은 이런 주장들이 사용되는 실제 맥락에 달려 있다.

어떤 명제가 참인지 거짓인지가 말하는 사람(화자)이나 듣는 사람(청자) 모두에게 명백한 경우, 우리는 그것을 정당화하거나 증명하기 위해서 논증할 필요가 없다. 어떤 논증을 하는 목적은 그 결론이 참임을 밝히는 것이기 때문이다.

여기서 논증은 승인된 사실/사실들(또는 명백하게 참 또는 거짓이라고 알려진 명제/명제들)을 이용해서 (청자에게나 화자에게) 논의의 여지가 있는 또 다른 명제의 참/거짓을 확립하기 위한 것이다. 이와 달리 설명은 이미 승인된 사실의 이유를 해명하는 명제들을 제공한다.

결국 어떤 일련의 명제들이 설명인지 논증인지는 그 명제들이 승인된 사실을 밝혀 내어 더 자세히 해명해 보기 위한 것인지 아니면 승인된 사실을 이용해서 또 다른 주장을 지지하려는 것인지에 달려 있다.

요 약

* 문장, 진술, 명제
  - 문장(sentence): 진술될 수 있도록, 언어의 규칙에 맞게 낱말을 나열한 것
  - 진술(statement): 구체적인 상황에서 사용된 참이거나 거짓인 문장
  - 명제(proposition): 문장이 주장하는 내용, 혹은 참이거나 거짓인 문장

* 논증과 추론
  - 추론(inference): 어떤 생각을 증거/근거/논거로 해서 다른 생각을 도출하는 사고과정(증거/근거/논거가 되는 생각 → 도출된 생각)
  - 논증(argument): 전제와 결론이라는 명제들의 집합으로, 추론 과정의 언어적 표현. 대체로 전제와 결론을 가리키는 지시어가 사용된다.(전제 → 결론)

* 논증의 조건: 근거(또는 이유)를 제시해 주는 명제(들)인 전제가 있어야 한다. 전제가 뒷받침하는 주장인 결론이 있어야 한다. 전제를 근거로 결론을 정당화하고자 하는 의도가 있어야 한다. 그러나 전제나 결론이 생략되는 경우가 있으므로, 꼼꼼히 따져야 한다.
  - 전제(premise): 결론에 대한 근거(혹은 이유)를 제시하는 명제
  - 결론(conclusion): 전제가 지지한다고 주장하는 명제

* 전제 지시어(premise indicator): 앞이나 뒤에 오는 명제가 전제임을 암시('왜냐하면', '…이므로', '…이기 때문에', '…을 고려한다면' 등)

* 결론 지시어(conclution indicator): 앞이나 뒤에 오는 명제가 결론임을 암시('그러므로', '따라서', '결국', '…결과로', '그런 이유로' 등)

* 논증이 아닌 글의 종류: 믿음(의견), 기술, 보고, 해설, 예시, 설명. 특히 논증과 설명은 구조가 유사하기 때문에 유의해야 한다.

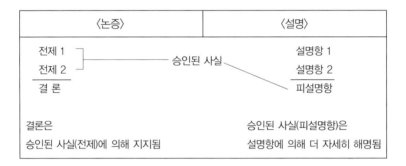

〈논증〉	〈설명〉
전제 1 ┐ 전제 2 ┘ ――― 승인된 사실 ───── 결 론	설명항 1 설명항 2 피설명항
결론은 승인된 사실(전제)에 의해 지지됨	승인된 사실(피설명항)은 설명항에 의해 더 자세히 해명됨

연습문제

I. 다음 글에 문장과 명제가 각각 몇 개 있는지 밝히시오.

1. 영진이는 내 생일 선물로 시계를 선물했다. 나는 영진이에게서 시계를 생일 선물로 받았다.

2. (학과 사무실에 장학금을 지급했다는 공고 앞에서)
   김기순: 성준이는 아니야.
   이성준: 수정이는 아니야.
   박수정: 기순이는 아니야.

정지혜: 그럼 도대체 누가 받았니?

3. 진수: 네 취미가 뭐니? 축구 좋아해?
   혜정: 너는 축구를 좋아하지? 그런데 나는 운동을 싫어해.

4. 제발 문 좀 닫아주세요. 날씨가 춥군요.

5. 내일 모임 장소에서 봅시다. 여러분을 그곳에서 만날 것을 생각만 해도 즐겁습니다.

6. 행인 1: 수요일 바로 전 날 이곳에서 집회가 있습니다.
   행인 2: 화요일에 이곳에서 집회가 있습니다.

7. 철수: 오늘은 금요일이다.
   James: It is Friday.
   Hans: Heute ist Freitag.

8. 인철이는 결혼하지 않은 성인 남자이다. 그는 총각이다.

9. 이 종이에 적힌 말은 거짓말이다.
   이 종이에 적힌 말은 거짓말이다.

10. 내일 만납시다. 2004년 5월 17일에 만나자고요.

II. 다음 문장들 중에서 진리값을 갖지 않는 것은?

1. 너는 누구니?

2. 나는 수도자야.

3. 2004년 3월 1일 12시 현재 한국의 인구는 짝수이다.

4. 타인에게 자비를 베푸는 일은 선행이다.

5. 안녕히 계세요.

6. 이 얼마나 기쁜 일인지!

7. 내일은 비가 오거나 비가 오지 않거나일 것이다.

8. 나는 외계인의 존재를 믿는다.

9. 여러분이 저를 이렇게 환영해 주시니 어찌 기쁘지 않겠습니까?

10. 창문을 열고 환기부터 합시다.

III. 다음 진술이 참인지 거짓인지 답하시오.

1. 모든 문장은 참이거나 거짓이다.

2. 어떤 명제는 참도 거짓도 아니다.

3. 어떤 진술들은 동일한 명제를 언표한다.

4. 모든 문장은 진리값을 가진다.

5. 의문문으로 진술된 문장은 결코 진리값을 가질 수 없다.

IV. 다음 논증을 포함하고 있는 글이다. 논증을 찾아 전제와 결론을 구분하고, 만약 있다면 전제 지시어와 결론 지시어를 지적하시오.

1. 어제 그 집회는 성공적이었을 거야. 재민이가 준비하는 집회는 언제나 성황을 이루거든.

2. 현주는 일 학년인 게 분명해. 왜냐하면 이 수업을 듣는 학생이 대부분 일 학년이고, 현주는 이 수업을 듣고 있잖아.

3. 너는 이 수업에서 잘할 수 없을 것 같다. 아침 일찍 수업이 있는데, 너는 여태 이른 아침 수업에 잘하지 못했다. 더구나 이것은 수학이고, 너는 모든 수학 시간에 잘하지 못했다.

4. 민수는 어제 우리 모임에 참석하지 못했다. 그의 아버지가 편찮으셔서 그는 아마 아버지를 간호해야 했을 것이다. 그러나 현주는 참석했을 것이다. 그녀는 내게 전화로 온다고 했다.

5. 오늘날 우리 사회는 다음과 같은 문제에 직면해 있다. IMF 이후 아직도 구조 조정이 완결되지 않아 경제가 불안하고, 홍수로 인한 재해지역 복구도 늦어지고 있다. 주 5일제 근무에 따른 노사 간의 문제도 아직 미해결 상태이다.

6. 철수는 그 모임에 나올 거야. 그가 모임에 나올 때마다 많은 회원들이 참석하지. 많은 사람이 나오면 의자가 많이 필요할거야. 그런데 왜 의자를 많이 준비하지 않았지?

7. 우리 후손들은 우리만큼 자연을 누릴 권리가 있다. 만일 우리가 자연을 계속해서 오염시킨다면 그들이 누릴 자연 환경은 너무나 열악한 것이 될 것이다. 따라서 현재의 자연 환경 보존을 위한 법령을 강화해야 한다.

8. 어제 그와 함께 사전 답사차 진주를 방문했다. 그는 이곳에 와 본 적이 있는 것 같다. 한 번 둘러본 후 이곳 지리에 그렇게 밝을 수는 없다.

9. 우리 인류는 항상 우리가 대처하지 못할 위기를 초래하는 일은 없었다고들 한다. 이런 주장은 결코 근거 없는 것이 아니다. 인류의 과거 역사를 돌이켜보면, 과학 기술과 우리의 반성적인 사고로 인해 우리가 직면한 많은 문제에 대해 우리는 궁극적으로 대응할 수 있었다.

10. 현재 남아 있는 문헌에서는 그 왕은 9세기에 죽었다고 기록되어 있다. 그러나 최근에 그 왕릉이 발굴되었다. 탄소동위원소에 의한 시기 측정에 따르면 왕릉 안의 시신은 600년 이내의 것이다. 그러므로 그 왕릉에서 발굴된 시체는 그 왕의 것이 아니다.

V. 다음 진술이 참인지 거짓인지 답하시오.

1. 어떤 글에서 전제 지시어나 결론 지시어가 있다면 거기에는 반드시 논증이 있다.

2. 전제란 어떤 주장이 참이라는 것을 정당화하기 위해 근거나 이유를 제시하는 명제이다.

3. 설득에 실패한 논증은 좋은 논증이 아니다.

4. 추론은 어떤 사고로부터 다른 사고를 도출하는 사고 과정을 말한다.

5. 어떤 명제들의 집합이 논증을 포함하고 있다면 각 명제는 전제이거나 결론이다.

6. 모든 논증은 둘 이상의 전제를 가지고 있다.

7. 어떤 글이 논증인가 아닌가는 어떤 주장을 정당화할 의도로 근거를 제시하고 있는가로 결정된다.

8. 어떤 글이나 말에서 전제는 항상 결론에 선행한다.

9. '그러므로', '그래서', '따라서'라는 단어는 다음에 나오는 명제가 결론임을 암시한다.

10. '…이기 때문에', '…이므로', '…이니까' 등을 전제 지시어라고 하고, 이것은 어떤 명제가 전제임을 보장해 준다.

VI. 다음 글이 논증인지 아닌지를 따져 보고, 논증이 아닐 경우 그 글의 성격이 어떤 것인지를 〈보기〉에서 고르시오.

─────────────────────〈보기〉─────────────────────

믿음(의견)　　기술　　보고　　해설　　예시　　설명

---

1. (학부모를 만나 선생님이 한 말이다.) 인철이가 이번 시험에서 반에서 꼴찌를 한 것에 대해 안타깝게 생각합니다. 인철이는 지능은 높은데 어떤 일을 해야겠다는 동기가 부족한 것 같습니다.

2. 만약 사회의 근본적인 가치가 위협당한다면 그 사회는 커다란 문제가 있다고 볼 수 있다. 가족은 우리가 추구하는 사회의 근본적인 가치 중 하나이다. 요즘 이혼율이 너무 급격히 상승해 가족이 해체되고 있다. 그러므로 우리 사회는 이 커다란 문제를 해결해야 한다.

3. 아마 저 건물이 회의가 개최되는 장소인 것 같다. 거기를 봐. 차들이 많이 주차해 있잖아?

4. 오늘 강을 따라 걸어가면서 나는 이런 것들을 보았다. 공원의 잔디는 초록빛을 잃고 갈색으로 변해 있었다. 자전거를 타던 사람들은 산책길을 가로막으며 이리저리 돌아다녔다. 그리고 빗방울이 금방이라도 떨어질 것처럼 하늘이 흐려지기 시작했다.

5. (TV를 시청하고 있는 중에 갑자기) TV가 꺼졌다. 왜냐하면 전원이 끊어졌기 때문이다.

6. 무주택자들에게는 내 집 마련의 좋은 기회가 왔다고 생각합니다. 저는 전문가로서 이름을 걸고 말씀드리는 것입니다.

7. 프로이트에 의하면 성적인 에너지가 인간 행위의 동인이 된다. 우리의 예술적 행위, 학문적 행위 등은 모두 성적인 에너지가 승화되어 표현된 것에 지나지 않는다는 것이다. 또한 우리의 꿈이나 농담도 성적인 에너지가 변형되어 표출된 것이라고 한다.

8. 컴퓨터가 교육에 미치는 영향은 논의할 필요도 거의 없다. 학습을 하는 데 연습이 중요한 과목이 간혹 있다. 예를 들어 어학 공부가 그렇다.

9. 화학적 복합물뿐 아니라 원소들도 분자 형식으로 나타낼 수 있다. 산소는 O_2로, 물은 H_2O로 소금은 $NaCl$로 나타낼 수 있다.

10. 증가하는 해외여행과 물자교류에 비추어 보아 몇 년 후면 숙련된 조종사가 부족할 것이다. 올해도 작년에 비해 해외여행과 물자교류가 각각 15%와 10% 증가했다.

VII. 다음 진술이 참인지 거짓인지 대답하시오.

1. 설명항이란 어떤 설명에서 설명되어야 할 현상을 서술하는 부분이다.

2. 어떤 설명은 맥락에 따라 논증으로 재구성될 수 있다.

3. 논증의 목적은 어떤 주장을 정당화하거나 증명하는 것이다.

4. 논증의 결론은 논증하는 맥락에서 아직 승인된 사실로 인정받지 못한 명제이다.

5. 설명의 피설명항은 설명을 하는 맥락에서 아직 승인된 사실로 인정받지 못한 명제이다.

2장
논증의 분류와 평가

1. 논증의 분류: 연역 논증과 귀납 논증

앞에서 명제들의 집합을 논증이라고 했다. 논증은 '연역 논증 (deductive argument)'과 '귀납 논증(inductive argument)'으로 나눌 수 있다. 우리 주변에서는 이 두 유형의 논증에 대해서 자주 거론하는 데, 일상에서는 이 둘을 다음과 같이 이해한다.

연역과 관련해서는,

> 연역: "몇 개의 명제가 옳다는 가정 아래 다른 명제도 옳다는 것을 논
> 리적으로 밝히는 방법. …개별적인 명제를 성립시키는 논증을
> …연역이라 할 때가 많지만 협의로는 1개 또는 2개의 명제를 전
> 제로 한 다음 다른 명제를 성립시키는 논리적 방법을 말한다."
> (『두산세계대백과사전』, 두산동아)

연역: "일반적 원리를 전제로 하여 특수한 다른 원리를 이끌어 내는 추리"(『국어대사전』, 민중서림)

연역: "일반적인 명제나 진리를 전제로 하여 보다 특수하고 개별적인 명제나 진리를 이끌어 내는 추리"(『새우리말 큰사전』, 삼성출판사)

연역: "논리학에서, 일반적인 원리로부터 논리의 절차를 밟아서 낱낱의 사실이나 명제를 이끌어 냄, 또는 그러한 일"(『동아 새국어사전』 제4판, 두산동아)

연역: "어떤 명제로부터 추론 규칙에 따라 결론을 이끌어 냄. 또는 그런 과정. 일반적인 사실이나 원리를 전제로 하여 개별적인 사실이나 보다 특수한 다른 원리를 이끌어 내는 추리를 이른다."
(『국립국어연구원 표준국어대사전』, 두산동아)

연역적 추리: "전체에 관한 일반적 지식 또는 보편적 원리를 전제로 하여 그것으로부터 특수한 지식, 원리, 사실을 논증하는 삼단논법"(『국어대사전』, 민중서림)

연역적 추리: "전제에 관한 일반적 지식 또는 보편적 원리를 전제로 하여 그것으로부터 특수한 지식, 원리, 사실을 논증하는 삼단논법"(『새우리말 큰사전』, 삼성출판사)

연역적 추론: "보편적 법칙이나 일반적 진리를 전제로 하여 특수한 개체에 대한 명제를 이끌어 내는 논증 방식"(『작문. 고등학교 교사용 지침서』, 지학사)

연역적 논증: "일반적인 사실이나 원리를 근거로 하여 다른 특수한 사실을 이끌어 내기 위한 논증"(『국립국어연구원 표준국어대사

전』, 두산동아)

귀납과 관련해서는,

귀납: "개개의 사례를 관찰함으로써 이러한 사례들이 포함되는 일반
명제를 확립시키기 위한 추리"(『두산세계대백과사전』, 두산동아)

귀납: "개개의 구체적 사실로부터 일반적인 명제 및 법칙을 유도해 내는
일. 특수로부터 보편을 이끌어 내는 일"(『국어대사전』, 민중서림)

귀납: "개개의 구체적 사실로부터 일반적인 명제나 법칙을 이끌어 내
는 일. 특수로부터 보편을 이끌어 내는 것"(『새우리말 큰사전』,
삼성출판사)

귀납: "논리학에서, 낱낱의 구체적 사실로부터 일반적인 명제나 법칙을
이끌어 냄, 또는 그러한 일"(『동아 새국어사전』 제4판, 두산동아)

귀납: "개별적인 특수한 사실이나 원리로부터 일반적이고 보편적인
명제 및 법칙을 유도해 내는 일"(『국립국어연구원 표준국어대사
전』, 두산동아)

귀납: "개개의 특수한 경험 사실로부터, 공통 요소를 찾아내어 일반적인
원리, 법칙으로 인도하는 방법에 의한 일"(『국어대사전』, 민중서림)

귀납적 추리: "특수한 사실로부터 일반적 결론을 유도해내는 추리. …
보통 귀납적 추리는 비교적 적은 사례에서 전체의 결론을 유도하
기 때문에 그 결론은 개연적인 것이 됨"(『국어대사전』, 민중서림)

귀납적 추리: "특수한 사실로부터 일반적인 결론을 이끌어 내는 추

리"(『새우리말 큰사전』, 삼성출판사)

귀납적 추론: "개개의 특수한 사실로부터 일반적인 결론을 이끌어 내
는 논증"(『작문. 고등학교 교사용 지침서』, 지학사)

위의 여러 인용에 따르면, 대체로 연역 논증은 일반적인 것에서 특
수한 것을 추론해 내는 논증이며, 귀납 논증은 특수한 것에서 일반
적인 것을 추론해 내는 논증이다.

하지만 연역과 귀납에 대한 이런 정의는 아주 편협한 것이다. 물
론 이 정의들이 완전히 틀린 것은 아니지만, 연역 논증과 귀납 논증
에 부분적으로 적용되는 것만 이야기하기 때문이다. 특히 연역, 귀
납과 관련해서, 논리학을 처음으로 체계화한 고대 그리스의 철학자
아리스토텔레스는 귀납을 "개별자들에서 보편자로 향하는 통로"로
규정한다. 그렇지만 아리스토텔레스는 연역을 귀납의 경우를 뒤집
어서 보편자에서 개별자로 이르는 과정으로 규정하지는 않는다. 아
마도 연역과 귀납에 대한 편협한 정의는 귀납에 대한 아리스토텔레
스의 규정을 연역에 적용하면서 나타난 것으로 볼 수 있다.

이제 연역과 귀납을 명확하게 규정해 보자. 간단히 말해서 연역
논증과 귀납 논증은 논증을 구성하는 전제와 결론의 지지관계에 따
라 구분된다. 연역 논증에서는 전제가 결정적 근거를 결론에 제공한
다고 주장된다. 즉 연역 논증은 전제로부터 결론을 논리적 필연성이
나 확실성을 가지고 이끌어 낼 수 있다고 기대되는 논증이다. 따라
서 연역 논증에서 만약 전제들이 모두 참이라면, 결론은 반드시 옳
다고 주장된다. 다음의 예를 보자.

만약 내가 달에 간다면, 내 몸무게는 줄어들 것이다. 만약 내 몸무게가 줄어든다면, 나는 날씬하게 보일 것이다. 그러므로 만약 내가 달에 간다면, 나는 날씬하게 보일 것이다.

위의 연역 논증에서 결론의 내용은 전제의 내용 속에 이미 함축되어 있다. 그래서 전제가 참이라면, 결론도 필연적으로 참일 수밖에 없다. 반면에 귀납 논증에서는 전제가 결론에 근거를 제공하기는 하나, 결정적 근거가 아니라 어떤 정도의, 즉 개연적(probable) 근거를 제공할 수 있을 뿐이다. 즉 귀납 논증은 결론이 옳다는 것을 증명하기 위해서 그럴듯한 증거를 전제로 제시하는 논증이다. 그래서 귀납 논증에서는 전제가 모두 참이라 하더라도, 전제로부터 결론을 논리적 필연성이나 확실성을 가지고 이끌어 내리라 기대할 수 없다. 연역 논증과 달리, 귀납 논증에서는 전제들이 모두 참이라 하더라도 결론이 참일 개연성이 높을 뿐, 결론이 반드시 참이라고 기대할 수는 없다. 전제의 참이 결론의 참을 그럴듯하게 지지한다고 주장되는 논증이 귀납 논증인 것이다. 다음의 예를 보자.

이제까지 관찰된 백조는 모두 하얗다. 이 호수에서 백조 한 마리가 새로이 관찰되었다고 한다. 그러므로 그 백조는 흰색일 것이다.

이런 귀납 논증의 결론은 그 참을 전제의 참에서 확실하게 보장받지 못한다. 왜냐하면 결론의 내용이 전제의 내용을 넘어서는 것이기 때문이다. 전제에서 제시하는 새로이 관찰된 백조 한 마리가 결론에서 주장하는 흰색의 백조라는 것이 절대적으로 보장되지는 않는다.

연역 논증의 목표는 주장의 확실성을 보장하려는 것이다. 연역 논증은 전제와 결론 사이에 논리적인 비약이 없다고 주장되는 논증이다. 반면에 귀납 논증의 목표는 전제의 주장을 넘어서서 그것이 가진 지식을 확장하는 데에 있다. 귀납 논증은 아무리 성공적이라 하더라도, 전제와 결론 사이에 논리적인 비약이 있다. 그러나 성공적인 연역 논증의 결론은 전제에 이미 함축되어 있다. 그런데 연역 논증과 귀납 논증 중 어떤 논증이 더 낫다고 말할 수는 없다. 연역 논증이든 귀납 논증이든 나름의 목표와 한계가 있기 때문이다.

일찍이 아리스토텔레스는 연역보다는 귀납이 "더 설득적이고 더 명료하다."고 했다. 그래서 "감각에 의해서 더 잘 알게 되고 많은 사람들에게 공통된다."고도 했다. "이에 반해서 (연역) 추론은 반대의 논의를 펼치는 사람에 대해서 더 강압적이고 더 효과적이다."라고 했다. 여기서 우리가 연역과 귀납의 낫고 못함을 따질 이유는 없다. 연역과 귀납을 적절하고 균형 있게 활용하는 것이 중요하다. 이런 이유에서 연역 논증과 귀납 논증을 제대로 이해하는 일은 비판적 논의를 추구하는 사람들에게 가장 기본이 된다.

2. 논증의 평가

우리는 논증을 전제와 결론의 지지관계에 따라 연역 논증과 귀납 논증으로 분류했다. 이제 이런 논증을 어떻게 평가하는지 알아보자. 논증은 두 가지 기준으로 평가할 수 있다.

첫째, 전제와 결론의 지지관계에 따른 기준이다. 연역 논증은 전제를 참이라고 가정했을 때, 결론은 필연적으로 도출된다고 주장된다. 즉 연역 논증에서 결론의 참은 전제에서 필연적으로(혹은 확실하게, 절대적으로) 도출되는 것으로 기대된다. 그러나 귀납 논증은 연역 논증과 다르다. 귀납 논증은 전제를 참이라고 가정했을 때, 결론의 참이 그럴듯하게(또는 개연적으로) 도출된다고 주장될 뿐이다. 둘째, 제시된(또는 주어진) 전제의 참/거짓에 따른 기준이다. 연역 논증이든 귀납 논증이든 전제가 실제로 참인가를 물을 수 있다.

연역 논증의 경우에는 형식적으로 결론이 전제에서 필연적으로 도출되는가뿐 아니라, 그 논증의 전제가 모두 참인지를 평가한다. 귀납 논증의 경우에는 결론이 전제에서 아주 그럴듯하게 도출되면서, 그 논증의 전제가 모두 참인지를 따진다.

이 두 기준에 따라 논증을 평가할 때, 먼저 첫 번째 기준으로 논증을 검토해서 논증의 타당성과 강도를 따진다. 그다음 두 번째 기준에 따라 검토해서 논증의 건전성과 설득력을 따진다.

(1) 연역 논증: 타당성(validity)과 건전성(soundness)

1) 타당한 논증과 부당한 논증

타당한(valid) 논증은 전제를 참이라고 가정했을 때 그 전제가 결론의 참을 확실하게 보증해 주는 연역 논증이다. 연역 논증에서 전제의 참이 결론의 참을 확실하게 보증한다고 주장하였지만, 실제로 그렇지 못한 경우가 얼마든지 있을 수 있다. 우리는 이런 연역 논증을 부당한(invalid) 논증이라고 말한다. 연역 논증은 결론의 내용이 전제 속에 이미 모두 들어 있거나 혹은 암암리에 함축되어 있다고 주장되는 논증인데, 실제로 그런 연역 논증은 타당하고, 그렇지 못한 연역 논증은 부당하다. 따라서 '타당하다', '부당하다'는 연역 논증에만 적용되는 용어이다.

다음의 예를 살펴보자.

    (a) 모든 인간은 죽는다.
        소크라테스는 인간이다.
        그러므로 소크라테스는 죽는다.

    (b) 모든 말은 귀가 셋이다.
        이 동물은 말이다.
        그러므로 이 동물은 귀가 셋이다.

    (c) 어떤 사람은 동물이다.
        어떤 동물은 땅 위에 산다.
        그러므로 어떤 사람은 땅 위에 산다.

(a)와 (b)는 만약 전제가 모두 참이라면, 결론의 참이 절대적으로 보장되는 논증이다. 즉 타당한 연역 논증이다. 그러나 (c)의 경우에는 전제를 모두 참이라고 가정할 때, 그 결론이 필연적으로 도출되지 않는다. 이 논증은 연역적으로 부당한 논증이다. 이처럼 전제가 모두

참이면서 결론이 거짓이 되는 일은 논리적으로 얼마든지 가능하다.

어쩌면 이 논의가 혼란스러울 수 있다. 논증 (b)에서, 첫 번째 전제를 참이라고 가정하고, 더군다나 그로부터 그 결론을 참이라고 도출한다는 점에서 말이다. 또 (c)는 (b)에 비해 별로 문제가 없어 보이는데도 부당한 논증이라고 하는 점에서 그렇다. 하긴 언뜻 보아도 (b)의 결론은 참이 아니므로 뭔가 이상해 보인다. 그런데 실제로 전제와 결론이 참이어야만 타당한 논증이 되는 것은 아니다. 타당성은 전제와 결론의 지지관계가 절대적인가 아닌가를 평가하는 것이기 때문이다.

2) 참과 타당성

명제는 앞에서 보았다시피 어떤 것을 주장하는 내용을 담고 있는 문장이다. 그런데 그 주장의 내용은 참이거나 거짓일 수 있다. 이처럼 참과 거짓은 명제와 관련하여 적용할 수 있는 것이다. 명제들로 구성된 논증에서 참과 거짓은 전제와 결론에 적용되는 것이지, 결코 논증 자체에 적용되는 게 아니다. 참인 논증이나 거짓인 논증이란 말은 불합리하다. 또한 연역 논증에서는 논증이 '타당하다', '부당하다', 또는 '건전하다', '건전하지 않다'라고 말해야만 한다.

일반적으로 논증의 타당성은 논증을 구성하는 명제들이 실제로 참인지 거짓인지와 무관하다. 그런데 오로지 한 가지 경우에만 전제와 결론의 실제 진리값이 논증의 타당성과 관계가 있다. 만약 전제가 참인데 결론이 거짓인 연역 논증이 있다면, 그것은 부당한 논증이다. 왜냐하면 타당한 논증은 전제가 참일 때 결론이 필연적으로 참인 논증이라고 정의되기 때문이다. 이처럼 연역 논증의 타당성은 전제와 결론 사이의 지지관계, 구조, 형식과 연관되어 있다. 다시 말해서 일반적으로 연역 논증의 타당성은 전제나 결론의 참/거짓과 연관되어 있는 게 아니다.

어떤 연역 논증에서 결론이 참이라고 해서, 그 논증이 타당한 것으로 입증되는 것은 아니다. 또한 어떤 연역 논증에서 결론이 거짓이라고 해서, 그 논증이 부당한 것으로 입증되는 것도 아니다. 경우에 따라서는 전제들 중 일부 혹은 전부가 거짓이고, 결론이 참인 타당한 논증이 있을 수 있다. 또한 전제들 중 일부 혹은 전부가 거짓이고, 결론이 거짓인 타당한 논증이 있을 수도 있다. 그리고 모든 전제와 결론이 참인 부당한 논증이 있는 반면에, 모든 전제와 결론이 거짓인 부당한 논증도 있을 수 있다. 이와 같은 사실과 "타당한 논증은 전제가 참일 경우 필연적으로 결론이 참인 논증이다."라는 정의가 결코 어긋나지는 않는다.

아래의 논증들은 모두 타당한 논증들이다.

(d) 모든 개는 깃털을 가지고 있다.   거짓

  모든 새는 개이다.   거짓

  그러므로 모든 새는 깃털을 가지고 있다.   참

(e) 모든 새는 부리를 가지고 있다.   참

  모든 고양이는 새이다.   거짓

  그러므로 모든 고양이는 부리를 가지고 있다.   거짓

(f) 모든 식물은 죽는다.   참

모든 백합은 식물이다.   참

그러므로 모든 백합은 죽는다.   참

(g) 모든 개구리는 날개가 있다.   거짓

모든 말은 개구리이다.   거짓

그러므로 모든 말은 날개가 있다. 거짓

연역 논증의 타당성(또는 부당성)과 전제와 결론의 진리값 간의 관계는 다음의 표에서 쉽게 확인할 수 있다.

	전제	결론	타당한 논증	부당한 논증
(가)	참	참	가능	가능
(나)	참	거짓	불가능	가능
(다)	거짓	참	가능	가능
(라)	거짓	거짓	가능	가능

위의 표에서 보듯이, 타당한 논증에서 전제와 결론의 진리값은 실로 다양하게 나타난다.

3) 건전한 논증과 건전하지 않은 논증

다시 (a), (b), (c)의 세 논증으로 돌아가자. 이번에는 이 세 논증을 전제가 실제로 참인가 거짓인가를 따지는 두 번째의 기준으로 평가해 보자.

(a) 모든 인간은 죽는다.

소크라테스는 인간이다.

그러므로 소크라테스는 죽는다.

(b) 모든 말은 귀가 셋이다.

이 동물은 말이다.

그러므로 이 동물은 귀가 셋이다.

(c) 어떤 사람은 동물이다.

어떤 동물은 땅 위에 산다.

그러므로 어떤 사람은 땅 위에 산다.

우선 (a)의 두 전제를 검토해 보자. 분명 (a)의 두 전제는 참이다. 그리고 그 결론도 참이라는 점에 이의를 달 수 없을 것이다. 즉 (a)의 두 전제는 참이면서, (a)는 타당한 논증이다. 우리는 이런 논증을 건전한(sound) 논증이라고 한다.

그러나 (b)는 타당한 논증이지만, 첫 번째 전제는 거짓이다. 다시 말해서 거짓인 전제를 포함하고 있지만, 타당한 논증이다. 우리는 (b)와 같은 연역 논증을 건전하지 않은(unsound) 논증이라고 부른다. (c)도 건전하지 않은 논증이다. 왜냐하면 부당한 논증은 모두 건전하지 않은 논증에 해당하기 때문이다.

어떤 연역 논증이 건전한 논증이 되기 위해서는, 두 가지 평가 기준을 다 만족시켜야 한다. 첫째, 전제를 참이라고 가정했을 때 결론의 참이 필연적으로 도출되어야 한다. 둘째, 전제가 모두 실제로 참이어야 한다. 이 중 하나의 기준이라도 만족시키지 못하는 연역 논증은 모두 건전하지 않은 논증이다.

아래의 표는 연역 논증을 개괄적으로 보여준다.

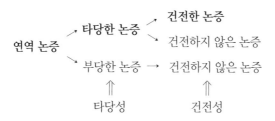

(2) 귀납 논증: 강도(strength)와 설득력(cogency)

1) 강한 논증과 약한 논증

이제 귀납 논증을 살펴보자. 우선 첫 번째 기준, 즉 전제가 참이라고 가정했을 때 결론의 참이 아주 그럴듯하게 도출되는가를 따져 보자.

(h) 이제까지 편두통을 호소하는 내 환자에게 아스피린을 처방했다. 그들 중 80%가 약을 복용한 다음 완쾌되었다. 철수는 나에게 편두통을 호소해 왔다. 나는 그에게 아스피린을 처방했고, 그는 아마도 좋아질 것이다.

(i) 이제까지 내 논리학 수업을 들은 학생들 중 빨간 볼펜으로 필기한 학생들 중 80%가 A를 받았다. 인혜는 이번 학기 내 수업을 듣는

데, 나는 빨간 볼펜으로 필기하라고 충고했다. 인혜는 그렇게 했는데, 아마도 A를 받을 것이다.

우선 (h)는 전제를 참이라고 가정했을 때, 결론의 참이 아주 그럴 듯하게 보장될 수 있는 귀납 논증이다. 통상적인 경우에 이런 논증은 비교적 강한(relatively strong) 논증이라고 할 수 있다. 그렇지만 강한 논증이라고 하더라도, 결론이 거짓이 될 수 있다. 예를 들어 철수가 아스피린에 알레르기 반응을 보이는 환자일 수도 있기 때문이다. 또 철수의 두통은 단순한 두통이 아니라, 다른 질병으로 인한 것일 수도 있기 때문이다. 그러나 대개는 아스피린이 두통을 완화한다는 것을 알고 있기 때문에 철수가 나아질 것으로 생각했다. 그러므로 (h)가 강하다고 생각하는 것이 합당하다.

그러나 (i)는 어떤가? (i)는 (h)와 거의 형태가 유사하다. 그러나 (i)의 경우 전제가 참이라 하더라도, 통상적으로 그 전제가 결론이 참임을 그럴듯하게 보장해 주지는 못한다. 그래서 (i)는 비교적 약한(relatively weak) 논증이다. 우리는 이것을 어떻게 알 수 있는가? 통상적으로 빨간 볼펜으로 필기하는 것이 논리학 공부와 어떤 연관관계가 있다고 알려져 있지 않다. 그래서 (i)의 전제가 참이라 하더라도 그 전제로부터 그 결론을 도출하는 것은 적절해 보이지 않는다. 그렇기 때문에 (i)가 약하다고 생각하는 것이 합당하다.

그런데 문제는 실제로 우리가 귀납 논증을 대할 때 그 논증이 강하거나 약하다고 간단하게 결정할 수 없는 경우가 있다는 것이다. 우선 그 논증에서 명시적으로 제시된 전제로부터 얻는 정보가 충분하지 않을 수 있다. 그렇다면 어떤 다른 정보가 가정되어 있는지 살펴보아야 할 것이다. 논증이 주장되는 맥락에서 암암리에 가정된 전제들이 무엇인지 더 많이 알고 있다면, 귀납 논증의 강도를 평가하는 데 더 유리한 위치에 있게 되는 것이다.

또한 어떤 귀납 논증의 강도를 평가하는 데는 우리가 그저 상식적으로 알고 있는 정보만으로는 충분하지 않을 수 있다. 여러분은 위에 나온 두 논증의 강도를 평가하는 데 별로 어려움이 없었을 것이다. 여러분은 두통과 아스피린 간에는 어떤 인과관계가 있지만, 빨간 볼펜으로 필기하는 것과 논리학을 잘하는 것 간에는 아무런 인과관계가 없음을 상식적으로 잘 알고 있기 때문이다. 만약 물리학이나 생물학, 의학 내에서 귀납 논증이 주어지고, 우리가 그것을 평가한다고 해보자. 그 내용이 좀 더 전문적인 것일 경우, 이에 대한 전문지식이 없는 사람들은 그 귀납 논증이 강한지 약한지 평가할 수 없을 것이다. 그러기 위해서는 그 분야에 관련된 배경지식이 있어야 할 것이다.

이런 이유에서 실제 어떤 귀납 논증이 강한가 약한가를 평가하는 데에는 한계가 있게 마련이다. 그렇다면 그런 논증을 다룰 때 어떤 전제를 덧붙이면 귀납 논증이 더 강해지는가, 아니면 더 약해지는가를 생각해 보는 것이 더 생산적일 것이다.

2) 연역 논증과 귀납 논증의 차이

앞서 본 연역 논증은 타당하거나 부당하거나 둘 중 하나이지, 그 중간은 아예 없다. 어떤 연역 논증이 다른 연역 논증보다 더 타당하다거나 덜 타당하다거나 하는 식의 비교는 가능하지 않다는 말이다.

이와 달리 귀납 논증은 강하거나 약한 정도를 따질 수 있다. 이 귀납 논증이 저 귀납 논증보다도 더 강한 논증이라거나 더 약한 논증이라고 할 수 있다는 말이다. 귀납 논증에서 이것은 바로 전제와 결론의 관계에서 말할 수 있는 강도(强度)의 문제이다.

연역 논증과 귀납 논증 간에는 또 다른 차이가 있다. 부당한 논증에 어떤 적절한 전제를 덧붙이면, 어떤 것은 타당한 연역 논증으로 바뀐다. 그렇지만 타당한 연역 논증에 그 어떤 전제를 덧붙이더라도, 그것은 부당한 연역 논증으로 바뀌지 않는다. 바로 이 점에서도 귀납 논증은 연역 논증과 다르다. 어떤 귀납 논증의 강도가 어떻든지 간에 그 귀납 논증에 어떤 적절한 전제를 덧붙이면, 그 논증은 이전보다 더 강한 논증으로도 더 약한 논증으로도 바뀔 수 있기 때문이다.

예를 들어 위의 (h)에다 "철수는 아스피린 알레르기가 있다."는 전제를 덧붙여 보자. 이 경우 결론이 참이 된다는 것은 덜 그럴듯하게 보인다. 그래서 원래의 논증보다도 훨씬 더 약하게 바뀐다. 그러나 이와 달리 (h)에 "철수는 아스피린 알레르기가 없는 보통의 체질이며, 아스피린의 성능은 날로 향상된다."는 전제를 덧붙이면, 이 논증은 원래의 논증보다도 훨씬 더 강해질 것이다. (i)의 경우에도 마찬가지이다. 만약 두뇌를 연구하는 어떤 학자가 우리 두뇌에서 논리적 사고를 지배하는 호르몬과 빨간 볼펜의 어떤 성분 간의 인과관계를 발견했다고 하자. 그래서 우리의 원래 논증에 그 전제를 덧붙이면 위의 논증은 이전보다 더 강해진다. 그 논증의 강도는 그 두뇌학자의 이론이 얼마나 신뢰할 만한 것인가에 크게 의존한다.

연역 논증과 귀납 논증의 또 다른 차이가 있다. 연역 논증의 타당성은 그 논증의 형식에 의해 결정된다는 것을 알 수 있다. 가령 앞의 (a)와 (b)는 같은 논증 형식, 즉 "모든 P는 Q이다. A는 P이다. 그러므로 A는 Q"라는 형식을 가진다. 사실 P, Q, A를 그 어떤 단어로 대체해도 그 논증은 타당하다. 그 논증들에서 전제를 참이라고 가정했을 때, 결론은 필연적으로 도출된다. 반면에 귀납 논증은 논증의 형식이 그 논증의 강도를 결정하는 데 아무 역할을 하지 못한다. (h)와 (i)는 동일한 형태를 가지고 있다. 그러나 한 논증은 비교적 강하고 다른 논증은 약하다.

3) 설득력 있는 논증과 설득력 없는 논증

강한 귀납 논증 중에서 전제가 모두 실제로 참인 논증을 우리는 설득력 있는(cogent) 논증이라고 한다. 그러나 강한 귀납 논증이라고 하더라도 주어진 전제들 가운데 거짓인 전제가 끼어 있다면, 그것은 설득력 없는(uncogent) 논증이다. 또한 약한 논증은 모두 설득력 없는 논증에 해당한다. 따라서 우리는 귀납 논증에서 설득력 있는 논증을 추구하는 것이 바람직하다.

아래의 도식으로 귀납 논증을 개괄해 볼 수 있다.

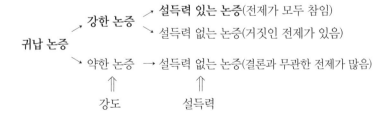

* 논증 = 전제(들) + 결론
  어떤 명제들의 집합이 논증인가 아닌가는 결론의 참을 정당화하기 위해 근거를 제 시하고 있는가에 따라 결정된다.

* 논증의 분류
  (1) 연역 논증: 전제로부터 결론의 참이 필연적으로 도출된다고 주장되며, 결론은 전제의 내용을 넘어서지 못한다고 기대됨(즉 결론의 내용은 이미 전제에 함축 되어 있다고 기대됨)
  (2) 귀납 논증: 전제로부터 결론의 참이 개연적으로 도출된다고 주장되며, 결론은 전제의 내용을 넘어선다고 기대됨

* 연역 논증과 귀납 논증에는 각각의 목표와 한계가 있다.
  그러므로 이 두 유형의 논증을 적절하고 균형 있게 활용하는 것이 중요하다.

* 논증의 평가 기준: 전제와 결론의 지지관계에 따른 기준, 전제의 참/거짓에 따른 기준

* 연역 논증: 전제의 참이 결론의 참을 필연적으로 보장해 준다고 주장되는 논증
  (1) 타당한 논증과 부당한 논증
      타당한 논증: 전제의 참이 결론의 참을 필연적으로 보장해 주는 논증
      부당한 논증: 전제의 참이 결론의 참을 필연적으로 보장해 준다고 주장되나 실제로 그렇지 못한 논증
  (2) 건전한 논증과 건전하지 않은 논증
      건전한 논증: 타당한 논증 + 전제가 실제적으로 참
      건전하지 않은 논증: ① 부당한 논증 혹은 ② 타당한 논증 + 적어도 하나의 전제가 실제로 거짓

* 귀납 논증: 전제의 참이 결론의 참을 개연적으로/그럴듯하게 보장해 준다고 주장 되는 논증
  (1) 강한 논증: 전제의 참이 결론의 참을 개연적으로/그럴듯하게 보장해 주는 논증

약한 논증: 전제의 참이 결론의 참을 개연적으로/그럴듯하게 보장해 준다고
주장되나 실제로 그렇지 못한 논증
(2) 설득력 있는 논증: 강한 논증 + 전제가 실제로 참
설득력 없는 논증: ① 약한 논증 혹은 ② 강한 논증 + 적어도 하나의 전제가
실제로 거짓

	첫째 기준	둘째 기준
연역 논증	타당성(validity)	건전성(soundness)
귀납 논증	강도(strength)	설득력(cogency)

연습문제

I. 다음의 논증이 연역 논증인지 귀납 논증인지 구분하시오. 그리고 그 이유를
설명하시오.

1. 피사의 사탑 앞에는 "여기서 갈릴레이가 낙하하는 물체에 대한 실험을
했다."는 표지판이 붙어 있다. 갈릴레이는 그곳에서 낙하 물체에 대한
실험을 했나 보다.

2. 매년 겨울 평균 기온이 상승하는 추세를 보인 것은 이미 20년 전부터이
다. 아마 계속 이런 식으로 나간다면, 내년 겨울도 아주 춥지는 않을 것
이다.

3. 동성애적인 성향은 유전에 의한 것이거나 아니면 문화적인 것이다. 그
런데 문화적인 것은 아니라는 것이 확실히 밝혀졌다. 그러므로 동성애
적 성향은 유전적인 것이다.

4. 만약 헤밍웨이가 『킬리만자로의 눈』을 썼다면, 그는 자살했다. 그런데

그는 『킬리만자로의 눈』을 쓰지 않았다. 그러므로 그는 자살하지 않았을 것이다.

5. 빛나는 모든 것은 금이 아니다. 어떤 금은 값진 장식품이다. 그러므로 빛나는 어떤 것은 값진 장식품이다.

6. 내일 해가 뜰 것이다. 어제도 그저께도, 또 그 이전에도 계속 해가 떴기 때문이다.

7. 모차르트가 「피가로의 결혼」을 작곡했다면 「마술 피리」도 작곡했다. 그런데 모차르트는 「마술 피리」를 작곡했다. 따라서 그는 「피가로의 결혼」도 작곡했다.

8. 일주일에 세 번 이상 토마토를 섭취하는 성인들은 그렇지 않은 사람보다 암에 걸릴 확률이 낮다. 영수 부모님은 암에 걸릴 확률이 낮을 것이다. 그분들은 매일 토마토를 드신다고 한다.

9. 만약 포도주가 콜레스테롤 수치를 낮춘다면 그것은 건강에 이롭다. 그리고 만약 포도주가 고기 맛을 좋게 만든다면 그것도 건강에 이롭다. 만약 포도주가 콜레스테롤 수치를 낮춘다면 그것은 고기 맛을 좋게 만들 것이다.

10. 출구 조사 결과 김 후보자를 지지한 사람들이 67%였다. 따라서 이번 선거에는 김 후보자가 당선되리라고 생각한다.

II. 다음 진술이 참인지 거짓인지 답하시오.

1. 어떤 논증에서 결론이 전제가 가지고 있는 내용 이상의 것을 주장하고자 하면 그것은 귀납 논증이다.

2. 귀납 논증이란 특수한 사실을 기반으로 일반적인 사실을 정당화하는 논증이다.

3. 전제와 결론 사이에 기대되는 지지관계가 어떤 논증이 연역적인지 귀납적인지를 결정한다.

4. 연역 논증의 결론은 특수한 사실에 관한 것이다.

5. 연역 논증은 전제가 결론을 절대적으로 지지한다고 주장하는 논증이다.

6. 과거 사실이나 현재 사실로부터 미래의 일을 예측하는 데에는 귀납 논증이 사용된다.

7. 연역 논증은 전제가 말하는 내용 이상의 것을 결론에서 주장하고자 하지 않는 논증이다.

8. 귀납 논증의 결론은 일반적인 사실에 관한 것이다.

9. 귀납 논증의 전제와 결론이 모두 특수한 사실을 기술하는 명제일 수 있다.

10. 연역 논증의 전제와 결론이 모두 일반적인 사실을 기술하는 명제일 수 있다.

III. 다음 연역 논증이 타당한지 부당한지 판별하시오.

1. 어떤 사람은 죽는다. 나는 사람이다. 그러므로 나는 죽는다.

2. 만약 인혜가 오지 않았더라면 철수는 오지 않았을 것이다. 만약 네가 오지 않았다면 인혜가 오지 않았을 것이다. 그러므로 만약 네가 오지 않았더라면 철수가 오지 않았을 것이다.

3. 만약 여러분이 대학에 가기 원한다면 학사 학위를 갖게 될 것이고 취직을 하기 원한다면 돈을 벌겠지요. 여러분은 취직하거나 대학에 갑니다. 그러면 여러분은 돈을 벌거나 학사 학위를 갖게 되겠지요.

4. 만약 존 레논이 암살되었다면 그는 죽었다. 그는 죽었다. 그러므로 그는 암살되었다.

5. 모든 생명에는 한계가 있다. 한계가 있는 것은 모두 아름답다. 그러므로 모든 생명은 아름답다.

IV. 다음 연역 논증이 건전한지 그렇지 않은지 판별하시오.

1. 어떤 학생들은 머리 염색을 한다. 어떤 학생은 남학생이다. 그러므로 머리 염색을 한 어떤 학생은 남학생이다.

2. 창원은 경상남도의 도청 소재지이거나 충청북도의 도청 소재지이다. 창원은 충청북도에 있지 않다. 그러므로 창원은 경상남도의 도청 소재지이다.

3. 어떤 사자도 호랑이가 아니다. 어떤 호랑이도 코브라가 아니다. 그러므로 어떤 코브라도 사자가 아니다.

4. 만일 빛보다 빠른 물질이 있다면 우리는 과거나 미래로 시간 여행을 할 수 있다. 그런데 우리는 과거나 미래로 시간 여행을 할 수 없다. 그러므로 빛보다 빠른 물질은 없다.

5. 소금은 염소를 포함하고 있다. 바닷물은 소금을 포함하고 있다. 그러므로 바닷물에는 염소가 있다.

V. 다음 귀납 논증에 어떤 전제를 덧붙이면 더 강한 논증이 되겠는가? 또한 어떤 전제를 덧붙인다면 더 약한 논증이 되겠는가?

1. 철수는 안색이 창백해 보인다. 철수가 몸이 좋지 않은가 보다.

2. 난 「반지의 제왕」 1, 2편이 다 재미있었어. 3편도 볼 거야. 재미있을 거야.

3. 옆집에 사는 아저씨는 직업이 없나 봐. 평일 아침이나 낮에도 항상 집에 있으니까.

4. 돼지: 우리 주인은 이제까지 매일 아침 사료를 주었어. 그러니 내일도 줄 거야.

5. 토마토를 매일 먹는 사람은 그렇지 않은 사람보다 암에 걸릴 확률이 3배나 낮다. 나는 오늘부터 토마토를 매일 먹을 것이다. 그러면 암에 걸리지 않을 것이다.

VI. 다음 진술이 참인지 거짓인지 답하시오.

1. 어떤 연역 논증은 완전히 타당한 것은 아니지만 거의 타당하다 할 수 있다.

2. 귀납 논증은 다양한 정도의 강도를 가진다.

3. 부당한 연역 논증과 약한 귀납 논증은 결국 같은 것이다.

4. 타당한 논증은 전제가 거짓이고 결론이 거짓일 수 없다.

5. 부당한 논증은 전제가 참이고 결론이 거짓일 수 없다.

6. 설득력 있는 논증은 결론이 거짓으로 판명될 수 있다.

7. 건전한 논증은 타당하며 전제가 모두 참인 연역 논증이다.

8. 설득력 없는 논증은 모두 약한 논증이다.

9. 건전하지 않은 논증은 모두 부당한 논증이다.

10. 타당한 논증이 거짓인 결론을 가질 수 있다.

3장
논증의 재구성과 분석

일상적인 글이나 말에 나오는 논증 중에는 앞에서 제시한 예처럼 간단하지 않은 경우가 많다. 사람에 따라 차이는 있겠지만, 간단한 논증은 쉽게 따져 낼 수 있을 것이다. 그렇지만 구조가 복잡한 논증은 그러지 못할 것이다. 여기서는 실제 글에서 발견되는 여러 논증을 분석해 보자.

1. 논증의 재구성: 표준틀 작성하기

말이나 글에서 논증을 파악할 때, 논증의 논리적 구조를 보여주는 표준틀은 다음과 같다.

전제 1
전제 2

전제 3

    ⋮
    ──────────
그러므로 결론

사실 우리가 이처럼 명확한 형태의 논증을 접하는 경우는 드물다. 그러나 어떤 논증이든 전제와 결론을 분리해서 정돈해 보면, 이런 방식으로 재구성할 수 있다. 전제의 수는 하나일 수도 있지만, 경우에 따라서는 결론이 참임을 확립하는 데 필요한 만큼 더 늘어날 수도 있다. 또 명백하게 표현되어 있는 것은 아니라 할지라도, 문맥에서 전제들 중 일부를 파악해 낼 수도 있다. 따라서 이처럼 생략된 전제는 논증을 표준틀로 재구성할 때 세심하게 보충해야 한다.

다음 논증들을 보자.

(a) 나는 내일부터 주말에는 스키를 타러 가려고 한다. 그러므로 나는 내일 강원도에 있을 것이다.

(b) 나는 이번 주말에 스키를 타러 가려고 한다. 그러므로 나는 내일 강원도에 있을 것이다.

(c) 나는 이번 주말에 스키를 타러 가려고 한다. 강원도에 있는 스키장으로 갈 거야.

위의 논증들을 잘 읽어보면, 진술되지 않은 전제가 있음을 알 수 있다. 우선 (a) 논증의 경우, 숨겨진 전제는 바로 '스키장이 강원도에 있다.'이다. 따라서 이 논증은 아래와 같은 표준틀 (a)'로 재구성될 수 있다.

(a)' 내일부터 나는 주말에 스키를 타러 가려고 한다.
[내가 가려고 하는 스키장은 강원도에 있다.]
그러므로 나는 내일 강원도에 있을 것이다.

재구성된 위의 논증은 아주 자연스럽다.

또한 (b) 논증은 (a) 논증과 아주 유사하다. 단지 (b)에는 '내일부터'라는 구절이 빠져 있을 뿐이다. 그렇지만 상황은 아주 다르다. (b)를 재구성한 표준틀 (b)'는 다음과 같다.

(b)' 나는 이번 주말에 스키를 타러 가려고 한다.
[내일부터가 주말이다.]
[내가 가려고 하는 스키장이 강원도에 있다.]
그러므로 나는 내일 강원도에 있을 것이다.

(a)'와 (b)'를 비교하면, (b)'에는 (a)'에 없는 '[내일부터가 주말이다.]'라는 숨겨진 전제가 더 있다. 그렇지만 (a)와 마찬가지로 (b)도 큰 문제 없이 받아들일 수 있다.

논증에서 어떤 전제를 생략하는 경우로는 몇 가지가 있다. 가장 일반적인 경우는 논증자가 보기에 그 전제가 자신에게나 그 논증을 듣게 되는 사람에게 너무나 명백해서 별도로 쓰거나 말할 필요가 없는 때이다. 다른 경우로는 그 정반대의 경우를 생각할 수 있다. 즉 문제가 되는 전제가 의심스러워서 논증자가 그것을 청중에게 숨기기 위해 생략하는 것이다. 그럼으로써 논증자는 의도적으로 논증 전체를 신뢰할 만한 것으로 보이도록 하는 것이다.

위의 (a), (b), (c)에서 (c)는 (a), (b)와 다르다. (a)와 (b)에 전제가 생략되어 있지만, (c)는 결론이 생략되어 있다. 그래서 (c) 논증은 다음의 표준틀 (c)′로 재구성할 수 있다.

(c)′ 나는 이번 주말에 스키를 타러 가려고 한다.

강원도에 있는 스키장으로 갈 거야.

[그러므로 나는 이번 주말에 강원도에 있을 것이다.]

논증 (c)는 '그러므로 나는 이번 주말에 강원도에 있을 것이다.'라는 결론을 생략하고 있다. 이런 경우는 일상적인 상황에서 아주 흔한 일이다. 이처럼 일상적 상황에서 굳이 결론을 밝히지 않더라도 혼란이 일어나지 않으면 결론을 생략할 수도 있다.

논증을 표준틀로 재구성할 때, 명백히 제시되어 있지 않은 부분이 있다면 그 생략된 부분을 보충해야 한다. 물론 참인 문장을 보충해야 한다. 생략된 부분이 전제이든 결론이든 마찬가지이다. 논증을 재구성하는 것은 주어진 논의를 가장 합리적으로 받아들이기 위해서이다. 이것은 상대방의 논의를 긍정적으로 해석하려는 태도로서, 열린 태도라고 할 수 있다. 이런 태도로 해석하는 것을 이른바 '자비의 원리(principle of charity)'에 따른 해석이라고 부른다.

이 원리에 따르면, 논증자는 논증을 가장 그럴듯하게 해석해야 한다. 논증에서 생략된 부분을 보충하는 일도 마찬가지이다. 이때 논증을 재구성하는 사람은 원래 논증자가 의도한 것만을 보충해야 한다. 명백히 혹은 암암리에 제시되지 않은 내용을 보충하여 논증을 개선하려고 해서는 안 된다. 그리고 논증자에게 유리하게 해석해야 한다.

2. 논증의 분석: 논증 구조도 그리기

논증은 어떤 문제에 대한 진리 주장과 그 주장을 뒷받침하는 근거들이 제시된 글이다. 다시 말해서 논증에는 주장과 왜 그런 주장이 옳다고 생각하는 근거들이 제시되어 있다. 우리는 논증적인 글에서 그 근거들이 주장과 어떻게 관련되는가를 제대로 분간할 줄 알아야 한다.

논증이 간단할 경우, 논증의 분석은 아주 수월하다. 그러나 여러 개의 근거가 복잡하게 얽혀 있는 논증의 경우, 근거들을 가려내어 그 근거들이 서로 어떻게 얽혀서 주장을 뒷받침하는가를 알아내기가 쉽지 않다. 이렇게 근거들을 가려내고, 그 구조를 파악해 내는 일이 논증의 구조 분석이다. 논증을 분석한다는 것은 논증에 등장한 모든 문장이 전체 논증에서 어떤 역할을 하는가를 알아내는 것이다. 논증을 제대로 분석할 줄 아는 사람은 논리적 사고를 위한 기본 능력을 갖추고 있는 셈이다.

논증의 분석을 일목요연하게 보여주기 위해 전제와 결론 사이의 지지관계에는 화살표를 쓴다. 아래의 단순한 논증을 보자.

플라톤에 의하면, ①선은 한 사람의 진정한 이익을 증진하는 것이므로, ②어떤 경우든 선이 알려지는 경우에 사람들은 그것을 추구할 것이다.

이 글에 나온 것은 플라톤의 논증으로 다음과 같은 논증 구조도로 작성할 수 있다.

이 구조도는 위 논증의 형태가 아주 간단하다는 것을 보여준다. 여기서 ①, ②, ③ 등의 번호는 명제를 지시한다. 그리고 이 논증에서 화살표는 해당 명제들 사이의 지지관계를 나타내는 기호로서, 반드시 절대적이거나 강한 지지관계를 나타내는 것은 아니다.

이제 조금 더 복잡한 논증을 보자. 전제가 두 개 이상인 복잡한 논증에서 그 전제와 결론의 연관관계를 분석해 보면, 기본적으로 그 관계는 두 가지 유형으로 나뉜다. 우선 전제가 둘 이상일 때, 전제가 각각 결론을 완전하게가 아니라 부분적으로 지지하는 경우이다. 또 둘 이상의 전제가 함께 결합하여 결론을 지지하는 경우가 있다. 이런 논증에시는 각각의 전제가 독립적으로 결론을 지지한다. 다음 논증은 첫 번째 경우에 해당한다.

비판적 사고를 위한 논리

①사유재산은 사람들이 자신의 경제적 지위를 규정하도록 하므로, ② 그것은 사람들을 일상생활에 대한 뻔한 관심으로부터 해방시켜 주므로, 또한 ③그것은 유한하므로, ④어떤 개인도 다른 사람이 생활필수품들을 전혀 사용하지 못하도록 사재기해서는 안 된다.

이 논증으로는 다음과 같은 구조도를 작성할 수 있다.

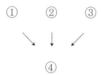

위 논증은 ②와 ③이 없더라도 ①과 ④만으로, 또는 ①과 ③이 없더라도 ②와 ④만으로, 또 ①과 ②가 없더라도 ③과 ④만으로 충분히 논증으로 성립할 수 있다. 물론 그럴 때에는 ①, ②, ③ 모두 ④를 지지할 때보다 약한 논증이 된다.

그렇지만 다음 논증은 전제들이 각각 독립적으로가 아니라 서로 결합해서 결론을 지지한다.

①자연은 설계도가 있음을 보여준다. ②어떤 것이든 설계도가 있다면, 그것은 설계자가 있다. 그러므로 ③자연은 설계자의 작품이다.

위 논증으로는 다음과 같은 구조도를 그릴 수 있다.

$$
\begin{array}{c}
\textcircled{1} \quad \textcircled{2} \\
\hline
\downarrow \\
\textcircled{3}
\end{array}
\qquad
\left(\;\text{또는}\quad
\begin{array}{c}
\textcircled{1}\;\;\textcircled{2} \\
\downarrow \\
\textcircled{3}
\end{array}
\right)
$$

　이것은 ② 없이 ①과 ③만으로는 논증이 되기 어렵다. 마찬가지로 ① 없이 ②와 ③만으로도 논증이 되기는 어렵다. 이처럼 명제들로 구성된 논증이라고 하더라도 그 논증의 구조에 따라 성격이 서로 다르다. 그래서 논증에 대한 세심한 분석은 아주 중요하다.

요 약

* 논증의 표준틀

    전제 1
    전제 2
    　⋮
    ─────────
    결론

* 논증의 재구성: 주어진 글을 논증의 표준틀에 맞도록 전제와 결론의 순서로 배열하는 것으로, 생략된(또는 숨은) 전제나 결론을 채우는 작업

* 자비의 원리(principle of charity): 주어진 글을 치밀한 논증이 되도록 재구성할 때, 글쓴이에게 최대한 유리하게 글의 의도를 파악해야 한다는 원리

* 논증의 분석: 주어진 글을 치밀하게 호의적으로 재구성한 다음, 전제와 결론의 관계를 구조적으로 파악하는 작업. 즉 논증을 구성하는 명제들의 역할을 분석하는 작업.

* 논증의 구조 유형

   (1) 전제가 각각 부분적으로 결론을 지지   (2) 전제가 결합하여 결론을 지지

* 논증 분석의 순서

   (1) 주어진 글이 논증인지 아닌지 따진다.

   (2) 논증이라면, 그 글의 주장에 해당하는 결론을 찾아낸다.

   (3) 논증에서 불필요한 문장들을 제거하고, 전제들을 찾아낸다.

   (4) 전제와 결론의 관계를 따져 논증 구조도를 작성한다.

연습문제

I. **다음 논증에서 생략된/숨겨진 전제나 결론이 있으면 보충하시오.**

  1. 낙태는 금지되어야 한다. 왜냐하면 살인은 금지되는 것이기 때문이다.

  2. 그는 이 시각에 돌아올 것이다. 그러겠다고 약속했기 때문이다.

  3. 김현수 씨는 국회의원에 출마할 수 없다. 그의 국적은 한국이 아니다.

  4. 나는 그 시간에 도서관에 있든지 아니면 집에 있을 것이다. 그런데 도서관이 그날 개관하지 않는다니 집에 있어야 한다.

  5. 그는 사물이 가지고 있는 3차원성을 회복하려고 하지 않는다. 그러므로 고흐는 피카소와 같은 입체파 화가가 아니다.

6. 집에 고양이가 있으니까 네가 기르는 새는 오직 새장 속에 있는 경우에만 안전할 거야.

7. 누구든 죄가 없다면 그 여자에게 돌을 던질 수 있습니다. 그런데 우리는 모두 죄인입니다. 그러니 우리가 어떻게 해야 하는지 알겠지요?

8. 새가 나무 위에서 지저귀고 있고 개가 나무 아래에서 졸고 있다. 따라서 나무 주위에는 적어도 두 마리의 동물이 있다.

9. 추석에 고향 갈 때 기차나 고속버스나 비행기를 이용할 수 있다. 기차나 고속버스는 이미 예매가 완료되었다. 이제 남은 것은 한 가지뿐이다.

10. 과학적 연구에 따르면 동성애자들이 이성애자들보다 지능이 더 높고 사회생활에 잘 적응한다. 그러니 그들은 더 좋은 학점을 받을 것이다.

II. 다음 진술이 참인지 거짓인지 답하시오.

1. 좋은 논증에서 생략되는 전제는 논증자나 청자가 항상 너무나 명백한 것이라고 생각하는 명제이다.

2. 어떤 전제를 명시적으로 표현하지 않은 논증은 좋은 논증이라고 할 수 없다.

3. 사람들 사이에 논쟁의 여지가 있는 전제는 생략하지 않는 것이 좋은 태도이다.

4. 논증을 재구성하여 생략된 전제를 보충할 때는 논증자의 의도를 최대한 살려서 해주어야 한다.

5. 두 개 이상의 전제가 생략된 논증도 있다.

Ⅲ. 다음 논증을 분석하여, 논증 구조도를 작성하라.

1. ① 많은 사람들은 선탠한 몸이 매력적이며, 건강의 상징이라 생각한다. 그러나 ② 지나치게 태양에 노출되는 것은 건강 문제를 일으킨다. ③ 가장 눈에 띄는 부작용 중 하나는 자외선이 피부의 노화를 촉진하는 것이다. ④ 태양은 또한 일종의 백내장을 일으킨다. 그리고 ⑤ 가장 걱정스러운 것은 피부암 발생에 어떤 역할을 하는 것이다.

2. ① 프로 축구팀을 기존 연고지에서 이동할 수 있도록 허용해서는 안 된다. ② 구단주가 원할 때마다 팀을 다른 도시로 옮기면 그 도시는 타격을 입을 것이다. ③ 구단 하나가 있어서 생기는 경제적인 부가가치는 소도시이든 대도시이든 무시할 수 없기 때문이다. ④ 지난 10년간의 프로 야구팀 유치도 경제적 상승효과가 있음을 보여준다.

3. ① 만일 네가 달에 간다면 더 날씬하게 보일 것이다. ② 만일 네가 달에 가면 체중이 줄어들 것이고, ③ 만일 네가 체중이 줄어들면 더 날씬하게 보일 것이기 때문이다.

4. ① 차량들이 매연 검사에 통과하기를 요구하는 새로운 도로 교통법은 저소득층에게는 공정하지 않다. 왜냐하면 ② 저소득층은 낡은 중고차를 가지고 있으며, ③ 이 차들은 보통 매연 테스트에 통과하지 못하는 차들이기 때문이다. ④ 그 차들은 사람들이 매연에 대한 인식이 없고 그것에 신경을 쓰지 않을 때 생산된 것이며, ⑤ 차의 연식은 매연의 배기량에 반비례한다.

5. ① 철수의 부모님은 그에게 차를 사 주어서는 안 된다고 생각한다. ② 그는 자신의 물건을 관리하지 못하므로, ③ 사실상 그는 책임감이 없는 사람이다. ④ 그는 스피드광이어서 사고 낼 위험이 많다. ⑤ 그의 부모님은 돈이 넉넉지 않다. ⑥ 지난 주 그의 부모님은 경제 상황이 좋지 않다고 말씀하셨다. ⑦ 그의 부모님은 돈이 있으면서 없다고 할 분들이 아니다.

6. ① 우리나라는 여성 인력을 좀 더 많이 채용해야 한다. ② 그것이 남성에 대한 역차별이라는 요소를 가지고 있을지는 모르겠지만, ③ 그렇게 하는 게 그렇게 하지 않는 것보다 사회 전체에 이익을 더 많이 가져다 준다. ④ 여성의 교육에 지불된 비용을 헛되게 하지 않을 것이며, ⑤ 국제화 시대의 새로운 산업 구조에 우리나라가 더 잘 적응할 수 있을 것이기 때문이다.

7. ① 정상적이라는 것은 어디까지나 비정상적인 것의 관점에서만 제한적으로 정의될 수 있다. ② 비정상적이라는 개념은 단지 주관적인 것이므로 ③ 정상적이라는 개념도 주관적이다. ④ 단순히 주관적인 개념은 사회적인 결정의 기초로 사용될 수 없으므로 ⑤ 우리는 "정상적인 것이 무엇인가"에 대한 개념을 기초로 해서 사회적인 결정을 하지 않아야 한다.

8. ① 복잡한 현재 상황에서는 최선의 조언을 듣는 것이 필요하다. ② 우리에게 조언해 줄 수 있는 사람은 김 선생님과 윤 조교, 그리고 이 선배이다. ③ 김 선생님은 지금 연락이 안 된다. ④ 윤 조교는 정신없이 바쁘다. ⑤ 그래서 윤 조교에게 말할 수는 없다. ⑥ 이 신배에게 이야기해 보는 것이 현명하다.

9. ① 이 지역으로 이사 오는 데 겁먹을 필요가 없다. ② 일단 이 지역에 범죄가 증가했는지 아니면 범죄에 대한 인식 수준이 높아지고 신고 건수가 많아진 것인지 살펴보아야 한다. ③ 단지 범죄 건수 자체가 증가

했다면 주의해야 한다. ④ 그러나 범죄 건수 자체가 증가한 것은 아니다. ⑤ 조사에 의하면 사람들이 전보다 신고하는 비율이 증가했다. ⑥ 그러니 이 지역이 타 지역보다 더 위험하지는 않다.

10. ① 만약 사회의 기본적인 가치가 붕괴한다면 그 사회는 살기 좋은 사회가 되지 못할 것이다. ② 공정하고 정의로운 분배가 개인에게는 사회의 기본적인 가치 중 하나이다. ③ 우리 사회에서는 점점 더 빈익빈 부익부 현상이 심화된다. ④ 세금 징수의 불합리함이 있기 때문이다. ⑤ 따라서 분배 제도가 개선되지 않으면 우리 사회는 살기 좋은 사회가 될 수 없을 것이다.

1

제3부

언어와 잘못된 논증

Logic for Critical Thinking

1장
언어와 정의

1. 언어란 무엇인가?

(1) 사고와 언어

인간의 사고는 그 어떤 것으로 표현될 수 있어야 한다. 그래야 나름대로 의미를 내세울 수도 있고, 비판할 수도 있다. 이 점에서 인간이 언어를 사용한다는 것이 그 어떤 것보다 중요하다. 인간을 정의하는 말로 '언어적 인간(*homo loquens*)'이라는 표현이 있을 정도로, 우리 인간에게 언어는 중요하다.

인간이 언어를 사용하는 것은 사람들끼리 의사소통을 하기 위해서이다. 이때 의사소통은 다음과 같은 방식으로 이루어진다.

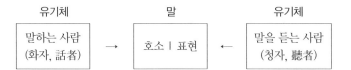

위의 도식에서 의사소통은 무엇보다도 말, 즉 음성 언어를 사용하는 경우다. 그렇지만 우리는 내적 상태를 호소하거나 표현하기 위해서 음성을 이용한 말만을 일상에서 사용하는 것은 아니다.

거의 본능적으로 우리는 더욱 효과적인 호소와 표현을 위해서 몸동작(gesture)이나 얼굴 표정(facial expression), 심지어 시선(eye contact)을 사용한다. 여기서 이런 몸동작, 즉 신체 언어는 음성 언어와 더불어 가장 단순한 의사소통을 위한 것으로서, 인간뿐 아니라 여러 동물에게도 가장 일반적이다. 따라서 인간의 언어가 다른 동물의 의사소통과 구분되는 점은 언어 가운데서도 문자를 사용한다는 것이다.

문자(글)를 이용한 의사소통은 몸동작이나 말과는 다른 기호 체계이다. 글을 사용하면서 인간은 그 문자에 담긴 복잡한 의미를 따져야 하기 때문이다. 이 세계는 문자를 통해서 표현[즉 기술(description)]될 수 있으며, 이것은 다시 비판적으로 논의[즉 논증(argument)]될 수 있다. 우리가 문자를 사용하면서, 인간의 사고는 더 높은 단계의 사유로 발전할 수 있었다.

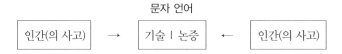

인간과 인간의 관계는 단순한 생물학적 관계로만 얽힌 것이 아니다. 문자를 통해서 인간은 이 세계에 대한 구체적 내용과 진리를 포함하는 문화적 관계를 형성한다.

(2) 언어의 사용과 언급

언어 사용, 즉 문자 사용은 인류 역사에서 획기적인 것이다. 이제 언어 사용을 꼼꼼히 따져 보자. 우선 다음 두 문장을 보자.

(a) 대한민국은 동아시아에 있다.
(b) '대한민국'은 네 음절을 가진다.

위의 (a)와 (b)는 한국어라는 기호 체계로 기술되어 있다. 이제 (a)와 (b) 두 문장에서 주어로 쓰인 '대한민국'이라는 단어가 무엇을 의미하는가를 생각해 보자. 우선 (b)의 대한민국은 작은따옴표 안에 있는데, (a)의 대한민국은 그렇지 않다. (a)에서 대한민국은 중국과 일본 사이에 있는 국가인 대한민국을 지시한다. 그렇지만 (b)의 '대한민국'은 바로 그 국가의 이름, 단어 자체를 가리킨다. 따라서 (a)와 (b)의 주어는 동일한 대한민국을 지시하지 않는다.

이처럼 어떤 기호가 일상적인 방식대로 어떤 대상을 가리키게끔 사용될 때는 그 기호가 '사용된다(used)'고 한다. 그렇지만 어떤 경우 기호 그 자체를 지시하게끔 사용될 때는 그 기호가 '언급된다(mentioned)'고 한다.

위의 (a)와 (b)는 올바른 문장이지만, 다음은 전혀 그렇지 못한 문장이다.

    (c) '대한민국'은 동아시아에 있다.
    (d) 대한민국은 네 음절을 가진다.

위의 (c), (d)는 (a), (b)와는 달리 대한민국이라는 기호를 잘못 사용하거나 잘못 언급하고 있는 경우이다. 즉 (c)는 대한민국이라는 단어가 동아시아에 있음을 말하고 있는 것이며, (d)는 대한민국이라는 국가가 네 음절을 가진다고 말하는 것이다. 따라서 (c)와 (d)는 아무런 의미 없는 문장이 되어 버린다.

(3) 언어의 기능

실제로 우리가 사용하는 언어는 아주 다양한 용법을 가지고 있으며, 거기에 적합한 기능을 하고 있다. 학자들에 따라서 언어의 기능은 다양한 방식으로 논의된다. 그래서 이처럼 용법과 기능이 다양한 언어를 몇 가지로 구분하는 일에는 단순화라는 위험이 있다고 볼 수 있다. 그렇지만 언어의 기능을 몇 가지로 구분하는 일은 나름대로 유용하다. 예를 들어 정보를 전달하는 기능, 정보를 보존하는 기능, 감정을 표현하는 기능, 친교의 기능 등으로 구분할 수 있다. 이러한 구분은 대체로 화자에게서 나타나는 다양한 내적 상태, 즉 지적이거나 정서적·감정적인 상태를 드러내 준다.

언어의 가장 기본적인 기능이나 목적 가운데 하나는 표현적인 (expressive) 것이다. 예를 들어 어떤 사람이 수해 현장에서 자원 봉사자들이 봉사하고 있는 모습을 보고 "이 얼마나 아름다운 광경인가!"라고 했을 때, 그 말은 화자의 정서를 표현한다. 주로 시(詩)의 언어들이 이런 기능을 한다고 볼 수 있다. 보통 우리가 시어(詩語)에서 관심을 가지는 것은 정보가 아니다. 표현하려는 대상에 대한 화자의 감정이나 태도이다. 언어가 감정이나 정서, 태도와 관련이 있을 때, 그 언어는 표현적 기능을 한다. 이때 '표현'이라는 말은 일상적인 용법에서의 의미보다도 좁은 의미로 이해해야 한다. 우리는 일상의 언어생활에서 종종 의견이나 신념, 확신을 표현한다고 말하기도 한다. 의견이나 신념, 확신 등은 표현되는 것이 아니라, 진술되거나 언표된다고 말하는 것이 좀 더 정확하다.

물론 표현적 기능은 두 측면으로 이해될 수 있다. 하나는 어떤 사람이 상대를 전제하지 않고 자신의 내밀한 감정을 표현하는 경우이다. 다른 하나는 청중을 고무시키거나 군중이 운동선수를 격려하는 경우이다. 이때 사용하는 언어는 화자의 태도를 표현할 뿐 아니라, 동일한 태도나 감정을 청자(들)에게서 일으키려는 화자의 의도를 드러내 준다. 따라서 표현적 목적을 가진 언어는 화자의 감정이나 태도를 나타내기 위하여 사용되거나, 청자에게 어떤 동일한 감정이나 태도를 유발시키기 위해서 사용되는 것이다.

언어의 또 다른 기능으로 지시적(directive) 기능을 들 수 있다. 지시적 언어는 청자에게서 특정 행위를 불러일으키기 위한 것이다. 어머니가 식구들에게 식사하러 오라고 부르는 게 그 예가 될 수 있다. 이 경우 어머니의 말은 식구들에게 어떤 정보를 전달하거나 어떤 감정을 불러일으키려는 것이 아니다. 단지 특정한 행위를 불러일으키려고 사용된 것이다.

지시적 언어와 표현적 언어의 목적은 어떤 정보를 알리려는 것이 아니다. 이런 것을 언어의 비인지적 기능(noncognitive function)이라고 한다. 언어의 이 기능은 참이나 거짓에 관한 것이 아니다. 예컨대 "문을 열어라."고 명령하는 언어의 기능은 정보를 알리는 것이 아니며, 참이나 거짓과도 무관하다.

이 책에서 주로 논의하는 언어의 기능은 정보적인(informative) 것이다. 정보적 언어는 지시적 언어나 표현적 언어와 다르다. 정보적 언어는 정보를 전달하는 데 요구되며, 참, 거짓과 관련을 맺는다. 언어의 이러한 기능을 인지적 기능(cognitive function)이라고 한다. 이런 언어의 목적은 다른 사람들에게 사실에 관한 정보를 전달하는 것이다. 물론 여기서 정보는 잘못된 정보까지도 포함한다. 즉 이러한 언어의 목적은 어떤 명제를 긍정하거나 부정하는 것이다.

언어의 정보적 기능은 사실에 대한 참된 기술(description)과 올바른 논증(argument)에서 구체적으로 나타난다. 특히 이 두 요소는 인간의 언어가 가지는 다양한 기능들 가운데에서 수준이 가장 높은 것이다. 사실 기술과 올바른 논증은 과학을 비롯한 지식을 결정하는 요소로 볼 수 있다. 왜냐하면 과학을 비롯한 지적인 행위는 기본적으로 문자화된 연구 결과들을 중심으로, 또 연구자의 주관적인 요소를 최소화한 형태로 주고받는 과정이기 때문이다. 이런 의미에서 포퍼(Karl Popper, 1902~1994)라는 철학자는 과학의 발전 과정에서 언어의 기술적 기능(descriptive function)과 논증적 기능(argumentative function)이 가장 중요하다고 보았다. 특히 이 두 기능은 인간 언어의 다양한 기능들 가운데에서 가장 수준 높은 것으로서, 과학이나 학문이라는 인간의 지적 활동을 가능케 한다.

언어의 용법을 파악하는 일은 이런 이유에서 아주 중요하다. 즉세계에 대한 기술의 참, 거짓을 따져내는 일과 그것들의 연관관계가 제대로 되었는지를 치밀하게 따지는 일은 넓게는 비판적인 것에, 좁게는 논리적인 것에 해당한다. 이처럼 과학은 언어를 통해서, 특히 문자 언어를 통해서 이루어진다. 그러므로 과학과 과학 발전을 위해서 문자 언어는 엄격히 논리적으로 사용되어야 한다.

문법적인 측면에서 문장은 완전한 사고를 표현하는 언어의 기본적인 단위이며, 서술문, 의문문, 감탄문, 명령문으로 구분된다. 그러나 이 네 가지 문법적인 범주와 언어의 기능이 꼭 일치하지는 않는다. 문장의 종류와 언어의 기능 사이에 어떤 연관이 있다고 생각할 이유가 없는 셈이다. 사람들은 대체로 서술문이 반드시 어떤 정보를 전달해야 한다고 생각할 수 있다. 그렇지만 경우에 따라서는 감탄문이 표현적이지 않듯이, 서술문이 꼭 정보를 전달하는 것은 아니다.

서술문 형식의 문장이 표현적 기능을 할 수도 있다. 다음과 같은 것이 바로 그런 경우에 해당한다.

어젯밤에 본 영화는 내 생애 최고의 영화였다.

이 문장은 서술문의 형태로 되어 있지만 그 언어의 기능은 표현적이다. 왜냐하면 이 문장은 자신이 본 영화에 대한 감정을 나타내고 있기 때문이다. 이 문장처럼 대부분의 시와 기도문 역시 서술문의 형식을 가지지만, 그 언어의 기능은 대체로 표현적이다.

　서술문 형식의 문장이 지시적 목적을 가질 때도 많다. 사실상 인간관계에서 대부분의 요구나 명령은 간접적으로 정중하게 말해지기 때문이다. 커피 전문점에서 손님이 "이런 날은 커피 한 잔이 좋겠지요."라고 말했다고 해 보자. 이 말을 손님의 기호에 대한 정보를 전달하는 것으로만 이해해서는 안 된다. 이 말은 커피를 주문하겠으니 커피를 달라는 요구이다. 꼭 같은 논의가 의문문이나 감탄문, 명령문에도 적용된다.

　　　이 식당은 김치가 참 맛있는데요!

　이런 감탄문을 우리는 식당에서 자주 사용한다. 식당에서 반찬으로 나온 김치가 거의 다 떨어졌을 때 곧잘 하는 말이다. 이 말은 그 손님이 자기 감정을 표현한 것으로 해석될 수도 있겠지만, 식당 주인의 입장에서는 (식사 후 계산할 때 나온 얘기가 아니라면) 차라리 김치를 좀 더 가져다달라는 간접적인 요구로 보아야 할 것이다. 따라서 이 문장은 감탄문임에도 지시적 역할을 하고 있다.

2. 정의(定義)

(1) 단어의 정의

　앞에서 보았듯이, 우리의 사고는 언어를 통해서 드러난다. 제대로 된 기술은 문법에 맞아야 할 뿐 아니라, 용어를 올바르게 사용해야 하는데, 올바른 용어는 어떤 구체적 대상이나 추상적 사유 형태를 가리키는 것으로, 문장에 포함되는 단어를 말한다. 따라서 단어를 올바르게 사용하려면 그 의미를 명확하게 규정해야 한다. 단어에 명확한 의미를 부여하는 것이 '정의(definition)'이다.

어떤 논의 대상이 명확하게 규정되지 않으면 아주 혼란스러운 상태가 된다. 정의가 제대로 이루어져야, 우리가 언어를 이용해서 이 세계에 대해 논의할 때 무엇보다도 중요한 의사소통이 제대로 이루어질 수 있는 것이다.

아리스토텔레스는 정의를 '무엇인가의 본질을 나타내는 설명(또는 말, logos)'이라고 규정한다(『변증론』 22쪽). 그 규정에 따르면, 정의는 한마디로 무엇에 대한 설명이다. 즉 정의는 단어에 적절한 의미를 부여하는 일이며, 단어가 가리키는 대상의 본질을 명확하게 드러내는 일이다. 어떤 단어를 정의하기 위해서는 정의의 대상이 되는 단어와 그 단어에 대한 설명이 있어야 한다. 전문적인 용어로 정의의 대상이 되는 단어, 즉 정의되는 부분을 '피정의항(*definiendum*)'이라고 하고, 그 단어의 의미를 설명하는 말을 '정의항(*definiens*)'이라고 한다. 다음의 보기를 보자.

산(山) 명 둘레의 평편한 땅보다 우뚝하게 높이 솟아 있는 땅의 부분

(『새 우리말 큰 사전』, 삼성출판사)

위의 보기는 국어사전에서 볼 수 있는 '산'의 정의이다. 여기서 왼쪽의 '산(山)'이라는 단어는 피정의항에 해당한다. 그리고 이 단어는

오른쪽의 정의항에서 설명된다. 이 보기에서 정의항은 우리가 주변에서 산이라고 부르는 것들이 무엇인지를, 즉 '산'으로 불리는 것의 특성이나 성질을 잘 보여준다. 피정의항의 특성이나 성질을 정의항에서 보여주는 것은 정의의 한 방식이다.

(2) 단어의 의미: 내포와 외연

정의는 단어에 명확한 의미를 부여하는 것이라고 했다. 그래서 그 대상의 본질을 명확하게 드러내는 것이다. 그렇게 하려면 그 이름에 해당하는 단어의 정확한 특성을 알아야 하고, 또 그 특성이 적용되는 범위를 따져야 한다. 이러한 특성과 범위가 '내포(intension, connotation)'와 '외연(extension, denotation)'이다.

'사람'이란 단어를 예로 들어 보자.

사람 **명** ①(Homo sapiens) 영장류의 사람과에 딸린 동물. 지구상에서 가장 발달한 동물로, 사유와 언어를 가지고 도구를 만들어 쓰는 특징을 지녔음. 인류, 인간. ②(법) 권리, 의무의 주체인 인격자. ③출생하여 사망에 이르기까지의 자연인. ④도리, 자격 등을 갖춘 사회적 성원. …
(『새 우리말 큰 사전』, 삼성출판사)

위의 예는 '사람'이라는 단어가 지시하는 대상의 여러 특성을 보여준다. 바로 이것이 '사람'이란 단어의 '내포'이다. 내포는 그 단어가 적용되는 사물에만 있는 모든 속성들을 가리키는 용어이다. 한편 위 예에서 사람은 그 단어의 내포가 적용되는 대상들을 가리킨다.

이처럼 내포가 적용되는 대상들(또는 그 대상들의 집합)을 '외연'이라고 한다.

위 예에서 우리는 사람의 외연을 남자와 여자, 또는 황인종과 백인종 등으로 구분할 수 있다. 사람의 외연을 구분할 수 있는 여러 방식이 있는 셈이다. 그런데 꼼꼼히 따져 보면, 이런 구분은 사실상 사람이란 단어의 내포에 따른 것이다. 즉 단어의 외연이란 단어의 내포가 올바르게 적용되는 대상이나 사건들을 의미한다. 따라서 외연은 내포와 밀접한 관련을 가진다.

이번에는 '사람'이란 단어와 '여자'라는 단어를 예로 들어, 두 단어의 내포와 외연을 따져 보자. 우선 두 단어의 내포를 생각해 보면, 여자란 단어의 내포는 사람이란 단어의 내포보다 적어도 한 가지 더 많다. 그렇지만 두 단어의 외연을 따져 보면, 여자란 단어의 외연은 사람이란 단어의 외연보다 분명히 작다. 여자가 사람에 포함되기 때문이다. 이렇듯 외연이 넓어질수록, 내포는 줄어든다. 반대로 외연이 좁아질수록, 내포는 늘어난다. 이중 앞의 경우에서 우리는 '일반화(generalization)'라는 용어를, 뒤의 경우에서 '구체화(specialization)'라는 용어를 이해할 수 있다.

지금까지 우리가 따져 본 단어는 내포와 외연을 가지고 있다. 그렇지만 모든 단어가 그런 것은 아니다. 우선 외연이 없고 내포만 있는 경우로는 '둥근 사각형', '인어', '용' 등이 있고, 외연은 있지만 내포가 없는 경우로는 고유명사(proper name)에 해당하는 '철수', '영희', '서울' 같은 것이 있다. 또한 아예 내포와 외연이 없는 경우도 생각할 수 있다. 전치사, 접속사 같은 단어들이 그렇다.

(3) 정의의 유형

이제 정의가 어떤 방식으로 이루어질 수 있는지 살펴보자. 단어에 의미를 부여하는 방식에는 여러 가지가 있다. 여기서는 크게 다섯 가지 방식으로 정의를 분류하자.

1) 직시적 정의(ostensive definition)

직시적 정의(지시적 정의 또는 예시적 정의라고도 함)는 비언어적 방식으로 단어에 의미를 부여하는 방식이다. 예를 들어 '전화'라는 단어에 의미를 부여할 때, 책상 위에 놓인 전화기를 직접 가리키거나 '☎'와 같은 그림을 보여주는 식이다. 이 정의는 단어와 지시되는 대상을 직접 연결하면서 단어의 의미를 확립한다.

이런 정의 방식은 아주 간단하며 별 문제가 없어 보인다. 그렇지만 따져 보면 이런 방식의 정의에는 한계가 있다. 왜냐하면 단어에 의해 지시되는 정의 대상은 세계를 구성하는 것들인데 세계는 여러 방식으로 분류될 수 있기 때문이다. 예를 들어 우리는 손가락으로 달을 가리키면서 달 자체를 지시할 수도 있고, 아니면 달의 여러 측면들 가운데 한 가지만을, 달의 모양이나 색 등을 지시할 수도 있다.

그래서 직시적으로 어떤 대상을 가리킬 경우, 그 대상의 어떤 것을 가리키는지 정확히 꼬집어 내기가 어렵다.

더욱 심각한 것은 지시하려는 대상이나 이에 해당하는 그림(또는 사진)이 당장 지시자의 눈앞에 있지 않을 경우, 이런 정의를 하는 것이 아예 불가능하다는 점이다. 달을 모르는 아이에게 달 그림이나 사진도 없이 대낮에 직시적으로 달을 알려야 한다고 생각해 보면, 이 점은 아주 분명하다. 더욱 심각한 점은 추상적이거나 관념적인 단어가 지시하는 것은 직시적 정의로 그 의미를 밝힐 수 없다는 사실이다. 예를 들어 '어려움'과 같은 종류의 단어를 생각해 보면, 이 점을 쉽게 이해할 수 있다.

2) 열거적 정의(enumerative definition)

앞의 직시적 정의도 단어의 외연에 의거하는 정의이다. 그렇지만 언어에 의한 것이 아니기 때문에 비언어적 외연적 정의라고도 불린다. 열거적 정의는 언어적 외연적 정의이다. 그것은 어떤 단어가 적용되는 것들(또는 그 단어가 적용되는 집합의 원소들)의 이름을 나열해서 그 단어에 의미를 부여하는 것이다. 예를 들어 '서태지', '윤도현', '이문세', '이승철', '이미자', '설운도' 등의 이름을 나열함으로써, '사람'이라는 단어를 정의하는 것이다.

그러나 외연적 정의 역시 한계가 있다. 우리가 어떤 집합에 속하는 원소들의 이름을 모두 나열하지 않은 채 지나갈 경우, 어떤 단어를 의미하는지를 놓고 오해가 생길 수 있는 것이다. 위 예에서 나열된 이름을 보고 '사람'보다는 '가수'를 생각할 수 있다. 이 정의의 또 다른 한계는 원소들이 이름을 가지지 않을 경우, 그 대상들을 나열하기가 어렵다는 것이다. 또한 '사랑'과 같이 추상적인 것을 의미하는 단어와 외연이 없는 단어를 정의할 수 없다.

3) 내포적 정의(intensional definition)
내포를 이용한 정의에는 몇 가지 유형이 있다.

① 사전적 정의(lexical definition)
사전적 정의는 단어가 통상 어떻게 사용되는가를 알려 준다. 우리가 접하는 보통 사전에서 사용하는 정의는 이러한 예를 잘 보여준다. 사전적 정의는 그 단어가 적용되는 모든 사물과 오직 그 사물만이 가지고 있는 특성들을 진술해야 한다.

사전에서 단어에 의미를 부여하는 데는 대체로 다음과 같은 규칙들이 적용된다. 그런데 이런 규칙은 단지 사전적 정의만이 아니라 다른 정의에도 널리 적용될 수 있다.

가. 정의항은 피정의항의 본질적인 의미를 드러내야 한다. 예를 들어 '사람'을 '털 없는 두 발 짐승'이라고 정의할 수 있다. 그런데 그 정의는 인간을 다른 동물과 구분하는 본질적인 속성을 지적하지 못하고 있다. 예를 들어 이성을 가지고 있으며 고도의 사고를 할 수 있고 언어를 사용한다는 것이 인간의 본질적인 속성일 것이다. 그러면 '사람'에 대한 좀 더 적절한 정의는 '이성을 가지고 추리할 수 있으며 언어를 사용할 수 있는 동물'이다.

나. 정의항은 너무 넓어서도, 너무 좁아서도 안 된다. 즉 정의항은

피정의항이 지시하는 것 이상을 지시해서도 그 이하를 지시해서도 안 되는 것이다. 예를 들어 '자동차'를 '휘발유를 연료로 사용하는 탈 것'이라고 정의하면, 이 정의는 어떤 면에서는 너무 넓고 또 다른 면에서는 너무 좁다. '휘발유를 연료로 사용하는 탈것'에는 자동차 외에도 오토바이가 있기 때문에, 이 정의는 너무 넓다고 할 수 있다. 또한 자동차가 오직 휘발유만을 연료로 사용하지는 않는다. 경유를 사용하는 디젤 자동차나 액화천연가스를 연료로 쓰는 LPG 자동차가 있기 때문이다.

다. 피정의항은 정의항에 있는 단어를 사용하지 않아야 한다. 예를 들어 '사랑의 묘약'을 '사랑하는 느낌을 불러일으키는 묘약'이라고 정의한다고 하자. 이 정의에서는 정의항이 '사랑'이나 '묘약' 같은 단어를 정의하지 않은 채 그대로 사용하고 있다. 그런 경우 순환적인 정의를 하는 오류를 범하게 된다.

라. 정의항은 피정의항의 의미를 애매하지(ambiguous)도 모호하지(vague)도 않게 해야 한다. 의미를 분명하고(clear) 명료하게(precise) 부여해야 하는 것이다.

어떤 단어의 의미가 애매하다는 것은 그 단어의 의미가 두 개 이상임을 말한다. 맥락이 주어지지 않은 상황에서 그저 '말'이라고 하면 그 단어는 의미가 분명하지 않은 애매한 단어이다. 잘 달리는 동물을 의미하기도 하고, 우리가 의사소통을 위해 사용하는 언어를 의미하기도 한다. 또 윷놀이에 쓰이는 작은 도구를 의미하기도 한다. 대개는 단어가 사용되는 맥락에 의해 애매한 단어의 의미가 분명해지지만 그렇지 않은 경우도 있다. 그 경우 혼란을 피하기 위해서는 그 단어와 동의어인 애매하지 않은 단어나 다른 표현으로 대치해야한다.

어떤 단어가 모호하다는 것은 그 단어가 적용되는 경계가 뚜렷하지 않다는 것이다. 예를 들어 '부자(富者)'라는 단어를 '돈이나 재산이 많은 사람'으로 정의한다면 어떤 문제가 있는가? 어떤 맥락에서는 별로 문제가 없다. 그러나 '부자에게 누진세를 징수해야 한다.'고 할 때 사람들은 '부자'가 어떤 뜻으로 쓰였는지가 좀 더 명료해져야 한다고 주장할 것이다. 예를 들어 '연봉이 4천만 원 이상이거나 재산이 5억원 이상인 사람'으로 그 단어가 적용되는 영역을 명확히 해줄 수 있다. 얼마만큼 엄밀하게 단어가 적용되는 영역을 명시해야 하는가는 그 단어가 쓰이는 맥락이나 목적에 따라 달라진다. 동일한 단어의 뜻이 어떤 맥락에서는 충분히 명료하나 다른 맥락에서는 모호할 수 있다는 것이다.

마. 긍정어를 써서 정의할 수 있다면 부정어를 사용하지 않아야한다. 예를 들어 '비판적 사고'의 '비판적'이란 말을 '다른 사람의 생각에서 흠잡는 것을 목적으로 하는 것이 아닌'으로 정의하는 것은 부정어를 써서 그 단어에 의미를 부여하는 것이다. 이것은 '비판적 사고'에 대한 적절한 정의가 아니다. 물론 '대머리' 같은 단어를 정의하고자 한다면, 그 단어의 특성상 부정어를 쓰지 않을 수 없다. 그러나 특별한 목적이 있는 경우를 제외하고는 부정어를 쓰지 않아야 그 단어를 좀 더 분명하고 명확하게 정의하는 것이 된다.

② 약정적 정의(stipulative definition)

약정적 정의는 어떤 단어를 새롭게 도입하여 사용할 때 필요하다. 이때 정의하는 사람은 완전히 새로운 단어를 도입하여, 거기에 의미를 부여한다. 예를 들어 요즘 흔히 사용하는 '아바타'라는 단어가 이 경우에 해당한다. 아바타는 인터넷 사용과 더불어 새로이 도입된 단어이다. 아바타에 '사이버 공간 내에서 사용자의 이미지와 인성을 대변하는 주체'라는 의미를 처음에 부여했을 때, 우리는 그 단어에 대한 약정적 정의를 한 것이다.

약정적 정의가 언어의 규약적 성격을 잘 드러내 준다는 것을 여기서 알 수 있다. 즉 언어의 의미는 단어와 그 단어가 가리키는 세계의 대상 사이에 성립되는 자연적인 관계에서 형성되는 게 아니다. 어떤 단어를 이러저러한 의미로 사용하자는 제안과 그것에 대한 수용이라는 규약(즉 약속)에 의해 형성된다.

③ 명료화 정의(precising definition)

명료화 정의는 어떤 단어가 지닌 의미의 불명료함을 줄이려는 것이다. 학교에 장학금을 신청할 때 흔히 보는 '학업이 우수한 자'라는 자격요건을 예로 들어보자. 이 자격요건의 문제점은 그 적용 범위가 명료하지 않다는 것이다. 이때 만약 '학업이 우수한 자' 대신에 '평점이 A− 이상이고 D 학점이 없는 자'로 되어 있거나 적어도 이 문구를 그 옆의 괄호 속에 집어넣는다면, 그 단어의 적용 범위는 명료해질 것이고, 원래의 자격요건에 있는 모호함을 제거할 수 있을 것이다.

이런 정의는 특정한 맥락에서 전문적인 의미를 부여하는 데 종종 사용된다. 예를 들어 일상에서는 '타당한 논증'이라는 말이 건전한 논증이나 어느 정도 설득력이 있는 논증을 포함하여 연역 논증과 귀납 논증에 폭넓게 사용된다. 그러나 논리학자들이 논의하는 맥락에서 '타당한 논증'은 "전제의 참이 결론의 참을 절대적으로 보장하는 연역 논증"만을 의미한다. 타당한 논증을 후자와 같이 정의하는 것은 그 단어의 적용 영역을 연역 논증에만 국한하면서 적용범위를 명확히 제한하므로 명료화 정의의 예에 해당한다.

④ 이론적 정의(theoretical definition)

이론적 정의는 그와 관련된 특수한 이론을 기초로 해서 단어의 의미를 정의하거나, 또는 특수한 이론을 구성하기 위해 새롭게 정의하는 것을 말한다. 이 정의는 그 단어의 일상적인 의미를 보고하는 것이 아니다. 이론적 정의는 단어가 지시하는 대상의 특징을 체계적으로 혹은 이론적으로 적절하고 충분하게 기술하는 것이다.

예를 들어 열역학 이론에 따르면 '열'의 정의는 '불규칙적인 분자 운동 때문에 생긴 어떤 물체의 에너지'이다. 이 정의는 어떤 단어에 일상적인 의미를 부여할 뿐 아니라, 열이라는 물리적 현상을 이해하는 방식까지 보여주고 있다. 이 경우 하나의 이론적 정의를 제시하는 것은 바로 하나의 이론을 받아들이기를 제안하는 것과 같다. 시대에 따라 물리학자들이 '열'을 각기 다르게 정의한 것은 그들이 활동하던 각 시대의 '열'에 대한 이론을 받아들였기 때문이다.

여기서 '이론'은 자연과 사회에 대한 일반적이고 정확한 주장들의 집합이다. 어떤 주제의 본성에 대한 일반적인 접근이나 믿음도 '이론'

이라고 간주할 수 있다. 예를 들어 우리가 '인간의 죽음'을 '뇌 기능의 정지'라고 정의할 때, 그 정의는 인간의 죽음을 인간 생명에 대한 특징과 상관된 주장들에 연관시켜 보려는 것이다. 이 이론에 의하면, 인간 생명의 핵심적인 특징은 뇌의 기능과 관련된 것으로, 호흡이나 심박 같은 신체의 다른 기능들은 인간 생명과 무관하다는 것이다.

⑤ 설득적 정의(persuasive definition)

설득적 정의는 듣는 사람에게 어떤 태도를 유발시킬 것을 목적으로 어떤 단어를 정의하는 것이다. 이때 부정적 태도를 유발하기도 하고 긍정적 태도를 유발하기도 한다. 설득적 정의에서는 그 단어가 가진 여러 의미 중에서 특정한 의미만을 강조하여 서술한다. 그래서 그 정의를 접한 사람이 그 단어에 대해 특정한 태도를 갖게 되면 목적이 달성되는 것이다.

예를 들어, '동성애자'를 '자연스럽지 않은 욕망을 동일한 성을 가진 사람들에게서 느끼는 자들'이라고 정의하는 것이 그것이다. 이 정의는 '동성애자'라는 단어에 대해 부정적인 태도를 보여준다.

지금까지 살펴본 다섯 가지 내포적 정의는 단어의 내포와 관련된 정의로서, 그 효용은 다음과 같이 요약해 볼 수 있다. 사전적 정의와 명료화 정의는 애매성, 모호함 같은 단어의 불명료함을 제거하는 데 유용하다. 이론적 정의는 어떤 것을 이론적으로 설명하는 데 도움을 준다. 그리고 설득적 정의는 듣는 사람의 태도에 영향을 미치는 수사학적 목적에 유용할 것이다.

4) 맥락적 정의(contextual definition)

전치사나 접속사 같은 단어는 내포나 외연을 갖지 않는다. 이런 단어들은 주로 문법적인 의미를 가진다. 그렇지만 이런 단어들도 제대로 정의되어야 한다. 물론 '…을 향해서', '… 아래', '… 옆에' 등의 전치사와 '그리고', '그러나', '만약 …라면' 등의 접속사의 의미를 동의어나 반의어에 의해 명시적으로 설명할 수도 있을 것이다.

다른 방법으로는 이런 단어가 사용되는 맥락을 제시해서, 그 단어의 의미를 암시적으로 나타내는 것도 있다. 이런 정의가 맥락적 정의이다. "물이 어는 것은 단지 온도가 섭씨 0도 이하인 경우이다."에서 '단지 …인 경우'라는 접속사의 의미를 설명하는 경우를 예로 들어 보자. 이때 "그 단어의 의미는 어떤 것이다."라고 명시적으로 단어의 의미를 부여하는 대신 그것이 사용되는 예를 보이는 것이 맥락적 정의이다. 즉 "물이 어는 것은 단지 온도가 섭씨 0도 이하인 경우이다."라는 것은 "만약 물이 언다면 온도가 섭씨 0도 이하이다."임을 의미한다는 식이다.

앞으로 이 책의 제4부에서 명제 논리의 체계를 공부할 때, 우리는 진리치를 이용하여 논리 연결사를 정의한다. 그런 정의가 바로 맥락적 정의에 해당한다. 논리 연결사가 복합 명제를 만드는 데 어떻게 사용되는가 하는 맥락 안에서 암묵적으로 그 의미를 부여하는 것이다.

5) 조작적 정의(operational definition)

조작적 정의는 측정 중심의 조작적 정의와 실험 중심의 조작적 정의로 나눌 수 있는데, 1946년 노벨 물리학상을 받은 미국의 물리학자 브릿지만(P. W. Bridgman, 1882~1962)이 처음 시도하였다.

브릿지만은 자연과학에서도 하나의 단어가 다양한 연상과 사용 맥락을 가지고 있으므로, 여러 의미를 가질 수 있음을 깨달았다. 그는 과학적으로 중요한 단어를 과학자들이 동일한 의미로 사용하기를 원했다. 그래서 어떤 단어가 과학적으로 중요한 용어가 되기 위해서는 공적(公的)이고 반복할 수 있는 측정적 조작에 대한 설명을 제공해야 한다고 생각했다. 이런 목적을 위해서 생각해 낸 정의가 조작적 정의이다. 이를 측정 중심의 조작적 정의라고 한다.

또한 조작적 정의는 누구나 관찰할 수 있고 반복해서 수행할 수 있는 실험 절차를 기술함으로써 어떤 단어의 의미를 설명하는 것이기도 하다. 예를 들어 '산성'이라는 단어를 '푸른색 리트머스 시험지를 담갔을 때 붉게 변하는 액체'라고 정의하는 것이다. 혹은 어떤 물체가 다른 물체보다 '더 단단하다'는 것은 '서로를 문질렀을 때 어떤 것이 다른 것에 흠집을 내는 것'이라고 정의하는 것이다. 조작적 정의에서는 주어진 어떤 실험 절차에 따라 조작해 가면 어떤 결과를 관찰하거나 측정할 수 있다. 이와 같은 조작적 정의는 앞서 살펴본 측정 중심의 조작적 정의와 다르다. 이 정의는 시행하는 실험에 따라서 이루어지기 때문에, 실험 중심의 조작적 정의라고 한다.

* 언어: '의사소통(communication)'을 가능하게 하는 도구. 논증을 포함한 사고를 다루는 데는 문자 언어인 글이 가장 효율적임.

* 언어의 사용과 언급
  (1) 언어의 사용: 언어가 어떤 대상을 가리키기 위해 일상적 의미로 사용되는 경우
      예: 대한민국은 동아시아에 있다. (대한민국이 어떤 대상, 즉 국가를 지시함)
  (2) 언어의 언급: 언어가 그 표현 자체를 가리키기 위해 사용되는 경우
      예: '대한민국'은 네 음절을 가진다. (대한민국이 어떤 대상, 즉 국가가 아니라 '대한민국'이라는 말을 지시함)

* 언어의 기능
  (1) 언어의 비인지적 기능(noncognitive function): 참/거짓과 무관
      – 언어의 표현적 기능(expressive function): 감정을 표현함
      – 언어의 지시적 기능(directive function): 상대방의 행동을 이끌어 냄
  (2) 언어의 인지적 기능(cognitive function): 참/거짓과 관련됨
      – 언어의 정보적 기능(informative function): 정보나 지식을 제공함

* 단어의 정의(定義, definition): 문장에 포함되는 단어를 올바르게 사용하기 위해서 단어에 의미를 부여하는 것

* 내포와 외연
  - 내포(intension, connotation): 단어가 적용되는 사물/대상의 모든 속성들
  - 외연(extension, denotation): 내포가 적용되는 대상들의 집합

* 일반화의 특수화
  - 일반화(generalization): 한 단어의 내포가 줄어들고 외연이 넓어지는 경우
  - 구체화(specialization): 한 단어의 내포가 늘어나고 외연이 좁아지는 경우

* 정의의 유형
  (1) 직시적 정의(ostensive definition): 비언어적 방식의 외연적 정의
  (2) 열거적 정의(enumerative definition): 언어적 방식의 외연적 정의
  (3) 내포적 정의(intensional definition): 단어의 내포에 따른 정의
      1) 사전적 정의
      2) 약정적 정의
      3) 명료화 정의
      4) 이론적 정의
      5) 설득적 정의
  (4) 맥락적 정의(contextual definition): 단어가 사용되는 문맥을 제시하는 정의
  (5) 조작적 정의(operational definiton): 반복 가능한 특정한 조작을 기술함으로써 정의
      1) 측정 중심의 조작적 정의
      2) 실험 중심의 조작적 정의

* 사전적 정의를 비롯한 일반적인 단어 정의에 적용되는 대략적 규칙
  (1) 정의항은 피정의항의 본질적인 의미를 드러내야 한다.
  (2) 정의항은 너무 넓어서도, 너무 좁아서도 안 된다.
  (3) 피정의항은 정의항에 있는 단어를 사용하지 않아야 한다.
  (4) 정의항은 피정의항의 의미를 애매하지도(ambiguous) 모호하지도(vague) 않게 해야 한다. 분명하고(clear) 명료하게(precise) 해야 한다.
  (5) 긍정어를 써서 정의할 수 있다면 부정어를 사용하지 않아야 한다.

* 단어의 애매함(ambiguity): 단어의 의미가 둘 이상인 경우(예: 배, 밤 등)

* 단어의 모호함(vagueness): 단어가 적용되는 영역의 경계가 흐린 경우(예: 대머리, 적당한 양 등)

연습문제

I. 다음 문장은 어떤 형대의 문장(서술문/의문문/감탄문/명령문)인지, 언어의 기능 중 어떤 기능(표현적/지시적/정보적 기능)을 하는지 밝히시오.

  1. 내일은 해가 뜰 것이다.

  2. 약속을 했으면 지키셔야지요.

  3. 대구 지하철 사고와 같은 일이 어떻게 선진화된 나라에서 일어날 수 있겠습니까?

  4. 맙소사!

  5. 문 좀 열어주시겠습니까?

  6. 난 저 사람이 싫어.

  7. 보라! 동해에 떠오르는 태양.

  8. 우리가 간직함이 옳지 않겠나!

  9. 이건 정말이지 행운이야.

  10. 우선 복사부터 하는 게 좋지 않겠습니까?

II. 다음 진술이 참인지 거짓인지 답하시오.

1. 이구아나는 최근에 사람들이 기르기 시작한 애완동물이다. 여기서 '이구아나'란 단어가 사용되었다.

2. '미나리아제비'는 여섯 글자로 된 꽃 이름이다. 여기서 '미나리아제비'라는 단어가 언급되었다.

3. 단어만이 아니라 문장도 사용되지 않고 언급될 수 있다.

4. '수레'라는 단어가 사용될 때 그 단어가 지시하는 것은 단어 자체이다.

5. 언어의 제대로 된 기능은 정보를 전달하는 것이다.

6. 언어가 인지적 기능을 한다는 것은 그 언어가 참, 거짓과 관련이 있음을 의미한다.

7. 언어의 지시적 기능을 사용하기 위해 감탄문을 사용할 수도 있다.

8. 언어의 표현적 기능을 나타내기 위해서는 반드시 감탄문을 사용해야 한다.

9. 서술문은 언어의 정보적 기능 외에는 나타내지 못한다.

10. 의문문으로 언어의 지시적 기능을 수행할 수 있다.

III. 다음 진술이 참인지 거짓인지 답하시오.

1. 단어의 정의항은 정의되어야 하는 말을 의미한다.

2. 어떤 단어는 외연이 없다.

3. 어떤 단어든 내포를 가지고 있다.

4. 어떤 단어가 애매하다는 것은 그 단어가 적용되는 영역의 경계가 분명하다는 것이다.

5. 어떤 단어가 모호하다면, 그 단어는 의미가 둘 이상이다.

6. 단어의 내포가 많아질수록 외연은 좁아진다.

7. '칼'을 '무언가를 자를 수 있는 기구'라고 하는 것은 너무 넓은 정의이다.

8. '철수'는 외연만 있고 내포는 없는 말이다.

9. 어떤 단어의 의미를 긍정적인 말로 정의할 수 있다면 부정적인 말로 정의하는 것이 바람직하지 않다.

10. '미인'은 뜻이 모호한 말이다.

11. 사전적 정의는 내포적 정의이다.

12. 직시적 정의는 외연적 정의이다.

13. 명료화 정의는 외연적 정의이다.

14. 이론적 정의는 내포적 정의이고 조작적 정의는 외연적 정의이다.

15. 열거적 정의는 내포적 정의이다.

IV. 다음의 정의가 어떤 유형에 속하는지 〈보기〉에서 고르시오

〈보기〉

(a) 직시적 정의   (b) 열거적 정의   (c) 사전적 정의   (d) 약정적 정의
(e) 명료화 정의   (f) 이론적 정의   (g) 설득적 정의   (h) 맥락적 정의
(i) 조작적 정의

---

1. '도청 소재지'는 '수원, 청주, 충주, 창원, 광주, 전주, 대구, 춘천, 제주'
   를 말한다.

2. '과체중'은 '자신의 키에서 몸무게를 뺀 후 그 수치가 90 이하인 경우'를
   말한다.

3. "좋다"는 것은 '최대 다수의 최대 행복을 산출하는 행위의 성질'을 의미
   한다.

4. '자본주의'는 '개인이 재산권을 소유하는 경제이론이나 체제'를 의미한다.

5. '공산주의'는 '엄격한 국가 계획, 경제 통제, 반대 세력의 극악무도한 억
   압, 개인의 자유 박탈이 그 특징인 정부 형태'이다.

6. '낙태'는 '인간의 태아를 살해하는 일'이다.

7. '태양'은 (손으로 가리키면서) '☀'을 의미한다.

8. '자력'은 철, 코발트, 니켈 같은 물질이 지니는 속성으로서, 그것은 그 물질을 구성하는 원자에 있는 전기의 운동에서 나온다.

9. '음주' 운전은 '혈중 알코올 농도가 0.1% 이상'인 상태에서 운전하는 것이다.

10. '에너지'는 '질량에 빛의 속도를 제곱하여 곱한 물리적 단위'를 말한다.

11. '반투명'이라는 것은 '빛을 일부만 통과시키는 것'이다.

12. '산성'은 'pH 7 이하'의 물질을 말한다.

13. '천재'는 'IQ 테스트에서 150 이상을 받는 사람'을 의미한다.

14. '형광 물질'은 자외선을 쪼였을 때 작열하는 물질이다.

15. 배타적 의미의 '이거나'의 뜻은 '네가 그 시각에 도서관에 있거나 집에 있거나 할 것이다.'에 사용된 의미이다.

2장
잘못된 논증: 오류

1. 형식적 오류와 비형식적 오류

앞의 제2부에서는 논증에 대해 논의했다. 그리고 제대로 된 좋은 논증이 되기 위한 기준을 다루었다. 사실 누구나 좋은 논증을 구성하고 싶어한다. 그렇지만 사람들은 논증을 구성하는 과정에서 잘못을 저지르기도 한다. 그러한 오류는 논증의 형식적인 측면이나 내용적인 측면에서 모두 일어날 수 있다.

오류란 무엇인가? 일반적으로 우리는 '오류'라는 말을 '잘못'이나 '실수'라는 뜻으로 쓰기도 하지만, 여기서 다루려는 오류는 논증에 관한 것이다. 즉 논증을 구성하면서 잘못을 저지르는 것을 말한다. 물론 오류를 저지르는 일이 좋은 것은 아니지만, 오류를 저지르는 사람을 모두 나쁜 사람으로 간주해서는 안 된다. 잘못된 지식이나 잘못된 믿음을 가진 탓에, 또는 제대로 논증하는 법을 모르는 탓에 자신도 알아차리지 못한 채 오류를 범하기도 하기 때문이다. 하지만 어떤 사람들은 다른 사람을 자신이 원하는 방향으로 설득하거나 속이기 위해서 일부러 오류를 범하기도 한다.

앞에서 우리가 보았듯이 논증의 평가 기준 가운데 첫 번째는 전제와 결론의 지지관계에 관한 것이다. 제대로 된 논증처럼 보이더라도 전제가 결론을 의도대로 지지하지 못하면 오류가 발생한다. 한편 논증을 평가하는 또 다른 기준은 전제가 실제로 참인가 아닌가 하는 것이다. 실제로 참이 아닌 전제를 참으로 간주할 때에도 오류가 발생한다.

오류에 대해 살펴보는 이유는 제대로 된 논증을 하기 위해서이다. 오류를 제대로 파악한다면, 다른 사람의 논증을 더 잘 평가할 수 있고 또 자신의 논증을 구성할 때 잘못을 저지르지 않을 수 있을 것이다.

오류는 크게 형식적 오류(formal fallacy)와 비형식적 오류(informal fallacy)로 나뉜다. 형식적인 오류란 논증의 형식에 잘못이 있는 것으로서, 연역 논증에만 적용된다. 연역 논증의 타당성은 그 논증의 형식에 의해 결정되는데, 어떤 연역 논증이 잘못된 형식, 즉 타당하지 못한 논증 형식으로 되어 있다면 그 논증은 형식적 오류를 범한 것이다. 다시 말해 부당한 논증은 모두 형식적인 오류를 범하고 있는 셈이다.

그런데 어떤 논증의 형식이 아니라 내용이 잘못된 것이라면, (전제와 결론의 지지관계에 잘못이 있건, 참이 아닌 전제를 참이라고 간주하는 잘못이 있건 간에) 그 논증은 비형식적 오류를 범하고 있는 것이다.

2. 형식적인 오류들

형식적 오류는 논증의 잘못된 형식 때문에 나타난다고 했다. 다음의 논증들을 한번 살펴보자.

(a) 모든 고양이는 동물이다.

모든 샴고양이는 동물이다.

그러므로 모든 샴고양이는 고양이이다.

(b) 모든 고양이는 동물이다.

모든 개는 동물이다.

그러므로 모든 개는 고양이이다.

위 연역 논증들의 형식은 아래와 같다.

(c) 모든 A는 B이다.

모든 C는 B이다.

그러므로 모든 C는 A이다.

(a)는 형식적 오류를 범하고 있는데 그것을 잘 파악하지 못할 수도 있다. 전제가 실제로 참이고 결론이 참이기 때문이다. 그래서 사람들은 무심결에 이 논증이 타당하다고 생각할지 모른다. 그러나 연역 논증의 타당성은 전제와 결론의 지지관계에 의해 결정된다. (a)와 동일

한 논증 형식으로 된 다른 논증 (b)의 경우에서는 이 논증이 부당하다는 것을 쉽게 알 수 있다. 이 논증에서는 전제가 실제로 참이고 결론이 거짓인 탓이다. 이 두 논증의 공통된 논증 형식은 (c)에 나타나 있다.

어떤 논증 형식이 타당한 것이면 그 논증 형식으로 된 모든 사례들[이를 대입례(substitution instance)라고 한다]은 타당한 논증이 된다. 어떤 논증 형식이 부당한 것이면, 그 논증 형식으로 된 사례(대입례) 중 부당한 논증이 된다. 그리고 어떤 논증이 부당한 논증 형식만으로 되어 있고 타당한 논증 형식이 달리 없다면, 그 논증은 부당하다.

(c)에 나타난 논증 형식은 그것의 사례 중 적어도 하나, 즉 (b)가 부당하므로, 부당한 논증 형식이다. (a)에는 (c)의 형식 외에 다른 타당한 논증 형식이 없다. 즉 (a)는 (c)의 부당한 논증 형식만으로 되어 있다. 그러므로 (a)는 부당한 논증이다. (a)와 (b)는 형식적 오류를 범하고 있는 것이다.

아래의 논증들을 보자.

(d) 모든 음악가는 예술가이다.
   모든 재즈 연주자는 음악가이다.
   그러므로 모든 재즈 연주자는 예술가이다.

(e) 모든 음악가는 미술가이다.
   모든 무용가는 음악가이다.
   그러므로 모든 무용가는 미술가이다.

위의 (d)와 (e) 논증은 아래의 형식으로 되어 있다.

(f) 모든 A는 B이다.

    모든 C는 A이다.

    그러므로 모든 C는 B이다.

위의 (d)와 (e) 논증은 아주 달라 보인다. (d)는 아무런 문제가 없는 논증으로 보이지만, (e)는 잘못된 논증이나 타당하지 않은 논증으로 보일 수 있기 때문이다. 만약 그렇다면, 전제가 실제로 참인지 아닌지에 관심을 가지는 동안 여러분은 혼란에 빠진 것이다. (d)와 (e)를 꼼꼼히 따져 보면, 이 두 논증은 (f)의 논증 형식으로 된 같은 구조의 논증임을 금방 알아챌 수 있다. 그래서 (d)가 타당한 논증이듯이, (e)도 타당한 논증이다. 물론 (e)는 (d)와 마찬가지로 타당한 논증이지만, 건전한 논증이라고 할 수는 없다.

(f)의 논증 형식으로 된 모든 사례들은 타당한 논증들이다. (f)가 타당한 논증 형식이기 때문이다. (f)에서 A, B, C를 어떤 단어로 대치하더라도, 그 모든 논증에서는 전제가 참이라면 결론의 참이 절대적으로 보장된다.

논증의 형식을 이용하여 부당한 논증의 부당성을 증명할 수 있다. 이를 반례법(counter-example method)이라고 한다. 반례법은 주어진 부당한 논증과 동일한 형식을 가지고 있으면서 실제로 전제가 모두 참이고 결론이 거짓인 사례를 제시하는 증명법이다. 반례법은 모든 종류의 연역 논증의 부당성을 증명하는 데 사용된다.

다음 논증을 보자.

모든 강아지는 포유류이다.
어떤 동물은 강아지가 아니다.
따라서 어떤 동물은 포유류가 아니다.

위 논증은 다음과 같은 형식을 가지고 있다.

모든 M은 P이다.
어떤 S는 M이 아니다.
따라서 어떤 S는 P가 아니다.

이제 반례법에 의해 위의 논증이 부당하다는 것을 증명해 보자.
위 논증과 같은 형식을 가지고 있으면서 실제로 전제가 모두 참이고 결론이 거짓인 사례(대입례)로 대치하면 된다. 앞의 조건을 만족한다면 S, M, P는 어떤 명사로 대치해도 상관없다. 우선 결론을 거짓으로 만드는 예부터 제시하자. 결론이 거짓이 되도록 S와 P 대신에 다른 단어를 넣어보는 것이다. S 대신에 '나무'를, P 대신에 '식물'을 넣으면 결론이 거짓이 된다.

모든 M은 식물이다.
어떤 나무는 M이 아니다.
따라서 어떤 나무는 식물이 아니다.

그런 다음 전제 모두가 참이 되도록 M을 적절한 단어로 대치한다. M을 '꽃'으로 대치해 보자.

모든 꽃은 식물이다.
어떤 나무는 꽃이 아니다.
따라서 어떤 나무는 식물이 아니다.

여기서 우리는 위 논증이 부당하다는 것을 쉽게 알 수 있다. 전제가 실제로 모두 참인데 실제로 결론이 거짓이기 때문이다.

3. 비형식적 오류들

비형식적 오류는 연역 논증과 귀납 논증에서 모두 일어날 수 있다. 연역 논증 중 형식적으로는 문제가 없으나 비형식적인 이유 때문에 오류를 범하는 것이 있다. 전제가 실제로 참이 아닌데 참이라고 간주하는 것도 있고, 형식에 문제가 없고 심지어 전제가 참이라 하더라도 내용에 문제가 있는 것도 있다. 귀납 논증의 경우에는 형식이 아니라 내용 때문에 오류를 범하게 된다. 이처럼 오류가 있는 논증들은 대체로 전제의 참이 결론의 참을 보장하는 데 실패해서 설득력이 없는 약한 논증이다. 그렇지만 어떤 식으로든지 정당한 것처럼 보일 수 있는 경우들이다. 그렇게 되는 요인으로는 심리적인(혹은 감정적인) 것, 잘못된 언어 사용에 의한 것 등 여러 가지가 있다.

비형식적 오류들을 분류하는 방식은 다양하다. 이 장에서 소개되는 여러 종류의 오류들이 비형식적 오류 전부는 아니다. 일상생활 여기 저기서 많이 나오는 오류들을 주로 소개한 것이다. 우리는 여러 가지 비형식적 오류들을 크게 (1) 유관성의 오류, (2) 약한 귀납의 오류, (3) 언어적 오류, (4) 가정의 오류의 네 가지로 분류하여 살펴볼 것이다.

(1) 유관성의 오류(fallacies of relevance)

일반적으로 유관성의 오류는 전제가 결론과 논리적으로 무관한 논증에서 나타난다. 이런 논증은 심리적으로나 감정적으로 유관한 전제들에서 결론을 이끌어 내기 때문에, 흔히 별 문제 없는 논증처럼 보이기도 한다. 그러나 전제가 결론과 심리적으로나 감정적으로 관련이 있다고 해서, 그 전제들이 결론을 그럴듯하게 보장해 주는 것은 아니다. 제대로 된 논증이 되려면, 결론을 보증하는 밀접하게 관련된 근거를 전제들이 제시해야만 한다.

이 부류에 속하는 오류로는 다음과 같은 것들을 들 수 있다.

1) 힘에 호소하는 오류(fallacy of appeal to force)

이 오류는 논증자가 청자나 독자에게 특정한 결론을 내세우면서, 그 결론을 관련 근거가 아니라 힘으로 정당화하려는 경우에 나타난다. 즉 만약 청자나 독자가 그 결론을 받아들이지 않으면, 그에게 심리적으로나 물리적으로 불이익이 돌아가리라는 점을 암시적으로나 명시적으로 이야기한다. 다시 말해서 이 오류는 어떤 결론을 받아들일 수 있을 정도로 충분히 관련 있는 논리적 증거를 전제에서 제시하는 대신, 그 결론을 받아들이지 않을 경우에 나타날 수 있는 불리한 사태를 이야기한다. 그래서 상대가 심리적 불안이나 압박감, 공포를 갖게 해서 자신의 주장을 정당화하려고 시도한다. 이 상황은 다음과 같이 요약할 수 있다.

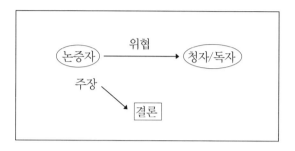

다음의 예를 보자.

(한 학기 수업을 마친 후 교수가 학생들에게)
종강파티를 한다지요? 거기에 나를 부르지 않으면 어떻게 될까 생각해 보세요. 나중에 성적을 받아보면 알 겁니다. 후회할 일 하지 마세요.

위의 예는 다음과 같은 구조의 논증으로 재구성할 수 있다.

전제: 나를 종강파티에 초대하지 않으면, 여러분 학점에 불이익이 갈 것이다. 여러분은 불이익을 당하고 싶지 않다.
결론: 나를 종강파티에 불러야 한다.

위 논증은 학생들이 자신의 생각을 받아들이지 않을 경우, 교수가 자신의 힘이나 권한으로 성적에 불이익을 가할 것이라고 위협하는 것이다. 즉 이 논증은 자신이 내릴 수 있는 결론의 정당성의 근거로 위협을 제시한다. 따라서 이 논증은 자신의 힘에 대한 상대방의 공포를 근거로 자신의 주장을 정당화하려는 오류를 범하고 있다. 위협하는 힘에 호소하는 잘못된 논증인 셈이다.

물론 우리는 이 논증의 결론을 받아들이는 경향이 있다. 그렇다 하더라도 이 논증이 오류라는 게 부정되는 것은 아니다. 우리는 이 것이 그럴듯한 강한 논증이어서 받아들이는 게 아니라, 힘에 의한 협박 때문에 받아들이는 것이다.

2) 연민에 호소하는 오류(fallacy of appeal to pity)

연민에 호소하는 잘못된 논증은 논증자가 자신이 처한 어려운 상황을 근거로 하여 어떤 결론을 정당화하려고 하는 것이다. 이때 논증자는 결론을 받아들여야 하는 합당한 논리적 근거를 제시하지 못하고, 그 대신 동정심을 불러일으켜 상대방이 자신의 주장을 받아들이게 한다. 이 오류는 다음 도식으로 나타낼 수 있다.

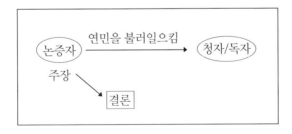

다음의 예를 보자.

이번 국회의원 선거에는 김성연 후보를 국회로 보냅시다. 그는 그동안 세 차례나 출마했으나 매번 낙선했습니다. 그에게는 이번이 마지막 기회입니다. 매번 선거를 치르느라 그는 빚더미에 올라 있고 가족들마저 뿔뿔이 흩어진 상태입니다. 이 선거를 위해 그는 가족도 거의 팽개친 상태입니다.

위의 예는 다음과 같은 구조의 논증으로 재구성할 수 있다.

> 전제: 김성연은 가족을 희생해서 세 차례나 출마했지만 국회의원에 당선된 적이 없다. 이번이 그에게는 마지막 기회이다. 그는 국회의원에 당선되기 위해 많은 희생을 한 결과 비참한 상태에 있다.
> 결론: 선거에서 김성연을 찍어야 한다.

위의 논증은 김성연을 찍어야 하는 논리적 근거를 제대로 제시하지 않고 있다. 다만 그의 어려운 처지를 이야기해서 상대방에게서 연민의 정을 불러일으키고자 한다. 연민에 호소해서 자신의 주장을 정당화하려는 오류를 저지르고 있는 것이다.

3) 군중에 호소하는 오류(fallacy of appeal to the people)

우리 인간은 다른 사람들로부터 인정과 존경을 받고 싶어한다. 하지만 어떤 면에서는 보통 사람과는 다른 유별난 사람이 되기보다 대다수 사람들과 같은 부류에 속하기를 원한다. 군중에 호소하는 논증은 바로 이런 군중 심리를 자신의 결론이 수락되도록 하는 데 이용하는 경우이다.

논증자는 군중 심리에 직접적으로나 간접적으로 호소한다. 직접적인 경우로는 연설을 하거나 글을 써서 군중들의 감정을 흥분시키는 것이 있다. 사람들을 군중 심리에 휩쓸리게 해서 자신의 주장을 정당화하는 것이다. 이것은 거의 모든 선전, 선동가가 사용하는 수법이다. 이런 수법의 대표적인 예는 북한의 정치 행사 진행 장면에서 확인할 수 있다. 군중의 감정을 고조시키기 위해서 취주 악단, 깃발, 피켓, 박수 등 가능한 모든 수단을 동원한다.

직접적으로 대중에 호소하는 논증의 경우, 대중 심리에 호소하면 그 개인들 각각은 군중에 속하고자 하는 직접적인 감정을 표출하게 된다. 그렇게 해서 사람들은 다른 사람들과 하나가 됨을 느끼고, 그러한 일치감은 힘과 안정감을 가져온다. 군중들의 생각에 스스로 동의하지 않을 경우, 그 사람은 소외될 것이고 또 그 신변에 어떤 사태가 일어날지도 모른다. 또한 다른 사람들의 인정을 받을 수 없지 않을까 하는 걱정이 든다. 이런 것들이 군중에 대한 논증을 설득력 있게 만드는 요인이다.

대중에 대한 간접적인 논증은 군중을 한꺼번에 상대하는 것이 아니라 개인을 상대하는 것이다. 많은 사람이 논증자의 주장을 받아들이고 있다는 말로 개인이 가진 군중 심리에 호소하여 자신의 결론을 수락하도록 유도한다. 이 경우 유행을 좇는 군중들의 심리를 이용할 수도 있고, 또 인간의 허영심을 이용할 수도 있다. 심지어는 인간의 속물 근성을 이용하기도 한다.

이것을 종합해 보면, 직접적으로든 간접적으로든 군중에 호소하

비판적 사고를 위한 논리

는 오류에는 다음과 같은 내용이 명시적으로든 암시적으로든 들어 있다.

당신은 군중들에게 인정받고, 그 속에 포함되고, 그들에게 사랑받거나 높이 평가받기를 원한다. 만약 당신이 내 주장 X를 받아들인다면 그렇게 된다. 그러니 X를 참으로 받아들여라.

이 상황은 다음과 같이 요약할 수 있다.

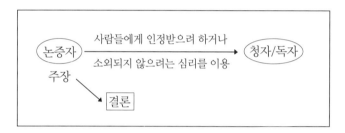

다음 논증들은 군중에 호소하는 오류를 범하고 있다.

요즘 우리 동네 학부모들의 90% 이상이 아이들에게 조기 영어 교육을 시키고 있을 뿐 아니라, 그 가운데 상당수는 외국으로 어학연수를 보내고 있다. 그러므로 우리 집 아이도 조기 영어 교육을 받아야 한다.

대한민국 1%만을 위한 차!
이 차는 아무에게나 파는 차가 아닙니다. 최고 수준의 경제력과 더불어 품위를 갖춘 극소수의 사람만이 소유할 수 있습니다.

(우유를 잘 안 마시는 어린이에게 어머니가)

"애야, 너 커서 영화배우 이영애처럼 예뻐지려면 우유를 많이 마셔야 해."

4) 사람에 대한 오류(argument against the person)

사람에 대한 논증에는 항상 두 논증자가 등장한다. 한 논증자는 자신의 주장을 개진한다. (그 주장에 대한 근거가 종종 명시적으로 드러나지 않기도 한다.) 다른 논증자는 앞 논증자의 주장을 반박하는데, 그 주장이 근거로 하고 있는 전제가 거짓이라거나 그 주장에 대한 근거가 될 수 없다는 식으로 문제 삼는 것이 아니라, 그런 주장을 편 사람과 관련된 여러 사실을 문제 삼는다. 주장자와 관련된 사실 때문에 그 주장이 정당하지 못하다고 지적하는 것이다. 여기서 중요한 것은 이런 오류가 상대방 논증의 결론(혹은 어떤 주장)을 거부할 때, 즉 논박할 때 일어난다는 점이다. 이 오류는 다시 세 가지로 구분할 수 있다.

① 인신 공격의 오류(*ad hominem* abusive)

상대방의 주장을 반박할 때, 그 주장의 내용과 무관하게 그 사람의 성품이나 하는 일에 대해 모욕적인 발언을 함으로써 그 사람의 주장이 정당하지 못하다는 것을 보여주려는 경우가 바로 인신 공격에 의한 논증이다. 이것은 잘못된 논증이다. 다시 말해서 이 논증은 상대방의 권위, 인격, 정실관계, 재산, 사상, 행실, 평판 등을 부정적으로 언급해서 상대방의 주장을 정당하지 못한 것으로 증명하려는 것이다. 다음 예를 보자.

비판적 사고를 위한 논리

왕사치라는 배우는 최근 자선 단체를 방문한 후 사람들이 불우한 이웃을 위해 좀 더 많이 기부해야 한다고 주장했다. 그러나 그녀의 주장은 터무니없다. 그녀가 얼마나 사치가 심한지는 아는 사람이면 다 안다.

② 정황적 오류(*ad hominem* circumstantial)

이 오류를 범하고 있는 논증은 어떤 주장을 하는 상대방이 처한 특별한 상황을 거론해서 그 상황 때문에 그가 당연히 그렇게 주장할 수밖에 없음을 보이려 한다. 그렇게 해서, 상대방의 주장이 정당하지 못한 것이거나 아니면 적어도 심각하게 고려할 만한 가치가 없는 것임을 증명하려는 것이다. 그런데 이 오류에서 거론하는 상대방의 상황 그 자체는 별로 비난받을 만한 것이 아니다. 그런 점에서 이 오류는 인신 공격의 오류와 구분된다.

하리수는 우리나라에서 성전환자들의 권리를 보호하는 법을 제정해야 한다고 주장한다. 그러나 그녀의 주장에는 문제가 있다. 바로 그 자신이 성전환자이기 때문이다.

정황적 오류는 대개 다음의 구조로 되어 있다. 즉 "X가 이런 식으로 주장하는 것은 당연하다. 왜냐하면 자신이 처한 C라는 상황이 그에게 그러한 주장을 할 수밖에 없게 만들 것이기 때문이다. 이 상황에서 만약 그 주장이 받아들여진다면 그것은 주장자에게 이익이 된다. 따라서 그의 주장은 정당하지 못하거나, 적어도 심각하게 고려할 만한 가치가 없다."

③ 피장파장의 오류(*tu quoque*)

이 논증은 자신의 어떤 주장이 정당하지 못하다는 상대방의 반박에 대해, 상대방의 주장은 자신의 주장보다 더욱더 정당하지 못하다거나 자신의 주장과 마찬가지로 정당하지 못하다고 주장한다. 이를 통해서 자신의 주장이 상대방의 주장보다 더 정당함을 혹은 적어도 상대방 주장과 동일한 정도의 정당성을 가지고 있음을 증명하려는 것이다. 반박하는 자는 흔히 상대방의 생활이나 행동의 어떤 특징이 상대방의 주장과 모순된다는 점을 지적함으로써 상대방의 주장을 논박하려고 한다. 말하자면 "당신 자신이 X라는 행위를 하면서 어떻게 X를 하지 않아야 한다고 주장하는가?"라는 식으로 반박해서 상대방의 주장을 공격하는 것이다.

그렇지만 상대방의 주장이 자신의 주장보다 더 옳지 못하거나 혹은 똑같이 옳지 못하다는 사실이 자신의 주장이 상대방의 주장보다 더 옳다거나 혹은 똑같이 옳다는 사실을 증명하지는 못한다. 다음의 예를 보자.

(아버지와 고등학생 아들의 대화)

아버지: 담배를 피우는 것은 건강에 좋지 않으니, 아예 담배를 배우지도 마라.

아들: 아버지도 담배를 피우시면서….

이 상황은 다음과 같이 도식으로 나타낼 수 있다.

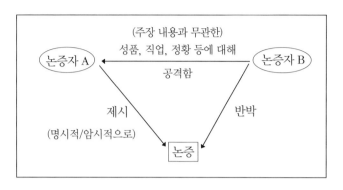

5) 우연의 오류(fallacy of accident)

이는 일반적인 경우에 적용되는 원리나 규칙을 그것이 적용되지 않는 특수한 경우에 잘못 적용해서 저지르는 오류이다. 즉 이 오류는 전제에서 일반적으로 적용되는 원리나 규칙을 제시하고 결론에서는 그 원리나 규칙을 적용 불가능한 경우에 적용한다. 이 오류는 원칙 혼동의 오류라고도 한다.

다음은 이에 해당하는 예이다.

내부 순환도로에서 최고 시속은 80km이다. 그러나 대한민국 헌법에 의하면 우리나라는 자유주의 국가이다. 그러므로 나에게는 원하는 속도로 주행할 권리가 있다.

'우연의 오류'는 'fallacy of accident'를 번역한 것이다. 'accident'라는 단어에는 '우연적'이라는 뜻도 있지만 '속성'이라는 뜻도 있다. 일찍이 아리스토텔레스는 실체(substance)와 대비하여 그것에 부여되는 속성(attribute)이 본질적이기보다는 부수적이거나 우연적이라고 생각했다. 그래서 'accident'라는 말에는 우연적이라는 의미 외에 속성이라는 의미도 있다. 결론에 나오는 특수한 경우는 전제에 나오는 일반 원리나 법칙에 포섭되지 않도록 하는 어떤 속성(accident)을 가진다. 위의 예에서 내부 순환도로에서의 주행이 바로 자유권이라는 일반적인 원칙에 포섭되지 않는 속성이다.

6) 허수아비 논증의 오류(straw man)

이 논증은 상대방의 논증을 공격하고자 할 때, 그 논증의 결함을 지적하기보다는 그것을 변형시켜서 실제 논증이 아닌 변형된 논증을 공격하는 것이다. 즉 공격하기 쉽도록 상대방의 논증을 단순화하거나 왜곡한 다음, 그것을 허물어뜨리는 것이다. 그러나 이런 방식으로는 상대방의 논증을 진정으로 격파했다고 할 수 없다. 다시 말해서 이런 오류에 빠진 사람은 진정한 논의를 하려는 것이 아니라, 허수아비를 상대하고 싶어하는 것에 지나지 않는다. 허수아비를 무너뜨리고 나서 실제로는 상대방의 주장을 부정해 버리는 것이다.

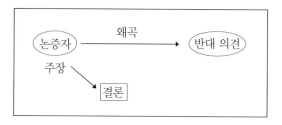

다음이 위의 예이다.

　다수의 원리는 사실상 어떤 모집단에서도 비조직화되고 제대로 훈련
받지 못한 대중의 원리를 말한다. 그러므로 그것은 명백히 바람직하지
못한 정치적 상황이다. 따라서 민주주의의 기본 원리는 논박된다.

(2) 약한 귀납의 오류들(fallacies of weak induction)

　이 오류들은 주어진 전제들이 결론을 이끌어 내는 것과 관련이 있
다 하더라도 그만큼 강하게 결론을 지지해 주지 못하는 문제를 가지
고 있다.

1) 잘못된 권위에 대한 논증(appeal to unqualified authority)

　어떤 주장을 보증하기 위하여 우리는 증인이나 전문가의 의견에 호
소할 수 있다. 그럼으로써 그 주장을 신뢰할 만한 것으로 만드는 것이
다. 이러한 논증을 권위에 의한 논증이라고 하는데, 권위에 의한 논증
그 자체가 오류는 아니다. 그러나 잘못된 권위에 호소하는 것은 좋은
논증이 될 수 없다. 결론을 옹호하기 위해 신뢰할 수 없는 증인의 의
견에 호소하는 것은 잘못된 권위에 의존하는 것이다. 또한 전문가의

의견에 호소하여 어떤 주장의 근거를 제시한다 해도 그 내용이 전문
가가 담당하는 분야가 아니라면 잘못된 권위에 호소하는 것이 된다.

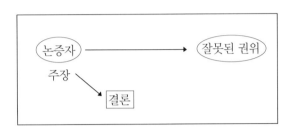

다음의 예가 여기에 해당한다.

(홈쇼핑 광고에 다이어트에 성공한 30대 여자가 등장한다. 그런데 그
여자는 다른 몇몇 홈쇼핑에서 각기 다른 회사 다이어트 제품을 광고할
때에도 똑같은 말을 했다.)
이 약은 다이어트를 위해 새로이 개발된 약입니다. 이 약이 얼마나 잘
듣는지는 제가 익히 잘 알고 있습니다. 제가 직접 체험한 사람입니다. 저
는 두 달 사이에 10kg을 감량했습니다.

그 여자가 이 회사 광고에서만 자신의 체험을 이야기했다면 그 결
론은 조금이나마 지지받을 수 있다. 그러나 다른 회사 제품에 대해
서도 동일한 체험을 했다고 이야기한 바 있다면, 이 증인의 말은 신
뢰할 수 없다.
또 다른 예는 어떤 주장을 보증하기 위하여 그 주장과는 관계 없
는 분야의 전문가에게 의존하는 것이다.

피카소는 20세기를 대표하는 미술가들 중 한 사람이다. 그의 많은 작품들은 분석적 입체파 작품으로 분류될 수 있다. 그리고 그는 매우 독창적인 아이디어를 가진 화가임에 틀림없다. 우리 학교의 저명한 물리학 교수님이 늘 그렇게 말씀하셨다.

이 예는 해당 분야 전문가가 아닌 사람의 견해에 의지해서 어떤 주장을 지지하고자 하는 오류를 범하고 있다. 물론 저명한 물리학 교수가 특별히 예술을 깊이 연구한 사람일 수도 있다. 그러나 이 논증의 내용에서 알 수 있는 것은 그가 물리학 전문가라는 것뿐이다. 그러므로 이 논증에서 미술에 대한 그 물리학 교수의 판단이 신뢰할 만한 것이라고 간주할 수 없다.

2) 무지에 호소하는 오류(appeal to ignorance)

이 논증에서는 어떤 현상이나 사건에 관해 지금까지 어떤 방식으로든 아무것도 증명되지 않았다는 사실이 전제가 된다. 이런 전제를 근거로 해서 내린 결론은 참이나 거짓이라고 단정적으로 주장할 수 없다. 이런 논증은 아직 증명되지 않은 문제들에 관한 논증에서 자주 일어난다. 다음 예를 보자.

신은 존재하지 않는다. 왜냐하면 많은 사람들이 노력했는데도 정신 착란에 빠진 사람 말고는 아무도 신을 목격하지 못했기 때문이다.

이 논증이 제대로 된 논증이 되려면, 전제는 결론을 뒷받침하는 적극적인 증거들을 제공해야 한다. 위 논증에서 전제는 신의 존재에 관해서는 아무것도 알려주지 않고, 다만 불특정한 사람들이 그것을 증명하려고 노력했음에도 실패했다는 사실만 제시하고 있을 뿐이다. 물론 이러한 사실은 우리가 그 결론을 받아들일 수 있는 미약한 이유를 제공하기는 하지만 그 결론을 충분히 보증해 주지는 않는다. 따라서 무지에 대한 논증이라는 오류를 저지르고 있다. 이런 전제에서 끌어낼 수 있는 합당한 결론은 일반적으로 어떤 것을 입증하거나 반증할 방도를 모른다는 것이 된다.

그러나 이 논증과 관련해서 우리가 고려해야 할 것들이 있다. 우선 어떤 주장에 대한 증명이나 반증을 위한 탐구가 그 분야의 전문가들에 의해 체계적인 방식으로 행해졌지만, 그 주장에 대한 증명이나 반증이 불가능했을 경우이다. 그런 탐구에 근거를 둔 연구 결과는 비록 연역적으로는 부당하나, 귀납적으로는 상당히 강한 논증이 될 것이다.

다음 예를 보자.

여러 분야의 과학자들로 구성된 연구 팀은 체계적, 지속적 연구에도 불구하고 발광하는 에테르를 발견해 내지 못했다. 그러므로 발광하는 에테르는 존재하지 않는다고 보아야 한다.

이 논증에서 전제는 결론을 완전히 보증해 주지는 않지만, 그 결론이 받아들여질 수 있을 만큼 증거를 충분히 제시하고 있다. 왜냐하면 만약 발광하는 에테르가 존재한다면, 과학자들이 체계적인 탐구를 통해 그 존재를 밝혔을 가능성이 큰 것으로 보이기 때문이다.

무지에 호소하는 오류와 관련해 우리가 고려해야 하는 또 다른 경우는 법정에서의 유죄판결이다. 법정에서는 무지에 의한 피고측의 논증이 올바른 논증으로 인정된다. 소위 무죄 추정의 원리를 적용하는 것이다.

지금껏 검사는 피고에 관한 이러저러한 사실들을 제시했습니다만, 그는 결코 피고가 뇌물을 수수했다는 사실을 증명하는 결정적인 증거를 제시하지 못했고 증인도 찾지 못했습니다. 그러므로 피고는 무죄로 판결되어야 합니다.

위의 예에서 변호사는 검사가 피고의 유죄를 증명할 수 없으므로 그 반대가 옳다고 주장한다. 즉 피고가 유죄라는 검사의 주장은 정당하지 못하며, 따라서 피고는 무죄라는 것이다.

이에 대해 검사는 똑같은 방식으로 반론을 펼 수 있다.

변호사는 피고가 뇌물을 수수하지 않았다는 것을 증명하지 못했습니다. 따라서 피고가 무죄라는 변호사의 주장은 정당하지 못하며, 피고는 유죄임이 확실합니다.

검사는 이런 논증으로 피고측에 맞설 수도 있을 것이다. 이 경우에 두 논증은 모두 무지에 호소하는 오류를 범하고 있다. 그러나 법정에서는 둘 중 피고측의 논증만 온당한 것으로 인정된다. 무고한 사람을 죄인으로 모는 것을 피해 인권을 보호해야 한다는 좀 더 근본적인 원리가 법정에서 우선시되기 때문이다.

전제 : 이제까지 누구도 A가 사실임을 증명하지 못했다.

⇓

결론 : A는 거짓이다.

---

3) 성급한 일반화의 오류(fallacy of hasty generalization)

이 오류는 앞서 나온 우연의 오류와 정반대 방향으로 진행된다. 우연의 오류는 전제에서 제시한 일반적 원리나 법칙에 포섭되지 않는 사례를 결론에서 그 원리에 적용하는 데서 발생한다. 반면에 성급한 일반화의 오류는 사례들로부터 일반적인 사실을 도출하는 귀납적 일반화에서 잘못을 범하는 것이다. 귀납적 일반화는 어떤 집단에서 선택된 표본들이 지니고 있는 정보들로부터 그 집단 전체 구성원에 관한 특정 정보를 도출하는 논증이다.

성급한 일반화의 오류는 이러한 귀납적 일반화의 과정에서 그 표본이 집단을 대표하지 못할 가능성이 많을 때 일어난다. 더 구체적으로 말하면, 무작위로 표본을 선택해 전체 집단을 대표하게 하는 경우, 혹은 결론을 보증하기 위해 추출한 표본이 너무 적은 경우에 성급한 일반화의 오류가 발생한다.

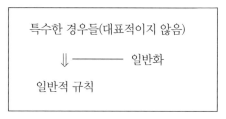

```
특수한 경우들(대표적이지 않음)

    ⇓ ——— 일반화

일반적 규칙
```

다음이 성급한 일반화의 오류를 보여주는 예들이다.

어제 내가 먹은 중국 식당의 음식은 정말 느끼하고 맛이 없었다. 나는 이제 다시는 중국 음식을 먹지 않을 것이다.

(학교 각 건물의 흡연실에 가서 학생들에게)

공공건물 내에서 흡연을 허용해야 할지 조사했다. 그랬더니 대부분의 사람이 흡연 허용에 찬성했다. 그러므로 이 학교 학생들은 실내 흡연을 원한다.

4) 거짓 원인의 오류(fallacy of false cause)

거짓 원인의 오류는 실제로는 존재하지 않는 인과관계를 설정해서 전제에서 결론을 도출할 때 저지르게 된다. 즉 어떤 두 사건은 전혀 인과관계가 없음에도 불구하고, 마치 두 사건이 어떤 인과관계가 있는 것처럼 잘못 추측하는 것이 바로 거짓 원인의 오류이다. 이러한 오류는 두 가지로 분류된다.

첫째는 선후인과의 오류(*post hoc ergo propter hoc*: after this, therefore because of this)이다. 즉 어떤 사건이 다른 사건보다 먼저 일

어났다는 사실만 보고, 앞선 사건을 뒤따르는 사건의 원인으로 간주하는 것이다. 다음이 그 예다.

정오 사이렌이 울리고 나면 언제나 우리 집 벽시계가 12시를 친다. 아마도 정오 사이렌이 우리 집 벽시계의 센서를 자극하나 보다.

물론 원인은 항상 시간상으로 결과에 앞서지만, 어떤 사건이 시간상으로 앞선다고 해서 반드시 나중 사건의 원인이 되는 것은 아니다. 즉 두 사건이나 현상에 시간상 선후관계가 있다는 것은 그것들 간에 인과관계가 있을 필요조건이기는 하지만, 충분조건은 아니다.

두 번째는 어떤 사건이 다른 사건의 진정한 원인이 아닌데도 진정한 원인으로 잘못 추측하는 오류이다(*non causa pro causa*: not the cause for the cause). 다음이 그 예다.

우리 할머니는 아흔 살인데 아직도 정정하시다. 할머니가 식사 때마다 마늘과 탁주를 드시기 때문이다.

붉은 악마들이 응원을 하면, 우리 팀은 언제나 이겼다. 이번 경기에서 우리 팀이 이긴 것은 붉은 악마 덕분이다.

실제로 두 현상이 동반되는 것이 관찰될 때, 실제로 그들 간에 인과관계가 있는지를 결정하기는 쉽지 않다. 또한 두 현상 간에 인과관계가 있다고 하더라도 어떤 것이 원인이고 어떤 것이 결과인지를 분간하기가 어렵다. 그리고 이런 것을 구분하게 하는 일반적인 규칙이나 기준을 제시하기도 어렵다. 때때로 그것은 다른 여러 가지 정보, 지식 체계와 더불어 판단할 수 있는 문제이기 때문이다.

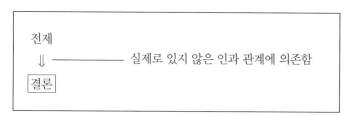

(3) 언어적 오류(fallacia in dictione)

언어적 오류는 그 역사가 깊다. 고대 그리스의 철학자 아리스토텔레스가 처음으로 오류를 구분했을 때, 가장 중요한 기준으로 꼽은 것이 언어적 오류였다. 언어적 오류는 다시 애매성의 오류와 문법적 유비의 오류로 나눌 수 있다.

우선 애매성의 오류에는 애매어의 오류와 애매한 문장의 오류가 있다. 이러한 오류는 전제나 결론 혹은 그 모두에서 어떤 단어나 구, 문장의 의미가 둘 이상일 때 이를 혼동하여 불합리한 결론을 도출할 때 일어난다.

문법적 유비의 오류로는 결합의 오류와 분해의 오류가 있다. 이러한 오류를 저지른 논증들은 다른 좋은 논증과 문법적으로 유사하다. 이러한 문법적 구조의 유사성 때문에 실제로는 오류인데도 바른 논증인 양 보이기도 한다.

1) 애매어의 오류(equivocation)

애매어의 오류는 하나 혹은 그 이상의 단어가 명시적으로든 암시적으로든 논증의 전제와 결론에서 상이한 의미로 사용되었을 때 일어날 수 있다. 즉 이러한 오류는 의미가 여럿이어서 문맥에 따라 그 의미가 달라지는 단어를 잘못 사용해서 저지르게 되는 오류이다.

민수는 축구 경기가 중계방송되는 동안 TV에 붙어 있었다. 그 경기가 끝나고 나서 그는 고생했을 것이다. 왜냐하면 붙어 있던 TV를 떼어내느라고.

위 예에서 '붙다'는 '맞닿아 떨어지지 않다'와 '열심히 몰두한다'의 두 가지 의미로 쓰이고 있다. 전제와 결론에서 각각 다른 의미로 사용해 추론함으로써 애매어의 오류를 저지른 것이다. '붙다'라는 애매한 단어를 애매하지 않은 동의어인 '열중하여 자리를 뜨지 않다'로 대치하면, 오류가 발생하지 않게 된다.

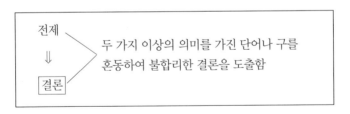

2) 애매한 문장의 오류(amphiboly)

애매한 문장의 오류는 문장의 구조적 결함 때문에 혹은 분명하지 못한 문법적 구조 때문에, 두 가지 이상으로 해석될 수 있는 전제들

비판적 사고를 위한 논리

을 잘못 해석해서 잘못된 결론을 도출할 때 저지르게 된다. 즉 애매한 문장의 오류란 어떤 문장이 애매한 단어를 포함하고 있지 않음에도 불구하고, 그 문장 구조의 애매함 때문에 발생한다.

예를 들어 다음의 논증을 보자.

> 기숙사에서 어젯밤에 철수 방에 있던 여자 친구의 사진을 보았어. 철수는 기숙사의 규칙을 어긴 거야. 밤에는 이성 친구는 물론이고 어떤 친구도 방에 들여서는 안 되는 것이 기숙사의 규칙인데.

위의 예에서 애매한 단어는 없다. 그러나 첫 번째 문장은 다음의 두 가지로 해석할 수 있다. 철수 방에 여자 친구가 있었다는 것과 철수 방에 여자 친구의 사진이 있었다는 것이다. 이 중 전자의 해석만을 고집하여 추론하는 것은 오류이다. 이런 경우 오류를 피하려면 단어의 위치를 옮기거나 적당한 구두점을 사용해서 문장 구조상 두 가지로 해석되는 상황을 막아야 한다.

```
            (단어와 구는 애매하지 않음)
전제 ──── 문장 구조 때문에 애매한 문장을 언급함
  ⇓
결론 ──── 그 문장을 잘못 해석하여 불합리한 결론을 도출함
```

3) 결합의 오류(fallacy of composition)

결합의 오류는 어떤 것을 이루는 부분의 특성들을 그 부분이 결합

해 이루어 낸 전체의 속성으로 잘못 파악할 때 저지르게 된다. 즉 전체를 이루는 부분 모두가 어떤 속성을 가진다고 해서 그것들로 이루어진 전체 역시 그러한 속성을 가진다고 잘못 간주할 때 결합의 오류가 발생한다.

부분들

⇓ ——— 부분에 적용되는 속성을 전체에 잘못 전이함

전체

다음의 예가 결합의 오류에 해당한다.

책상은 원자로 이루어져 있다. 원자는 색깔이 없다. 그러므로 책상은 색깔이 없다.

그러나 이와 달리 부분들의 속성에서 전체의 속성을 올바르게 추리할 수도 있다.

책상은 원자로 이루어져 있다. 원자는 질량을 가진다. 그러므로 책상은 질량을 가진다.

이 논증에는 오류가 없다. 이것은 부분의 특성을 전체도 그대로 가지고 있기 때문이다.

결합의 오류는 성급한 일반화의 오류와 구별된다. 성급한 일반화의 오류는 전체를 대표하지 못하는 특별한 사례들의 성질을 성급하게 일반화했을 때 발생한다. 반면에 결합의 오류는 전체의 어떤 부분이나 집합의 어느 구성원이 어떤 성질을 가진다는 사실을 근거로 삼아, 그 집합이나 전체가 그러한 성질을 가진다고 추리했을 때 발생하는 잘못이다.

4) 분해의 오류(fallacy of division)

분해의 오류는 결합의 오류와 정반대이다. 결합의 오류는 부분들의 속성을 전체의 속성으로 잘못 전이했을 때 일어나지만, 분해의 오류는 전체의 속성을 부분들의 속성으로 잘못 전이했을 때 일어난다. 전체에 관해서만 참인 것을 전체의 부분에 관해서도 참이라고 주장한다거나, 어떤 집합이 갖는 속성을 그 집합에 속하는 개별 구성원에게까지 잘못 적용하면, 분해의 오류를 저지르게 되는 것이다.

전체

⇓ —— 전체에 적용되는 속성을 부분들에 잘못 전이함

부분들

다음의 예는 분해의 오류를 저지르고 있다.

올해는 곡식 생산이 작년보다 증가했다. 보리 생산도 증가했을 것이다.

올해 전체 곡식 생산이 전체적으로 작년보다 증가했다 하더라도 보리 생산 역시 증가했다고 단정하기는 어렵다. 쌀이나 다른 잡곡의 생산이 모두 증가하고 보리만 생산이 줄어들었을 가능성도 얼마든지 있기 때문이다.

결합의 오류에서와 마찬가지로 전체 혹은 집합의 속성을 부분 혹은 구성요소들의 성질에 정당하게 적용할 수 있는 경우도 있다. 다음은 오류가 없는 논증이다.

> 책상은 질량을 가진다. 왜냐하면 책상은 원자로 구성되어 있고, 각각의 원자는 질량을 가지기 때문이다.

분해의 오류는 우연의 오류와 다음과 같이 구별된다. 우연의 오류는 예외가 있을 수 있는 일반적인 경우에 참인 것을 특별한 경우, 즉 예외에 속하는 경우에까지 적용했을 때 저지르게 된다. 반면에 분해의 오류는 어떤 집합 혹은 전체 자체가 가진 성질을 그 구성원들도 가지고 있다고 잘못 추리했을 때 저지르게 된다.

(4) 가정의 오류

가정의 오류에는 선결문제 요구의 오류, 복합 질문의 오류, 잘못된 이분법, 은폐된 증거의 오류 등이 있다. 보통 오류는 전제가 결론과 무관하거나 또는 결론을 지지할 수 있는 이유를 충분히 제공하지 못하기 때문에 생겨난다. 혹은 언어의 애매성이나 잘못된 문법적 유비 때문에 생겨난다. 그렇지만 가정의 오류는 말 그대로 전제가 증명하고자 하는 것을 전제 자체가 이미 가정하고 있기 때문에 일어난다.

1) 선결문제 요구의 오류(*petitio principii*)

선결문제 요구의 오류는 결론에서 증명하려는 주장이 이미 참임을 전제하기 때문에 일어난다. 이 오류의 형태는 다음의 세 가지다. 첫째는 참이라고 의심되는 핵심 전제를 생략하는 경우이다. 둘째는 결론의 내용을 전제에서 단어들을 바꾸어 미리 보여주는 경우이다. 셋째는 전제가 결론을 지지하고 결론이 다시 전제를 지지하는 순환 논증의 형태를 띠는 경우이다.

다음의 예를 자세히 살펴보자.

> 낙태는 금지해야 한다. 왜냐하면 살인은 금지되어 있기 때문이다.

언뜻 보기에 이 논증은 타당할 뿐 아니라, 전제가 참이므로 건전한 논증인 것 같다. 그러나 어떤 전제가 생략되어 있는지를 생각해 보면, 이 논증의 문제점은 분명해진다.

제2부에서 우리는 논증 분석에 숨어 있는 전제 찾기를 연습했다. 전제를 생략하는 것은 대개 그 전제가 너무나 명백하기 때문에 굳이 서술할 필요가 없다고 여기기 때문이다. 그렇지만 이 논증에서 전제를 생략하는 것은 사람들을 속이기 위해서다. 위 논증에서 완전히 무시된 전제는 "낙태는 살인의 한 형태이다."인데, 그 전제가 참인지는 의심스럽다. 이 논증은 "당신은 낙태가 살인의 한 형태임을 어떻게 아는가?"라는 선결문제를 요구하는 것이다. 물론 진술된 전제,

즉 '살인은 금지해야 한다'는 논란의 여지 없이 참이다. 만약 이 논증을 대하는 사람이 명시적으로 진술된 전제가 참이라는 것만 생각한다면, 이 논증을 건전한 것으로 받아들이기 쉽다. 논증에 포함된 의심스러운 전제를 간과한 것이다.

그럼 또 다른 예를 살펴보자.

바다를 아는 사람만이 진정 자연의 위력을 안다고 할 수 있다. 왜냐하면 바다를 모르는 사람은 자연의 거대한 힘을 알 기회가 없기 때문이다.

위 논증에서 결론을 뒷받침하기 위해 제시된 전제는 사실상 결론의 내용과 동일하다. 여기서 전제는 결론의 근거로 제시되었다고 볼 수 없다. 결론의 내용을 다른 단어로 재서술한 것에 지나지 않기 때문이다.

이제 마지막 경우를 검토해 보자.

그녀는 나를 사랑한다. 그녀는 그렇다고 내게 말했다. 그런데 그녀는 내게 거짓말을 했을 리가 없다. 왜냐하면 그녀는 자기가 사랑하는 사람에게 거짓말을 할 리가 없기 때문이다.

이 논증의 결론은 "그녀는 나를 사랑한다."이다. 그리고 전제는 "그녀는 내게 사랑한다고 말했다."와 "그녀의 말은 거짓말이 아니다."이다.

이것을 보기 좋게 정식화해 보자.

그녀는 내게 사랑한다고 말했다.

그녀의 말은 거짓말이 아니다.

그러므로 그녀는 나를 사랑한다.

그런데 두 번째 전제의 참을 결론인 "그녀는 나를 사랑한다."가 다시 지지한다. 전제가 결론을 지지하고, 그 전제는 다시 결론으로부터 지지를 받는 데에서 논증의 타당성이 성립하는 구조인 셈이다. 이른바 순환 논증인 이 논증도 결론을 증명하면서 그 참을 이미 전제하고 있으므로 선결문제 요구의 오류를 범한 것이다.

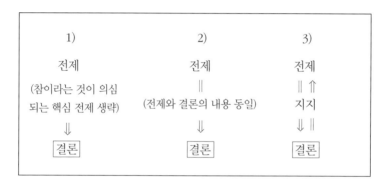

2) 복합 질문의 오류(fallacy of complex question)

복합 질문은 질문에 숨어 있는 가정이 참이라고 여기도록 응답자를 속이려고 한다. 다시 말해서 복합 질문의 오류는 실제로는 두 개 이상을 물으면서 하나의 답변만을 요구한다. 그러고는 그 한 가지 답변을 두 개 이상의 질문에 대한 답으로 간주해 버린다.

이처럼 모든 복합 질문은 어떤 조건을 가정한다. 복합 질문 자체는 논증이 아니지만, 암암리에 논증을 포함하고 있는 셈이다. 그렇기 때문에 상대편의 대답이 복합 질문에 부가되면, 추정된 조건을 받아들이는 오류가 발생하는 것이다. 결국 이 논증은 복합 질문의 답변자가 스스로 인정하기를 원치 않았을지도 모르는 어떤 것을 인정하도록 만든다.

다음 예를 보자.

당신은 여자 친구(또는 남자 친구)와 헤어진 후 외롭습니까?

만약 답변자가 위 질문에 대해 "그렇다."고 답했다면, 다음과 같은 논증이 성립할 것이다.

나는 당신에게 사귀던 연인이 있었는데 그 연인과 헤어졌는지 물었다. 그리고 사귀던 연인과 헤어진 후 외로운가를 물었다. 그런데 당신은 "그렇다."고 대답했다. 그러므로 당신은 연인과 사귀었고, 그 연인과 헤어졌다고 결론 내릴 수밖에 없다.

이와 달리 답변자가 위 질문에 대해 "아니오."라고 답했다고 가정해 보자. 그 경우 다음의 논증 역시 가능할 것이다.

나는 당신에게 사귀던 연인이 있었는데 그 연인과 헤어진 후 외로운지 물었다. 그런데 당신은 "아니오."라고 대답했다. 그러므로 당신은 연인과 사귀었고, 지금은 헤어지지 않았으므로 외롭지 않다고 결론 내릴 수 있다. (혹은 연인과 사귀었고, 지금은 헤어졌지만 외롭지 않다고 결론 내릴 수 있다.)

위의 질문은 실제로는 세 가지를 묻고 있다. 그 세 가지는 "당신은 연인과 사귀고 있었는가?", "만약 그렇다면 지금은 헤어졌는가?", "지금 당신은 외로운가?"이다.

만약 복합 질문이라는 것을 모른다면, 질문을 받은 사람은 그것이 하나의 질문이라고 생각하고 대답할 수도 있다. 그래서 자신이 생각하지도 않은 진술을 암암리에 인정하게 되거나, 자신에게 불리한 결론을 보증하는 증거를 제공하게 될 수도 있다. 이러한 덫에 걸리지 않는 방법은 복합 질문을 받았을 경우, 그것이 둘 이상의 질문임을 말한 다음 각 질문에 따로따로 답하는 것이다.

복합 질문의 오류가 벌어지는 상황은 다음과 같이 도식으로 나타낼 수 있다.

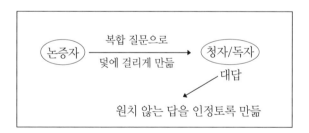

3) 잘못된 이분법(false dichotomy)

잘못된 이분법에 의한 오류는 완전하지 않은 두 개의 선택지를 주고 그중 하나를 선택하라고 요구하는 경우에 발생한다. 전제는 두 개의 선택지를 갖는 선언명제로 되어 있다. 그리고 그 두 개의 선택지가 완전한 것인 양, 그 밖의 다른 선택지는 없는 것처럼 보이게 한다. 이때 두 선택지 중 하나는 대개 논증을 제시한 사람에게 유리하다. 그래서 원하지 않는 선택지를 제거하고 나면, 논증을 제시한 사람에게 유리한 선택지만이 결론으로 남는다. 이러한 논증은 분명히 형식적으로는 타당하다. 그러나 선언명제인 전제가 완벽한 선택지들이므로 필연적으로 참이라고 생각하도록 현혹한다.

만약 제시된 두 선택지가 서로 배타적이고 또 가능한 모든 경우를 망라하는 것이라면, 그 논증은 오류를 범하지 않은 것이다.

(정치적인 광고)
김 후보에게 투표하든지 아니면 나라를 도탄에 빠지게 하십시오.

위 논증에서 전제인 선언명제가 모든 경우를 망라하는 선택지를 제시하고 있는지는 의문이다. 김 후보에게 투표하면 나라가 발전한다고 가정하고 있는데, 나라가 발전하느냐 도탄에 빠지느냐 양자의 선택지만 존재하는 것이 아니다. 현 상태 그대로일 수도 있다.

또한 두 선택지가 서로 배타적인지도 의심스럽다. 김 후보에게 투표하는 것은 나라를 도탄에 빠지게 하는 것과 양립할 수 없는 일인지도 확인해 보아야 하는 것이다. 그런데도 논증을 제시한 사람은 이 논증이 완전한 선택지를 제시하고 있는 것처럼 보이게 하고 싶어 한다.

4) 은폐된 증거의 오류(suppressed evidence)

은폐된 증거의 오류는 결론의 참, 거짓에 영향을 미칠 수 있는 다른 전제를 무시할 때 생겨난다. 이 오류의 경우에도 전제와 결론 사이에 아무런 관련이 없는 것은 아니다. 문제는 전제가 결론을 미약하게 지지하는 데서 발생한다.

이 오류는 다음과 같은 도식으로 나타낼 수 있다.

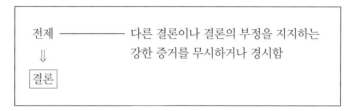

이것은 귀납 논증의 특징을 잘 보여준다. 다른 전제를 더하면 강한 논증이 약해지기도 하고 약한 논증이 강해지기도 한다는 것이 바로 그 특징이다. 어떤 전제를 고려하지 않는다면, 그 논증은 강한 것일 수 있다. 그러나 새로운 사실이 발견되어 그 논증의 결론을 부인하면, 그 논증은 약해진다. 고려해야 마땅한 어떤 전제를 의도적으로든 비의도적으로든 무시한다면, 그것은 오류를 범하는 것이다. 다음의 예가 이런 오류를 범한 경우이다.

(집을 구하러 온 사람에게)

이 집은 여름에 시원하고 겨울에 따뜻합니다. 난방비도 적게 들고, 도둑이 들 위험도 없으며 가격도 그 가치에 비해 저렴한 편입니다.

(그런데 계약을 맺고 살아 보니 그 집은 주변 건물 공사로 지반이 흔들

려 금이 가고 있었다.)

* 오류: 논증의 형식이나 내용에서 일어나는 잘못이나 결함. 잘못된 논증.

* 오류의 두 형태
  (1) 형식적 오류(formal fallacy): 논증의 잘못된 형식에서 비롯하며, 연역 논증에서만 나타난다.
  (2) 비형식적 오류(informal fallacy): 논증의 잘못된 내용에서 비롯하며, 주로 귀납 논증에서 나타나지만 드물게 연역 논증에서도 나타난다(예: 선결 문제 요구의 오류 등)

* 형식적 오류: 연역 논증에서만 나타나는 오류

* 부당한 논증 형식으로 된 연역 논증은 형식적 오류를 범하고 있다. 거짓인 명제로 구성된 논증이라고 하더라도, 형식적으로 오류 없는 논증일 수도 있다.

* 반례법: 동일한 형식을 가지고 있되, 실제로 전제가 모두 참이고 결론이 거짓인 사례를 제시하여 논증의 부당성을 증명하는 방법

* 비형식적 오류: 주로 귀납 논증에서 나타나는 오류이며, 드물게는 연역 논증에서 나타나고, 내용상의 문제 때문에 일어난다.
  – 귀납 논증의 경우, 설득력 없거나 약한 논증이다.
  – 연역 논증의 경우, 형식적으로는 타당한 논증에서도 나타날 수 있다.

* 비형식적 오류의 네 가지 유형
  (1) 유관성의 오류: 전제와 결론이 서로 관련 없는 경우의 오류
    1) 힘에 호소하는 오류
    2) 연민에 호소하는 오류
    3) 군중에 호소하는 오류

4) 사람에 대한 오류(인신 공격의 오류/정황적 오류/피장파장의 오류)

5) 우연의 오류

6) 허수아비 논증의 오류

(2) 약한 귀납의 오류: 아주 약한 귀납 논증으로 전제에서 결론으로 이행이 어려움

1) 잘못된 권위에 대한 논증

2) 무지에 호소하는 오류

3) 성급한 일반화의 오류

4) 거짓 원인의 오류

(3) 언어적 오류: 언어의 불완전한 성격 때문에 일어나는 오류

1) 애매어의 오류

2) 애매한 문장의 오류

3) 결합의 오류

4) 분해의 오류

(4) 가정의 오류: 전제가 증명하려는 것을 이미 전제에서 가정하는 경우

1) 선결 문제 요구의 오류

2) 복합 질문의 오류

3) 잘못된 이분법

4) 은폐된 증거의 오류

연습문제

I. 다음 진술이 참인지 거짓인지 답하시오.

1. 비형식적인 오류는 귀납 논증에서만 발생할 수 있다.

2. 오류를 저지르는 사람은 다른 사람을 속이려는 나쁜 의도를 가지고 있다.

3. 형식적인 오류는 실제로 참이 아닌 전제를 참으로 간주하는 데에서 발생한다.

4. 연역 논증의 경우 형식적 오류와 비형식적 오류가 모두 발생할 수 있다.

5. 연역 논증의 경우 참이 아닌 전제를 참으로 간주할 때 형식적인 오류가 발생한다.

II. 다음 논증이 형식적 오류를 범하고 있는지 말하시오.

1. 만약 채권단이 동의하지 않으면, 그 회사는 회생할 수 없는 상황에 이를 것이다. 그런데 그 회사는 회생할 수 없는 상황에 이르렀다. 그러므로 채권단이 동의하지 않았을 것이다.

2. 만약 휘발유 값이 오르면 인철이는 현재 있는 차를 디젤차로 바꿀 것이다. 휘발유 값이 오르지 않았다. 그래서 인철이는 현재 있는 차를 디젤차로 바꾸지 않았을 것이다.

3. 만약 무기 소지가 합법화되면 우리 사회는 더 살기 힘들어질 것이다. 왜냐하면 만약 무기 소지가 합법화된다면 더 많은 범죄가 발생할 것이고, 더 많은 범죄가 발생한다면 우리 사회는 더 살기 힘들어질 것이기 때문이다.

4. 빨리 달리는 것은 모두 다리를 가지고 있다. 그렇다면 자동차는 다리를 가지고 있다. 그것은 빨리 달리기 때문이다.

5. 어떤 사람은 여자이다. 어떤 여자는 학생이다. 그러므로 어떤 사람은 학생이다.

III. 다음 진술이 참인지 거짓인지 답하시오.

1. 어떤 논증이 타당한 논증 형식으로 되어 있으면 그 논증은 타당하다.

2. 어떤 논증이 부당한 논증 형식으로 되어 있고 별다른 타당한 논증 형식이 없으면 그 논증은 부당하다.

3. 어떤 두 연역 논증이 동일한 논증 형식으로 되어 있을 경우, 하나가 타당하면 다른 하나도 반드시 타당하다.

4. 어떤 연역 논증이 두 개의 다른 논증 형식으로 되어 있을 경우, 하나가 타당하면 다른 하나는 반드시 부당하다.

5. 어떤 논증이 형식적 오류를 범하고 있다면, 그 논증은 전제가 참이고 결론이 거짓이다.

IV. 다음 연역 논증이 부당하다는 것을 반례법을 사용하여 증명하시오.(즉 동일한 형식을 가지고 있으되, 실제로 전제가 모두 참이고 결론이 거짓인 예를 제시하시오.)

1. 어떤 참석자는 여학생이다. 어떤 학생은 자원봉사자이다. 따라서 어떤 참석자는 자원봉사자이다.

2. 모든 코끼리는 포유류이다. 모든 국화는 코끼리가 아니다. 따라서 모든 국화는 포유류가 아니다.

3. 어떤 의자는 나무로 된 것이 아니다. 모든 나무로 된 것은 마모되는 것이다. 따라서 어떤 의자는 마모되는 것이다.

4. 모든 혁명가는 마르크스주의자가 아니다. 왜냐하면 모든 혁명가는 보수주의자가 아니고 모든 보수주의자는 마르크스주의자가 아니기 때문이다.

5. 모든 예술가는 특별한 사물에 대해 특별한 호기심을 가지고 있는 자들이다. 그래서 어떤 과학자는 예술가가 아니다. 왜냐하면 특별한 사물에 대해 특별한 호기심을 가지고 있는 어떤 자들은 과학자가 아니기 때문이다.

V. 다음 논증이 어떤 유형의 오류를 범하고 있는지 〈보기〉에서 찾으시오.

```
―――――――――――〈보기〉―――――――――――
ⓐ 힘에 호소하는 오류      ⓑ 연민에 호소하는 오류
ⓒ 군중에 호소하는 오류
ⓓ 사람에 대한 오류(인신공격의 오류/정황적 오류/피장파장의 오류)
ⓔ 우연의 오류            ⓕ 허수아비 논증의 오류
ⓖ 잘못된 권위에 대한 논증  ⓗ 무지에 호소하는 오류
ⓘ 성급한 일반화의 오류     ⓙ 거짓 원인의 오류
ⓚ 애매어의 오류          ⓛ 애매한 문장의 오류      ⓜ 결합의 오류
ⓝ 분해의 오류            ⓞ 선결문제 요구의 오류    ⓟ 복합 질문의 오류
ⓠ 잘못된 이분법          ⓡ 은폐된 증거의 오류
```

1. 이번 사원 모집에서 김창수 씨를 합격시켜야 한다. 그는 네 자녀를 둔 가장인데 팔순 노모까지 모시고 있으며 아내도 병들어 입원해 있는 처지이다.

2. 다른 사람에게 칼을 들이대는 자들은 모두 강도죄로 체포해야 한다. 의사도 마찬가지이다.

3. 너는 「반지의 제왕」을 보아야 한다. 그게 얼마나 훌륭한 영화인지 아니? 영화를 아는 전 세계 사람이라면 다 보는 영화야.

4. 물리학자들은 아주 명석한 사람이다. 왜냐하면 명석하지 않고는 결코 물리학자가 될 수 없기 때문이다.

5. 예술에 대한 하이데거의 존재론적 주장을 받아들이기 어렵다. 왜냐하면 그는 나치에 동조한 철학자이기 때문이다.

6. 당신이 이 지역에서 포장마차를 운영하려면 우리에게 인사를 제대로 하는 것이 좋을걸. 아니면 어디 두고 보시오. 장사를 제대로 할 수 있을지.

7. 우리 옆에 있는 염색 공장에서 우리 공장이 이 도시를 가로지르는 강을 가장 심하게 오염시킨다고 고발했다. 그런데 이것은 부당하다. 그 공장에서 배출하는 폐수도 만만치 않은 실정이다.

8. 김 모 의원은 극빈자에 대한 사회 보장 제도의 확대를 요구하는 법안이 통과되도록 추진하고 있다. 그가 이런 입장을 옹호하는 것은 이제까지 신뢰할 만한 정치가이던 그에게는 어울리지 않는 일이다. 사회 보장 제도는 공정하게 노력하는 자에게 적절한 보상을 해 주는 대신 노동하지

않는 자들에게 비용을 대는 아주 비효율적인 제도이기 때문이다.

9. 이 화장품을 한번 써 보세요. 이것은 할리우드 스타들이 쓰는 것이랍니다.

10. 김 박사는 진화론을 옹호한다. 그런데 그의 주장이 온당하다고 생각할 수 있겠는가? 그는 마약 소지 혐의를 받고 있는 사회적으로 문제가 있는 사람이다.

11. 오늘 조간신문에 10대들이 카드 빚을 갚기 위해 강도 짓을 했다는 기사가 났다. 요즘 10대들은 무서운 아이들이다.

12. (부하직원이 상사에게) 일주일간 휴가를 다녀와야겠습니다. 물론 그 동안의 임금과 휴가비까지도 주셔야지요. 그러지 않았다간 아시죠? 제가 분식회계 서류 담당자라는 것을 말입니다.

13. 선생님, 제가 기말시험을 치르러 가지 못한 것은 회사에 취직이 되었기 때문입니다. 저희 집안이 어려워 제가 하루라도 빨리 취업을 해야 했습니다. 얼마나 취업난이 심합니까? 제발 한 번만 봐주십시오. F 학점만 면하게 해주십시오.

14. 행위 예술은 예술이 아니야. 수학 전공 박사가 그렇게 말했어. 그 말이 맞아.

15. 안철수 사장은 백신 프로그램을 유료화해야 한다고 주장한다. 그런데 그의 주장은 말도 안 된다. 그가 바로 그 프로그램 개발자이다.

16. 정신과 의사: 화목한 가정을 위해 부부가 서로 대화하는 시간을 늘려
야 합니다.
상담자: 당신네 부부도 대화를 잘 합니까? 그렇지 않은 것으로 아는
데요.

17. 다른 사람이 맡긴 물건은 돌려 주어야 한다. 그러므로 친구가 화가 난
상태로 와서, 맡겨 둔 칼을 돌려 달라고 하면 즉시 돌려 주어야 한다.

18. 김 의원은 여성할당제 실시에 대해 반대의견을 주장한다. 그는 여자
들은 집에만 있으라고 하는 것이다. 이건 정말 받아들일 수 없다.

19. 이제까지 그 누구도 UFO의 존재를 확실히 증명하지 못했다. 그러므
로 UFO는 존재하지 않는다.

20. 내가 샤워를 할 때마다 전화벨이 울린다. 샤워를 해야겠다. 누군가가
또 전화를 하겠군.

21. 해외 연수 가는 것이 올바른 판단이다. 왜냐하면 대다수의 학생들이
가니까.

22. 전자와 양성자는 전기를 띠고 있다. 수소는 전자와 양성자로 이루어
져 있으므로 그것은 전기를 띠고 있다.

23. 우리나라 전체 가계의 부채가 늘어났다. 우리 집도 빚이 늘었을 것이다.

24. 올라가는 것은 언젠가 내려가게 마련이다. 물가가 올랐다. 언젠가 내려갈 것이다.

25. (농구하는 사람들 사이에 있으면서 농구를 하고 있지는 않은 현수에게) 현수야, 지난번에 운동장에서 너를 봤어. 거기 있는 사람들이 농구를 하던데 너는 몇 시부터 농구를 시작했니?

26. 지도자가 없는 집단은 없다. 비록 지도력의 유형과 기능이 각 집단과 상황마다 다르겠지만 그 집단의 방향을 결정하는 일에는 지도자가 있게 마련이다.

27. 박씨는 작은 차 수리 센터를 운영하고 있다. 그 가게에서는 에쿠스를 수리하지 못할 것이다.

28. 모든 사람이 강 의원의 말을 믿는다. 왜냐하면 그는 가장 신뢰가 가는 정치가들 중 한 사람이기 때문이다. 우리는 그가 가장 신뢰가 가는 정치가라는 사실을 모든 사람이 그의 말을 믿는다는 것을 보고 알 수 있다.

29. 신은 존재한다. 성경에 그렇게 적혀 있다. 그것은 사실이다. 왜냐하면 성경은 신의 말씀이니까.

30. 이 문장들은 명문장들이다. 왜냐하면 그 책은 아주 잘 쓴 책이니까.

31. (담배를 죽 피워왔다고 가정하고) 이제 담배를 끊으신 건가요?

32. 지난 50년 동안 중국의 물가는 낮았다. 그러므로 향후 50년 동안에도 중국의 물가는 여전히 낮을 것이다.

33. 우리에게는 표현의 자유가 있다. 따라서 나는 "불이야!"라고 말하고 싶을 때 언제라도 그렇게 할 수 있다.

34. 왼쪽에서 두 번째 앉아 있는 패널은 개혁에 반대한다. 그의 입장은 말도 안 된다. 왜냐하면 그는 보수당 의원이기 때문이다.

35. 매일 아침 콜라를 마시고 나면 머리가 아팠다. 이제 콜라를 마시지 않아야겠다.

36. 《타임》을 보세요. 이 시대의 지성인이라면 이 잡지를 구독합시다.

37. 신 의원은 의료 보장 혜택을 더 강화해야 한다고 주장한다. 그런데 그가 그런 사회주의를 신봉한다니 유감스럽다. 사회주의는 개인에게 노동할 동기를 앗아가고 경제를 파탄으로 내모는 경제 체제인 것을.

38. 하이든, 모차르트, 베토벤은 어린 시절부터 음악에 뛰어난 소질을 보였다. 명백히 모든 사람은 어린 시절 음악에 소질을 보인다. 그들이 음악을 공부할 수 있는 좋은 환경에 있었더라면 훌륭한 음악가가 되었을 것이다.

39. 네가 나에게 돈을 빌려 주든지 아니면 우리의 우정을 청산하자. 선택은 네가 해라.

40. 미진이는 창밖으로 어떤 남자가 강아지를 데리고 뛰어가는 것을 보았다고 했다. 깨진 유리에 그 강아지가 다치지 않아야 하는데.

VI. 다음 진술이 참인지 거짓인지 답하시오.

1. 타당한 연역 논증도 비형식적 오류를 범할 수 있다.

2. 잘못된 이분법의 오류는 형식적으로 타당하다고 할 수 있다.

3. 건전한 연역 논증도 비형식적 오류를 범할 수 있다.

4. 애매한 문장의 오류를 피하려면 애매한 단어를 다른 단어로 대치하면 된다.

5. 권위에 호소하는 논증은 오류를 범하는 것이다.

제4부

연역 논증 I : 명제 논리

Logic for Critical Thinking

제2부에서 우리는 논증의 두 형태인 연역 논증과 귀납 논증에 대해 간단히 알아보았다. 이제 연역 논증에 대해서 좀 더 자세히 알아보자. 여기서 우리는 명제 중심의 명제 논리를 다룰 것이다.

앞의 제2부에서 타당한 연역 논증은 그 전제가 참이면 결론의 참이 절대적으로 보장되는 논증이라고 했다. 즉 연역 논증의 타당성은 그 논증 형식에 의해 결정된다는 것을 이미 지적한 바 있다. 우리가 논증의 형식을 안다면, 어떤 논증이 타당한지, 부당한지를 판정해 낼 수 있다. 그렇지만 일상적인 언어로 표현된 논증은 그 형식을 알아내기가 쉽지 않다. 일상적인 언어로 표현된 논증의 경우에는 내용이 우리를 혼란스럽게 만들어서 우리가 그 형식을 알아차리지 못하게 될 수 있기 때문이다.* 특히 일상 언어는 애매모호하게 사용되기도 하는

---

* 여기서 일상 언어(ordinary language)는 '우리가 일상적으로 사용하는 언어'를 일컫는 말이기도 하지만, 좀 더 엄밀히 말하면 논리학자들이 만든 인공 언

데, 그 경우에 논증 형식은 파악하기가 더욱 어렵다. 따라서 애매모호하지 않은 분명한 언어를 사용하는 것이 무엇보다도 중요하다.

애매모호하지 않은 언어가 필요해서, 또 논증의 형식을 명료하게 파악할 수 있게 하기 위해서 철학자들은 '일상 언어'가 아닌 '인공 언어'를 생각해 내기에 이르렀다. 이미 17세기에 라이프니츠(Gottfried W. von Leibniz, 1646~1716)라는 독일 철학자는 인공 언어를 주장하기도 했다. 그렇지만 이런 언어 체계를 고안해 내려고 본격적으로 시도한 사람들은 19세기 말부터 20세기 초반에 활동한 프레게(Gottlob Frege, 1848~1925)와 러셀(Bertrand Russell, 1872~1970) 등이었다.

인공 언어의 체계는 일상 언어의 체계보다 분명하다. 여기서 다루는 '명제 논리'는 바로 일종의 인공 언어 체계라고 볼 수 있다. 그것은 일상 언어와 별개인 체계가 아니라, 일상 언어의 문제점을 해결하기 위한 체계로 이해할 수 있을 것이다. 특히 이 체계는 기호를 사용하고 있다는 점에서 기호 논리 체계라고도 불린다. 간혹 주변에서 듣게 되는 '기호 논리학(symbolic logic)'이라는 표현은 바로 이 체계를 가리키는 것이다.

우리가 명제 논리의 체계를 배우게 되면, 일상 언어로 된 복잡하고 혼란스러운 논증의 형식을 좀 더 편리하고 쉽게 파악할 수 있다. 게다가 그 논증이 타당한지, 부당한지도 좀 더 수월하게 가려낼 수 있다. 이제 명제 논리의 체계를 배워 보자.

어(artificial language)나 이상 언어(ideal language)가 아닌 자연 언어(natural language)를 일컫는 말이다.

1장
명제 논리의 체계

1. 명제 논리의 구성요소

명제 논리의 체계는 명제가 어떤 방식으로 나타나 있는가에 따라 그 타당성이 결정되는 논증들을 다루는 논리 체계이다. 이 체계는 '두 종류의 기호'(단순한 명제를 나타내는 기호와 그 명제들을 연결해 주는 기호)와 '괄호'로 구성되어 있다.

여기서는 명제가 기본 단위이다. 그러므로 단순한 긍정 명제는 따로 정한 표식인 영어 대문자 A에서 Z까지로 대신한다. 예를 들어 "철수는 학생이다."라는 명제를 'A'라는 기호로 나타낸다. 일상적인 명제 대신에 기호를 사용할 때는 해당 기호를 어떤 경우에든 일관되게 사용해야 한다는 점이 중요하다. 그렇지 않으면 논증이 가진 형식을 제대로 파악할 수 없기 때문이다. 즉 "철수는 학생이다."라는 명제를 일단 'A'로 표시하기로 했다면, 그 논증 속에서는 그 명제가 나타난 곳을 모두 'A'로 표시해야 한다.

일상 언어에서 우리는 하나의 단순한 명제를 사용하기도 하지만, 두 개 이상의 명제들을 연결해서 쓰기도 한다. 일상 언어에서는 접속사를 써서 두 명제를 연결한다. 물론 명제들 사이에는 여러 가지 연결 방식이 있다. 명제 논리의 체계에서도 명제들을 연결해서 사용하는데, 이때 명제를 연결하는 접속사를 '논리 연결사(logical connectives)'라고 한다. 명제 논리에는 다음과 같은 5개의 논리 연결사가 쓰인다.

~	부정 기호	'…이 아니다'
•	연언 기호	'그리고'
∨	선언 기호	'혹은', '또는', '이거나'
⊃	조건 기호	'만약 …라면, …이다'
≡	쌍조건 기호	'만약 …라면 그리고 오직 그런 경우에만 …이다'

※ 다른 형태의 기호도 사용하고 있으나, 같은 방식으로 쓰인다.

물론 이와 같은 기호들은 다양한 일상 언어를 표현하는 데 가장 기본이 되는 것들이다.

명제 논리도 하나의 언어이므로 나름의 문법이 있다. ' ~ '이라는 연결사는 항상 그것이 부정하려는 명제 앞에 놓여야 한다. 예를 들어 "나는 그들을 보았다."(S)는 문장을 부정하려면 '~S'로 표기한다. 그리고 "나는 그들을 보았다."(S)에 "나는 그들에게 답례를 했다."를 결합한 "나는 그들을 보았으며 그들에게 답례를 했다."(S • R)라는 명제의 부정은 '~(S • R)'이다. 여기서 부정 기호 ' ~ '는 복합 명제인 (S • R)의 앞에 놓이며, 괄호에 해당하는 부분까지 영향을 미친다.

그런데 일상 언어에서는 세 개의 단순한 명제가 연결되는 경우가 있다. 이럴 때는 쉼표를 사용해서 그 명제들을 애매하지 않도록 이해시킬 수 있다. 다음과 같은 명제를 예로 들어 보자.

만약 내일 네가 온다면 나는 외출할 수 있고, 내가 네 책을 대신 전달하게 된다.

물론 경우에 따라서는 위 명제에서 쉼표를 생략한다 하더라도, 그 명제가 사용되는 맥락 덕분에 애매함을 피할 수 있다. 그렇지만 명제 논리의 체계 안에서는 애매한 명제를 허용하지 않는다. 명제 논리에서는 애매함을 피하기 위해 괄호를 쓰는데, 괄호는 명제의 구조를 간결하게 보여주기도 한다. 그래서 우리는 명제의 복잡한 구조 때문에 생기는 왜곡을 피할 수 있는 것이다. 이 대목에서 수학에서 배운 괄호의 역할을 떠올릴 수도 있을 것이다. 수학은 아주 다양한 기호들을 사용한다. 특히 계산을 할 때, 우리는 정해진 방식에 따라 괄호를 풀어 내야만 한다. "$\{(35 \times 4) - 2\}$"의 경우를 예로 들어 보자. 우리는 먼저 소괄호 속의 '35×4'를 계산한다. 그다음에 중괄호 속의 '$140 - 2$'를 계산한다. 그래서 마지막에 답으로 '138'을 끄집어 낸다. 만약 괄호를 풀어 내는 순서를 다르게 하면, 옳은 답을 제시할 수 없게 된다.

명제 논리에서도 마찬가지 방식으로 괄호를 사용한다. 셋 이상의 명제가 등장한다면, 두 부분으로 명확히 나누어야 한다. 예를 들어 다음과 같은 것들은 '제대로 된 정식화(well-formed formulas)'가 아니다.

(a) ~[(A ∨ B) ~ • R]

(b) C ∨ {H ⊃ (R ≡ G)} • F

위의 예 중 (a)는 [ ] 속에서 논리 연결사 ' ~ '과 ' • '를 잇달아 사용하고 있다. 그리고 (b)는 주 논리 연결사가 앞쪽의 ' ∨ '인지 아니면 뒤쪽의 ' • '인지 말할 수 없다. 이처럼 (a)와 (b)에서 보듯이, 논리 연결사를 잘못 사용하는 것은 구조가 복잡한 복합 명제를 잘못 이해하도록 만드는 요인이다.

2. 명제의 종류

명제 논리는 명제를 '단순 명제'와 '복합 명제'의 두 유형으로 나눈다.** 단순 명제는 다른 명제나 논리 연결사를 포함하지 않는 명제이다. 즉 단순 명제는 단순 긍정 문장이며, 명제 논리에서 가장 기본적인 단위이다. 단순 명제는 명제 논리 체계에서 일반적으로 영어 알파벳 대문자 A, B, C ··· X, Y, Z로 나타낸다. 예를 들어 "박지성은 영국에서 뛰고 있는 축구 선수이다."라는 명제 대신에 'L'을, "프로 골퍼 박세리는 주로 미국에서 활동한다."는 명제 대신에 'P'를 사

---

* '단순 명제(simple proposition)'와 '복합 명제(compound proposition)' 대신, '원자(atomic) 명제'와 '분자(molecular) 명제'라는 용어를 사용하기도 한다. 여기서 '원자 명제'는 형태상 더 나누면 문장의 성격을 가지지 못하는 명제이며, 이런 명제를 논리 연결사와 결합하면 '분자 명제'가 된다. 이런 용어를 쓰는 이유는 문법에서 사용하는 '단문', '복문'과의 혼란을 피하기 위해서이다. 따라서 명제 논리에서 명제의 형태를 말하는 '단순', '복합'은 문법에서 말하는 '단순', '복합'과는 성격이 다른 것으로 이해해야 한다.

용할 수 있다.

단순 명제와 논리 연결사가 결합되어 하나의 명제를 이룬 것이 복합 명제다. 복합 명제는 최소한 하나 이상의 단순 명제와 최소한 하나의 논리 연결사로 이루어진다. 명제 논리의 복합 명제는 일상 언어 문법의 대등하게 이어진 복문, 부정문에만 해당하는 셈이다.

예를 들어 "박지성은 영국에서 뛰고 있는 축구 선수이다."(L)와 "프로 골퍼 박세리는 주로 미국에서 활동한다."(P)를 결합해 보자.

L과 P (또는 L+P)

대체로 복합 명제는 상이한 두 개의 단순 명제로만 결합되지만, 꼭 그럴 이유는 없다. 흔한 경우는 아니지만, 다음과 같이 동일한 단순 명제 두 개가 묶여 하나의 복합 명제를 이룰 수도 있다.

L과 L (또는 L+L)

이 경우가 일상 언어 체계에서는 어색할지 모르겠으나, 기호로 된 인공 언어 체계에서는 이상할 것이 없다.

위 예에서 단순 명제 L과 P가 얽히는 방식은 매우 다양하다. 그리고 그 방식에 따라 각각의 복합 명제는 다르게 나타난다. 단순 명제들은 여러 논리 연결사로 결합되어 복합 명제를 이루는 것이다.

인공 언어를 만든 논리학자들은 다음과 같은 5가지 논리 연결사를 제시한다.

논리 연결사	논리적 기능	복합 명제의 종류	일상 언어에 해당하는 표현들
~	부정	부정문	…이 아니다, …은 거짓이다
•	연언	연언문	그리고, 그러나, 그럼에도 불구하고
∨	선언	선언문	혹은, 또는, 이거나
⊃	단순 함축	조건문	만약 …라면 …, 오직 …인 경우에만 …
≡	단순 동치	쌍조건문	만약 그리고 오직 그런 경우에만 …

일상 언어에서 우리는 위와 같은 접속사 말고도, '그렇지만', '그래도', '뿐만 아니라' 등의 접속사와 다양한 연결 어미를 사용한다. 비록 일상 언어의 접속사들과 명제 논리의 논리 연결사들이 의미가 서로 동일하지는 않더라도, 어느 정도 서로 대응한다고 볼 수 있다.

복합 명제들 가운데는 앞서 보았던 여러 종류의 괄호로 묶인 훨씬 복잡한 구조의 명제들이 있다. 그렇게 구조가 복잡한 복합 명제에서는 두 개 이상의 논리 연결사와 괄호가 사용되기도 한다. 이때 그 주요 부분을 연결해 주는 논리 연결사를 '주 논리 연결사(main logical connectives)'라고 한다.

복잡한 구조의 복합 명제는 대체로 이 주 논리 연결사를 중심으로 두 부분으로 구성된다. 따라서 주 논리 연결사가 무엇인가에 따라 복잡한 구조의 복합 명제도 간단한 구조의 복합 명제들과 마찬가지로 다음과 같이 나누어진다.

(a) $\sim${(A $\vee$ B) • R}   부정문

(b) (E $\vee$ F) • $\sim$(A $\supset$ C)   연언문

(c)	C	∨ {H ⊃ (R ≡ G)}	선언문
(d)	(D • F)	⊃ ~P	조건문
(e)	(H ∨ ~U)	≡ (E ⊃ K)	쌍조건문

⇑

주 논리 연결사

위의 (b), (c), (d), (e)는 주 논리 연결사를 중심으로 각기 두 부분으로 나눌 수 있다. 부정 기호 외의 논리 연결사는 항상 두 구성요소를 연결한다. 물론 각 구성요소 자체가 단순 명제일 수도 있고 복합 명제일 수도 있다. (c)는 단순 명제와 복합 명제로 이루어졌지만, (b), (d), (e)는 복합 명제와 복합 명제가 결합된 경우이다. 부정문의 경우, 부정 기호가 두 구성요소를 연결하는 것은 아니지만 논리 연결사로 간주된다. 그래서 부정문은 복합 명제가 된다.

(b)에서 연언 기호 ' • '의 양쪽 구성요소를 '연언지(連言脂)'라고 하며, (c)에서 선언 기호 ' ∨ '의 양쪽 구성요소를 '선언지(選言脂)'라고 한다. 또한 (d)의 경우, 조건 기호 ' ⊃ '의 왼쪽 구성요소를 '전건'이라고 하며, 오른쪽 구성요소를 '후건'이라고 한다.

3. 일상 언어의 번역(또는 기호화)

이제 일상 언어로 쓰인 명제들을 명제 논리의 명제로 바꿔 보자. 앞에서 말한 방식에 따라 논리 연결사를 이용해서, 일상 언어로 쓰인 복합 명제들을 번역/기호화하면 된다. 다음은 일상 언어의 명제를 명제 논리의 명제로 옮긴 것이다.

(1) 박지성은 축구 선수가 아니다.　　　　　　　　　～L

(2) 안정환은 축구 선수고, 김병현은 야구 선수이다.　　　A・K

(3) 박세리는 골프 선수이거나 안정환은 축구 선수이다.　　P ∨ A

(4) 만약 안정환이 축구 선수라면 황영조는 육상 선수가 아니다.

A ⊃ ～H

(5) 만약 김병현이 야구 선수라면, 그리고 오직 그런 경우 황영조는 육상 선수다.　　　　　　　　　　　　　　　　K ≡ H

위의 예들은 사실상 구조가 간단한 복합 명제이다. 특히 (1)과 같은 부정문은 일상 언어의 문법에서 단문으로 간주되지만, 명제 논리에서는 (2), (3), (4), (5)와 마찬가지로 복합 명제로 간주된다. 명제 논리는 단순 명제를 긍정문의 형태로 설정하고, '…이 아니다.'를 접속사로 간주하기 때문이다.

(1) 일상 언어의 '… 이 아니다.', '…은 사실이 아니다.', '…은 거짓이다.'라는 표현을 부정 기호 ' ～ '로 나타낸다.

(2) 일상 언어의 '그리고', '그러나', '그럼에도 불구하고', '그런데', '더구나', '또한', '비록 …이지만' 등은 연언 기호 ' · '로 나타낸다.

(3) 일상 언어의 '혹은', '또는', '이거나' 등은 선언 기호 ' ∨ '로 나타낸다.

(4) 일상 언어의 '만약 …라면, …이다.'는 조건 기호 ' ⊃ '로 나타

낸다. 가령 A가 B이기 위한 충분조건임을 뜻하는 '만약 A라면, B이다.'라는 명제는 'A ⊃ B'로 번역한다.

　A가 B이기 위한 충분조건이라는 것은 A가 발생할 때마다 B의 발생이 보장된다는 뜻이다. 예를 들어 '네가 대학생인 것'은 '네가 학생이기' 위한 충분조건이다.

　흔히 혼동하기 쉬운 것으로 "단지 …인 경우에만 …이다."라는 표현이 있다. 이것 역시 조건 기호로 나타낸다. 그러나 "단지 A인 경우에만 B이다."는 필요조건을 나타내는 조건문이다. 'A가 B이기 위한 필요조건'이란 "A가 발생하지 않고서는 결코 B가 발생할 수 없다."는 뜻이다. 예를 들어 '식물이 자라는 데 빛'은 필요조건이다. 빛이 없으면 식물이 자랄 수 없기 때문이다. 요컨대 '만약 …라면, …이다.', '…는 …이기 위한 충분조건이다.', '단지 …인 경우에만 …이다.'와 같은 표현의 명제들은 조건 기호 ' ⊃ '로 나타낼 수 있는 것들이다. 다만 번역할 때, 조건문이 필요조건을 나타내느냐 충분조건을 나타내느냐에 따라 조건 기호 앞뒤에 명제를 적절히 배치해야 한다.

　(5) 일상 언어의 "만약 …라면 그리고 오직 그런 경우에만 …이다."는 쌍조건 기호 ' ≡ '로 번역한다. 이 밖에 '…은 …이기 위한 필요충분조건이다.'라는 표현 역시 쌍조건 기호 ' ≡ '로 번역한다. 이것은 A와 B가 서로 필요조건이자 충분조건으로 얽힌 경우이다.

　또한 일상 언어에서 접속사의 의미는 애매할 때가 있다. 여러분이 그것을 알아차리지 못했다면, 접속사가 사용되는 맥락이나 상황 속에서 그 의미가 몇 가지 가운데 한 가지로 정해졌기 때문일 것이다. 반면에 논리 연결사의 의미는 언제나 명확하고 분명하다. 그래서 일상 언어를 명제 논리의 체계로 옮길 때, 그 일상 언어 접속사의 의미와 논리 연결사의 의미가 그대로 일치한다고 말할 수는 없다. 그렇지만 명제 논리의 논리 연결사는 일상 언어의 접속사가 가지는 의미 전부는 못 담더라도, 그중 최소한의 중요한 부분은 정확히 담아내고 있다.

요 약

* 명제 논리: 일종의 인공 언어 체계로, 기호를 사용[기호 논리학(symbolic logic)]

* 명제 논리의 구성요소
  - 단순 명제: A, B, C, …Z의 영어 대문자로 표시, 긍정 단순 문장의 주장 내용
  - 논리 연결사: '∼', '•', '∨', '⊃', '≡'의 5가지, 단순 명제 앞이나 단순 명제들 사이에 위치해서 복합 명제를 만듦
  - 괄호: ( ), { }, 〔 〕 등이 쓰이며, 사용법은 수학에서의 괄호 사용법과 같음

* 제대로 된 정식화(well-formed formulas): 명제가 구성요소의 결합 원리에 따라 애매하지 않게 기술된 것

* 단순 명제: 명제 논리의 가장 기본적인 단위로, 논리 연결사를 포함하지 않은 명제

* 복합 명제: 적어도 하나의 논리 연결사와 단순 명제로 구성되는 명제

* 주 논리 연결사(main logical connectives): 전체 복합 명제의 주요 부분을 연결하는 논리 연결사로, 그것이 어떤 것인가에 따라 복합 명제의 종류가 결정됨

* 복합 명제의 종류

종류	주 논리 연결사	논리적 기능
부정문	~	부정
연언문	•	연언
선언문	∨	선언
조건문	⊃	단순 함축
쌍조건문	≡	단순 동치

* 명제 논리로의 번역

~	…가 아니다/ …이 사실이 아니다/ …는 거짓이다.
•	그리고 / 그러나 / 그럼에도 불구하고 / 또한 / 그런데 / 더구나 / 또한 / 비록 …이지만
∨	혹은 / 또는 / 이거나
⊃	만약 …라면 …이다. / …는 …이기 위한 충분조건이다. / 단지 …인 경우에만 …이다. / …는 …이기 위한 필요조건이다.
≡	만약 …라면 그리고 오직 그런 경우에만 …이다. / …은 …이기 위한 필요충분조건이다.

* 필요조건, 충분조건, 필요충분조건
  - 필요조건(necessary condition): 'A가 B이기 위한 필요조건이다.'는 A의 발생없이 B가 발생하지 않는다. (B ⊃ A) 혹은 (~A ⊃ ~B)
  - 충분조건(sufficient condition): 'A가 B이기 위한 충분조건이다.'는 A가 발생할 때마다 B가 발생한다. (A ⊃ B)
  - 필요충분조건(necessary sufficient condition): 'A가 B이기 위한 필요조건이고 동시에 충분조건이다.'는 A의 발생 없이 B가 발생하지 않으며, A가 발생할 때마다 B가 발생한다. (A ≡ B) 혹은 ((A ⊃ B) • (B ⊃ A))

연습문제

I. 다음의 기호화된 표현이 명제 논리의 '제대로 된 정식화'인지 확인하시오.

1. $(A \cdot B) \lor \sim(R \equiv \sim\sim G)$

2. $\sim(R \supset \sim H) \lor (\supset A \cdot H)$

3. $[R \equiv (T \cdot S)] \lor \sim(\sim A \supset G)$

4. $\sim\{\sim(D \lor Q) \cdot [\sim R \equiv (A \lor E)]\}$

5. $M(N \lor T) \lor (\sim C \cdot B)$

II. 다음 진술이 참인지 거짓인지 답하시오.

1. 명제 논리를 구성하는 것은 단순 명제, 논리 연결사, 괄호이다.

2. 명제 논리에서 복합 명제란 논리 연결사를 포함하고 있는 명제이다.

3. 명제 논리에서 명제 기호 R은 단순 부정문이다.

4. 명제 논리에서 어떤 명제가 애매하다면 그것은 제대로 된 정식화가 아니다.

5. $\sim(A \lor B) \lor R$에서 부정 기호가 부정하는 명제는 A이다.

III. 명제 논리로 된 복합 명제의 종류를 밝히시오.

1. $\sim(A \cdot R) \supset \sim(\sim H \vee K)$

2. $\sim[P \cdot (S \equiv W)]$

3. $[(R \vee G) \cdot \sim R] \equiv \sim(C \vee E)$

4. $R \vee \{[(P \equiv Q) \vee (H \cdot V)] \vee S\}$

5. $\sim[O \supset \sim(F \vee H)] \cdot \sim(\sim D \supset A)$

IV. 다음 복합 명제의 종류를 말하시오.

1. 철수는 방학 동안 아르바이트를 하거나 해외연수를 갈 것이다.

2. 만약 인자가 학생 대표 선출에 나간다면, 인문대 학생들의 지지를 받고 당선될 것이다.

3. 만약 우리 국토가 분단되지 않았다면 지금보다 훨씬 발전했을 것이며, 또한 만약 지금이라도 통일이 된다면 먼 장래에 우리나라의 번영을 확신할 수 있다.

4. 이것이 손해가 없다거나 이익이 되리라는 것은 사실이 아니다.

5. 만약 학교 재정 사정이 나빠진다면 그리고 더 이상 기부금이 들어오지 않는다면, 장학금은 줄어들 것이다.

V. 다음 진술이 참인지 거짓인지 대답하시오.

    1. '(~A ∨ B) ⊃ R'라는 명제의 전건은 '(~A ∨ B)'이다.

    2. ~{[(U ≡ ~Q) • W] ⊃ A}의 주 논리 연결사는 '⊃'이다.

    3. 'A ∨ ~(B ⊃ R)'의 두 선언지는 'A'와 '(B ⊃ R)'이다.

    4. 조건문은 각각 전건과 후건과 조건 기호로 구성되어 있다.

    5. '(B • R) • R'의 두 연언지는 'B'와 'R'이다.

VI. 다음 일상 언어의 명제를 명제 논리의 명제로 번역/기호화하시오.(괄호 안의 영어 대문자는 하나의 긍정 단순 문장을 대표한다.)

    1. (C) 철수가 그 모임에 온다는 것은 거짓이다.

    2. (H) 그가 거짓말쟁이라는 것은 사실이 아니다.

    3. (H) 혜진이와 (M) 민수는 둘 다 시내에 간다.

    4. (I) 인수는 파티에 가지만, (S) 수진이는 그렇지 않다.

    5. (M) 미수나 혹은 (H) 홍수는 아르바이트를 하러 간다.

    6. (H) 그나 (S) 그녀가 올 것이다. 물론 둘 다 올 수도 있다.

    7. 후식으로 (C) 커피나 (T) 홍차를 들 수 있지만, 둘 다 들 수는 없습니다.

8. (H) 그는 1등이 아니고, (S) 그녀도 꼴찌가 아니다.

9. (Y) 너와 (I) 내가 다 선물을 받는 것은 아니다.

10. (M) 네가 보충 시험을 치지 않는다면, (F) 이 과목에서 실패할 것이다.

11. (B) 만약 병진이가 그 파티에 온다면, (S) 수정이는 가지 않을 것이다.

12. (H) 오직 그게 출근하는 경우에만, (A) 그의 아내는 안심한다.

13. (T) 온도가 영하로 떨어지는 것은 (F) 물이 얼기 위한 필요조건이다.

14. (A) 아스피린을 복용하는 것은 (D) 두통을 완화시키는 충분조건이다.

15. (H) 만일 날씨가 습하면, 그리고 오직 그런 경우에만 (U) 불쾌할 것이다.

16. (W) 어떤 액체가 물일 필요충분조건은 (H) 그것이 H_2O라는 것이다.

17. 만일 (R) 내일 비가 온다면, (Y) 그 모임이 오직 야외에서 개최되는 경우 (C)에만 그 모임은 취소된다.

18. 만일 (D) 주가가 떨어지고 (B) 환율이 오른다면, 그리고 오직 그런 경우에만 (C) 금리를 고려해야 한다.

19. (B) 병수는 그 모임에 참석한다. (C) 준성이가 그러지 않으면 그리고 오직 그런 경우 (H) 현수는 그 모임에 갈 것이다.

20. (Y) 너나 (I) 나나 그 문제에 책임이 없고 (H) 그가 책임이 있다는 것은 사실이 아니다.

VII. 다음 진술이 참인지 거짓인지 답하시오.

1. 어떤 것이 코끼리라는 것은 동물이기 위한 필요조건이다.

2. 양초가 불타기 위해서 산소가 있어야 한다는 것은 필요충분조건이다.

3. 어떤 것이 산성이라는 것은 그것이 PH7 미만이기 위한 필요충분조건이다.

4. "만약 A라면 B이다."라는 명제는 A가 B이기 위한 충분조건을 표현한다.

5. "오직 A인 경우에만 B이다."는 'A ⊃ B'로 번역된다.

2장
명제 논리와 일상 언어

1. 논리 연결사의 정의

앞에서 일상 언어의 접속사와 연관시켜 논리 연결사의 의미를 설명했다. 일상 언어의 명제를 논리 체계의 명제로 번역할 때, 일상 언어의 특정한 접속사를 그에 상응하는 논리 연결사로 옮긴다. 그렇지만 그 뜻이 완전히 일치하지는 않는다. 일상 언어의 접속사와 관련시키지 않고 논리 연결사의 의미를 이해하는 방법으로 '진리표 (truth-table)'를 이용하는 것이 있는데, 진리표는 논리 연결사의 정확한 의미를 잘 보여준다.

진리표는 복합 명제의 진리값이 단순 명제의 진리값에 의해 결정되는 모든 경우를 나열한 표이다. 이 표에서는 영어의 알파벳 소문자 p, q, r 등을 사용한다. 이것을 명제 논리에서는 '명제 변수'라고 하는데, 이것은 구체적인 명제가 아니라 단지 명제의 형식을 표현할

뿐이다. 그래서 어떤 구체적 명제라도 알파벳 소문자 p, q, r 등에
대응할 수 있다.

(1) 부정 기호(~)

그다음에 오는 명제가 참이면, 부정 기호와 결합한 명제(부정문)는
거짓이 된다. 반대로 그다음에 오는 명제가 거짓이면, 부정기호와
결합한 명제(부정문)는 참이 된다.

p	~p
T	F
F	T

(2) 연언 기호(·)

앞뒤의 두 구성요소인 연언지가 모두 참이면, 그 복합 명제(연언
문)는 참이 된다. 하지만 두 구성요소 중 적어도 하나가 참이 아니
면, 그 복합 명제(연언문)는 거짓이 된다.

p	q	p · q
T	T	T
T	F	F
F	T	F
F	F	F

(3) 선언 기호(∨)

앞뒤의 두 구성요소의 선언지 가운데 적어도 하나가 참이면 그 복

합 명제(선언문)가 참이 된다. 두 구성요소 가운데 어느 것도 참이 아니면, 즉 둘 다 거짓이면, 그 복합 명제(선언문)는 거짓이 된다.

p	q	p ∨ q
T	T	T
T	F	T
F	T	T
F	F	F

(4) 조건 기호(⊃)

앞뒤의 두 구성요소 가운데 명제의 전건이 참이고 후건이 거짓일 때에만, 그 복합 명제(조건문)는 거짓이 된다. 나머지의 경우에는 그 복합 명제가 참이 된다.

p	q	p ⊃ q
T	T	T
T	F	F
F	T	T
F	F	T

(5) 쌍조건 기호(≡)

' ≡ '는 명제 논리에서 표현을 단순화하기 위해 도입되었다. 즉 'A ≡ B'는 '(A ⊃ B) • (B ⊃ A)'를 줄인 것이다. 두 구성요소가 진리값이 같으면, 그 복합 명제(쌍조건문)는 참이 된다. 그렇지 않으면, 거짓이 된다.

p	q	p ≡ q
T	T	T
T	F	F
F	T	F
F	F	T

2. 명제 논리와 일상 언어의 차이

(1) 논리 연결사와 접속사의 차이

앞서 논리 연결사의 의미가 일상 언어에서 쓰는 접속사의 의미와 정확히 일치하지 않는다고 했다. 논리 연결사의 의미는 일상 언어의 접속사가 가진 의미 가운데 중요한 일부분에 해당한다. 다시 말해 일상 언어의 접속사는 애매한 의미를 가진다고 할 수 있다. 논리 연결사는 이 가운데 정확히 한 가지 의미에 대응하는 것이다. 이제 각각의 논리 연결사와 그에 대응하는 일상 언어의 접속사 간에 어떤 차이가 있는지 좀 더 자세히 살펴보자.

1) 부정문

일상 언어에서 '… 이 아니다.'는 접속사가 아니다. 그러나 명제 논리에서는 논리 연결사 '~'를 접속사로 간주한다. 즉 일상 언어에서 부정문은 문장 구조상 단순 문장이지만, 명제 논리 체계에서 부정문은 복합 명제이다. 다시 말해 명제 논리에서 '~'는 단순 긍정 명제와 결합해서 복합 명제를 만든다.

비판적 사고를 위한 논리

2) 연언문

일상 언어에서 연언문은 두 연언지를 연결하는 것 이상의 역할을 하는 경우가 있다. 예를 들어,

(a) 그들은 결혼을 하고, 아이를 가졌다.
(b) 그들은 아이를 갖고 결혼을 했다.

일상 언어에서 우리는 이 두 명제를 동일한 것으로 간주하지 않는다. 여기서 '(그리)고'는 두 연언지를 연결할 뿐 아니라 시간상의 순서까지 알려주고 있다. 그러나 명제 논리의 연언문에서는 시간상의 순서를 고려하지 않는다. 단지 두 연언지의 진리값에 의해서만 연언문의 진리값이 정해지는 것이다. 위의 명제를 명제 논리의 명제로 번역한다면, (a)는 'M・B'가, (b)는 'B・M'이 된다. M과 B 각각의 연언지가 참이라면, 이 명제들은 모두 참인 복합 명제가 된다. 두 연언지의 순서를 고려하지 않으므로, 명제 논리에서는 이 두 명제가 동일한 의미를 가진다. 그러나 위의 문장이 동일한 결혼과 동일한 아이에 대한 기술이라면, 일상 언어에서는 각각의 연언지가 참이라 해도 두 문장 모두 참이 될 수 없다. 일상 언어에서 위의 명제 중 어느 것이 참인지 결정하기 위해서는, 연언지들의 시간상의 순서도 알아야 한다.

3) 선언문

일상 언어에서 선언문은 애매하다. 선언문을 만드는 접속사 '혹은', '또는', '이거나' 등의 뜻이 애매하기 때문이다. 이 접속사는 다른

두 가지 방식으로 사용될 수 있다. 하나는 포괄적으로(넓게) 사용되는 것이고, 다른 하나는 배타적으로(좁게) 사용되는 것이다. 우리 주변에서 흔히 볼 수 있는 다음과 같은 경우에서 그 차이를 살펴보자.

(a) "물건을 사는 손님들께 개업 기념 사은품으로 치약이나 샴푸를 드립니다." (이 경우 원칙적으로는 둘 다 주지 않는다는 말이다.)

(b) "나는 학교에 갈 때 지하철이나 버스를 탄다." (나는 두 가지를 다 이용하여 학교에 갈 수도 있을 것이다.)

위의 두 예문은 모두 선언문이다. 우리 주변에서 종종 경험하면서도 어떤 혼란이나 어려움 없이 잘 받아들이는 것들이기도 하다. 특정한 맥락에서 선언문이 사용되면, 다행스럽게도 우리는 맥락에 따라 그 의미를 잘 가려 내기 때문이다. 그렇지만 명제 논리의 선언 기호는 진리표에서 본 것처럼 (b)에서 사용된 의미만 가진다. (b)는 포괄적인 선언문이다. 진리표에 따르면, 선언지 p와 q가 모두 거짓인 경우에만, 선언문 'p ∨ q'는 거짓이다. 그렇지만 (a)는 다르다. (a)는 배타적인 선언문이다. (a)는 p와 q가 모두 거짓인 경우에, 또 p와 q가 모두 참인 경우에 거짓이다.

포괄적 선언문은 두 선언지가 모두 참이 되는 경우를 허용하는 선언문이다. 반면에 배타적 선언문은 두 선언지가 모두 참이 되는 경우를 배제하는 선언문이다. 따라서 선언문이 포괄적인지 아니면 배타적인지는, p와 q가 모두 참인 경우에 대한 해석에 달려 있는 셈이다. 이 경우를 받아들이면 포괄적이고, 받아들이지 않으면 배타적이다.[*] 일상 언어에서 형태가 같은 선언문이라도 경우에 따라 이처럼 상이한 성격을 가질 수 있다.

4) 조건문

선언문의 경우와 마찬가지로, 일상 언어에서 조건문은 논리적으로 아주 다양한 기능을 한다. 조건문의 전건과 후건 사이에 성립할 수 있는 여러 가지 함축 관계를 표현하는 것이다. 그러므로 "만약 … 라면, …이다."라는 명제는 그 논리적 기능이 여러 가지다. 우선 다음의 조건문들을 비교해 보자.

(a) 만약 그가 총각이라면, 그는 결혼하지 않은 남자이다.
(b) 만약 내가 붉은 악마이고 모든 붉은 악마가 한국인이라면, 나는 한국인이다.
(c) 만약 염산에 푸른 리트머스 종이를 담그면, 그 종이는 붉게 변한다.
(d) 만약 내 부탁을 들어주면, 근사한 점심을 사겠다.
(e) 만약 네 말이 사실이라면, 내 손에 장을 지진다.

이런 예늘은 우리가 흔히 사용하는 경우들이다. (a) 조건문의 전건은 '총각'이라는 단어의 정의에 그 후건을 함축하고 있다. '총각'의 의미가 '결혼하지 않은 남자'이므로, (a) 조건문은 단어의 정의에 의한

---

[*] 여기서 배타적 선언문은 '$(A \lor B) \cdot \sim(A \cdot B)$'라는 기호로 나타낼 수 있다.

함축관계를 나타내는 것이다(정의적 조건문). (b) 조건문의 전건은 그 후건을 논리적인 관계로 함축한다(논리적 조건문). (c) 조건문의 전건은 정의에 의해서도 논리적으로도 그 후건을 함축하지 않는다. 그것은 경험적인 발견을 근거로 하는 인과법칙에 의해 그 후건을 함축한다. 즉 (c)의 조건문은 인과적인 함축관계를 나타낸다(인과적 조건문). (d) 조건문의 전건은 그 후건을 정의에 의해서도, 논리적인 관계에 의해서도, 인과관계에 의해서도 함축하지 않는다. 그것은 단지 어떤 조건이 만족되었을 경우 어떤 행위를 하겠다고 화자가 제안하는 것이다(단순 조건문). (e) 조건문 역시 앞서 나온 그 어떤 유형의 함축관계를 나타내는 것이 아니다. 이 조건문의 기능은 어떤 함축관계를 나타내는 것이 아니라 전건이 거짓임을 강조하는 것이다(강조를 위한 조건문).

이처럼 조건문들은 상이한 논리적 기능을 한다. 명제 논리에서의 조건문은 위 조건문들의 상이한 유형에 공통되는 어떤 측면을 반영하는데, 그것은 바로 어떤 경우에 위 조건문들이 거짓이 되는가에 초점을 맞추는 것이다. (a)에서 (e)까지의 경우들 중에서, 전건이 참이면서 후건이 거짓인 경우에 그리고 오직 그런 경우에만 조건문은 거짓이 된다는 점이 공통적이다. 앞서 진리표에서 살펴본 바와 같이 명제 논리에서 조건문의 의미는 바로 이것이다. 전건이 참이고 후건이 거짓인 조건문은 거짓이 되고, 그렇지 않은 조건문은 참이 된다. 전건이 거짓인 경우, 명제 논리의 조건문은 후건의 진리값이 참이건 거짓이건 간에 참이 된다. 이런 점은 일상적으로 사용하는 조건문과 아주 거리가 있어 보이지만, 분명 일상적인 조건문들 가운데 어떤 것은 이런 경우와 정확하게 일치한다.

조건문 (d)와 (e)를 보자. 이 두 가지 경우는 전건과 후건 사이에 단어의 정의에 의한 함축관계나 논리적 함축관계, 인과적 함축관계를 나타내지 않는다. (d)의 경우 당신이 내 부탁을 들어주었는데 내가 근사한 점심을 사지 않는다면, 내 말은 거짓이 된다. 그런데 만약 당신이 내 부탁을 들어주지 않았다면 어떤가? 그 조건문은 거짓이 되는가, 아니면 무의미해지는가? 그렇지 않다. 이럴 경우, 그것은 참이다. (e)의 경우도 마찬가지이다. 네 말이 사실이 아니라면, 그 조건문은 후건이 참인가, 거짓인가에 관계없이 참이 된다.

명제 논리의 조건문은 정의에 의한 것이 아니며, 논리적 함축관계나 인과적 함축관계 같은 실제적인 함축관계를 나타내는 것도 아니다. 단지 전건이 참이고 후건이 거짓이면, 그 명제가 거짓임을 의미할 뿐이다. 그래서 그 기능을 '단순 함축(material implication)'[*]이라고 한다.

5) 쌍조건문

명제 논리의 쌍조건문도 일상 언어의 쌍조건문들이 공통적으로 가지고 있는 측면을 반영한다. 사실 알고 보면, 명제 논리의 쌍조건문은 두 조건문을 연언 형태로 연결한 것이다. 그러므로 명제 논리의 쌍조건문은 두 구성요소 간의 실제적인 함축관계를 나타낸 것이 아니다. 쌍조건문은 단지 그 구성요소들의 진리값이 (참이든 거짓이든) 같을 때, 참이 된다는 것이다. 오직 이것만이 쌍조건문의 의미이다. 따라서 이것은 단순 동치 관계를 나타낼 뿐이다.

---

[*] 여기서 사용하는 '단순 함축'을 어떤 사람은 '실질 함축'이라고 부르기도 한다.

그러나 일상에서 사용되는 쌍조건문의 의미는 명제 논리의 쌍조건문의 이런 의미와 정확하게 일치하지 않는 경우가 있다. 다음과 같은 경우가 그 예이다.

어떤 액체가 물이라면 그리고 오직 그런 경우에만 그것은 H_2O이다.

위의 예는 어떤 액체가 물이라는 것과 어떤 액체가 H_2O라는 것의 실제적인 상호 함축관계를 나타낸다.

(2) 진리 함수

일상 언어와 달리 명제 논리의 언어는 진리 함수적이다. 명제 논리에서 복합 명제의 진리값은 전적으로 그 구성요소, 즉 단순 명제(들)의 진리값에 의해 결정된다는 말이다. 또한 논리 연결사의 뜻도 진리 함수적이다. 논리 연결사는 그것과 결합하는 명제들의 진리치에 의해 분명하게 정의되기 때문이다. 일상 언어는 이와 다르다. 일상 언어에서 어떤 복합 명제의 진리값이 그것을 구성하는 단순 명제의 진리값에 의해서만 결정되지 않는 경우가 있다. 단순 명제의 진리값 외에 두 명제의 시간 순이나 함축관계 등을 알아야 하는 경우(연언문과 조건문)가 있다는 말이다.

또한 일상 언어에는 우리의 믿음이나 생각을 표현하는 문장이 있다. 다음 예를 보자.

나는 외계인이 있다고 믿는다.

이 명제는 두 명제 "외계인이 있다."와 "나는 …을 믿는다."로 이루어진 일종의 복합 명제이다. 이 복합 명제는 그 구성요소가 되는 단순 명제의 진리값에 의해 그 진리값이 결정되지 않는다. "외계인이 있다."가 참이든 거짓이든 간에 내가 그렇게 믿는다면 복합 명제는 참이 된다. 이와 같이 일상 언어는 진리 함수적인 언어가 아니다.

명제 논리의 복합 명제는 진리 함수적인 명제이므로, 단순 명제의 진리값이 알려지면 그것이 구성하는 복합 명제의 진리값을 계산할 수 있다. 아래와 같이 기호화된 복합 명제의 진리값을 계산해 보자. (여기서 A, B, C 명제는 참이고, G, R 명제는 거짓이다.)

우선 각 명제에 주어진 진리값을 다음과 같이 쓴다.

$$\sim(C \lor R) \supset [A \equiv (B \cdot G)]$$

$$\downarrow \quad \downarrow \qquad \downarrow \quad \downarrow \quad \downarrow$$

$$T \quad F \qquad T \quad T \quad F$$

이어서 우선 (C ∨ R)의 진리값을 계산하여, 논리 연결사 ' ∨ ' 아래에 ' T '라고 쓴다. 그리고 (B · G)의 진리값을 계산해서, 논리 연결사 ' · ' 아래에 ' F '라고 쓴다. 이 단계는 다음과 같다.

$$\sim(C \lor R) \supset [A \equiv (B \cdot G)]$$

$$T \mid F \qquad T \quad T \mid F$$

$$\downarrow \qquad\qquad\qquad \downarrow$$

$$T \qquad\qquad\qquad F$$

그리고 나서 아래와 같이 ∼(C ∨ R)의 진리값으로, ' ∼ ' 아래에

'F'라고 쓴다. 또한 [A ≡ (B·G)]의 진리값을 계산하여, ' ≡ ' 아래
에 'F'라고 쓴다.

$$\sim(C \lor R) \supset [A \equiv (B \cdot G)]$$

| | T | T | F |

F   F

마지막으로 ~(C ∨ R) ⊃ [A ≡ (B·G)]의 진리값을 계산하여, 주
논리 연결사인 ' ⊃ ' 아래에 'T'라고 쓴다.

$$\sim(C \lor R) \supset [A \equiv (B \cdot G)]$$

F   F

T

요 약

* 논리 연결사의 정의에 따른 진리치표

~ p		p · q			p ∨ q			p ⊃ q			p ≡ q		
F	T	T	T	T	T	T	T	T	T	T	T	T	T
T	F	T	F	F	T	T	F	T	F	F	T	F	F
		F	F	T	F	T	T	F	T	T	F	F	T
		F	F	F	F	F	F	F	T	F	F	T	F

* 논리 연결사와 접속사: 논리 연결사와 접속사의 의미가 서로 꼭 일치하지 않음

* 논리 연결사의 특징
  (1) 부정문: 일상 언어의 경우와 달리, 명제 논리에서는 복합 명제임

(2) 연언문: 시간적인 순서를 고려하지 않음

(3) 선언문: 포괄적인 경우로 해석함

　　1) 포괄적 선언문: 양쪽 선언지가 다 참인 경우를 인정함

　　2) 배타적 선언문: 양쪽 선언지가 다 참이 경우를 인정하지 않음

(4) 조건문: 전건이 참이고 후건이 거짓일 경우, 그 조건문은 거짓인 명제임

　　1) 정의적 조건문

　　2) 논리적 조건문

　　3) 인과적 조건문

　　4) 단순 조건문

　　5) 강조를 위한 조건문

(5) 쌍조건문: 단순 동치관계로, 두 구성요소의 진리값이 같을 때, 쌍조건문은 참임

＊ 명제 논리의 언어: 복합 명제의 진리값이 그 명제를 구성하는 단순 명제의 진리값에 의해 결정되는 진리 함수적 언어

연습문제

I. 각 논리 연결사의 의미를 진리표를 통해 나타내시오.

　1. 부정 기호

　2. 연언 기호

　3. 선언 기호

　4. 조건 기호

　5. 쌍조건 기호

II. 다음 진술이 참인지 거짓인지 답하시오.

1. 'A ≡ B'는 두 명제 "A라면 B이다."와 "B라면 A이다."의 연언이다.

2. 'A ⊃ B'라는 명제가 거짓이 되는 경우는 전건이 참이고 후건이 거짓일 때 뿐이다.

3. 'A ≡ B'는 'A'와 'B' 모두 거짓이면 참이 된다.

4. 'A ⊃ B'는 'A'와 'B' 모두 거짓이면 거짓이 된다.

5. 'A ∨ B'는 그 선언지 중 하나만 거짓이어도 거짓이 된다.

III. 기호화된 다음 명제의 진리값을 계산하시오. 여기서 사용된 A, B, C는 참인 명제이고, X, Y, Z는 거짓인 명제이다.

1. (Y ⊃ A) ∨ ~(B ⊃ ~C)

2. ~[(~X ≡ ~A) • ~(B ∨ C)]

3. ~[B ∨ ~(~Z ⊃ Y)] • ~C

4. (B • ~C) ≡ ~(A ∨ X)

5. ~[(C ⊃ Y) ∨ (~B ≡ A)]

6. 〔(~C ∨ Y) ⊃ A〕 ∨ (~B • Z)

7. ~(X ∨ ~A) ⊃ ~(B ⊃ Z)

8. ~〔(X ⊃ ~A) • C〕 ≡ 〔Y ∨ (B ⊃ Z)〕

9. ~(Z ⊃ ~B) ⊃ (Y ∨ C)

10. Z ⊃ 〔~(C ∨ Y) ⊃ (~B • A)〕

IV. 기호화된 다음 명제의 진리값을 결정하시오. A와 B는 참이고, X와 Y는 거짓이며, P와 Q의 진리값은 모른다. 만약 그 명제의 진리값을 결정할 수 없다면, '모른다'라고 답하시오.

1. ~(Q ⊃ B) • (A ∨ ~Y)

2. ~〔P ≡ (B ⊃ ~X)〕

3. (~A ∨ B) ≡ ~(~Q • X)

4. 〔(~A ⊃ ~Y) ∨ Q〕 ⊃ (B ⊃ X)

5. (Q • ~A) ∨ (P ⊃ Y)

V. 다음 진술이 참인지 거짓인지 답하시오.

1. 일상 언어는 진리 함수적 언어이다.

2. 진리 함수적 언어는 복합 명제의 진리값이 단순 명제의 진리값에 의해 (그리고 논리 연결사의 의미에 의해) 결정되는 언어를 말한다.

3. 명제 논리의 선언 기호는 배타적인 의미를 가진다.

4. 일상 언어의 선언문은 포괄적인 의미를 가진다.

5. 일상 언어의 접속사인 "만약 …라면, …이다."는 논리적 기능이 다양하다.

3장
진리표의 쓰임새

1. 명제와 진리표

앞에서 우리는 논리 연결사의 의미를 알기 위해 진리표를 작성했다. 이 진리표로 복합 명제의 진리값을 알 수 있었고, 복합 명제의 진리값을 계산하는 방식도 확인했다. 그래서 단순 명제의 진리값이 알려진 경우, 그 단순 명제로 구성된 복합 명제의 진리값을 계산할 수 있었다. 또한 단순 명제의 진리값이 알려져 있지 않은 경우에도, 복합 명제의 진리값을 계산할 수 있었다. 각 단순 명제가 가지는 진리값의 모든 조합에 대한 복합 명제의 진리값을 알 수 있는 것이다. 그것을 보여주는 것이 바로 진리표다.

이제 진리표를 작성하는 방법을 알아보자. 한 복합 명제에서 나올 수 있는 진리값을 모두 보여주려면 우선 몇 줄(경우)이 필요한지 알아야 한다. 이것은 그 명제가 몇 종류의 단순 명제로 구성되어 있는

가에 달려 있다. 만약 어떤 복합 명제가 두 종류의 단순 명제로 구성되어 있다면, 전체 진리표에는 4줄이 필요하다. 그리고 세 종류의 단순 명제로 되어 있다면, 8줄이 필요하다. 만약 조사하려는 복합 명제가 n종류의 단순 명제로 이루어져 있다면, 2^n만큼의 줄이 필요하다. 가령 네 종류의 단순 명제로 구성된 복합 명제라면, n이 4이므로 2^4에 해당하는 '$2 \times 2 \times 2 \times 2$', 다시 말해 16줄이 필요하다.

그럼 다음과 같은 복합 명제의 진리표를 작성해 보자. '$\sim A \equiv (B \supset A)$'는 A와 B, 두 종류의 단순 명제로 이루어진 복합 명제이다. 이 명제에서 n은 2이므로 '2×2', 4줄이 필요하다.

(a) $\sim A \equiv (B \supset A)$

	A	B	$\sim$ A	$\equiv$	(B	$\supset$	A)
①	T	T	F T	F	T	T	T
②	T	F	F T	F	F	T	T
③	F	T	T F	F	T	F	F
④	F	F	T F	T	F	T	F

⇑

단순 명제 'A'와 'B'의 가능한 진리값에 따른 복합 명제의 진리값

단순 명제 A에 필요한 4줄 중 반인 상단 2줄(①과 ②)에는 'T'를, 나머지 반인 하단 2줄(③과 ④)에는 'F'를 부여한다. 단순 명제 B에는 줄마다 'T'와 'F'를 번갈아서 부여한다. 이것은 A와 B 명제의 진리값의 조합을 빠뜨리지도 않고 중복되지도 않도록 하는 방법이다. 만약 4종류의 단순 명제로 구성된 복합 명제의 진리표를 작성하려면, $2 \times 2 \times 2 \times 2 = 16$줄이 필요하다. 이 경우에 첫 번째 단순 명제 아래 16줄 중에서 반인 상단 8줄에는 'T'를, 하단 8줄에는 'F'를 부여한다. 그리

고 두 번째 단순 명제 아래에는 4줄마다 'T'와 'F'를 번갈아 부여한다. 또 세 번째 단순 명제 아래에는 2줄마다 'T'와 'F'를 번갈아 부여한다. 마지막으로 네 번째 단순 명제 아래에는 1줄마다 'T'와 'F'를 번갈아 부여한다.

이렇게 단순 명제에 진리값을 부여하는 것이 끝나면, 각 경우(줄)의 진리값을 계산하면 된다. 최종 결과는 복합 명제의 주 논리 연결사 아래 줄에 나타난다. '⇑' 부분이 바로 최종 결과다.

진리표로 작성해 보면, 복합 명제의 성격을 알 수 있다. 바로 위의 복합 명제를 보자. '⇑' 표가 가리키는 부분의 네 줄 가운데에서 참인 줄과 거짓인 줄이 적어도 하나씩은 있다. 이런 복합 명제는 '우연적 명제'라고 한다.

반면에 진리표에서 '⇑' 표시 부분의 모든 줄이 참으로 나타난다면, 그 명제는 '필연적으로(논리적으로) 참인 명제'이다. 이것을 '동어 반복(tautology)'이라고도 한다. 이와 반대로 진리표에 '⇑'가 가리키는 부분의 모든 줄이 거짓으로 나타나는 명제가 있다. 우리는 이런 명제를 필연적으로 거짓인 명제, '자기 모순적인 명제'라고 부른다. 동어 반복인 명제와 자기 모순적인 명제는 다음과 같은 경우이다.

(b) 동어 반복인 명제

[(G	⊃	H)	•	G]	⊃	H
T	T	T	T	T	T	T
T	F	F	F	T	T	F
F	T	T	F	F	T	T
F	T	F	F	F	T	F
					⇑	

(c) 자기 모순적인 명제

(G	∨	H)	≡	(∼	G	•	∼	H)
T	T	T	F	F	T	F	F	T
T	T	F	F	F	T	F	T	F
F	T	T	F	T	F	F	F	T
F	F	F	F	T	F	T	T	F

⇑

위의 예에서 '⇑'가 가리키는 부분은 (b)의 경우 네 줄 모두 참이고, (c)의 경우 네 줄 모두 거짓이다. 그래서 (b)는 동어 반복인 명제이고, (c)는 자기 모순적인 명제이다.

또한 동일한 단순 명제로 이루어진 복합 명제들을 서로 비교할 때도 진리표는 아주 유용하다. 우선 동일한 단순 명제의 조합으로 복합 명제들의 진리표를 작성한다. 그리고 각 복합 명제들의 최종 결과를 비교한다. 이에 따라 우리는 명제들 간의 여러 가지 관계를 파악할 수 있다.

복합 명제의 '⇑'가 가리키는 부분에서 각 줄이 서로 같은 진리값을 가진다면, 그 복합 명제들은 논리적으로 동치이다. 아래의 (d)는 '논리적 동치(logically equivalence)' 관계를 보여준다. 그런데 (e)는 '⇑'가 가리키는 부분의 각 줄의 진리값이 정확히 반대이다. 그래서 이 두 명제는 서로 모순적인(contradictory) 관계이다. 또한 (f)에서 '⇑'가 가리키는 부분의 각 줄을 비교했을 때, 그 두 명제는 논리적인 동치도 아니고 서로 모순적이지도 않다. 하지만 한 줄에서 동시에 다 참으로 나타나 있다. 두 명제는 일관성이 있는(consistent) 관계이다. (f)의 나머지 줄은 모두 엇갈려 있거나 거짓이지만, 첫째 줄은 양쪽 모두 참이다. (f)가 일관성 있는 이유는 바로 이 첫째 줄 때문이다. 반면에 (g)에서는 두 복합 명제가 동시에 참이 될 수 없다. 즉 (g)의 두 명제는 일관적이지 않다.

(d) 논리적 동치관계

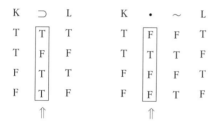

K	⊃	L		~	L	⊃	~	K
T	[T]	T		F	T	[T]	F	T
T	[F]	F		T	F	[F]	T	T
F	[T]	T		F	T	[T]	F	F
F	[T]	F		T	F	[T]	T	F
	⇑					⇑		

(e) 모순 관계

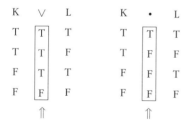

K	⊃	L		K	•	~	L
T	[T]	T		T	[F]	F	T
T	[F]	F		T	[T]	T	F
F	[T]	T		F	[F]	F	T
F	[T]	F		F	[F]	T	F
	⇑				⇑		

(f) 일관성이 있는 관계

K	∨	L		K	•	L
T	[T]	T		T	[T]	T
T	[T]	F		T	[F]	F
F	[T]	T		F	[F]	T
F	[F]	F		F	[F]	F
	⇑				⇑	

(g) 일관성이 없는 관계

K	≡	L		K	•	~	L
T	T	T		T	F	F	T
T	F	F		T	T	T	F
F	F	T		F	F	F	T
F	T	F		F	F	T	F
	⇑				⇑		

2. 논증과 진리표

이제 진리표를 이용해서 논증의 타당성을 따져보자. 여기에는 직접 진리표를 이용하는 방법과 간접 진리표를 이용하는 방법, 두 가지가 있다. 간접 진리표를 이용하는 것이 훨씬 간단하기는 하나, 우선 직접 진리표를 이용하는 방법을 충분히 익혀야 한다.

(1) 직접 진리표

먼저 직접 진리표를 이용해서 논증의 타당성을 따져 보자. 논리학은 다양한 형태의 논증을 세밀히 따져서 타당한지 타당하지 않은지를 가려내도록 해 준다. 사실 주변에서 마주치는 경우들은 구조가 어지간히 복잡한 논증들이다. 그래서 우리는 다음의 여러 단계를 거쳐야 한다.

단계 1: 일상 언어의 명제를 명제 논리의 명제로 옮긴다.
단계 2: 전제와 전제 사이에는 쉼표(,)를, 전제와 결론 사이에는 빗금 (/)을 써서 전제와 결론을 구분한다.

단계 3: 전제와 결론을 비롯한 각 명제들에 대한 진리표를 작성한다.

단계 4: 작성한 진리표에서 전제가 모두 참인 줄에 결론이 거짓인 경우가 있는지 살펴본다.

단계 5: 만약 그런 경우가 있다면, 그 논증은 부당하다. 반대로 그런 경우가 없다면, 그 논증은 타당하다.

여기서 판정의 기준은 주어진 전제가 참으로만 나타나 있는 줄에서 결론이 거짓으로 나타나는 경우가 있는가이다.

이제 아래의 (a)논증을 살펴보자.

(a)	J	⊃	E,	~	J /	~	E
	T	T	T	F	T	F	T
	T	F	F	F	T	T	F
	F	Ⓣ	T	Ⓣ	F	Ⓕ	T
	F	T	F	T	F	T	F

논증의 타당성을 따질 때는 주어진 전제가 모두 참인 경우만 따져야 한다. (a)논증에서는 셋째 줄과 넷째 줄이 두 전제가 모두 참인 경우이다. 그런데 넷째 줄은 참인 전제와 참인 결론이지만, 셋째 줄의 두 전제는 모두 참이지만 결론은 거짓이다. 이제 위 논증의 타당성 유무를 가려낼 수 있을 것이다. 즉 (a)논증이 부당한 논증인 이유는 바로 셋째 줄 때문이다. 참인 전제에서 거짓인 결론이 나오는 경우는 결코 타당한 논증으로 용납될 수 없다.

이에 반해 전제가 모두 참이면서 결론이 거짓인 경우가 없다면, 그 논증은 무조건 타당한 논증이다. 다시 말해서 그 논증은 전제가 다 참이면 결론이 거짓이 될 수 없음을 알려준다. 아래의 (b)논증이 바로 그 경우이다.

(b)	A	⊃	~	R	,	~	R	⊃	K	/	A	⊃	K
	T	F	F	T		F	T	T	T		T	T	T
	T	F	F	T		F	T	T	F		T	F	F
	T	(T)	T	F		T	F	(T)	T		T	(T)	T
	T	T	T	F		T	F	F	F		T	F	F
	F	(T)	F	T		F	T	(T)	T		F	(T)	T
	F	(T)	F	T		F	T	(T)	F		F	(T)	F
	F	(T)	T	F		T	F	(T)	T		F	(T)	T
	F	T	T	F		T	F	F	F		F	T	F

위 진리표의 여덟 줄 중 그 어느 경우에도 전제가 다 참이면 결론이 거짓으로 나타나지 않는다. 그러므로 이 논증은 타당하다. 다시 말하지만, 전제가 참인데 결론이 거짓인 경우가 하나라도 있다면, 그 논증은 부당하다.

(2) 간접 진리표

진리표를 이용해서 논증의 타당성을 판단하는 데에는, 간접 진리표가 직접 진리표보다 간편할 수 있다. 특히 진리표에서 따져보아야 할 줄이 너무 많을 때, 간접 진리표를 이용하는 것이 효율적인 방법이다.

어떤 논증에 대한 간접 진리표를 작성하기 위해서 우선 주어진 논증이 부당하다고 가정한다. 즉 주어진 논증의 모든 전제가 참이면서 결론이 거짓이라고 가정한다. 아래의 논증을 보자.

~C ⊃ (D ∨ R)

~B

따라서 R ⊃ C

단계 1: 위 논증을 전제와 결론을 구분해서 나란히 한 줄에 놓는다.

~C ⊃ (D ∨ R),   ~ B,   /   R ⊃ C

단계 2: 우선 이 논증이 부당하다고 가정한다. 즉 주어진 논증의 전제가 모두 참, 결론은 거짓이라고 가정한다. 이때 주요 논리 연결사 아래에 진리값을 주는 것에 유의한다.

~C ⊃ (D ∨ R),   ~B,   /   R ⊃ C

　　ⓣ　　　　　　　　　　ⓣ　　　　　　　　　　　ⓕ

단계 3: 위에서 부여된 진리값에 의해 단순명제의 진리값을 모순 없이 따질 수 있는 데까지 계산한다. 이때 가능한 한 각 부분의 진리값에 모순이 일어나지 않도록 단순 명제에 진리값을 부과한다.

단계 4: 이제 다음과 같은 기준에 의해 논증의 타당성과 부당성을 결정한다.

1) 모순 없이 모든 전제와 결론 각 부분의 진리값을 계산할 수 있다면, 이 논증은 부당하다. 즉 위(단계 2)의 간접 진리표는 전제가 모두 참이면서 결론이 거짓이 되는 일이 가능하다는 것을 보여주므로, 그 논증은 부당하다는 것을 알 수 있다.

2) 만약 모순 없이 모든 전제와 결론 각 부분의 진리값을 계산할 수 없다면, 이 논증은 타당하다. 전제가 모두 참이면서 결론이 거짓이 되는 일이 불가능하다는 것을 간접 진리표가 보여주기 때문이다.

단계 3에서 문제는 두 전제와 결론의 어느 곳에서 따지기를 시작하는가이다. 그러나 고려해야 할 가능성이 적은 곳이면, 어디에서 시작해도 상관없다. 위 문제의 경우 두 번째 전제나 결론에서 계산을 시작하는 것이 좋다. 그러지 않으면 필요 이상으로 많은 줄을 다루어야 하기 때문이다. 다시 말해서 그렇게 하지 않으면, 우리는 간접 진리표의 효율성이라는 장점을 이용하지 못하게 될 것이다. 만약 첫 번째 전제에서 계산을 시작한다고 가정하면, 우리는 세 가지 가능성을 고려해야 한다. 즉 '~C ⊃ (D ∨ R)'를 'ⓣ'로 만드는 가능성은 세 가지이다. 전건과 후건이 모두 참인 경우와 전건이 거짓이고 후건이 참인 경우, 그리고 전건과 후건이 모두 거짓인 경우이다. 직접 진리표를 사용하면 16줄을 따져보아야 하던 것이 단 3줄로 줄어드는 것이다.

~C ⊃ (D ∨ R),		~B,	/	R ⊃ C
T ⓣ T		ⓣ		ⓕ
F	T			
F	F			

그러나 결론에서 시작해 보자. 'R ⊃ C'가 'Ⓕ'가 되는 것은 한 가지 경우뿐이다. 바로 전건이 참이고 후건이 거짓인 경우이다. 그래서 우리는 R이 참이고, C가 거짓이라는 것을 계산해 낸다.

$$\sim C \supset (D \lor R), \qquad \sim B, \qquad / \quad R \supset C$$
$$\quad Ⓣ \qquad\qquad\qquad Ⓣ \qquad\qquad T \; Ⓕ \; F$$

이제 두 번째 전제를 계산한다. 이 경우 두 번째 전제를 먼저 계산하고 나서 결론을 계산해도 아무런 상관이 없다.

$$\sim C \supset (D \lor R), \qquad \sim B, \quad / \qquad R \supset C$$
$$\quad Ⓣ \qquad\qquad\qquad Ⓣ \; F \qquad\quad T \; Ⓕ \; F$$

위의 계산으로부터 우리는 B가 거짓, R이 참, C가 거짓이라는 것을 알고 있다. 이것을 첫 번째 전제에 적용하여 모순이 일어나는지 확인한다.

$$\sim C \supset (D \lor R), \qquad \sim B, \qquad / \qquad R \supset C$$
$$TF \; Ⓣ \quad \underline{T} \; T \qquad Ⓣ \; F \qquad\qquad T \; Ⓕ \; F$$

  (D의 진리값을 몰라도 R이 참이라는 것에서 (D ∨ R)이 참이라는 것을 알 수 있다.)

첫 번째 전제의 진리값을 계산하는 데 모순이 일어나지 않는 것을 알 수 있다. 이것으로부터 우리는 처음의 가정이 참이라는 것을 증명한 셈이다. 즉 전제가 모두 참이면서 결론이 거짓이 되는 것이 모순 없이 가능하다는 것을 보였다. 이 논증이 부당하다는 것을 보인 것이다.

만약 직접 진리표를 작성했다면 (이 논증을 이루는 단순 명제의 종류가 4가지이므로) 우리는 16줄을 고려해야 했을 것이다. 그러나 간접 진리표에서는 위의 논증의 경우 1줄만 고려하면 된다. 부당한 논증이란 전제가 참이면서 결론이 거짓인 것이 가능하다는 정의에 맞는 1줄만 구체적으로 보여줌으로써 논증이 부당하다는 것을 보인 셈이다.

이제 다른 논증의 타당성을 결정해 보자.

$$G \supset (H \lor D), \qquad H \supset K, \qquad G \quad / \quad \sim D \supset K$$
$$\qquad ⓣ \qquad\qquad\qquad ⓣ \qquad\quad ⓣ \qquad\qquad\qquad Ⓕ$$

전제를 모두 참, 결론을 거짓이라고 가정하고, 과연 모순 없이 이런 진리값을 부과할 수 있는지 계산에 의해 확인한다.

$$G \supset (H \lor D), \qquad\quad H \supset K, \qquad G \quad / \quad \sim D \supset K$$

| $F ⓣ F\ F\ F$ (모순) | $F ⓣ F$ | $ⓣ$ | $T\ F Ⓕ F$ |

위의 간접진리표는 전제가 모두 참이고 결론이 거짓이 되는 경우가 불가능하다는 것을 보여준다. 따라서 우리는 위 논증이 타당하다는 것을 알 수 있다.

이제 한 줄 이상의 가능성을 고려해야 하는 경우를 살펴보자.

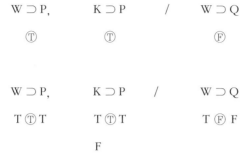

$$W \supset P, \qquad K \supset P \qquad / \qquad W \supset Q$$
$$\quad\;Ⓣ \qquad\qquad Ⓣ \qquad\qquad\qquad Ⓕ$$

$$W \supset P, \qquad K \supset P \qquad / \qquad W \supset Q$$
$$T\;Ⓣ\;T \qquad\; T\;Ⓣ\;T \qquad\qquad T\;Ⓕ\;F$$
$$\qquad\qquad\qquad F$$

위에서 고려해야 할 가능성은 두 줄이다. 'K ⊃ P'의 진리값이 참이고, P의 진리값이 참이라면, K의 값은 참, 거짓 둘 다 가능하기 때문이다. 그런데 모순 없이 진리값이 부여되는 경우를 한 줄 제시하는 것으로, 이 논증이 부당하다는 것을 충분히 보일 수 있다.

그러나 다음과 같이 고려해야 할 가능성이 두 줄 이상이고 그 논증이 타당하다는 것을 보이려면, 각 줄에서 모두 모순이 발생함을 보여야 한다.

$$\sim R \supset A, \qquad A \supset R, \qquad R \supset \sim O \qquad / \qquad R \cdot \sim O$$
$$\qquad Ⓣ \qquad\qquad Ⓣ\;T \qquad \boxed{T\;Ⓣ\;F\;T}\text{(모순)} \qquad T\;Ⓕ\;F\;T$$
$$\text{(모순)}\boxed{T\;F\;Ⓣ\;F} \qquad\quad Ⓣ \qquad\qquad Ⓣ \qquad\qquad F\;Ⓕ\;T\;F$$
$$\qquad Ⓣ \qquad\quad \boxed{T\;Ⓣ\;F}\text{(모순)} \qquad\; Ⓣ \qquad\qquad F\;Ⓣ\;F\;T$$

* 명제의 종류
  (1) 우연적 명제: 진리표를 작성했을 때, 최종 결과를 나타내는 줄 중 적어도 하나는 참이고, 적어도 하나는 거짓임
  (2) 동어 반복(논리적 참, 필연적 참)인 명제: 진리표를 작성했을 때, 최종 결과를 나타내는 줄이 모두 참으로 나타남
  (3) 자기 모순적 명제: 진리표를 작성했을 때, 최종 결과를 나타내는 줄이 모두 거짓으로 나타남

* 명제들 간의 관계
  (1) 논리적 동치관계: 진리표를 작성했을 때, 최종 결과를 나타내는 각 줄의 진리값이 동일하게 나타남
  (2) 모순관계: 진리표를 작성했을 때, 최종 결과를 나타내는 각 줄의 진리값이 정반대로 나타남
  (3) 일관성이 있는 관계: 진리표를 작성했을 때, 최종 결과를 나타내는 각 줄의 진리 값이 동시에 참으로 나타나는 경우가 적어도 한 번은 있음
  (4) 일관성이 없는 관계: 진리표를 작성했을 때, 최종 결과를 나타내는 각 줄의 진리 값이 동시에 참으로 나타나는 경우가 한 번도 없음

* 직접 진리표로 논증의 타당성을 결정하기
  단계 1: 일상 언어의 명제를 명제 논리의 명제로 옮긴다.
  단계 2: 전제와 전제 사이에는 쉼표(,)를, 전제와 결론 사이에는 빗금(/)을 써서 전제와 결론을 구분한다.
  단계 3: 전제, 결론을 비롯한 각 명제들에 대한 진리표를 작성한다.
  단계 4: 작성한 진리표에서 전제가 모두 참인 줄에 결론이 거짓인 경우가 있는지 살펴본다.
  단계 5: 만약 그런 경우가 있다면, 그 논증은 부당하다. 이와 반대로 그런 경우가 없다면, 그 논증은 타당하다.

* 간접진리표로 논증의 타당성을 결정하기
단계 1: 우선 논증을 전제와 결론을 구분하여 나란히 한 줄에 놓는다.
단계 2: 논증이 부당하다고 가정한다. 즉 주어진 논증의 전제가 모두 참, 결론이 거짓이라고 가정한다. 이때 주요 논리 연결사 아래에 진리값을 주는 것에 유의한다.
단계 3: 위에서 부여된 진리값에 의해 단순명제의 진리값을 모순 없이 계산할 수 있는 데까지 계산한다. 이때 가능한 한 각 부분의 진리값에 모순이 일어나지 않도록 단순 명제에 진리값을 부여한다.
단계 4: 다음과 같은 기준에 의해 논증의 타당성과 부당성을 결정한다.
    1) 모순 없이 모든 전제와 결론의 각 부분의 진리값을 계산한다면, 이 논증은 부당하다.
    2) 모순 없이 모든 전제와 결론의 각 부분의 진리값을 계산할 수 없다면, 이 논증은 타당하다.

연습문제

I. 진리표를 작성해서 다음의 명제가 논리적 참인지, 논리적 거짓인지, 아니면 우연적 명제인지 판단하시오.

1. $[(A \supset B) \cdot {\sim}A] \supset {\sim}B$

2. $(C \supset R) \lor (R \supset C)$

3. $(H \supset T) \supset F$

4. $({\sim}K \supset P) \equiv {\sim}(P \lor {\sim}K)$

5. $[(A \supset X) \cdot (X \lor A)] \supset X$

6. $(\sim A \lor B) \equiv \sim(\sim B \cdot C)$

7. $(P \supset Q) \cdot (P \lor Q)$

II. 진리표를 작성해서 다음 한 쌍의 명제가 논리적 동치관계인지, 모순관계인지, 일관성이 있는 관계인지, 일관성이 없는 관계인지를 판단하시오.

1. $I \equiv \sim H$ $(H \cdot I) \lor (\sim H \cdot \sim I)$

2. $(F \supset D) \supset M$ $F \supset (D \supset M)$

3. $O \cdot (B \lor \sim F)$ $\sim B \cdot (F \lor \sim Q)$

4. $N \supset (L \supset Q)$ $(L \cdot N) \supset Q$

5. $X \equiv (C \cdot U)$ $X \cdot (U \supset \sim C)$

III. 기호화된 다음 논증의 타당성을 진리표를 그려서 판별하시오.

1. $\sim(X \cdot \sim Y)$, $\sim(Y \cdot \sim X)$ / $Y \lor X$

2. $\sim(H \cdot O)$, $O \lor \sim H$ / $\sim H$

3. $D \equiv E$, $F \lor \sim E$ / $F \supset D$

4. $B \equiv (C \lor D)$, $\sim D \lor C$ / $B \supset C$

5. $B \supset (O \lor R)$, $\sim(O \lor \sim B)$ / $B \supset R$

IV. 다음 논증을 번역한 뒤 진리표를 그려서 그 논증이 타당한지 부당한지 판별하시오.

1. 만약 그 회사가 신제품 판매에 성공한다면, 그 회사의 주식값은 상승할 것이다. 그런데 그 회사의 주식값이 상승했다. 그러므로 그 회사는 신제품 판매에 성공했을 것이다.

2. 네가 아침에 일찍 일어난다면 1교시 수업에 지각하지 않을 것이다. 너는 1교시 수업에 지각하지 않았다. 그러므로 너는 아침에 일찍 일어났나 보다.

3. 날씨가 추워지면 상가의 수입이 줄어든다. 왜냐하면 날씨가 추워지면 퇴근시간이 빨라지기 때문이다. 또한 상가의 수입이 줄어들지 않는다면 퇴근시간이 빨라지지 않기 때문이다.

4. 만약 고등학생의 학력이 낮아진다면, 세계화의 추세 속에서 우리나라는 경쟁력을 갖지 못하게 될 것이다. 만약 기업이 투명한 경영을 하지 않는다면, 세계화의 추세 속에서 우리나라는 경쟁력을 갖지 못하게 될 것이다. 그러므로 만약 고등학생의 학력이 낮아진다면, 기업이 투명한 경영을 하지 않을 것이다.

5. 만약 여성 할당제를 실시한다면, 그것은 남성에 대한 역차별이라는 항의를 받을 소지가 있다. 그러나 만약 여성 할당제를 실시하지 않는다면, 여성에 대한 부당한 차별은 점점 더 심해질 것이다. 여성 할당제를 실시하거나 하지 않을 것이다. 그러므로 남성에 대한 역차별이라는 항의를 받을 소지가 있거나 여성에 대한 부당한 차별은 점점 더 심해질 것이다.

V. 기호화된 다음 논증의 타당성 유무를 간접 진리표를 그려서 판별하시오.

1. ~B ∨ F, ~B / ~F

2. A ⊃ (B • C), D ⊃ S / A ⊃ S

3. A ⊃ (X ⊃ Y), X ⊃ (Y ⊃ B) / A ⊃ (X ⊃ B)

4. L ⊃ (M ∨ N), N ⊃ (O • P), ~M / L ⊃ ~P

5. A ⊃ H, H ⊃ B, ~C ⊃ A, ~B / C

6. A ⊃ (~B ⊃ ~C), C ⊃ (~B ⊃ D), (B ∨ D) ⊃ E / A ⊃ E

7. D • (E ∨ F), (D • F) ⊃ ~(R ∨ S), (~R ∨ ~S) ⊃ ~(D • E)
   / R ≡ S

8. (A ∨ B) ⊃ C, C ⊃ (B ∨ R), A ⊃ (~Q ⊃ B), (Q ⊃ A) ⊃ ~R
   / B ≡ C

9. (P ∨ Q) ⊃ (R • S), (~P ∨ ~Q) ⊃ E / (~R ∨ ~S) ⊃ E

10. M ⊃ N, ~O ∨ P, (N ∨ P) ⊃ J, ~J / ~(M ∨ O)

4장
자연 연역

논리학에서 아주 중요한 일은 논증의 타당성을 검토하는 것이다. 그래서 논리학자들은 논증이 타당한지를 쉽게 알아내는 방법을 계속 모색해 왔다. 이제 논증의 타당성을 증명하는 또 다른 방법을 보자. '자연 연역(natural deduction)'이 바로 그것이다.

앞에서 살펴본 진리표는 논증을 구성하는 단순 명제들의 진리값에 따라 논증의 타당성을 확인하는 방법이었다. 이와 달리 자연 연역은 정해진 추론 규칙에 따라 논증이 타당하다는 것을 단계별로 증명하는 것이다. 따라서 논증의 타당성을 증명하는 데 필요한 추론 규칙을 알아야 한다.

1. 명제 형식, 논증 형식과 그 대입례

추론 규칙을 다루기 전에 명제의 형식과 그 대입례에 대해 먼저 살펴보자. 앞에서 구체적인 명제는 영어 알파벳 대문자 'A, B, C, …' 등으로, 그 명제의 형식은 영어 알파벳 소문자 'p, q, r, s, …' 등으로 나타낸다고 했다. 이때 이 소문자는 명제 변항(variables)을 나타내는 기호로서, 구체적인 명제를 대입할 수 있는 자리를 표시하는 것이다. 다시 말해 p, q, r, s 등의 명제 변항은 명제 논리의 어떤 명제이든 대변할 수 있다. 단순 명제뿐 아니라 복합 명제도 명제 변항의 자리에 대입할 수 있는 셈이다. 그리고 이때 명제 변항의 자리에 구체적인 명제를 대입한 것을 '대입례(substitution instances)'라고 한다. 유의할 점은 동일한 명제 변항에 대해서는 동일한 구체적인 명제를 대입해야 한다는 것이다.

예를 들어 'p ∨ q'라는 명제 형식에 대한 대입례를 생각해 보자. 'A ∨ B'나 '~C ∨ ~(D ⊃ R)'은 이 명제 형식의 대입례가 된다. 위의 명제 형식은 p나 q가 어떤 명제이든, 이 복합 명제가 선언문임을 나타낸다. 각 선언지는 무엇이라도 그 대입례가 될 수 있다. 그러나 '~(D ∨ F)' 같은 명제는 위 명제 형식의 대입례가 아니다. 왜냐하면 이 명제는 선언문이 아니라 부정문이기 때문이다.

이제 구체적인 명제가 가진 명제 형식을 다음 명제를 통해 살펴보자.

$$(A \supset G) \cdot [\sim(R \vee O) \equiv \sim C]$$

이 명제는 몇 가지 형식을 가지고 있다. 우선 그 형식을 p라는 명제 변항 기호로 나타낼 수 있다. 그리고 'p • q'로도, 'p • (q ≡ r)'로도, '(p ⊃ q) • (~r ≡ s)'로도 나타낼 수 있다. 아니면 '(p ⊃ q) • [~(r ∨ s)

≡ ~t]'로 나타낼 수도 있다. 이와 같이 하나의 구체적인 명제가 여러 명제 형식을 가지고 있을 수 있다. 그렇지만 위의 명제는 예를 들어 '(~p ⊃ q)・(~r ≡ s)'라는 형식을 가지고 있지는 않다. A는 '~p'라는 명제 변항의 자리에 들어갈 수 없기 때문이다.

명제뿐 아니라 논증도 형식을 가지고 있다. 연역 논증의 타당성은 그 형식에 의해 결정된다. 다음 논증을 예로 들어 보자.

만약 누군가가 소금을 물에 넣는다면 그것은 녹는다. 소금이 물에 녹았다. 그러므로 누군가가 소금을 물에 넣었을 것이다.

이것을 명제 논리의 명제로 번역하면, "A ⊃ B, B , 그러므로 A"가 된다. 이 논증이 가진 논증 형식은 "p ⊃ q, q / p"이다.

그리고 기호화된 아래의 논증 또한 위 논증 형식의 대입례가 된다.

(R・A) ⊃ [~(R ∨ O) ≡ ~C]

~(R ∨ O) ≡ ~C

그러므로 R・A

2. 추론 규칙

추론 규칙은 크게 두 종류로 나뉜다. 타당한 논증 형식으로 된 규칙들과 논리적인 동치에 의한 규칙들이 그것이다. 전자는 전제(들)로부터 함축된 결론을 이끌어 내는 데 사용되므로 '함축 규칙'이라고 한다. 후자는 논리적으로 동치인 명제로 바꾸는 데 사용되므로 '대치 규칙'이라고 한다. 이 규칙들은 다음과 같다.

(1) 함축 규칙: 9가지 타당한 논증 형식

1) 전건 긍정식(*modus ponens*: MP)

$$p \supset q$$
$$p$$
$$\overline{}$$
$$q$$

2) 후건 부정식(*modus tollens*: MT)

$$p \supset q$$
$$\sim q$$
$$\overline{}$$
$$\sim p$$

3) 가정적 삼단논법(hypothetical syllogism: HS)

$$p \supset q$$
$$q \supset r$$
$$\overline{}$$
$$p \supset r$$

4) 선언적 삼단논법(disjunctive syllogism: DS)

$$p \vee q$$
$$\sim p$$
$$\overline{}$$
$$q$$

5) 구성적 양도논법(constructive dilemma: CD)

$$(p \supset q) \cdot (r \supset s)$$
$$p \lor r$$
$$\overline{}$$
$$q \lor s$$

6) 연언지 단순화(simplification: Simp)

$$p \cdot q$$
$$\overline{}$$
$$q$$

7) 연언(conjunction: Conj)

$$p$$
$$q$$
$$\overline{}$$
$$p \cdot q$$

8) 선언지 첨가(addition: Add)

$$p$$
$$\overline{}$$
$$p \lor q$$

9) 흡수 규칙(absorption: Abs)

$$p \supset q$$
$$\overline{}$$
$$p \supset (p \cdot q)$$

이제 이 규칙들을 사용해서 논증의 타당성을 어떻게 증명하는지 자세히 살펴보자.

　　만약 철수가 그 모임에 나온다면 그는 나를 만나러 오는 것이다. 철수가 그 모임에 나오거나 혜진이가 그 모임에 나온다. 철수는 나를 만나러 오지 않는다. 만약 혜진이가 그 모임에 나온다면, 만약 철수가 나를 만나러 나온다면 그 모임은 성공적일 것이다. 그러므로 만약 철수가 그 모임에 나온다면 그 모임은 성공적인 것이다.

위의 논증을 다음과 같이 기호화할 수 있다.

$$F \supset G, F \lor H, \sim G, H \supset (G \supset I), \text{ 그러므로 } F \supset I$$
또는　　$F \supset G, F \lor H, \sim G, H \supset (G \supset I), / F \supset I$

이 논증을 자연 연역의 방법으로 증명하기 위해서 아래와 같이 정리한다.

1. $F \supset G$
2. $F \lor H$
3. $\sim G$
4. $H \supset (G \supset I)$　　 $/ F \supset I$

1에서 4까지는 이 논증의 전제이고, 4의 오른쪽 빗금(/) 다음에 나온 명제가 결론이다. 위의 9가지 함축 규칙에 따라 1에서 4까지의 전제(들)를 고려하여, 그것들로부터 유도할 수 있는 잠정적인 결론을 도출한다. 그래서 우리가 목표로 하는 결론을 도출할 때까지 계속한다. 그리고 함축 규칙에 따라 도출한 잠정적인 결론의 오른편에는 각 명제가 어떤 규칙에 의해 도출되었는지를 밝힌다.

다음과 같이 함축 규칙을 사용하여 위 논증으로부터 우리가 목표로 하는 결론을 도출할 수 있다.

5. $\sim F$ 1, 3, 후건 부정식

6. H   2, 5, 선언적 삼단논법

7. $G \supset I$ 4, 6, 전건 긍정식

8. $F \supset I$ 1, 7, 가정적 삼단논법

여기서 어떤 전제들을 먼저 다룰 것인가에 대한 원칙은 없다. 우선 전제에서 주어진 것만을 이용해서 어떻게 결론에 나타난 문자들을 유도할 수 있을까 생각해 보자. 타당한 과정을 거쳐, 긴 명제를 좀 더 간단한 명제로 유도하자. 그러면 전제 1과 전제 3에 주목하게 된다. 전제 1과 전제 3은 후건 부정식 전제의 대입례임을 알 수 있다. 그러므로 전제 1과 전제 3에서 '$\sim F$'를 타당하게 이끌어 낼 수 있다. 이제 전제 2와 전제 5에 주목하자. 그것은 선언적 삼단논법 전제의 대입례임을 알 수 있다. 그래서 우리는 'H'를 끌어 낼 수 있다. 이제 전제 4와 전제 6을 보면, 전건 긍정식 전제의 대입례임을 알 수 있다. 그래서 '$G \supset I$'를 얻는다. 그다음으로 전제 1과 전제 7을 보면, 그것은 가정적 삼단논법 전제의 대입례임을 알 수 있다. 그래서 '$F \supset$

I'를 유도할 수 있다. 주어진 규칙을 이용해서 이렇게 결론을 이끌어
냈으면, 증명은 끝난 것이다.

또 다른 예로 추론 규칙을 적용하는 연습을 해 보자. 아래에 기호
화된 논증이 있다.

1. $(\sim A \lor D) \supset (B \supset F)$
2. $(B \lor C) \supset (A \supset E)$
3. $A \lor B$
4. $\sim A$ / $E \lor F$

우선 위의 논증을 보면, 금방 눈에 띄는 것이 3, 4번이다.

5. B	3, 4, 선언적 삼단논법
6. $\sim A \lor D$	4, 선언지 첨가
7. $B \supset F$	1, 6, 전건 긍정식
8. $B \lor C$	5, 선언지 첨가
9. $A \supset E$	2, 8 전건 긍정식
10. $(A \supset E) \cdot (B \supset F)$	7, 9, 연언
11. $E \lor F$	3, 10, 구성적 양도논법

이런 논증 과정을 이끌어 낼 때 어떤 규칙을 언제 어떻게 사용해
야 하는가에 대한 일반적인 원칙은 없다. 많은 연습을 통해 비판적
사고를 더욱 잘하게 될 수 있듯이, 이것도 연습을 통해 익힐 수 있는

것이다.

연습의 일반적인 지침은 결론을 구성하는 명제들이 전제의 어떤 부분에 들어 있는지를 잘 살펴야 한다는 것이다. 그리고 그 명제들을 어떻게 도출해 낼 수 있을까 꼼꼼히 따져야 한다는 것이다. 만약 조건문을 분리해서 일부 요소를 얻으려면, 전건 긍정식과 후건 부정식의 규칙을 생각해 내야 할 것이다. 또 선언문을 분리해서 일부 요소를 얻으려면 선언적 삼단논법을 생각해야 하고, 반대로 선언문을 얻으려면 구성적 양도논법이나 선언지 첨가를 떠올려야 한다. 어떤 조건문에서 또 다른 조건문을 이끌어 내려면, 가정적 삼단논법을 적용해야 할 것이다. 전제에 없는 명제가 결론을 구성하고 있다면, 선언지 첨가를 생각해야 한다. 이렇듯 시행착오를 거치면서 여러 방식으로 생각해 보는 것은 자연 연역을 위한 좋은 연습이 된다.

타당한 논증 형식을 추론 규칙으로 사용하면서 고려해야 할 중요한 사항은 논증 형식의 타당성이다. 어떤 논증이 타당한 논증 형식의 예가 된다면, 그 논증은 타당하다. 그런데 다음과 같은 경우에는 위의 타당한 논증 형식의 규칙을 잘못 적용하고 있다.

1. (B⊃C) • A
2. B   / C
3. C   1, 2, 전건 긍정식

여기서 단계 3은 잘못된 과정이다. 분명히 말하지만, 위의 9가지 규칙들은 명제에 부분적으로 적용될 수 없다. 즉 전건 긍정식이 보여주려는 것은 어떤 명제가 조건문이고 그 전건을 전제로서 가지고 있다면, 그 후건을 도출할 수 있다는 것이다. 따라서 올바른 과정은 다음과 같다.

1. (B⊃C) • A
2. B   / C
3. (B⊃C)   1, 연언지 단순화
4. C   2, 3, 전건 긍정식

함축 규칙은 이처럼 논증의 형식을 이용한 것들이어서 부분에 적용할 수 없다. 그런데 다음에서 다룰 10가지 대치 규칙은 그렇지 않다. 즉 그 규칙들은 명제 전체나 일부에 적용할 수 있다.

(2) 대치 규칙: 10가지 논리적 동치

여기서 말하는 10개의 대치 규칙은 논리적 동치들이다. 그래서 쌍을 이루는 두 명제 형식은 어느 맥락에서나 서로 대치해서 쓸 수 있다. 이런 내용을 표현하기 위해 '::'(네 개의 점)*을 쓰겠다. 보통 논리적 동치를 나타내기 위한 기호로 두 명제 사이에 '≡'를 사용하지만, '::'은 두 명제가 동치일 뿐 아니라 서로 대치하여 사용할 수 있다는 표시다.

---

* '≡' 기호와 달리 '::' 기호는 메타 기호이다. 이 기호는 대상들을 기술하는 것이 아니라, 대상들을 기술하는 언어에 대해 언급한다. 전자의 기호는 두 명제가 논리적 동치임을 나타낸다. 반면에 후자의 메타 기호는 두 명제가 논리적 동치이므로 서로 대치할 수 있음을 의미한다.

1) 드 모르간의 규칙(De Morgan's rule: DM)

$\sim(p \cdot q) :: (\sim p \lor \sim q)$

$\sim(p \lor q) :: (\sim p \cdot \sim q)$

2) 교환법칙(commutativity: Com)

$(p \lor q) :: (q \lor p)$

$(p \cdot q) :: (q \cdot p)$

3) 결합법칙(associativity: Assoc)

$[p \lor (q \lor r)] :: [(p \lor q) \lor r]$

$[p \cdot (q \cdot r)] :: [(p \cdot q) \cdot r]$

4) 배분법칙(distribution: Dist)

$[p \cdot (q \lor r)] :: [(p \cdot q) \lor (p \cdot r)]$

$[p \lor (q \cdot r)] :: [(p \lor q) \cdot (p \lor r)]$

5) 이중 부정(double negation: DN)

$p :: \sim \sim p$

6) 대우 규칙(transposition: Trans)

$(p \supset q) :: (\sim q \supset \sim p)$

7) 단순 함축(material implication: Impl)

$(p \supset q) :: (\sim p \vee q)$

8) 단순 동치(material equivalence: Equiv)

$(p \equiv q) :: [(p \supset q) \cdot (q \supset p)]$

$(p \equiv q) :: [(p \cdot q) \vee (\sim p \cdot \sim q)]$

9) 수출입 규칙(exportation: Exp)

$[(p \cdot q) \supset r] :: [p \supset (q \supset r)]$

10) 동어반복(tautology: Taut)

$p :: (p \vee p)$

$p :: (p \cdot p)$

논리적 동치의 형식을 취하는 10개의 대치 규칙은 실제로 그 쓰임
새가 아주 다양하다. ':::'의 왼쪽에 놓인 명제의 형태를 오른쪽 형태
의 것으로, 또 ':::'의 오른쪽에 놓인 명제를 왼쪽 형태의 것으로 바꾸
어서 사용할 수 있다. 더 나아가 이런 대치는 명제 전체뿐 아니라 부
분에도 적용할 수 있다.

예를 들어 '$\sim(\sim A \vee B) \cdot \sim C$'라는 명제가 있다고 하자. 여기에
드 모르간의 규칙을 적용할 수 있는데, 그 규칙을 적용할 수 있는 방
식이 몇 가지 있다. 어느 방식을 사용해야 하는가? 그것은 여러분
이 도출해야 하는 명제가 어떤 것인가에 따라 달라진다. 때로는 같

은 규칙을 여러 방식으로 적용해야 한다. 우선 명제 전체에 드 모르간의 규칙을 적용해서 오른쪽에서 왼쪽으로 대치해 보자. 그러면 '~[(~A ∨ B) ∨ C]'를 얻게 될 것이다. 아니면 원래 명제의 한 부분에 두 번째 방식을 왼쪽에서 오른쪽으로 적용해 보자. 그러면 '(~~A・~B)・~C'를 얻게 된다. 이 경우 원래 명제의 오른쪽 연언지 부분에는 아무런 변화가 없다.

드 모르간의 법칙 외에 다른 9가지 대치 규칙들도 이렇게 다양하게 사용된다. 예를 들어 '(A ∨ ~B)・(B ∨ A)'라는 명제가 있다고 하자. 우선 교환법칙을 오른쪽 연언지에만 적용해 보자. 그러면 '(A ∨ ~B)・(A ∨ B)'를 얻게 된다. 이제 오른쪽 형태에서 왼쪽 형태로 전체에 배분 법칙을 적용해 보자. 그러면 'A ∨ (~ B・B)'를 얻게 된다.

이제 이 규칙들이 타당한 논증의 결론을 도출하는 데 어떻게 사용되는지 살펴보자. 다음을 예로 들어 타당성 유무를 따져보기로 한다.

오늘 안개가 낀다면 오후에 날씨가 맑을 것이다. 오늘 안개가 끼거나 오후에 날씨가 맑을 것이다. 그러므로 오늘 오후에 날씨가 맑을 것이다.

이것을 명제 논리로 번역하면, "F⊃G,F∨G /G"이다. 이제 전제들로부터 결론을 도출해 보자.

1. F ⊃ G
2. F ∨ G   / G
3. ~~F ∨ G   2, 이중 부정

4. ~F ⊃ G   3, 단순 함축

5. ~G ⊃ ~~F   4, 대우 규칙

6. ~G ⊃ F   5, 이중 부정

7. ~G ⊃ G   1, 6, 가정적 삼단논법

8. ~~G ∨ G   7, 단순 함축

9. G ∨ G   8, 이중 부정

10. G   9, 동어반복

또 다른 논증을 다루어 보자. 아래에 기호화된 논증이 있다.

1. B ≡ W

2. ~B ∨ ~W

3. R ⊃ B   / ~(W ∨ R)

여기서는 우선 결론을 다른 명제로 대치해 보자. 그러면 어떻게 그 결론을 도출해야 할지가 더 용이해질 수 있다. 드 모르간의 법칙을 쓰면 결론은 '~W • ~R'이 된다. 그렇다면 각각 '~W', '~R'라는 명제를 이끌어 낸 다음, 이를 다시 연언으로 결합하면 될 것이다. 이제 다시 전제로 돌아가자. 우선 전제 1을 논리적 동치인 명제로 대치해야 할 것이다. 그런데 두 가지 방식이 있다. 어떤 것으로 대치해야 하는가? 이 문제의 경우 전제 2에서 '(~B ∨ ~W)'를 발견할 수 있다. 그러니 두 번째 방식을 사용하는 것이 좋겠다. 반복되는 요소가 생기면 복잡한 명제로부터 더 단순한 명제를 도출할 수 있기 때문이다.

4. $(B \cdot W) \lor (\sim B \cdot \sim W)$	1, 단순 동치
5. $\sim(B \cdot W)$	2, 드 모르간의 규칙
6. $\sim B \cdot \sim W$	4, 5, 선언적 삼단논법
7. $\sim B$	6, 연언지 단순화
8. $\sim R$	3, 7, 후건 부정식
9. $\sim W \cdot \sim B$	6, 교환 법칙
10. $\sim W$	9, 연언지 단순화
11. $\sim W \cdot \sim R$	8, 10, 연언
12. $\sim(W \lor R)$	11, 드 모르간의 법칙

3. 조건 증명법과 간접 증명법

앞서 소개한 19개의 추론 규칙만 있으면 명제 논리 가운데 타당한 논증 모두의 결론을 유도할 수 있다.[*] 이런 증명법은 주어진 전제를 이용해서 결론의 참을 바로 이끌어 낸다는 의미에서 직접 증명법이라고 할 수 있다. 그렇지만 때로는 그 유도 과정이 쉽게 떠오르지 않을 수 있다. 이런 경우 간접적인 방식으로라도 결론의 참을 밝혀야 할 것이다.

이와 같이 결론의 참을 밝히기 위해서 도입되는 기법(technique)이 '조건 증명법'과 '간접 증명법'이다. 이 두 증명법은 앞에서 소개한

---

[*] 이 경우 19개의 규칙을 받아들이거나, 흡수규칙을 제외한 18개의 규칙을 채택하면서 조건 증명법의 기법을 사용하면 동일한 효과를 보게 된다. 즉 타당한 논증 모두의 결론을 유도할 수 있다.

19개의 규칙들을 이용하여 결론의 참을 간접적으로 도출하는 방식이다.

(1) 조건 증명법

조건 증명법은 증명하고자 하는 명제가 조건문일 때, 혹은 그것을 조건문으로 대치할 수 있을 때 사용되는 기술이다. 기호화된 다음의 논증을 보자.

    1. B⊃(C・D)
    2. (C∨D)⊃F   / B ⊃ F

이 논증의 결론을 앞에서 배운 19개의 추론 규칙에 따라 유도해 보자. 여기서 결론은 "만약 B라면, F이다."라는 명제이다. 그것을 도출하려면 전제 1과 전제 2에서 C와 D라는 명제를 제거할 수 있어야 한다. 그렇게 하기 위해 먼저 전제 1을 논리적 동치인 명제로 바꾸어 보자.

    3. ~B∨(C・D)   1, 단순 함축
    4. (~B∨C)・(~B∨D)   3, 배분 법칙
    5. ~(C∨D)∨F   2, 단순 함축
    6. F∨~(C∨D)   5, 교환 법칙
    7. F∨(~C・~D)   6, 드 모르간의 법칙

8. $(F \lor \sim C) \cdot (F \lor \sim D)$ 7, 배분 법칙

9. $\sim B \lor C$ 4, 연언지 단순화

10. $B \supset C$ 9, 단순 함축

11. $F \lor \sim C$ 8, 연언지 단순화

12. $\sim C \lor F$ 11, 교환 법칙

13. $C \supset F$ 12, 단순 함축

14. $B \supset F$ 10, 13, 가정적 삼단논법

이번에는 조건 증명법을 써서 증명해 보자. 여기서 결론은 조건문, 즉 "만약 B라면, F이다."이다. 이것은 조건문의 전건이 실제로 참이라고 주장하는 것이 아니다. 여기서 우리는 'B'를 참이라고 가정하면서, 전제 1과 전제 2로부터 F를 유도하면 된다. 즉 'B'를 참이라고 가정하면, 우리는 (전건 긍정식을 이용해서) 전제 1과 'B'로부터 '(C · D)'를 얻는다. 이어서 (연언지 단순화를 이용해서) 'C'를 도출할 수 있다. 여기에서 (선언지 첨가에 의해) 'C'에 'D'를 첨가할 수 있다. 이렇게 해서 '(C∨D)'를 얻는다. 그리고 이것과 전제 2로부터 (전건 긍정식을 이용해서) 'F'를 도출할 수 있다.

조건 증명법은 이처럼 도출하려는 명제가 조건문일 때, 그 전건을 가정하는 데에서 시작한다. 위의 과정을 다시 써 보면 다음과 같다.

1. $B \supset (C \cdot D)$

2. $(C \lor D) \supset F$ / $B \supset F$

   | 3. B   조건 증명 가정

$$4. \ C \cdot D \qquad\qquad 1, 3, \ \text{전건 긍정식}$$

$$5. \ C \qquad\qquad\qquad 4, \ \text{연언지 단순화}$$

$$6. \ C \lor D \qquad\qquad 5, \ \text{선언지 첨가}$$

$$7. \ F \qquad\qquad\qquad 2, 6, \ \text{전건 긍정식}$$

$$8. \ B \supset F \qquad\qquad 3\text{--}7, \ \text{조건 증명법}$$

조건 증명법의 기법을 적용한 줄들은 안쪽으로 들여쓴다. 4번 이하의 줄들은 모두 3번에서 도입된 가정에 의존하는 것이다. 만약 그 가정이 없다면, 그 명제들은 타당하게 도출될 수 없다. 조건 증명법은 항상 도출하고자 하는 조건문의 전건을 참으로 가정하면서 시작한다. 그리고 주어진 전제들과 그 가정으로부터 그 조건문의 후건을 도출하면, 조건 증명을 닫아 주어야 한다. 8번이 조건 증명을 닫는 단계이다. 이 경우에 8번 줄은 만약 'B'를 가정하면 3번 줄에서 7번 줄의 단계에 걸쳐 'F'를 얻게 된다는 뜻이다. 요컨대 조건 증명법을 사용한 다음에는, 반드시 그 과정을 시작할 때의 명제를 전건으로 삼아야 하고 또 마지막 단계를 후건으로 하는 조건문을 써서 닫아 주어야 한다. 그러나 마지막 줄은 조건 증명법이 사용된 부분들처럼 안으로 들여쓰지 않고 원래대로 쓴다.

(2) 간접 증명법

조건 증명법과 달리 간접 증명법은 명제의 종류에 관계없이 타당한 논증의 결론을 도출하는 데 사용될 수 있다. 즉 도출하려는 명제가 조건문이든 아니든 상관없다. 간접 증명법은 도출하려는 결론을 부정하여 모순을 유도하는 것이다. 모순에 이르게 하는 가정은 거짓이기 때문이다. 그렇게 해서 결론은 참이며 그 논증은 타당한 것임을 증명하는 것이다. 이 증명법은 '귀류법(*reductio ad absurdum*)'이라고 불리며, 흔히 우리가 수학이나 철학적 논의에서 잘 쓰는 방법이기도 하다.

다음의 예를 보자.

1. $(B \lor C) \supset (D \cdot E)$
2. $D \supset \sim E$ / $\sim B$
   3. B 간접 증명 가정
   4. $B \lor C$ 3, 선언지 첨가
   5. $D \cdot E$ 1, 5, 전건 긍정식
   6. D 5, 연언지 단순화
   7. $\sim E$ 2, 6, 전건 긍정식
   8. $E \cdot D$ 5, 교환 법칙
   9. E 8, 연언지 단순화
   10. $E \cdot \sim E$ 7, 9, 연언
11. $\sim B$ 3–10, 간접 증명

우선 3번 단계에서 결론 '$\sim B$'의 부정인 '$\sim(\sim B)$'를, 즉 'B'를 가정한다. 그리고 전제 1, 전제 2와 더불어 모순을 유도한다. 여기서 유도된 모순이 어떤 식으로든 'p $\cdot \sim$p'의 형식을 지니면 목표에 도달한 것이다. 여기서는 'E $\cdot \sim$E'를 유도했다. 이것은 주어진 가정 가운데 잘못된 가정이 있음을 의미한다. 그래서 위 논증 가정은 부정되

었으며, 원래의 결론은 참임이 증명되었다.

　간접 증명법을 사용할 때도 각 단계는 오른쪽으로 들여써야 한다. 그리고 모순을 도출하고 나면, 간접 증명을 닫아 주어야 한다. 이때에 11번에서처럼 간접 증명에서 가정한 것의 부정(즉 원래의 결론)을 써 준다.

요약

* 명제 형식: 명제가 가진 구조를 보여주는 형식(알파벳 소문제 p, q, r 등을 사용)
* 명제 형식의 대입례: p, q, r 등을 구체적인 명제로 일관되게 대치해서 얻는 명제

* 논증 형식: 논증의 구조를 보여주는 형식(알파벳 소문자 p, q, r 등을 사용)
* 논증 형식의 대입례: p, q, r 등을 구체적인 명제로 일관되게 대치해서 얻는 논증

* 함축 규칙: 9가지 타당한 논증 형식
　(1) 전건 긍정식(*modus ponens*: MP)

$$p \supset q$$
$$p$$
$$\overline{}$$
$$q$$

　(2) 후건 부정식(*modus tollens*: MT)

$$p \supset q$$
$$\sim q$$
$$\overline{}$$
$$\sim p$$

　(3) 가정적 삼단논법(hypothetical syllogism: HS)

$$p \supset q$$
$$q \supset r$$
$$\overline{}$$
$$p \supset r$$

(4) 선언적 삼단논법(disjunctive syllogism: DS)

$$p \lor q$$
$$\sim p$$
$$\overline{}$$
$$q$$

(5) 구성적 양도논법(constructive dilemma: CD)

$$(p \supset q) \cdot (r \supset s)$$
$$p \lor r$$
$$\overline{}$$
$$q \lor s$$

(6) 연언지 단순화(simplification: Simp)

$$p \cdot q$$
$$\overline{}$$
$$p$$

(7) 연언(conjunction: Conj)

$$p$$
$$q$$
$$\overline{}$$
$$p \cdot q$$

(8) 선언지 첨가(addition: Add)

$$p$$
$$\overline{}$$
$$p \lor q$$

(9) 흡수규칙(absorption: Abs)

$$p \supset q$$
$$\overline{}$$
$$p \supset (p \cdot q)$$

* 대치 규칙: 10가지 논리적 동치
(1) 드 모르간의 규칙(De Morgan's rule: DM)

$$\sim(p \cdot q) :: (\sim p \lor \sim q)$$
$$\sim(p \lor q) :: (\sim p \cdot \sim q)$$

(2) 교환법칙(commutativity: Com)

　(p ∨ q) :: (q ∨ p)

　(p • q) :: (q • p)

(3) 결합법칙(associativity: Assoc)

　[p ∨ (q ∨ r)] :: [(p ∨ q) ∨ r]

　[p • (q • r)] :: [(p • q) • r]

(4) 배분법칙(distribution: Dist)

　[p • (q ∨ r)] :: [(p • q) ∨ (p • r)]

　[p ∨ (q • r)] :: [(p ∨ q) • (p ∨ r)]

(5) 이중 부정(double negation: DN)

　p :: ∼∼p

(6) 대우 규칙(transposition: Trans)

　(p ⊃ q) :: (∼q ⊃ ∼p)

(7) 단순 함축(material implication: Impl)

　(p ⊃ q) :: (∼p ∨ q)

(8) 단순 동치(material equivalence: Equiv)

　(p ≡ q) :: [(p ⊃ q) • (q ⊃ p)]

　(p ≡ q) :: [(p • q) ∨ (∼p • ∼q)]

(9) 수출입 규칙(exportation: Exp)

　[(p • q) ⊃ r] :: [p ⊃ (q ⊃ r)]

(10) 동어반복(tautology: Taut)

　p :: (p ∨ p)

　p :: (p • p)

* 조건 증명법: 증명할 논증의 결론에 해당하는 명제가 조건문일 때, 혹은 그것을 조건문으로 대치할 수 있을 때에 결론의 참을 밝히기 위해 사용하는 증명법. 결론의 전건을 참으로 간주해서, 결론의 후건을 이끌어 낸다.

```
1. --------
2. --------
3. --------            / q ⊃ r
  4. q                 조건 증명 가정
  5. --------
  6. --------
  7. --------
  8. r
9. q ⊃ r               4-8, 조건 증명법
```

* 간접 증명법: 이끌어 내려는 결론을 부정해서 결론의 모순을 이끌어 냄으로써 원래 논증의 결론이 참임을 증명하는 방법. 수학이나 철학에서 잘 쓰이는 귀류법(*reductio ad absurdum*)이 여기에 해당한다.

```
1. --------
2. --------            / q
  3. ~ q               간접 증명 가정
  4. --------
  5. --------
  6. r • ~ r           연언(모순 유도)
7. q                   3-6, 간접 증명법
```

I. 다음 명제들이 '∼q ∨ (r ⊃ p)'라는 명제 형식을 가지고 있는지 확인하시오.

   1. ∼A ∨ (B ⊃ P)

   2. ∼(R • S) ∨ 〔∼Q ⊃ (P ⊃ A)〕

   3. ∼{∼R ∨ 〔(B ∨ C) ⊃ D〕}

   4. ∼∼R ∨ 〔(B ∨ C) ⊃ D〕

   5. ∼(P ⊃ Q) ∨ {(∼R ⊃ S) ⊃ ∼〔R ≡ ∼(A ∨ B)〕}

II. 다음 중 '∼(∼S ∨ Q)'라는 명제가 가진 형식이라고 볼 수 없는 것을 고르시오.

   1. q

   2. ∼p

   3. ∼(s ∨ p)

   4. ∼∼s ∨ q

   5. ∼(s ∨ ∼p)

III. 다음에서 "p ∨ r, ~q ∨ (r ⊃ p) / ~r"이라는 논증 형식의 대입례가 아닌 것을 고르시오. 그리고 그것이 대입례가 아닌 이유를 밝히시오.

  1. (A ∨ O) ∨ ~H
    ~B ∨ 〔~H ⊃ (A ∨ O)〕   / ~~H

  2. ~(E ⊃ G) ∨ (~T ∨ ~C)
    ~(E ≡ R) ∨ 〔(~T ∨ ~C) ⊃ ~(E ⊃ G)〕   / ~(~T ∨ ~C)

  3. (A • B) ∨ K
    ~〔~H ⊃ (A ∨ O)〕∨ 〔K ⊃ (A • B)〕   / ~K

  4. A ∨ ~(~B ≡ J)
    ~B ∨ 〔~(~B ≡ J) ⊃ A〕   / ~(~B ≡ J)

IV. 다음 논증의 형식이 무엇인지 9가지 타당한 논증형식들 중에서 고르시오.

  1.   ~M ⊃ (R ⊃ S)
         (C ⊃ K) ⊃ ~M
        ―――――――――――
        (C ⊃ K) ⊃ (R ⊃ S)

  2.   (~G ⊃ K) ∨ (~H ⊃ R)
           ~(~G ⊃ U)
       ―――――――――――
          ~(H ⊃ R)

3.   ~B ∨ ~K

       (~B ⊃ R) • (~K ⊃ W)
                       R ∨ W

4.   ~(S ∨ R) ⊃ (J ⊃ ~S)

               ~(J ⊃ ~S)
               ~~(S ∨ R)

5.   (A • T)

   (A • T) ∨ [H ⊃ ~(O ∨ P)]

V. 9가지 함축 규칙을 이용하여 기호화된 다음 논증의 결론을 도출하시오.

1. 1. K ⊃ (L ⊃M)
   2. M ∨ K
   3. ~M   / ~L

2. 1. ~(T ≡ U) ⊃ (~Q ⊃ R)
   2. (T ≡ U) ⊃ Q
   3. ~Q   / ~Q ⊃ R

3. 1. ~B ⊃ (C ⊃ ~D)
   2. ~E ⊃ (~D ⊃ B)
   3. E ∨ ~B
   4. ~E   / ~C

4. 1. ~H ⊃ (H ∨ (T ⊃ H))
   2. (T ∨ M) ⊃ ~H
   3. T ∨ M   / M

5. 1. I ⊃ (~F ⊃ (D ⊃ ~E))
   2. ~E ⊃ F
   3. F ∨ I
   4. ~F   / ~D

6. 1. (~N • ~O) ⊃ ((~N ∨ I) ⊃ (L • M))
   2. ~N • (D ⊃ E)
   3. ~O • (G ≡ H)   / L • ~O

7. 1. (Q ∨ T) ⊃ (F ⊃ G)
   2. (Q ∨ U) ⊃ (H ⊃ I)
   3. (Q ∨ V) ⊃ (F ∨ H)
   4. Q   / G ∨ I

8. 1. (T ⊃ R) • (R ⊃ ~T)
   2. T ∨ R
   3. ~R   / Q • T

9. 1. (E ⊃ C) • (D ⊃ E)
   2. (C ⊃ E) • (F ⊃ D)
   3. C ∨ F   / E ∨ C

10.　1. $(S \supset I) \cdot (T \supset J)$

　　　2. $(\sim I \cdot \sim M) \supset (S \lor T)$

　　　3. $\sim I \cdot (L \supset U)$

　　　4. $\sim M$　　　/ $J \lor N$

VI. 19개의 추론 규칙을 써서 기호화된 다음 논증의 결론을 도출하시오.

1.　1. $(K \lor G) \lor N$

　　2. $(K \lor N) \supset \sim Q$

　　3. $\sim G$　　　　　　　/ $\sim(G \lor Q)$

2.　1. $(L \cdot Q) \lor (L \cdot R)$

　　2. $Q \supset \sim L$　　　　/ $R \lor U$

3.　1. $F \lor \sim(E \lor D)$

　　2. $(F \lor \sim E) \supset D$　　/ F

4.　1. $(A \supset B) \cdot C$

　　2. $(B \supset C) \cdot R$

　　3. $(A \supset C) \supset \{(A \supset B) \supset K\}$　　/ K

5.　1. $B \cdot (G \cdot M)$

　　2. $B \supset (V \lor X)$

　　3. $G \supset (V \lor Y)$　　/ $V \lor (X \cdot Y)$

6. 1. L ≡ S
   2. L ⊃ (S ⊃ Q)
   3. ~Q   / ~S

7. 1. D ⊃ (~M ⊃ R)
   2. M ⊃ ~D
   3. ~R   / ~D

8. 1. (F ⊃ B) • (G ⊃ B)
   2. F ∨ H
   3. G ∨ ~H   / B

9. 1. (G • I) ⊃ O
   2. G ∨ T
   3. I   / O ∨ T

10. 1. U ⊃ (I • K)
    2. (I ∨ O) ⊃ U   / U ≡ I

VII. 기호화된 다음 논증의 결론을 조건 증명법과 19개 추론 규칙을 사용하여
　도출하시오.

　1. 1. (H ∨ I) ⊃ (T · U)
　　　2. (U ∨ V) ⊃ (D · E)　　　　／ H ⊃ D

　2. 1. D ⊃ (B · E)
　　　2. C ⊃ (B · F)　　　　　　　／ (D ∨ C) ⊃ B

　3. 1. N ∨ (O · P)　　　　　　　／ ~O ⊃ N

　4. 1. S ⊃ C
　　　2. S ⊃ (C ⊃ G)
　　　3. C ⊃ (G ⊃ I)　　　　　　／ S ⊃ I

　5. 1. F ⊃(G ⊃ H)
　　　2. I ⊃ (H ⊃ J)
　　　3. (G ⊃ J) ⊃ (K ∨ ~I)　　／ (F · I) ⊃ K

VIII. 기호화된 다음 논증의 결론을 간접 증명법과 19개 추론 규칙을 사용하여
　도출하시오.

　1. 1. (D · E) ⊃ F
　　　2. (E · F) ⊃ G　　　／ (D · E) ⊃ G

　2. 1. I ⊃ (~M ⊃ L)
　　　2. ~M ⊃ (L ⊃ M)　　／ ~I ∨ M

3. 1. $(F \lor G) \supset (D \cdot E)$
   2. $(E \lor H) \supset I$
   3. $F \lor H$ / I

4. 1. $\sim N \supset (O \cdot P)$
   2. $O \supset Q$
   3. $P \supset \sim Q$ / N

5. 1. $C \supset (L \cdot N)$
   2. $(C \cdot N) \supset (Q \equiv \sim Q)$ / $\sim C$

제5부

연역 논증 II : 정언 논리

1장
정언 명제

앞서 다룬 논리 체계는 단순 명제를 기본 단위로 하는 명제 논리의 체계였다. 명제 논리는 논증을 구성하고 있는 명제들의 관계를 따져서 논증의 타당성 유무를 밝힌다. 그런데 명제 논리 체계가 다룰 수 없는 논증들이 있다.

잘 알려진 다음의 논증을 보자. "모든 철학자는 사람이다. 소크라테스는 철학자이다. 그러므로 소크라테스는 사람이다." 바로 이 논증은 우리가 삼단논법을 말할 때마다 흔히 드는 예이다. 이 논증을 명제 논리의 체계로 번역하면 "A, B, 그러므로 C이다.", 즉 "A, B / C"이다. 각기 다른 세 개의 단순 명제로 이루어진 논증인 셈이다. 위 논증은 실제로 타당한 논증이지만, 명제 논리의 규칙으로는 이 논증의 타당성을 증명할 수 없다. 명제 논리에 따르면, 이 논증의 전제 A와 전제 B로부터 결론 C가 도출되지 않기 때문이다.

명제 논리에서 논증의 타당성은 논증을 구성하는 기본 단위인 명제에 의해서 결정된다. 그렇지만 위 논증의 경우에는 그 명제를 이루는 주어나 술어 같은 단어(또는 개념)의 일정한 형식에 따라서 그 타당성 유무를 판정해야 한다. 이것은 또 다른 논리 체계이다. 명제 논리에서는 단어들이 단순 명제를 구성하는 요소에 지나지 않았지만, 이 체계에서는 단어와 단어의 배열이 논증의 타당성의 기초가 된다. 이런 방식의 체계를 '정언 논리(categorical logic)' 체계라고 부른다.

1. 정언 명제의 표준 형식

실제로 우리가 사용하는 말들은 아주 복잡하다. 또 우리는 다양하고 복잡한 문장들을 사용하기도 한다. 그래도 꼼꼼히 따져보면, 다양하고 복잡한 문장들은 가장 기본적인 문장 형태로 정리될 수 있다. 문장 형태에서 보자면, 더 이상 나눌 수 없는 최소 단위는 단순 명제이다. 그런데 따지고 보면 단순 명제에도 그것을 구성하는 요소들이 있다. 단순 명제는 단어들이 결합해 이루어진다. 정언 명제로 이루어진 정언 논리는 바로 그 구성요소들의 관계를 통해서 논리 체계를 고찰한다.

한 마디로 정언 논리는 정언 명제로 이루어진 논리 체계이다. 그리고 '정언 명제(categorical proposition)'는 주어와 술어, 두 단어(개념, 집합 혹은 범주)의 포함과 배제 관계를 서술하는 명제이다. 여기서 주어와 술어는 명사나 명사형의 구를 말한다. 다음 명제들을 보자.

(a) 멸치는 남해에 산다.

(b) 모든 거짓말이 처벌받을 만하지는 않다.

(c) 어떤 것도 빛보다 빨리 이동할 수 없다.

(d) 장국영은 영화배우이다.

(e) 나는 집에 일찍 가는 사람이다.

이 예들을 보면 (d)와 (e)에서 주어 집합이나 술어 집합은 바로 찾아낼 수 있다. 그렇지만 (a), (b), (c)에서는 술어 집합을 찾아내기가 쉽지 않다.

우리는 명제의 의미에 손상을 주지 않고, (a), (b), (c)를 변형해 술어 집합을 만들어 낼 수 있다. 그래서 다음의 (a)′, (b)′, (c)′로 바꿀 수 있다.

(a)′ 멸치는 남해에 사는 생선이다.

(b)′ 모든 거짓말이 처벌을 받을 만한 언사는 아니다.

(c)′ 어떤 것도 빛보다 빨리 이동할 수 없는 것이다.

변형된 (a)′, (b)′, (c)′는 (a), (b), (c)와 그 내용이 다르지 않지만, 각 명제들에 있는 주어 집합과 술어 집합의 관계를 볼 수 있는 명제들이다. 이런 명제로 이루어진 논증은 이제 정언 명제의 논리 체계에서 다루어진다.

(1) 정언 명제의 4가지 표준 형식

정언 명제는 주어 집합, 술어 집합 간의 포함 관계와 배제 관계를 나타낸다. 다시 말해서 정언 명제는 주어 집합에 속하는 모든(또는 일부) 원소가 술어 집합에 포함되거나 배제된다는 것을 서술하고 있다. 그리고 그 표준 형식은 다음의 네 가지로 나타낼 수 있다.

정언 명제	양	질	명제의 유형
모든 S는 P이다.	전칭	긍정	A
모든 S는 P가 아니다.*	전칭	부정	E
어떤 S는 P이다.	특칭	긍정	I
어떤 S는 P가 아니다.	특칭	부정	O

이 네 가지 표준 형식의 명제들 중 'A'와 'I'는 라틴어의 긍정을 뜻하는 'affirmo'에서, 그리고 'E'와 'O'는 부정을 뜻하는 'nego'에서 유래했다. 모든 종류의 정언 명제는 적어도 이 네 가지 표준 형식으로 구분할 수 있다.

정언 명제는 다음과 같은 구조로 이루어진다.

일상 언어 문법의 구분	주부(subject)		술부(predicate)	
정언 명제	"모든/어떤 ⇑	S는/은 ⇑	P ⇑	이다/아니다." ⇑
정언 논리의 구분	양화사 (quantifier)	주어 (subject term)	술어 (predicate term)	계사 (copula)

---

* "어떤 S도 P가 아니다."도 같은 의미를 지닌 E유형의 표준 형식이다. 이 책에서는 전칭 부정을 나타내는 명제로 "모든 S는 P가 아니다."를 쓰기로 한다.

일상 언어의 문법에서는 명제가 주부와 술부로 구분된다. 그런데 표준 형식의 정언 명제는 양화사(한량사라고 부르기도 함), 주어, 술어, 계사로 나뉜다. 주어의 'S'와 술어의 'P'는 각각 논의되는 개념(범주, 집합)을 가리키며, 명사나 명사형으로 나타낸다. 양화사는 '모든'과 '어떤'이며, 명제에서 주어 집합이 논의되는 범위를 정한다. '모든'은 주어 집합의 모든 원소에 대해 논의함을 의미한다. '어떤'이라는 양화사는 주어 집합에서 적어도 하나 이상의 원소를, 그러나 전부는 아닌 범위에 대해서 논의한다는 것을 의미한다. 그리고 계사는 '이다'와 '아니다'이다.

정언 명제는 양과 질로 구분할 수 있다. 정언 명제의 '양(quantity)'은 '전칭'이거나 '특칭'이다. 어떤 명제가 주어 집합의 모든 원소에 대해 논의하고 있으면 그 명제는 전칭이고, 일부에 대해 논의하고 있으면 특칭이다. 그래서 A유형과 E유형의 명제는 '전칭 명제(universal proposition)'이고, I유형과 O유형의 명제는 '특칭 명제(particular proposition)'이다. 정언 명제의 '질(quality)'은 '긍정'이거나 '부정'이다. 주어 집합의 원소가 술어 집합에 포함된다고 말하면, 그 명제는 긍정이다. 만약 이와 달리 배제된다고 말하면, 그 명제는 부정이다. 그래서 A유형과 I유형의 명제는 긍정 명제이고, E 유형과 O 유형의 명제는 부정 명제이다.

이제 네 유형의 명제를 양과 질에 따라 불러 보자. A유형의 명제는 '전칭 긍정 명제'이고 E유형의 명제는 '전칭 부정 명제'이며, I유형의 명제는 '특칭 긍정 명제'이고, O유형의 명제는 '특칭 부정 명제'이다.

우리가 일상적으로 쓰는 단순 명제들은 대부분 이런 표준 형식으로 표현되어 있지 않다. 이런 명제들을 정언 논리 체계로 다루려면 우선 정언 명제로 변형해야 한다.

(2) 표준 형식으로 옮기기

이제 일상 명제를 정언 명제의 표준 형식으로 옮기는 것에 대해 알아보자. 이때 중요한 것은 명제의 내용을 변화시키지 않고 표준 형식으로 옮기는 것이다. 즉 "양화사 + 주어(명사 내지 명사형) + 술어(명사 내지 명사형) + 계사(이다 혹은 아니다)"의 형태로 바꾸어야 한다. 때로는 무엇을 주어와 술어로 삼는가, 또 명제의 형태를 어떤 것으로 할 것인가에 따라 두 가지 이상으로 번역할 수도 있다.

1) 술어가 명사나 명사형으로 되어 있지 않은 경우

다음 예에서 보듯이 명제 속에 적절한 명사나 명사형 술어를 도입해야 한다.

> "어떤 장미는 붉다."
> → "어떤 장미는 붉은 장미이다."
> "대학을 졸업한 어떤 사람은 교양이 있다."
> → "대학을 졸업한 어떤 사람은 교양이 있는 사람이다."

2) 양화사가 없는 경우

일상 언어에는 양화사가 표현되어 있지 않은 경우가 많다. 이런 경우 다음 예에서 보듯이 적절한 양화사를 넣어 주어야 한다.

"에메랄드는 녹색 보석이다."

→ "모든 에메랄드는 녹색 보석이다."

"그 동물원에는 사자가 있다."

→ "어떤 사자는 그 동물원에 있는 사자이다."

"이웃에 어린이가 산다."

→ "어떤 어린이는 이웃에 사는 어린이이다."

3) 일상 언어에 양화사는 있으나 표준적이지 않은 경우

다음 예에서 보듯이 양화사가 있더라도 명제가 표준 형식이 아닐 때에는 적절한 양화사로 바꾸고 주어와 술어도 적절하게 수정해야 한다.

"몇몇 군인은 애국심이 있다."

→ "어떤 군인은 애국심이 있는 군인이다."

"모든 수재민이 구호품을 받는 것은 아니다."

→ "어떤 수재민은 구호품을 받지 못하는 사람이다."

혹은 "어떤 수재민은 구호품을 는 사람이 아니다."

"한 마리의 개도 보이지 않았다."

→ "모든 개는 보이지 않았던 동물이다."

4) 단칭 명제(singular proposition)일 경우

단칭 명제는 구체적인 사람이나 장소, 시간 등에 대해 서술하는 명제이다. 이런 명제의 경우, 다음 예에서 보듯이 '…와/과 동일한/같은 모든'이라는 표현을 쓴다.

"철수는 물리학과 학생이다."
→ "철수와 동일한 모든 사람은 물리학과 학생이다."

"그 집은 지난번에 도둑이 든 집이다."
→ "그 집과 동일한 모든 집은 지난번에 도둑이 든 집이다."

"나는 사과를 싫어한다."
→ "나와 동일한 모든 사람은 사과를 싫어하는 사람이다."

5) 특정한 부사어나 대명사가 있는 경우

'어느 곳에서나', '어디에나', '그 어느 곳에도' 등 장소를 나타내는 부사어가 있는 경우에는 '장소'나 '곳'이라는 단어를 사용한다. 그리고 '…할 때에 언제나', ' …할 때마다', '결코 … 않는다', '항상', '언제나' 등 시간을 나타내는 부사어가 있을 경우에는 '시간' 혹은 '때'라는 단어를 사용한다. 또한 '누구든', '무엇이든', '어떤 것이든' 등의 표현이 나타나면, '모든 사람'이나 '모든 것'이라는 말을 사용해서 명사나 명사형으로 만든다. 다음 예들이 이 경우에 해당한다.

"그는 출근할 때 항상 정장을 입는다."

→ "그가 출근하는 모든 시간은 정장을 입는 때이다."

"그녀는 학교에 결코 점심을 싸 오지 않는다."

→ "그녀가 학교에 오는 모든 때는 점심을 싸 오는 때가 아니다."

혹은 "그녀가 학교에 오는 모든 때는 점심을 싸 오지 않는 때이다."

"지구상 어디에도 인어가 살지 않는다."

→ "지구상 모든 곳은 인어가 살지 않는 곳이다."

"수민이는 자신이 원하는 것은 무엇이나 얻기 위해 노력한다."

→ "수민이가 원하는 모든 것은 자신이 얻기 위해 노력하는 것이다."

6) 조건 명제일 경우

전건과 후건의 주어가 동일한 조건 명제는 다음과 같이 A나 E 유형의 표준 형식으로 옮길 수 있다.

"만약 그것이 토끼라면 그것은 동물이다."

→ "모든 토끼는 동물이다."

"만약 그 목걸이가 금으로 만들어져 있다면 그것은 싸지 않다."

→ "모든 금으로 만들어진 목걸이는 싼 것이 아니다."

7) 배타적 명제(exclusive proposition)일 경우

'단지', '오직', '… 외의 어떤 것도'라는 말을 포함하는 명제를 배타적 명제라고 부른다. 이 경우 자칫 명제의 내용을 바꿀 수 있기 때문에 많이 주의해야 한다. 자칫 혼란을 일으켜 실수하게 되는 번역과 옳은 번역을 다음 예에서 비교해 보자. (두 가지 번역 중 아래의 것은 내용에 변화를 주었기 때문에 잘못된 번역이다.)

"오직 낙타만이 그 사막의 운행수단이다."
→ "그 사막의 모든 운행수단은 낙타이다." (○)
→ "모든 낙타는 그 사막의 운행수단이다." (×)

"공작 외의 어떤 새도 자신의 꼬리를 자랑하지 않는다."
→ "자신을 꼬리를 자랑하는 모든 새는 공작이다." (○)
→ "모든 공작은 자신의 꼬리를 자랑하는 새이다." (×)

8) '유일한'을 포함하는 명제일 경우

'유일한'이라는 말은 '모든'으로 번역된다. 그리고 그 말 다음에 나오는 말이 주어가 된다. 다음이 그 예이다.

"이 계곡에 사는 유일한 동물은 지네이다."
→ "이 계곡에 사는 모든 동물은 지네이다."

"IT 산업이 유일한 대안이다."

→ "모든 대안은 IT 산업이다."

9) 예외적 명제(exceptive proposition)일 경우

'…을 제외하고는 모두'를 포함한 명제를 예외적 명제라고 한다. 아래의 예에서 보듯이, 이 명제는 두 개의 정언 명제로 번역된다.

"공무원 외의 모든 노동자는 파업할 수 있다."

→ "모든 공무원은 파업할 수 없는 노동자이다. (그리고) 모든 비공무원(공무원이 아닌 노동자)은 파업할 수 있는 노동자이다."

"회원 외의 모든 사람은 입장료를 낸다."

→ "모든 회원은 입장료를 내지 않는 사람이다. (그리고) 모든 비회원은 입장료를 내는 사람이다."

2. 정언 명제에 대한 해석

이제 정언 명제의 성격을 알아보자. 여기에는 두 가지 해석 방식이 있다. 이 두 가지를 각각 '전통적 해석'과 '현대적 해석'이라고 부른다. 전통적 해석은 고대 그리스 철학자 아리스토텔레스의 논의에 따른 것이다. 이와 달리 현대적 해석은 19세기 영국의 유명한 논리학자이자 수학자 부울(George Boole, 1815~1884)의 논의에 따른 것이다. 이 둘의 차이는 전칭 명제에 대한 해석에서 나타난다. 특칭 명제에 대한 해석은 서로 일치한다.

(1) 전통적 해석

우선 아리스토텔레스의 전통적 해석에 따르면, A명제(즉 "모든 S는 P이다.")는 "집합 S의 어떤 원소도 P에 속하지 않는 것이 없다."로 이해된다. 또한 E명제(즉 "모든 S는 P가 아니다.")는 "집합 S의 어떤 원소도 집합 P의 원소가 아니다."로 이해된다. 그런데 이 해석이 현대적 해석과 다른 점은 전칭 명제의 주어에 해당하는 집합 S의 원소가 실제로 존재하는 것이라고 가정한다는 것이다. 이를 두고 전통적 해석은 전칭 명제에 대해서도 존재 함축(existential import)을 가정한다고 말한다. 어떤 명제가 어떤 존재를 함축한다는 것은 그 명제가 어떤 대상이 존재한다는 주장을 담고 있다는 뜻이다. 전통적 해석에서는 전칭 명제와 특칭 명제 모두에 대해 어떤 존재를 함축하는 것이다.

I명제는, 적어도 하나의 S가 존재하고 그것은 또한 P에 포함된다는 것을 의미한다. 또한 O명제는, 적어도 하나의 S가 존재하고 그것은 P에 포함되지 않는다는 것을 의미한다. 특칭 명제에 대해서는 전통적 해석이나 아래에서 살펴볼 현대적 해석 모두 주어 집합의 원소가 존재한다고 함축하고 있다. 특칭 명제에 대한 해석에서는 두 해석 방식이 서로 일치하는 것이다.

특칭 명제에 대해 또 한 가지 분명히 해야 할 것이 있다. 일상 언어에서 "어떤 참석자는 무료로 입장한 사람이다."라는 말은 흔히 "어떤 참석자는 무료로 입장한 사람이 아니다."를 함축하는 경우가 있다. 그러나 정언 명제의 표준 형식으로서의 I명제는 O명제를 논리적으로 함축하지 않는다. 또한 O명제 역시 I 명제를 논리적으로 함축하지 않는다. I명제는 단지 "적어도 한 사람의 참석자가 있고, 그 사람은 무료로 입장한 사람이다."라는 내용만 의미할 뿐이다. 그러므로 그것은 논리적으로 O명제를 함축하지 않는다.

(2) 현대적 해석

현대적 해석은 전칭 명제에 대해 존재 함축을 하고 있지 않다. 즉 전칭 명제의 주어 집합 S의 원소가 존재하는지 존재하지 않는지에 대해 중립적인 태도를 취한다. 그래서 현대적 해석에 따르면, A명제 ("모든 S는 P이다.")는 단지 조건 명제로 이해된다. "만약 어떤 것이 S의 원소라면, 그것은 P의 원소이다."로 이해되는 것이다. E명제("모든 S는 P가 아니다.")도 마찬가지이다. "만약 어떤 것이 S의 원소라면, 그것은 P의 원소가 아니다."라는 조건 명제로 이해되는 것이다.

일상에서 우리가 추론하는 경우를 생각해 보자. 이 경우 우리는 존재하는 대상에 대해서, 즉 이 세상에 있다고 생각하는 대상에 대해서 추론한다고 생각한다. 이 점에서 우리는 전통적인 관점에 따르고 있다. 그러나 A유형의 명제를 사용할 때, 우리가 그 주어 집합의 원소가 실제로 존재한다고 가정하지 않는 경우도 있다. 예를 들어 여러분의 강의계획서에 "지각하는 모든 학생은 감점을 당한다."라고 적혀 있다고 하자. 이런 명제를 여러분은 어떻게 이해하겠는가? 여러분은 지각하는 학생이 실제로 존재한다고 미리 가정하고 있겠는가? 분명 아닐 것이다. 단지 이 명제는 만약에 지각하는 학생이 있다면 그 학생은 감점을 당한다는 조건 관계를 나타내고 있을 뿐이다. 그러므로 이런 명제로부터 I유형의 명제인 "어떤 지각하는 학생은 감점을 당한다."를 타당하게 도출할 수 없다. 왜냐하면 I명제는

"지각하는 학생이 적어도 한 사람 있고, 그 학생은 감점을 당한다."
는 뜻이기 때문이다. 다시 말해 I유형의 명제에서는 주어 집합의 원
소가 존재한다는 것이 언명되고 있다.

　이런 일상적인 경우 외에 과학 이론을 다루는 데에도 현대적 해석
의 관점이 요구된다. 과학 이론은 전칭 명제로 표현된다. "모든 정지
하는 물체는 외부의 힘을 받지 않으면 정지 상태를 유지한다."는 뉴
턴의 제1운동법칙을 예로 들어 보자. 실제로 정지해 있는 물체는 없
다. 그러므로 이 명제에 대해 존재 가정을 하는 것은 오류를 범하는
일이다. 그렇다면 이런 명제를 포함한 논증을 포기해야 하는가? 그
러나 과학자들은 이런 명제를 포함한 논증을 다루어야 한다. 전칭
명제 주어 집합의 속성을 만족하는 원소가 없는 경우도 있다. 또 그
런 존재가 있는지 없는지를 지금까지의 과학적 지식으로 확증할 수
없는 경우도 있을 것이다. 전칭 명제에서 주어 집합의 원소가 실제
로 존재한다는 가정을 하지 않은 채 추론하면 되는 것이다. 이런 경
우에는 전칭 명제가 포함된 논증을 현대적 관점에서 다루는 것이 합
당할 것이다.

3. 벤 다이어그램

(1) 현대적 관점

　19세기 논리학자인 벤(John Venn, 1834~1923)이 제시한 방식에 따
라 정언 명제를 그림으로 나타내면, 정언 명제의 벤 다이어그램은
겹치는 두 원으로 그릴 수 있다. 보통 왼쪽의 원은 주어 집합 'S'를,

또 오른쪽의 원은 술어 집합 'P'를 가리킨다. 두 집합에 해당하는 겹쳐진 두 원은 벤 다이어그램의 기본틀일 뿐, 두 집합의 포함 관계나 배제 관계에 대한 내용은 가지고 있지 않다. 단지 영역이 네 부분으로 나누어진 것을 보여줄 뿐이다. 이 네 부분은 다음과 같다.

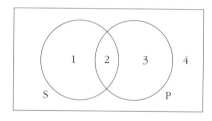

영역 1: S이면서 P가 아닌 것
영역 2: S이면서 P인 것
영역 3: S가 아니면서 P인 것
영역 4: S도 P도 아닌 것

벤 다이어그램을 그릴 때는, 무엇보다도 다음 사항을 염두에 두어야 한다.

1) "어떤 영역에 아무것도 없다."(또는 "어떤 영역이 비어 있다.")는 내용의 경우, 원소가 없는 부분은 '빗금'으로 나타낸다. 즉 빗금 부분(◉)은 해당 원소가 없음을 뜻한다. 전칭 명제에서 해당 영역은 빗금으로 나타난다.

2) "어떤 영역에 적어도 하나는 있다."는 내용의 경우, 원소가 있는 부분은 '×'로 나타낸다. 즉 ×부분은 특칭 명제의 내용을 나타내는 것으로서, 해당 원소가 있음을 뜻한다.

3) "어떤 영역에 적어도 하나가 있는지 아무것도 없는지 알 수 없다."는 내용의 경우, 원소가 있고 없음을 모르는 부분은 아무런 표식 없이 빈 채로 두어야 한다.

이에 따라 네 가지 정언 명제 A, E, I, O는 다음과 같은 다이어그램으로 나타난다.

A명제 :
"모든 S는 P이다."

A명제는 만약 어떤 것이 S에 속한다면, 그것은 P에 속한다는 내용이다. S에 속하면서 P에 속하지 않는 것은 없다는 말이다. 그래서 S이면서 P가 아닌 영역, 즉 영역 1이 빗금으로 표시된다.

E명제 :
"모든 S는 P가 아니다."
(또는 "어떤 S도 P가 아니다.")

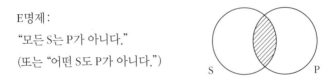

E명제는 만약 어떤 것이 S에 속한다면, 그것은 P에는 속하지 않는다는 내용이다. S에 속하면서 P에 속하는 것은 없다는 말이다. 그래서 S이면서 P인 영역, 즉 영역 2가 빗금으로 표시된다.

I명제 :
"어떤 S는 P이다."

I명제는 S의 원소가 적어도 하나 있고, 그것은 또한 P에 속한다는 내용이다. S이면서 P인 것이 적어도 하나 존재한다는 말이다. 그래서 S이면서 P인 영역, 즉 영역 2가 ×로 표시된다.

O명제:
"어떤 S는 P가 아니다."

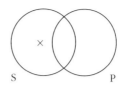

O명제는 S의 원소가 적어도 하나 있고, 그것은 P에 속하지 않는다는 내용이다. 즉 S이면서 P 아닌 것이 적어도 하나 존재한다는 말이다. 그래서 S이면서 P가 아닌 영역, 즉 영역 1이 ×로 표시된다.

이제 벤 다이어그램을 사용하여 아래 논증의 타당성을 검토해 보자.

모든 사과는 알칼리성이 강한 과일이다.
그러므로 어떤 사과는 알칼리성이 강한 과일이다.

위의 간단한 논증은 A명제(전제)와 I명제(결론)로 이루어져 있다. 이 논증을 벤 다이어그램으로 그리기 위해서 우선 논증을 단순하게 만들어 보자. 이런 과정은 논증의 형식을 좀 더 분명히 볼 수 있게 해준다.(여기서 'S'는 '사과'이고, 'P'는 '알칼리성이 강한 과일'이다.)

"모든 S는 P이다."   → A명제
"그러므로 어떤 S는 P이다."   → I 명제

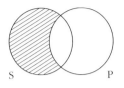
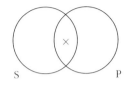

전제 : A명제   결론 : I명제

이 논증은 위 벤 다이어그램에서 볼 수 있듯이, 전제와 결론 사이에 아무런 관련이 없다. 즉 결론은 영역 2, 즉 S와 P가 겹치는 부분에 "어떤 것이 적어도 하나 존재한다."고 하지만, 전제는 영역 2가 어떤 상태인지 모른다는 사실을 보여주고 있다. 전제는 "영역 1이 비어 있다."는 것만 보여주고 있는 것이다. 그래서 위 논증은 결론의 내용이 전제에 함축되어 있지 않기 때문에, 부당한 논증이다. 만약 위 논증이 타당하려면, 전제가 결론의 내용을 담고 있어야 한다.

(2) 전통적 관점

현대적 관점을 보여주는 벤 다이어그램을 응용해서, 전통적 관점의 논의를 표현해 낼 수 있다. 전통적 관점은 전칭 명제의 경우 주어 집합의 원소가 실제로 존재한다고 가정한다. 현대적 관점에 의하면, A명제인 "모든 S는 P이다."는 "만약 어떤 것이 S라면, 그것은 P에 속한다."가 되는 것이다. 즉 전통적 관점에서의 A명제는 거기에 "S의 원소는 실제로 존재하는 것이다."라는 가정이 첨가된 것으로 이해할 수 있다. 그래서 A명제의 경우 조건문의 내용 외에, 주어 집합 원소들의 존재 함축을 따로 표시해야 한다. 여기에는 동그라미가 그려진 ×, 즉 '⊗'라는 부호가 다음과 같이 사용된다.

비판적 사고를 위한 논리

A명제:
"모든 S는 P이다."

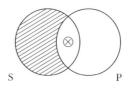

A명제는 "만약 어떤 것이 S에 속한다면, 그것은 P에 속한다. 그런데 S의 원소는 실제로 존재한다."는 내용이다. 그래서 현대적 관점의 A명제 그림에서 영역 2에 ⊗를 표시한다. S집합은 영역 1과 영역 2로 이미 나누어져 있다. 여기서 영역 1은 비어 있다고 표시되어 있기 때문에, S의 아무 표시가 되지 않은 영역, 즉 영역 2에 S원소의 존재 함축을 표시해 주어야 한다. 다시 말하지만 전통적 해석은 S집합 원소의 존재를 미리 전제하기 때문이다.

E명제:
"모든 S는 P가 아니다."

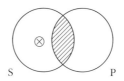

E명제는 "만약 어떤 것이 S에 속한다면, 그것은 P에 속하지 않는다. 그런데 S의 원소는 실제로 존재한다."는 내용이다. 그래서 현대적 관점의 E명제 그림 영역 1에 '⊗'를 표시한다. S집합은 영역 1과 영역 2로 이미 나누어져 있으며, 영역 2는 비어 있다고 표시되어 있다. 그렇다면 S에 아무런 표시가 없는 영역, 즉 영역 1에 S집합 원소의 존재 함축을 표시해 주어야 한다.

반면에 특칭 명제의 경우에는 앞서 말한 대로 현대적 해석과 전통적 해석의 내용이 동일하다.

I명제 :
"어떤 S는 P이다."

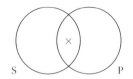

O명제 :
"어떤 S는 P가 아니다."

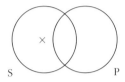

  우리는 전통적 관점과 현대적 관점의 차이가 A명제와 E명제에만 있음을 위의 벤 다이어그램으로 분명히 확인할 수 있을 것이다.
  이제 전통적 관점에서 벤 다이어그램을 이용하여 앞에서 다룬 논증의 타당성을 따져 보자. 위 논증의 단순화된 형식은 아래와 같다.

"모든 S는 P이다." ───────────→ A명제
"그러므로 어떤 S는 P이다." ────────→ I 명제

  이 논증을 전통적 관점에 따라 벤 다이어그램으로 그리면, 다음과 같다.

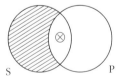

전제 : A명제

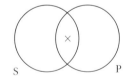

결론 : I 명제

이 논증에서 전제와 결론의 영역 2, 즉 S와 P가 겹치는 부분을 보면, 바로 그 부분에 어떤 것이 적어도 하나 존재한다는 사실을 분명히 알 수 있다. 따라서 위의 그림에 따라 이 논증은 타당한 논증이다. 전제의 영역 2는 결론의 영역 2에서 보여주는 내용을 포함하고 있기 때문이다.

또 다른 논증을 가지고 그 타당성을 두 가지 해석에 따라 검토해 보자. 아래 논증의 타당성 유무를 우선 현대적 관점에서 판단하고, 그런 다음에 전통적 관점에서 판단해 보자.

> 모든 파렴치한 행위는 도덕적으로 용납되는 일이 아니다.
> 그러므로 모든 파렴치한 행위가 도덕적으로 용납되는 일이라는 것은 거짓이다.

이 논증에서는 '…은 거짓이다'라는 표현을 사용하고 있다. 이런 경우 어떻게 벤 다이어그램을 그릴까? 이를 위해서는 우선 위의 논증을 간단한 방식으로 나타내야 한다. 여기서 S는 '파렴치한 행위'이고, P는 '도덕적으로 용납되는 일'이다. 그래서 원래의 논증을 다음과 같이 간단히 줄여서 나타낼 수 있다.

> 모든 S는 P가 아니다.
> 그러므로 모든 S가 P라는 것은 거짓이다.

우선 현대적 관점에 따라 이에 해당하는 벤 다이어그램을 그려 보면, 전제는 E명제이다.

E명제:

"모든 S는 P가 아니다."

(또는 "어떤 S도 P가 아니다.")

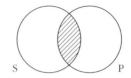

다음으로 결론을 보자. 여기에 나타난 '…은 거짓이다.'를 어떻게 나타낼 것인가? 우선 이 문구 앞에 놓인 명제는 "모든 S가 P이다."라는 A명제이다. 그렇지만 "A명제가 거짓이다."라는 것은 무엇을 말하는가? 이것은 A명제의 비어 있던 영역 1에 어떤 것이 적어도 하나 있음을 의미한다. 그러므로 A명제에서 빗금으로 표시한 부분을 ×로 바꿔야 한다. 이렇게 바꾸면, '…은 거짓이다'를 나타내게 된다.

이 과정을 벤 다이어그램으로 그리면, 다음과 같다.

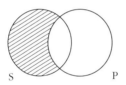

"모든 S는 P이다."

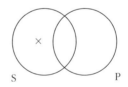

"모든 S가 P라는 것은 거짓이다."

위 논증의 타당성을 현대적 관점에 따라 따져 보면, 위의 논증은 부당하다. 결론의 주장이 전제에 나타나 있지 않기 때문이다. 각각 전제와 결론에 해당하는 벤 다이어그램들을 비교해 보면, 아주 쉽게 분명히 알 수 있다.

이제 위의 논증을 전통적 관점에 따라 생각해 보고, 그 타당성을

따져 보자. 우선 E명제인 전제에서는 앞서 현대적 관점에 따라서 그
린 벤 다이어그램 중 주어 집합의 영역 1에 존재 함축을 첨가한다.
그래서 아래의 그림으로 표시한다.

전통적 관점에 따른 전제 :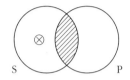

그리고 결론은 현대적 관점이나 전통적 관점이 마찬가지이므로
결론의 영역 1에 '×'를 표시한다.

전통적 관점에 따른 결론: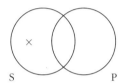

위에서 전통적 관점에 따라 그린 전제와 결론의 벤 다이어그램을
보면, "바로 영역 1의 부분에 어떤 것이 적어도 하나 존재한다."는
사실을 분명하게 알 수 있다. 따라서 위의 그림에 따라 이 논증은 타
당한 논증이라고 판정한다. 전제의 영역 1은 결론의 영역 1에서 보
여주는 내용을 포함하고 있기 때문이다.

4. 대당사각형

이제 대당사각형을 이용해서 정언 명제의 네 가지 표준 형식들 간
의 논리적인 관계를 살펴보자. 대당사각형은 네 개의 정언 명제를

사각형의 각 모서리에 위치시켜 정언 명제들의 논리적 관계를 따져 볼 수 있게 해준다. 이것 역시 정언 명제를 어떻게 해석하느냐에 따라 달라진다. 앞으로 보겠지만 대당사각형은 정언 명제에 대한 현대적 해석과 전통적 해석 간의 차이를 쉽게 이해하도록 해준다. 그럼 대당사각형을 이용해 현대적 관점과 전통적 관점을 비교해 보자.

(1) 현대적 관점

현대적 관점에서 각각의 정언 명제가 주장하는 내용을 살펴보기 위해서, 각 명제들을 벤 다이어그램으로 그려 보자.

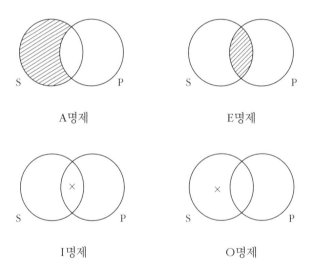

위의 벤 다이어그램을 통해 A, E, I, O명제들 간의 논리적 관계를 생각해 보자.

먼저 A와 O를 보면, A와 O는 정확하게 동일한 영역(영역 1)에 대해 말하고 있지만, 서로 정반대의 주장을 하고 있다. 즉 A명제는 영역 1이 비어 있다고 하고, O명제는 바로 그 영역에 원소가 적어도 하나 있다고 주장한다. 이 두 명제는 항상 반대되는 진리값을 가진다. E명제와 I명제 간의 관계도 마찬가지다. 둘은 항상 반대되는 진리값을 가진다.

이제 A와 I를 보자. A와 I는 같은 S이지만 서로 다른 영역에 대해 말하고 있다. 즉 A명제는 영역 1이 비었다는 것을, I명제는 영역 2에 원소가 적어도 하나 있다는 것을 주장한다. 이 두 유형의 명제는 영역 1과 영역 2라는 서로 다른 영역에 대해 주장하고 있으므로, 아무런 논리적 관계가 없다.

A와 E, E와 O명제들 간에도 아무런 논리적 관계가 성립하지 않는다.

위 내용은 다음과 같은 대당사각형으로 나타낼 수 있다 .

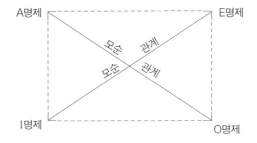

위의 그림은 현대적 관점에서 본 정언 명제들 간의 논리적 관계를 보여준다.

A와 O, 그리고 E와 I는 서로 정반대의 진리값을 가진다. 즉 A명제가 참이면, O명제는 반드시 거짓이다. 그리고 A명제가 거짓이면, O명제는 반드시 참이다. 이런 관계를 '모순 관계'라고 한다. 그렇지만

현대적 관점에서 A와 I, E와 O, A와 E, I와 O 사이에는 아무런 논리적 관계가 없음을 쉽게 알아차릴 수 있다.

(2) 전통적 관점

이제 전통적 관점에 따라 명제들 간의 관계를 살펴보자. 전통적 관점에 따라 정언 명제들을 벤 다이어그램으로 그리면 다음과 같다.

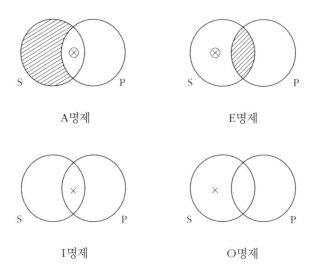

앞에서 보았듯이 현대적 관점에서는 A와 O, 그리고 E와 I 사이에 모순 관계가 성립했다. 마찬가지로 전통적 관점에서도 그 명제들 사이에 모순 관계가 성립한다.

그럼 전통적 관점에서 A와 I, E와 O의 두 경우를 보자. A명제의 참은 I명제의 참을 보장한다. 또한 E명제의 참은 O명제의 참을 보장한다. A와 I는 바로 영역 2에, E와 O는 바로 영역 1에 어떤 것이 적어도 하나 존재한다고 말하고 있다.

다음으로 A와 E, I와 O의 두 경우를 보자. A와 E는 동시에 참이 되지 못한다는 것을 그림에서 확인할 수 있다. 즉 A명제는 영역 1에는 원소가 없음을, 또 영역 2에는 원소가 있음을 보여준다. 그렇지만 E명제는 영역 1에 원소가 있음을, 또 영역 2에는 원소가 없음을 보여준다. A와 E는 같은 부분에 대해서 완전히 상반되게 얘기하고 있는 것이다.

이어서 I와 O를 보자. 이 두 명제는 둘 다 거짓이 될 수 없다. 왜냐하면 I와 O는 모두 S에 대해 언급하고 있으나, I명제는 영역 2의 S에 대해, O명제는 영역 1의 S에 대해 언급하고 있기 때문이다.

A가 참이라는 것은 O가 거짓이라는 것과 동일하고, E가 참이라는 것은 I가 거짓이라는 것과 동일하기 때문이다. 그리고 A와 E가 둘 다 동시에 참이 될 수 없다는 것을 다르게 표현하면, I와 O 둘 다 동시에 거짓이 될 수 없다는 것이 된다.

또한 I명제의 거짓은 A명제의 거짓을 함축한다. I명제의 거짓은 곧 E명제의 참을 의미하고, 그것은 곧 A명제의 거짓을 의미한다. E와 A는 동시에 참일 수 없기 때문이다. O의 거짓 역시 E의 거짓을 함축한다.

이와 같은 논리적 관계를 표시한 것이 전통적 관점의 대당사각형이다.

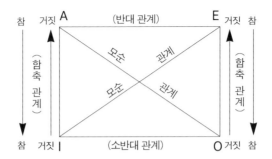

이제 현대적 관점의 대당사각형과 전통적 관점의 대당사각형을 비교해 보자. 우선 현대적 관점에 비해 전통적 관점에서는 많은 논리적 관계가 성립한다. 또 현대적 관점과 전통적 관점에서는 A와 O, 그리고 E와 I 사이에 모순 관계가 성립한다.

현대적 관점의 경우와는 달리, 전통적 관점에서만 성립하는 관계가 있다. 즉 A와 E 둘 다 동시에 참일 수 없는 관계가 그중 하나이다.(반대 관계) 그리고 I와 O는 둘 다 동시에 거짓일 수 없다는 것이다.(소반대 관계) 또 다른 관계로 A의 참은 I의 참을 보장하며, I의 거짓은 A의 거짓을 보장한다.(함축 관계) 또한 E의 참은 O의 참을 보장하고, O의 거짓은 E의 거짓을 보장한다.(함축 관계)

5. 정언 명제의 조작[*]

지금까지 정언 명제의 특성에 대해서 따져 보았다. 이런 논의가 필요한 이유는 정언 명제의 특성을 파악해서, 그런 명제들로 이루어

---

* 여기서는 현대적 관점의 정언 명제만을 다룰 것이다.

진 논증의 타당성을 따져 보기 위해서이다. 가령 다음과 같은 논증이 있다고 하자.

> 어떤 비논리적인 사람은 인간적인 사람이 아니다. 그러므로 어떤 비인간적인 사람은 논리적인 사람이 아니다.

위의 논증이 타당한지를 판단하기 위해서 대당사각형이나 벤 다이어그램을 곧바로 사용할 수는 없다. 이것들을 사용하려면 우선 전제와 결론의 주어와 술어가 같아야 한다. 여기서는 '비논리적인 사람'과 '논리적인 사람' 그리고 '인간적인 사람'과 '비인간적인 사람'이라는 두 쌍의 개념이 사용되고 있다. 언뜻 보기에 위의 논증은 아주 단순한 것 같지만, 그 타당성을 따지는 일이 생각보다 수월하지는 않을 것이다. 따라서 이런 논증을 다루기 위해서는 명제를 조작하는 방법을 알아야 한다.

여기서는 명제 조작 방법 몇 가지를 알아보자. 물론 명제들을 조작한다고 해서, 원래의 명제를 왜곡하는 것은 아니다. 대당사각형이나 벤 다이어그램을 사용할 수 있도록 원래 명제의 구조를 바꾸는 것이다. 여기서는 가장 대표적인 것만 보기로 한다.

(1) 환위(conversion)

환위는 정언 명제의 주어와 술어의 자리를 바꾸는 것이다. 이런 조작을 가한 명제를 환위문이라고 한다. 주어와 술어 사이에 다음과 같은 변화를 주는 것이다.

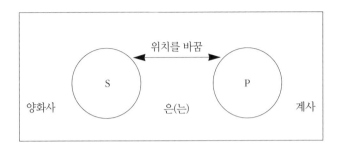

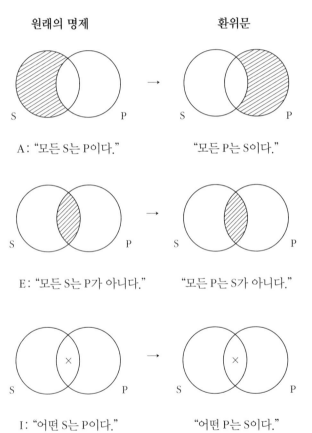

원래의 명제   환위문

A : "모든 S는 P이다."   "모든 P는 S이다."

E : "모든 S는 P가 아니다."   "모든 P는 S가 아니다."

I : "어떤 S는 P이다."   "어떤 P는 S이다."

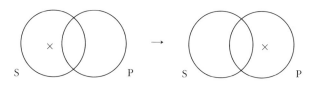

O : "어떤 S는 P가 아니다."　　　"어떤 P는 S가 아니다."

위의 벤 다이어그램을 보면 E와 I명제는 그 환위문과 논리적으로 동치임을 알 수 있다. 그러나 A와 O는 그렇지 않다.

(2) 환질(obversion)

환질은 (명제의 양은 그대로 둔 채) 명제의 질을 바꾼 다음, 술어를 부정하는 것이다. 이런 조작을 가한 문장을 환질문이라고 한다. 술어를 부정한다는 것은 술어 집합의 여집합을 나타내는 술어를 사용한다는 말이다.

어떤 집합의 여집합은 그 집합에 속하지 않는 모든 것으로 이루어진 집합을 말한다. 예를 들어 "모든 사람은 여자이다."에서 술어를 부정하면, "모든 사람은 여자가 아닌 사람이다."가 된다. 그것은 곧 "모든 사람은 비−여자이다."로 나타낼 수 있다.

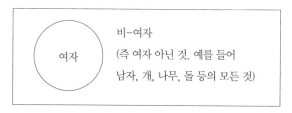

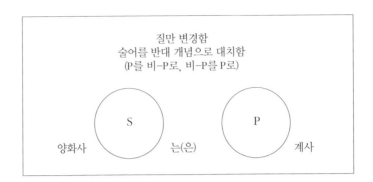

질만 변경함
술어를 반대 개념으로 대치함
(P를 비–P로, 비–P를 P로)

양화사 S 는(은) P 계사

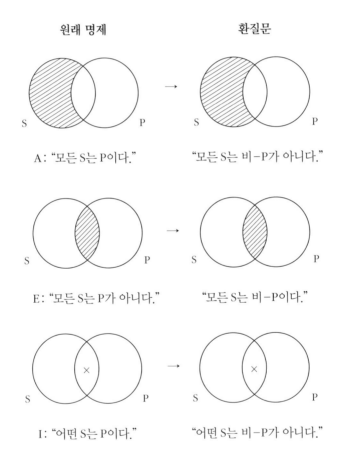

원래 명제	환질문

A: "모든 S는 P이다."   "모든 S는 비–P가 아니다."

E: "모든 S는 P가 아니다."   "모든 S는 비–P이다."

I: "어떤 S는 P이다."   "어떤 S는 비–P가 아니다."

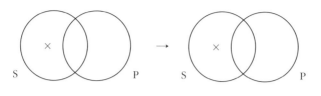

O : "어떤 S는 P가 아니다."　　　"어떤 S는 비-P이다."

위의 벤 다이어그램을 보면 A, E, I, O명제는 모두 그 환질문과
논리적으로 동치임을 알 수 있다.

(3) 이환(contraposition)

이환은 우선 주어와 술어의 자리를 바꾼 다음, 주어와 술어를 각
각 부정하는 것이다. 이런 조작을 가한 명제를 이환문이라고 한다.

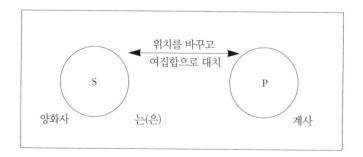

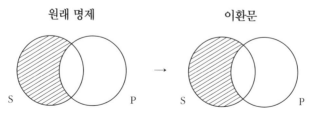

A : "모든 S는 P이다."　　　"모든 비-P는 비-S이다."

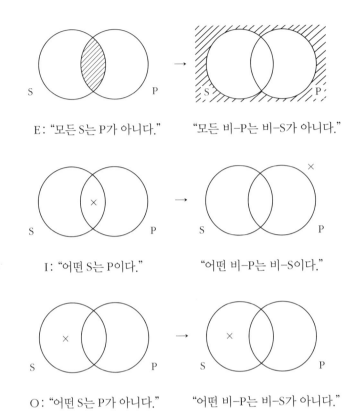

E: "모든 S는 P가 아니다."   "모든 비-P는 비-S가 아니다."

I: "어떤 S는 P이다."   "어떤 비-P는 비-S이다."

O: "어떤 S는 P가 아니다."   "어떤 비-P는 비-S가 아니다."

위의 벤 다이어그램을 보면 A명제와 O명제는 그 이환문과 논리적으로 동치이다. 그러나 E명제와 I명제는 논리적으로 동치가 성립되지 않는다.

지금까지 A, E, I, O명제를 여러 방식으로 조작해서, 다양하게 나타나는 논리적 관계를 알아 보았다. 이것을 이용하면 논증의 타당성 유무를 검토할 수 있다.

앞에서 거론한 논증을 다시 보자.

비판적 사고를 위한 논리

어떤 비논리적인 사람은 인간적인 사람이 아니다. 그러므로 어떤 비인간적인 사람은 논리적인 사람이 아니다.

위 논증 형태는 다음과 같이 나타낼 수 있다.

어떤 비-P는 S가 아니다.
그러므로 어떤 비-S는 P가 아니다.

위 논증에서 전제는 O명제이고, 결론은 전제의 이환문이다. O명제와 그 이환문은 논리적 동치이다. 그래서 전제의 참은 결론의 참을 보증한다. 이 논증은 타당한 논증이다.

또 다음과 같은 논증의 타당성을 따져 보자.

모든 제정신인 사람은 논리적인 사람이다. 그러므로 모든 논리적인 사람은 제정신인 사람이다.

좀 더 쉽게 파악하기 위해 위 논증을 단순한 형태로 다시 쓰자.

모든 S는 P이다.
그러므로 모든 P는 S이다.

위 논증에서 전제는 A명제이고, 결론은 전제의 환위문이다. A명제와 그 환위문은 논리적 동치가 아니다. 그래서 전제의 참은 결론의 참을 보증하지 않는다. 이 논증은 부당한 논증이다.

평소에 우리가 보는 다양한 종류의 논의는 언어의 형태로 나타난다. 심지어 위와 같은 논증들은 원래의 형태를 가지고 따져 보기에 혼란스러울 수 있다. 그렇지만 조금만 검토해 보면, 별것이 아님을 금방 알게 될 것이다. 만약 정언 명제를 조작하는 방법을 미리 알고 있다면, 위와 같은 논증도 수월하게 다룰 수 있다.

요 약

* 정언 명제의 표준 형식
  양화사 + 주어(명사/명사형) + 술어(명사/명사형) + 계사(이다/아니다)

* 정언 명제의 양과 질
  – 정언 명제의 양(quantity): 정언 명제가 주어 집합의 원소 전부에 관한 것이면 전칭이고, 일부에 관한 것이면 특칭임
  – 정언 명제의 질(quality): 정언 명제에서 주어 집합의 원소가 술어 집합에 포함된다고 서술하면 긍정이고, 포함되지 않는다고 서술하면 부정임

정언 명제	양	질	명제의 유형
모든 S는 P이다.	전칭	긍정	A
모든 S는 P가 아니다.	전칭	부정	E
어떤 S는 P이다.	특칭	긍정	I
어떤 S는 P가 아니다.	특칭	부정	O

* 표준 형식으로 옮기기의 다양한 경우들
  (1) 술어가 명사나 명사형으로 되어 있지 않은 경우
  (2) 양화사가 없는 경우
  (3) 양화사가 있으나 표준적이지 않은 경우

(4) 단칭 명제일 경우

(5) 특정한 부사나 대명사가 있는 경우

(6) 조건 명제일 경우

(7) 배타적 명제일 경우

(8) '유일한'을 포함하는 명제일 경우

(9) 예외적 명제일 경우

* 정언 명제의 두 가지 해석
  (1) 전통적 해석: 주어 집합 S의 원소가 존재한다는 가정을 하고 있음
  (2) 현대적 해석: 주어 집합 S의 원소가 존재하는지에 대해 중립적임
  ※ 두 해석 방식은 전칭 명제 해석과 관련된 것이다. 특칭 명제 해석에서는 동일
     하게 해석한다.

* 벤 다이어그램으로 나타낸 정언 명제
  (1) 현대적 관점의 벤 다이어그램

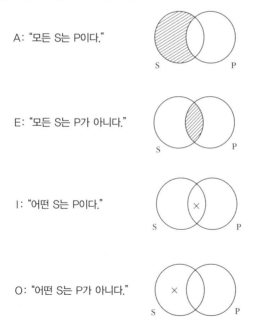

A: "모든 S는 P이다."

E: "모든 S는 P가 아니다."

I: "어떤 S는 P이다."

O: "어떤 S는 P가 아니다."

(2) 전통적 관점의 벤 다이어그램

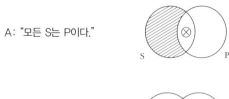

A: "모든 S는 P이다."

E: "모든 S는 P가 아니다."

I: "어떤 S는 P이다."

O: "어떤 S는 P가 아니다."

※ 논증의 타당성은 정언 명제의 두 가지 해석에 따라 달라질 수 있다.

* 명제들 간의 논리적 한계
  (1) 모순 관계: 두 명제가 서로 상반된 진리값을 가짐
  (2) 반대 관계: 두 명제가 동시에 참일 수 없음
  (3) 소반대 관계: 명제가 동시에 거짓일 수 없음
  (4) 함축 관계: 1) 전칭 명제의 참은 특칭 명제의 참을 함축함
            2) 특칭 명제의 거짓은 전칭 명제의 거짓을 함축함

* 현대적 관점의 대당사각형

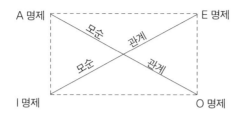

* 전통적 관점의 대당사각형

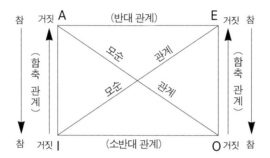

* 정언 명제의 세 가지 조작
  (1) 환위(conversion): 명제의 주어와 술어의 자리를 바꿈
  (2) 환질(obversion): 명제의 질만을 변화시킨 다음, 술어를 부정함
  (3) 이환(contraposition): 명제의 주어와 술어를 각각 부정하고 그 위치를 바꿈

* 조작에 따른 논리적 동치: 원래의 명제와 조작된 명제의 진리값이 같음
  (1) 환위의 경우, E와 I명제에서 논리적으로 동치가 성립함
  (2) 환질의 경우, A, E, I, O명제에서 논리적으로 동치가 성립함
  (3) 이환의 경우, A와 O명제에서 논리적으로 동치가 성립함

I. 다음 정언 명제에서 양화사, 주어, 술어, 계사를 지적하고 명제의 유형, 질과 양을 밝히시오.

1. 어떤 교양 있는 사람은 때로는 예의에 어긋나는 일을 하는 사람이다.

2. 연구를 강조하는 어떤 대학은 학부 학생들의 교육을 등한시하는 대학이 아니다.

3. 모든 성차별적 행위는 앞으로 근절해야 할 우리의 과제이다.

4. 다른 종교를 관용적으로 받아들이지 않는 어떤 종교인은 배타적인 태도로 나쁜 인상을 주는 사람들이다.

5. 모든 인공심장은 어느 정도 건강한 상태가 아닌 환자에게는 이식할 수 없는 인공장기이다.

II. 다음 명제들을 정언 명제의 표준 형식으로 번역하시오.

1. 모든 호랑이는 육식성이다.

2. 어떤 개는 물지는 않고 짖기만 한다.

3. 서울은 한국의 수도이다.

4. 수진이는 어제 쇼핑을 가지 않았다.

5. 나는 진딧물을 싫어한다.

6. 그는 항상 깨끗이 면도하고 있다.

7. 그녀는 자신이 가고 싶은 곳은 어디든 간다.

8. 물고기는 포유동물이 아니다.

9. 사자가 울부짖는다.

10. 모든 수감자가 다 난폭한 것은 아니다.

11. 단 한 사람도 보이지 않았다.

12. 신입생을 제외하고는 모두 전공과목을 들을 자격이 있다.

13. 만약 어떤 동물이 네 발을 가지고 있다면 그것은 새가 아니다.

14. 만약 어떤 사람의 선행이 의도된 것이 아니라면, 그 행위는 진정으로 선한 것이 아니다.

15. 토마토가 상하지 않았다면 먹을 만하다.

16. 용감한 자 외의 그 누구도 미인을 얻을 수 없다.

17. 단지 초대받은 사람들만이 이 파티에 입장할 수 있다.

18. 그는 오직 우량주만 가지고 있다.

19. 이 계곡에 사는 유일한 동물은 스컹크이다.

20. 매니저 이외의 모든 사람은 근무조건에 대해 항의할 자격이 있다.

III. 다음 진술이 참인지 거짓인지 답하시오.

1. 전칭 명제에 대한 해석에서만 정언 명제의 전통적 해석과 현대적 해석 간에 차이가 있다.

2. 전통적 해석은 아리스토텔레스의 해석, 현대적 해석은 부울 해석이라고 도 한다.

3. 전통적 해석은 전칭 명제의 주어 집합이 공집합이 아님을 가정한다.

4. 어떤 대상이 존재하는지 알 수 없을 때에는 전통적 해석에 따라 정언 명제를 해석해야 한다.

5. 전통적 해석과 현대적 해석 모두 특칭 명제에 대해 존재 함축을 하지 않는다.

IV. 다음 논증의 타당성을 벤 다이어그램을 그려서 판별하시오. 현대적 관점에서 판별한 다음, 전통적 관점에서도 판별하시오.

1. 도스토예프스키의 모든 소설은 지루한 작품이다.
   그러므로 도스토예프스키의 어떤 소설은 지루한 작품이다.
   (현대적 관점:) (전통적 관점:)

2. 모든 빛보다 빠른 물질은 우리를 과거로 되돌아가게 하는 물질이다.
   그러므로 어떤 빛보다 빠른 물질은 우리를 과거로 되돌아가게 하는 물질이다.
   (현대적 관점:) (전통적 관점:)

3. 모든 재즈 음악가가 아프리카 출신이라는 것은 거짓이다.
   그러므로 어떤 재즈 음악가는 아프리카 출신이 아니다.
   (현대적 관점:) (전통적 관점:)

4. 어떤 시골 의사가 이타적인 봉사자가 아니라는 것은 거짓이다.
   그러므로 모든 시골 의사가 이타적인 봉사자가 아니라는 것은 거짓이다.
   (현대적 관점:) (전통적 관점:)

5. 어떤 결혼식이 엄숙한 행사라는 것은 거짓이다.
   그러므로 모든 결혼식은 엄숙한 행사라는 것은 거짓이다.
   (현대적 관점:) (전통적 관점:)

6. 모든 성공한 학자는 교양인이다.
   그러므로 어떤 성공한 학자는 교양인이다.
   (현대적 관점:) (전통적 관점:)

7. 모든 사무원이 자영업자가 아니라는 것은 거짓이다.

그러므로 어떤 사무원은 자영업자이다.

(현대적 관점:) (전통적 관점:)

8. 어떤 피자에 생선이 들어 있다는 것은 거짓이다.

그러므로 어떤 피자에 생선이 들어 있지 않다는 것은 거짓이다.

(현대적 관점:) (전통적 관점:)

9. 모든 교회는 사유재산이 아니라는 것은 거짓이다.

모든 교회는 사유재산이라는 것은 거짓이다.

(현대적 관점:) (전통적 관점:)

10. 어떤 예술작품은 모조품이라는 것은 거짓이다.

어떤 예술작품은 모조품이 아니다.

(현대적 관점:) (전통적 관점:)

V. 첫 번째 명제의 진리값을 가지고 두 번째 명제의 진리값을 계산하시오. 단, 대당사각형을 사용하여 현대적 관점과 전통적 관점에서 논하되, 알 수 없으면 '모름'이라고 답하시오.

1. 모든 성공한 학자는 교양인이다. (T)

어떤 성공한 학자는 교양인이다.

(현대적 관점:) (전통적 관점:)

2. 모든 사무원은 자영업자가 아니다. (F)

 어떤 사무원은 자영업자이다.

 (현대적 관점:　　　) (전통적 관점:　　　)

3. 어떤 피자는 생선이 들어간 피자이다. (F)

 모든 피자는 생선이 들어간 피자가 아니다.

 (현대적 관점:　　　) (전통적 관점:　　　)

4. 모든 교회가 사유재산이 아니라는 것은 거짓이다. (T)

 모든 교회가 사유재산이라는 것은 거짓이다.

 (현대적 관점:　　　) (전통적 관점:　　　)

5. 어떤 예술작품은 모조품이다. (F)

 어떤 예술작품은 모조품이 아니다.

 (현대적 관점:　　　) (전통적 관점:　　　)

VI. 다음 논증들의 타당성을 대당사각형을 이용해서 현대적 관점과 전통적 관점에서 판별하시오. 그리고 그 결과를 비교하시오.

1. 도스토예프스키의 모든 소설은 지루한 작품이다.

 그러므로 도스예프스키의 어떤 소설은 지루한 작품이다.

 (현대적 관점:　　　) (전통적 관점:　　　)

2. 모든 빛보다 빠른 물질은 우리를 과거로 되돌아가게 하는 물질이다.

 그러므로 어떤 빛보다 빠른 물질은 우리를 과거로 되돌아가게 하는 물질이다.

 (현대적 관점:　　　) (전통적 관점:　　　)

3. 모든 재즈 음악가들이 아프리카 출신이라는 것은 거짓이다.
   그러므로 어떤 재즈 음악가는 아프리카 출신이 아니다.
   (현대적 관점:) (전통적 관점:)

4. 어떤 시골 의사는 이타적인 봉사자가 아니라는 것은 거짓이다.
   그러므로 모든 시골 의사는 이타적인 봉사자가 아니라는 것은 거짓이다.
   (현대적 관점:) (전통적 관점:)

5. 어떤 결혼식이 엄숙한 행사라는 것은 거짓이다.
   그러므로 모든 결혼식이 엄숙한 행사라는 것은 거짓이다.
   (현대적 관점:) (전통적 관점:)

VII. 괄호 안에 명시된 대로 다음 명제에 논리적 조작을 가하고, 그 결과로 얻은 명제의 진리값을 말하시오. 알 수 없다면 '모름'이라고 답하시오.

1. 모든 A는 비−B이다. (T) (환위)   (   )

2. 어떤 P는 Q이다. (T) (이환)   (   )

3. 모든 C는 비-D이다. (F) (환질)   (   )

4. 모든 비-G는 F이다. (F) (이환)   (   )

5. 어떤 비-J는 R이 아니다. (T) (환질)   (   )

VIII. 다음 명제들에 어떤 논리적 조작이 가해졌는지 판별하고, 조작된 명제의 진리값을 말하시오.

1. 어떤 비−W는 비−R이 아니다. (T) (　　) 어떤 R은 W가 아니다. (　　)

2. 모든 Q는 비−U이다. (F) (　　) 모든 U는 비−Q이다. (　　)

3. 모든 비−F는 H가 아니다. (F) (　　) 모든 비−F는 비−H이다. (　　)

4. 어떤 비−E는 I가 아니다. (T) (　　) 어떤 비−I는 E가 아니다. (　　)

5. 어떤 A는 비−B가 아니다. (T) (　　) 어떤 A는 B이다. (　　)

IX. 환위, 환질, 이환을 사용하여 다음 논증의 타당성을 현대적 관점에서 판별하시오.

1. 어떤 장기 이식 수술은 고통이 없는 수술이다. 따라서 어떤 장기 이식 수술은 고통스러운 수술이 아니다.

2. 모든 보험회사는 인도적인 단체가 아니다. 따라서 모든 보험회사는 비인도적인 단체이다.

3. 모든 범죄 방조자는 처벌받을 만한 범죄자이다. 따라서 처벌받을 만한 모든 범죄자는 범죄 방조자이다.

4. 항상 웃기만 하는 모든 사람은 진정으로 유머 감각이 있는 사람이 아니다. 따라서 진정으로 유머 감각이 있는 모든 사람은 항상 웃기만 하는 사람이 아니다.

5. 모든 전위 예술가는 평범한 사람이 이해하기 힘든 사람이다. 따라서 평범한 사람이 이해하기 힘들지 않은 모든 사람은 전위적이지 않은 예술가이다.

X. 환위, 환질, 이환과 대당사각형을 이용하여 다음 논증의 타당성을 현대적 관점과 전통적 관점에서 각각 판별하시오.

1. 모든 보험 약관은 이해하기 힘든 문서이다. 따라서 이해하기 힘든 어떤 문서는 보험 약관이다.

2. 크롬을 함유하지 않은 모든 보석은 에메랄드가 아니다. 따라서 에메랄드가 아닌 어떤 보석은 크롬을 함유한 보석이 아니다.

3. 어떤 그림은 감상할 가치가 없는 예술작품이라는 것은 거짓이다. 따라서 모든 그림은 감상할 가치가 있는 예술작품이다.

4. 시장경제 체제를 옹호하지 않는 모든 사람은 급진적인 자유주의자가 아니다. 따라서 어떤 급진적인 자유주의자는 시장경제 체제를 옹호하는 사람이 아니라는 것은 거짓이다.

5. 어떤 불법적인 행위는 사람들 대부분이 저지르는 일이 아니라는 것은 거짓이다. 따라서 사람들 대부분이 저지르지 않는 어떤 일은 합법적인 행위가 아니다.

2장
정언 삼단논법

'정언 삼단논법(categorical syllogism)'이란 세 개의 정언 명제로만 이루어져 있으며, 그 가운데 둘은 전제이고 나머지 하나는 결론인 연역 논증이다. 이 삼단논법의 전제와 결론에는 각기 다른 단어 세 개가 등장한다. 그리고 이 단어들은 각각 다른 명제에 두 번씩만 사용된다.

1. 표준 형식

다음 삼단논법을 살펴보자.

모든 테러분자는 경찰이 아니다. 왜냐하면 모든 테러분자는 애국자가 아니고 모든 경찰은 애국자이기 때문이다.

우선 이 삼단논법은 '테러리스트'와 '경찰', '애국자'라는 세 단어를 사용하고 있으며, 표준 형식의 정언 명제로 이루어진 논증이다. 그리고 이 논증에서 각 단어는 두 번씩 사용되고 있으나, 한 명제에 같은 단어가 두 번 사용되지는 않는다.

위의 정언 삼단논법에서 결론은 맨 앞에 나온다. 그리고 다음으로 두 전제가 나온다. 즉 위 논증은 결론, 첫 번째 전제, 두 번째 전제의 순서로 이루어져 있다. 이 논증의 타당성을 따지려면 우선 이 논증을 표준 형식으로 정리해 살펴보아야 한다.

위 논증을 전제와 결론의 순서로 늘어놓아 보자.

첫 번째 전제 : 모든 테러분자는 애국자가 아니다.

두 번째 전제 : 모든 경찰은 애국자이다.

결론 : 　　　모든 테러분자는 경찰이 아니다.

삼단논법을 구사할 때, 결론의 위치가 중요한 것은 아니다. 그렇지만 삼단논법의 타당성을 알고자 할 때는 결론을 맨 뒤에 놓아야 한다. 대개 글 쓰기에서 결론의 위치에 따라 두괄식, 미괄식 등의 용어를 사용하지만, 이것은 논증의 경우와는 무관하다. 그렇다면 이제는 위의 삼단논법을 표준 형식으로 만들어야 한다. 정언 삼단논법의 표준 형식은 논증이 '대전제(major premise)', '소전제(minor premise)', '결론(conclusion)'의 순서로 놓인 것이다. 이렇게 만들기 위해서는 우선 전제들 가운데에서 대전제와 소전제를 구분해 내야 한다. 논증을 구성할 때 첫 번째 나오는 전제가 대전제이고 두 번째 나오는 전제가 소전제라고 생각하기 쉽지만, 대전제와 소전제는 전제가 놓인 위치에 따라 결정되는 것이 아니다.

'대전제'는 '대개념'을 포함한 전제이다. 그리고 '소전제'는 '소개념'을 포함한 전제이다. 여기서 '대개념'과 '소개념'은 결론과 관계가 있다. 즉 결론인 명제에서 주어는 '소개념(minor term, 'S'로 줄임)'이고, 술어는 '대개념(major term, 'P'로 줄임)'이다. 그래서 대개념을 포함한 전제를 '대전제'라고 부르며, 소전제를 포함한 전제를 '소전제'라고 부른다. 또한 결론에 포함되지 않은 개념으로 '매개념(middle term, 'M'으로 줄임)'이 있다. 위 삼단논법의 전제에서만 나타나는 단어가 매개념이다.

이상의 내용을 요약하면 다음과 같다.

대전제(대개념 포함):	양화사	은/는	계사
소전제(소개념 포함):	양화사	은/는	계사
결론:	양화사 (소개념)은/는		(대개념) 계사

이제 우리는 위 논증을 삼단논법의 표준 형식으로 배열할 수 있을 것이다. 위의 예에서 '테러리스트'는 소개념이고, '경찰'은 대개념이며, '애국자'는 매개념이다.

위 논증을 표준 형식으로 배열하면 다음과 같다.

대전제: 모든 경찰은 애국자이다.
소전제: 모든 테러리스트는 애국자가 아니다.

결론: 그러므로 모든 테러리스트는 경찰이 아니다.

그리고 표준 형식으로 정리된 이 정언 삼단논법을 줄임 기호(S, P, M)를 써서 나타내면 다음과 같다.

모든 P는 M이다.
모든 S는 M이 아니다.
───────────────
모든 S는 P가 아니다.

표준 형식의 정언 삼단논법은 '식(mood)'과 '격(figure)'에 따라 정리된다. '식'은 정리된 정언 삼단논법에서 대전제, 소전제, 결론의 명제 유형을 밝혀 순서대로 적은 것이다. 따라서 위의 예에서 식은 'AEE'이다. 한편 '격'은 표준 형식으로 나타낸 정언 삼단논법에서 매개념의 위치에 따라 결정되는 것이다. 매개념이 나타날 수 있는 방식은 다음 4가지이다.

1격	2격	3격	4격
Ⓜ P	P Ⓜ	Ⓜ P	P Ⓜ
S Ⓜ	S Ⓜ	Ⓜ S	Ⓜ S
S P	S P	S P	S P

다음과 같이 와이셔츠 칼라(깃)를 연상하면 매개념의 위치를 쉽게 기억할 수 있을 것이다.

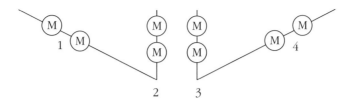

위 논증은 이 중에서 2격에 해당한다. 그리고 그 식과 격을 한꺼번에 적어보면, 위 논증은 'AEE−2'격의 삼단논법에 해당한다.

표준 형식으로 진술된 정언 삼단논법의 종류는 모두 256개이다. 4유형의 서로 다른 정언적 명제들이 각각 두 전제와 결론에 걸쳐 나타날 수 있으며(4×4×4=64), 그것에 대해 4가지 다른 격이 존재하기 때문이다. 즉 64×4인 256이다. 이 모든 유형의 정언 삼단논법이 타당한 것은 아니다. 아주 적은 수의 정언 삼단논법만이 타당하다.

다음의 두 가지 표는 표준 형식으로 배열된 정언 삼단논법 중 타당한 논증 형식을 보여준다. 첫 번째 표는 현대적 관점을 취했을 때(물론 전통적 관점을 취했을 때도) 타당한 논증의 형식이다.

무조건 타당(현대적 관점)

1격	2격	3격	4격
AAA	EAE	IAI	AEE
EAE	AEE	AII	IAI
AII	EIO	OAO	EIO
EIO	AOO	EIO	

한편 아래의 표는 현대적 관점을 취했을 때는 부당한 논증의 형식이다. 그렇지만 전통적인 관점을 취했을 때, 즉 그 논증에 나타난 전

칭 명제 주어 집합의 원소가 실제로 존재한다는 전제를 덧붙였을 때
는 타당한 논증의 형식이다.

조건에 따라 타당(전통적 관점)

1격	2격	3격	4격	요구된 조건
AAI EAO	AEO EAO		AEO	S가 존재
		AAI EAO	EAO	M이 존재
			AAI	P가 존재

위의 표에 나타난 타당한 논증 형식을 굳이 외울 필요는 없다. 다음
절에서는 정언 삼단논법을 벤 다이어그램으로 그리는 법을 배울 것이
다. 벤 다이어그램으로 논증의 타당함과 부당함을 간편하게 결정
할 수 있다. 그렇지만 위의 표는 벤 다이어그램으로 작성한 다음, 논
증의 타당성을 평가한 것을 검토하는 데 유용할 것이다.

2. 벤 다이어그램을 이용한 타당성 검토

정언 명제를 다루는 벤 다이어그램은 주어와 술어를 가리키는 두
개의 원으로 되어 있었다. 그렇지만 정언 삼단논법의 타당성을 벤
다이어그램으로 따지는 경우에는 세 개의 원을 사용해야 한다. 정언
삼단논법은 세 개의 단어로 이루어진 논증이기 때문이다.

정언 삼단논법에 사용되는 벤 다이어그램은 다음과 같다.

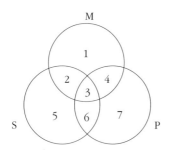

1 : 비-S, 비-P, 그리고 M
2 : 비-P, S, 그리고 M
3 : M, S, 그리고 P
4 : 비-S, M, 그리고 P
5 : 비-M, 비-P, 그리고 S
6 : 비-M, S, 그리고 P
7 : 비-M, 비-S, 그리고 P

앞에서는 전제가 하나인 논증의 타당성을 벤 다이어그램을 그려서 결정하는 방법을 보았다. 정언 삼단논법을 다루는 벤 다이어그램은 그것과는 조금 다르다. 정언 삼단논법의 타당성을 평가하기 위한 벤 다이어그램은 다음과 같은 방식으로 작성할 수 있다.

1. 전제에 대해서만 벤 다이어그램을 그린다.
2. 전제에 전칭 명제와 특칭 명제가 있으면, 전칭 명제를 먼저 그리는 것이 편리하다. (그렇게 하지 않으면 그림을 수정해야 한다.)
3. 빗금을 표시할 때, 해당하는 모든 영역에 빗금을 치도록 해야 한다. (영역이 이미 여덟 부분으로 나누어져 있다는 데 유의해야 한다.)
4. ×로 표시될 부분에 이미 빗금이 쳐 있다면, 빗금이 없는 영역에만 해당되는 ×를 표시한다.
5. 두 영역이 이미 나누어져 있고 ×가 그중 적어도 한 영역에 있다는 것을 나타내야 할 때는 경계선 위에 ×표시를 한다.

이제 다음과 같은 정언 삼단논법이 타당한지 판단해 보자.

어떤 음악가는 작곡가이다.

모든 작곡가는 예술가이다.

그러므로 어떤 예술가는 음악가이다.

이것을 좀 더 단순하게 나타내면, 다음과 같다.

어떤 P는 M이다.

모든 M은 S이다.
_____

어떤 S는 P이다.

이것을 벤 다이어그램으로 그려서, 우선 현대적인 관점에서 그 타당성을 판단해 보자.

우선 두 번째에 있는 전칭 명제를 먼저 표시하는 것이 좋다. 그렇게 하지 않으면, 그림을 약간 수정해야 하는 불편함이 뒤따를 수 있다. 그러므로 M과 S에만 주목해서, A명제의 벤 다이어그램을 그린다.

"모든 M은 S이다."

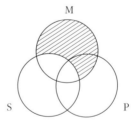

이제 P와 M에 주목하여 I명제의 벤 다이어그램을 그린다. 그런데 M과 P가 겹치는 부분 중 일부는 이미 빗금으로 표시되어 있다. 그러므로 그 부분을 제외한 영역에 '×'를 표시한다.

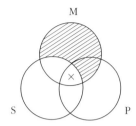

"어떤 P는 M이다."

그런 다음 결론 "어떤 S는 P이다."라는 내용을 위의 벤 다이어그램에서 찾아볼 수 있는지 확인해 본다. 결론은 I명제인데, 전제를 보면 S이면서 P인 영역에 '×' 표시가 있다. 따라서 이 논증은 타당하다.

이제 전통적 관점에서 위 논증의 타당성을 판단해 보자. 이미 말했지만, 현대적 관점에서 타당한 논증은 모두 전통적 관점에서도 타당하다. 그러므로 위 논증은 전통적 관점에서도 타당하다. 그 점을 벤 다이어그램으로 확인해 보자.

현대적 관점에서 위 논증을 가지고 그린 벤 다이어그램에다 전칭 명제의 존재 함축을 표시하면 된다. 두 번째 전제가 전칭 명제이므로 그 주어, 즉 M의 존재 함축을 ⊗로 표시하면 되는 것이다. 그런데 M영역에서 빗금 친 부분 외의 영역이 두 부분으로 나누어져 있다. 어느 영역에 ⊗가 놓일지 모르므로, 그 경계선 위에 놓는다.

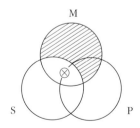

"모든 M은 S이다."
"어떤 P은 M이다."

이제 결론 "어떤 S는 P이다."라는 내용을 위의 벤 다이어그램에서 찾아볼 수 있는지 확인해 본다. 결론은 I명제인데, 전제에서 보면 S이면서 P인 영역에 'ⅹ' 표시가 있다. 따라서 이 논증은 전통적 관점에서도 타당하다.

또 다른 정언 삼단논법을 살펴보자. 다음의 단순화된 삼단논법을 현대적 관점에서 따져 보기로 한다.

> 모든 M은 P이다.
> 모든 S는 M이 아니다.
> ─────────────
> 모든 S는 P가 아니다.

위 논증을 보면, 전제가 모두 전칭 명제이다. 그러니 어느 명제를 먼저 표시하든 아무런 상관이 없다. 우선 대전제인 A명제를 보기 위해 M과 P에 집중해 보자.

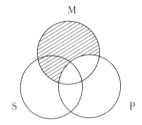

"모든 M은 P이다."

다음으로 소전제에 해당하는 E명제의 벤 다이어그램을 그린다.

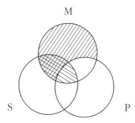

"모든 S는 M이 아니다."

이제 결론인 "모든 S는 P가 아니다."라는 내용을 위의 벤 다이어그램에서 확인할 수 있는지 검토해 보아야 한다. S와 P가 겹치는 영역 중 일부만 빗금으로 표시되어 있을 뿐이다. 결론의 명제는 전칭 명제이므로, S와 P가 겹치는 전 영역이 빗금으로 표시되어야 한다. 결국 이 논증은 부당한 논증이다.

전제가 둘 다 전칭 명제인 위 논증을 전통적 관점에서 다루려면, M과 S에 대한 존재 함축을 고려해야 한다. 그러므로 그 벤 다이어그램은 다음과 같이 그릴 수 있다.

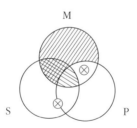

이제 결론을 검토해 보자. 이 논증이 부당하다는 것을 확인할 수 있다. 그 근거는 현대적 관점에서 본 것과 같다.

또 다른 경우를 더 보자. 검토해야 할 논증은 다음과 같다.

모든 M은 P가 아니다.

모든 M은 S이다.
_____

어떤 S는 P가 아니다.

우선 현대적 관점에서 전제를 벤 다이어그램으로 그려 보자.

"모든 M은 P가 아니다."

"모든 M은 S이다."

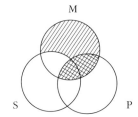

이제 O명제인 결론을 위의 벤 다이어그램에서 찾아보자. 결론은 S 원소 중 적어도 하나는 P의 원소가 아니라는 것을 말하고 있다. 그러나 전제에서는 이에 대한 어떤 것을 찾을 수 없다. 그래서 위 논증은 부당한 논증이다.

또한 전통적 관점에서도 따져 보자. 두 전제는 전칭 명제로, 모두 주어 M의 원소에 대해 존재 함축을 하고 있다. 그러므로 위 전제를 그린 벤 다이어그램에서 아무 표식이 없는 M의 영역에 '⊗'를 표시해야 할 것이다.

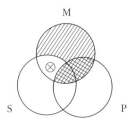

이제 결론을 검토해 보자. "어떤 S는 P가 아니다."는 S이면서 P가 아닌 것이 적어도 하나 있다는 것이다. 그런데 위의 벤 다이어그램을 보면 S이고 P가 아닌 영역에 ⊗ 부분이 있다. 그래서 이 논증은 전통적 관점에서는 타당하다.

지금 살펴본 경우는 하나의 논증이 현대적 관점에서는 부당하지만, 전통적 관점에서는 타당하다는 상반된 판정이 나온 사례이다.

마지막으로 다음과 같은 삼단논법 하나를 더 보자.

> 모든 M은 P이다.
> 어떤 S는 M이 아니다.
> ──────────────
> 어떤 S는 P가 아니다.

우선 현대적 관점에서 전제를 벤 다이어그램으로 그려 보자. 특히 두 번째 전제를 그릴 때는 S이면서 M이 아닌 영역이 이미 두 부분으로 나누어진 것에 유의해야 한다. 어느 부분인지 모르기 때문에 S이면서 M이 아닌 영역의 경계선 위에 표시해야 한다.

"모든 M은 P이다."
"어떤 S는 M이 아니다."

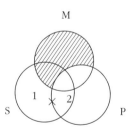

이제 결론인 O명제의 내용이 전제를 그린 벤 다이어그램에 들어 있는지 따져 보아야 한다. 결론은 위 그림의 1번 영역에 어떤 것이 적어도 하나는 틀림없이 있다고 주장한다. 그러나 위 그림은 1번 영역이나 2번 영역에 어떤 것이 있음을 나타내고 있다. 다시 말해서 소전제는 그 어떤 것이 있을 위치가 1번 영역인지 아니면 2번 영역인지를 명확하게 보여주지 않는다. 따라서 이 논증은 부당하다.

　이 논증을 전통적 관점에서 따질 경우, M의 존재 함축은 아래와 같이 표시해야 한다.

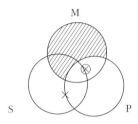

　전통적 관점에서 보더라도 위 논증의 전제에는 결론의 내용이 들어 있지 않다. 따라서 이 논증은 전통적 관점에서도 부당한 논증이다.

요 약

* 정언 삼단논법의 구성: 3개의 개념이 두 번씩만 사용되며, 3개의 정언 명제로 이루어짐
  - 대개념(major term): 결론의 술어(보통 'P'로 줄여 사용함)
  - 소개념(minor term): 결론의 주어(보통 'S'로 줄여 사용함)
  - 매개념(middle term): 전제에서만 쓰인 개념(보통 'M'으로 줄여 사용함)

- 대전제(major premise): 결론의 술어 'P'를 포함한 전제
- 소전제(minor premise): 결론의 주어 'S'를 포함한 전제

* 정언적 삼단논법의 표준 형식

    대전제(대개념 포함):   양화사 (   )은/는 (   ) 계사
    소전제(소개념 포함):   양화사 (   )은/는 (   ) 계사
    결론: 양화사 (소개념)은/는 (대개념) 계사

* 논증의 식(mood)과 격(figure)
- 식: 정언적 삼단논법의 표준 형식에 대전제, 소전제, 결론의 명제 유형을 밝혀 순서대로 적은 것(예: AEO, EOI 등)
- 격: 매개념('M')이 전제에 놓인 상태에 따라 4개의 상이한 격이 있음

* 정언 삼단논법을 벤 다이어그램으로 그리기
(1) 전제에 대해서만 벤 다이어그램을 그린다.
(2) 전제에 전칭 명제와 특칭 명제가 있으면, 전칭 명제를 먼저 그리는 것이 편리하다.(그렇게 하지 않으면 그림을 수정해야 한다.)
(3) 빗금을 해당하는 모든 영역에 치도록 해야 한다.(영역이 이미 8부분으로 나누어져 있다는 데에 유의해야 한다.)
(4) X(⊗)로 표시될 부분에 이미 빗금이 쳐 있다면, 빗금이 없는 영역에만 해당되는 X(⊗)를 표시한다.
(5) 두 영역이 이미 나누어져 있고 X(⊗)가 그중 적어도 한 영역에 있음을 나타내야 할 때는 경계선 위에 X(⊗) 표시를 한다.

* 벤 다이어그램으로 정언 삼단논법의 타당성 밝히기
(1) 전제의 벤 다이어그램이 결론의 내용을 포함하고 있다면, 그 삼단논법은 타당하고 그렇지 않으면 부당하다.
(2) 결론이 전칭 명제인 경우 해당 영역이 모두 빗금으로 표시되어야 하며, 특칭 명제인 경우 한 부분이라도 정확히 ⊗로 표시되어 있으면, 그 논증은 타당하다.

I. 식과 격이 다음과 같은 삼단논법을 구성하시오.

   1. EOA-2(대개념은 'P', 소개념은 'S', 매개념은 'M'으로 나타내시오.)

   2. EIO-4(대개념은 'P', 소개념은 'S', 매개념은 'M'으로 나타내시오.)

   3. OOI-3(대개념은 'P', 소개념은 'S', 매개념은 'M'으로 나타내시오.)

   4. EIE-1(대개념은 '사자', 소개념은 '동물', 매개념은 '포유류'로 나타내시오.)

   5. EAO-3(대개념은 '정책 입안자', 소개념은 '전문가', 매개념은 '과학자'로 나타내시오.)

II. 다음 삼단논법의 대개념, 소개념, 매개념, 식과 격을 확인하시오. 그리고 표를 그려서 그 논증의 타당성을 현대적 관점과 전통적 관점에서 각각 확인해 보시오.

   1. 이익을 추구하는 모든 사람은 공리주의자이다. 이익을 추구하는 모든 사람은 타인의 이익을 고려하는 사람이다. 그러므로 어떤 공리주의자는 타인의 이익을 고려하는 사람이다.

   2. 모든 진정한 군인은 전쟁을 치러본 군인이다. 왜냐하면 모든 진정한 군인이란 고통 속에서 성숙한 사람이기 때문이다. 또한 모든 전쟁을 치러본 군인은 고통 속에서 성숙한 사람이기 때문이다.

3. 어떤 아프리카 국가는 해외원조가 필요한 국가이다. 왜냐하면 어떤 아프리카 국가는 국민들이 기아로 죽어가고, 국민들이 기아로 죽어가는 모든 국가는 해외원조가 필요한 국가이기 때문이다.

4. 인간의 생명을 중시하는 모든 사람은 테러리스트가 아니다. 모든 비행기 폭파범은 테러리스트이다. 그러므로 모든 비행기 폭파범들은 인간의 생명을 중시하는 사람이 아니다.

5. 모든 불법적으로 거주하는 외국인은 복지 정책의 수혜자가 아니다. 어떤 이주민들은 불법적으로 거주하는 외국인이다. 따라서 어떤 이주민들은 복지 정책의 수혜자가 아니다.

Ⅲ. 현대적 관점과 전통적 관점에서 다음 삼단논법으로 벤 다이어그램을 그려서 논증의 타당성을 각각 판단하시오.

1. 현금지급기가 있는 어떤 장소는 범죄 유발 지역이다. 모든 범죄 유발 지역은 밤에는 피해야 하는 장소이다. 그러므로 밤에 피해야 할 어떤 장소는 현금지급기가 있는 장소이다.

2. 폭력을 행사할 수 있는 어떤 사람은 다른 사람을 인간적으로 대할 수 없는 사람이다. 어떤 경찰은 폭력을 행사할 수 있는 사람이다. 그러므로 어떤 경찰은 다른 사람을 인간적으로 대할 수 없는 사람이다.

3. 매일 운동을 하는 모든 사람은 감기에 덜 걸릴 수 있는 사람이다. 그래서 감기에 덜 걸릴 수 있는 어떤 사람은 추위를 덜 타는 사람이다. 왜냐하면 추위를 덜 타는 모든 사람은 매일 운동을 하는 사람이기 때문이다.

4. 모든 혁명가는 마르크스주의자가 아니다. 왜냐하면 모든 혁명가는 보수주의자가 아니고 모든 보수주의자는 마르크스주의자가 아니기 때문이다.

5. 모든 예술가는 특별한 사물에 대해 특별한 호기심을 가지고 있는 자들이다. 그래서 어떤 과학자는 예술가가 아니다. 왜냐하면 특별한 사물에 대해 특별한 호기심을 가지고 있는 어떤 자들은 과학자가 아니기 때문이다.

IV. 벤 다이어그램을 그려 현대적 관점과 전통적 관점에서 논증의 타당성을 판별하시오.(필요하다면 환위, 환질, 이환의 조작을 사용하시오.)

1. 모든 C는 U이다.
   어떤 U는 I이다.
   따라서 어떤 I는 C이다.

2. 모든 A는 P가 아니다.
   어떤 K는 A이다.
   따라서 어떤 K는 P가 아니다.

3. 어떤 I는 P이다.
   모든 T는 P이다.
   따라서 어떤 T는 I가 아니다.

4. 모든 H는 D이다.
   어떤 D는 P가 아니다.
   따라서 어떤 P는 H가 아니다.

5. 모든 C는 S가 아니다.
   모든 S는 Q가 아니다.
   따라서 모든 Q는 C가 아니다.

6. 모든 D는 E이다.
   모든 C는 D이다.
   따라서 모든 C는 E이다.

7. 모든 P는 I가 아니다.
   모든 F는 I이다.
   따라서 모든 F는 P가 아니다.

8. 모든 C는 O가 아니다.
   어떤 D는 O가 아니다.
   따라서 어떤 D는 C가 아니다.

9. 모든 C는 P이다.
   모든 C는 T이다.
   따라서 어떤 T는 P이다.

10. 모든 S는 O이다.
    모든 Q는 O이다.
    따라서 모든 Q는 S이다.

11. 어떤 비-T는 M이다.
    모든 비-I는 비-M이다.
    따라서 어떤 I는 T이다.

12. 모든 S는 R이다.
    어떤 비-R은 C이다.
    따라서 어떤 C는 비-S이다.

13. 모든 W는 비-D이다.
    모든 D는 비-S이다.
    따라서 모든 비-W는 S가 아니다.

14. 모든 F는 D가 아니다.
    모든 비-F는 C가 아니다.
    따라서 모든 C는 비-D이다.

V. 벤 다이어그램을 그려 현대적 관점과 전통적 관점에서 논증의 타당성을 판별하시오.(필요하다면 환위, 환질, 이환의 조작을 사용하시오.)

1. 이해할 수 있는 어떤 문장은 참된 문장이다. 왜냐하면 이해할 수 없는 모든 문장은 의미 없는 문장이고 모든 참되지 않은 문장은 의미 없는 문장이기 때문이다.

2. 자기 죄를 반성하지 않는 어떤 사람은 용서할 필요가 없는 사람이다. 그래서 용서할 필요가 없는 어떤 사람은 개선될 여지가 없는 사람이다. 왜냐하면 개선될 여지가 있는 모든 사람은 자기 죄를 반성하는 사람이기 때문이다.

3. 어떤 비영리 단체는 경제적으로 자립되지 않는 단체가 아니다. 그 이유는 모든 정부 보조금을 받는 단체는 경제적으로 자립되지 않는 단체이기 때문이다. 또한 어떤 영리 단체는 정부 보조금을 받는 단체이기 때문이다.

4. 물에 가라앉는 모든 물체는 얼음이 아니다. 물에 뜨는 모든 물체는 밀도가 적어도 물만큼이거나 그 이상인 물체가 아니다. 그래서 모든 얼음은 물보다 밀도가 낮은 물체이다.

5. 직업 교육에 중점을 두는 모든 대학은 교양 교육을 강조하지 않는 학교이다. 따라서 어떤 대학교는 교양 교육을 강조하지 않는 학교이다. 왜냐하면 직업 교육에 중점을 두지 않는 어떤 학교는 대학교이기 때문이다.

제6부

연역 논증 III : 술어 논리

Logic for Critical Thinking

제5부에서 다룬 정언 논리는 단어가 기본적인 구성요소가 되는 논증에 관한 것이다. 그 논의에서 다룬 논증의 예로는 다음과 같은 것을 들 수 있다.

모든 예술가는 감수성이 예민하다.
감수성이 예민한 모든 사람은 다른 사람을 배려하는 사람이 아니다.
따라서 모든 예술가는 다른 사람을 배려하는 사람이 아니다.

위 논증의 타당성은 반복되는 단어의 배열에 따라 결정된다.
이와 달리 제4부에서 다룬 명제 논리는 명제가 기본적인 구성요소인 논증에 관한 것이다. 이런 논증은 단어가 아니라 명제의 배열에 의해 그 타당성이 결정된다. 예를 들면 다음과 같은 논증이 그렇다.

만약 네가 약속을 지키지 않는다면, 우리의 신뢰는 사라지고 우리의 관계도 위태로워진다. 만약 우리의 관계가 위태로워지면, 사태 해결이 어려워질 것이다. 따라서 만약 네가 약속을 지키지 않는다면, 사태 해결이 어려워질 것이다.

우리는 위의 두 가지 형태의 논증이 타당한지 또는 타당하지 않은지를 각 논리 체계에 입각해 판정할 수 있다. 그러나 모든 연역 논증이 정언 논리체계나 명제 논리체계에 속하는 것은 아니다. 즉 어떤 연역 논증의 경우에는 그 타당성이 정언 논리나 명제 논리에서 제시하는 방법으로는 결정되지 않는다. 예를 들어 다음 논증은 연역 논증이지만, 정언 논리나 명제 논리의 논증이 아니다.

미현이는 낙천적이고 사교적이다.
만약 사람이 낙천적이거나 돈이 많으면, 그 사람은 행복하다.
따라서 미현이는 행복하다.

위 논증은 정언 논리와 명제 논리에서 보았던 명제들로 뒤섞여 있다. 그렇다면 위 논증의 타당성은 단어와 명제의 배열 모두에 의해 결정된다. 이는 단지 정언 논리만으로 또는 명제 논리만으로 그 타당성을 결정할 수 없다는 것을 뜻한다. 따라서 이런 논증의 타당성을 결정하기 위해서는 또 다른 논리 체계가 필요하다. 이를 위해 고안된 체계가 술어 논리(predicate logic)이다.

1장
술어 논리 I : 단항 술어

1. 단항 술어의 번역

술어 논리는 주어(개체 상항, 개체 변항), 술어, 양화사, 논리 연결사, 괄호로 이루어진다. 이것들 가운데에서 이미 논리 연결사에 관해서는 명제 논리에서, 또 주어와 술어와 양화사에 관해서는 정언 논리에서 배웠다.

술어 논리에서 가장 유의해야 할 기본적인 구성요소는 그 명칭에서 알 수 있듯이 술어이다. 명제 논리에서는 영어 대문자가 단순 명제를 지시했지만, 술어 논리에서는 대문자가 술어를 가리킨다.

술어	기호화된 술어
_____는 파랗다	B_
_____는 둥글다	R_

          _____은 사과다   A_

   술어는 단항 술어와 다항 술어로 구분한다. 바로 위의 술어는 빈
자리가 하나 있으므로 단항 술어라고 한다. 그러나 "___는 ___을/
를 사랑한다."에서는 빈칸이 둘이므로 2항 술어라고 하고, "___은
___과/와 ___사이에 있다."에서는 빈칸이 셋이므로 3항 술어라고
한다. 2항 술어, 3항 술어와 같은 다항술어에 대해서는 2장에서 다
룰 것이다. 우선 술어 논리에서 주어와 양화사를 어떻게 다룰 것인
지 살펴보자.
   다음 명제들을 술어 논리의 기호로 번역해 보자.

   ⓐ 현진이는 학생이다.
   ⓑ 이 꽃은 광합성을 한다.

   명제 중 술어부분을 A, B, C, …, Z의 알파벳 대문자로 나타낸다.
이제 ⓐ의 술부인 '학생이다'를 S로, ⓑ의 술부인 '광합성을 한다'를
G로 나타내기로 하자. 그리고 명제 전체를 번역하려면, 주어를 어디
에 어떻게 위치시켜야 하는가? 주어는 술어의 오른쪽에 위치시킨다.
우선 주어 자리를 밑줄로 나타내고 술어만 알파벳으로 바꾸어보자.

          _____는 학생이다   S_
          _____은 광합성을 한다   G_

이제 밑줄 부분의 주어를 번역해 보자. 주어를 번역하기 위해 먼저 주어의 성격을 알아야 한다. 주어가 구체적인 이름인지 아닌지 살펴본다. (a)에서 주어는 '현진'이라는 구체적인 이름이다. 이런 주어를 '개체 상항(individual constant)'이라고 하며, 알파벳 소문자 a, b, c, …, w로 나타낸다. 즉 고유명사, 지시대명사, 지시 형용사와 일반 명사가 결합된 주어는 모두 구체적인 대상을 지시하는 개체 상항이다. 현진이를 'h'라고 하면, (a)는 Sh로 번역된다. (b)의 주어도 구체적인 대상을 지시하므로 구체적인 이름을 가진 것으로 간주한다. 따라서 (b)는 Gt로 번역된다.

이제 복합 명제를 술어 논리로 번역해 보자.

소크라테스는 철학자이고 아인슈타인은 과학자이다.   Ps • Si

서울은 국제적인 도시이거나 전주는 전통적인 도시이다.   Is ∨ Tj

만약 경주가 아름답다면 현성이는 맞는 말을 한 것이다.   Bg ⊃ Sh

오직 해태팀이 이기고 롯데팀이 지는 경우에만, 삼성팀은 이긴다.

                             Ws ⊃ (Wh • Ll)

우리가 앞서 정언 논리에서 다룬 정언 명제의 표준 형식들과 그것에 대한 현대적 해석을 다시 살펴보자.

정언 명제의 표준형식	현대적 해석
A: 모든 S는 P이다.	만약 어떤 것이 S라면, 그것은 P이다.
E: 모든 S는 P가 아니다.	만약 어떤 것이 S라면, 그것은 P가 아니다.
I: 어떤 S는 P이다.	적어도 하나의 것이 S이며, 그것은 또한 P이다.
O: 어떤 S는 P가 아니다.	적어도 하나의 것이 S이며, 그것은 P가 아니다.

현대적 해석에 의하면, 전칭 명제는 조건문으로 해석된다. 그래서 전칭인 A와 E명제는 조건 기호로 연결된다. 조건문으로 바뀐 명제를 보면 S는 이제 주어가 아니라 술어이다. 주어는 '어떤 것'이 된다. 이 경우 주어는 구체적인 대상이 아니라 '어떤 것'이라는 임의의 것을 지시한다. 이런 주어는 구체적인 대상을 지시하는 것이 아니라 임의의 것을 지시하며, '개체 변항(individual variables)'이라고 한다. 번역할 때 개체 변항은 소문자 x, y, z로 나타낸다. 이것들 중 어느 것을 써도 무방하다.

전칭 명제를 번역해 보자. 우선 A명제는 "만약 어떤 것이 S라면, 그것은 P이다." 를 의미한다. 다시 말해서 그것은 "주어진 x가 그 어떤 것이라 하더라도, 만약 그것이 S라면 그것은 P이다."를 의미한다. "만약 그것이 S라면 그것은 P이다."를 먼저 번역하자. 여기서 '그것'은 구체적으로 정해지지 않은 어떤 것을 지시한다. 이럴 경우 개체 상항(a, b, c, ..., v, w)이 아니라 개체 변항(x, y, z)으로 표시해야 한다. 따라서 "만약 그것이 S라면, 그것은 P이다."는 (Sx ⊃ Px)로 번역된다.

'(Sx ⊃ Px)'는 A명제 자체에 대한 번역이 아니다. '(Sx ⊃ Px)'는 명제가 아니라 '명제 함수(propositional function)'라고 한다. 명제 함수는 개체 변항을 포함한다. 즉 명제 함수는 개체 변항에 개체 상항을 대입해서 하나의 명제가 나오는 표현을 말한다. 그러나 명제 함수는 명제가 아니기 때문에, 진리값을 가지고 있지 않다. 명제 함수를 명제로 만들기 위해서는 해당하는 양화사를 사용해야 한다. A명제는 전칭 명제이므로 그 내용을 기호화하기 위해서는 명제 함수 앞에 보편 양화사(universal quantifier)를 도입해야 한다.

보편 양화사는 '(x)'로 나타내고 '모든 x에 대하여'라고 읽는다. 명제 함수 '(Sx ⊃ Px)' 앞에 보편 양화사 (x)를 붙여주면, 이제 A명제를 술어 논리체계로 기호화한 것이다. 즉 (x)(Sx ⊃ Px)가 A명제에 대한 번역이다. 물론 x 대신에 y나 z를 쓸 수 있다. 즉 A명제를 (y)(Sy ⊃ Py)나 (z)(Sz ⊃ Pz)로 번역해도 마찬가지이다. 이제 기호화된 A명제를 읽어보자. 기호화된 표현을 다음과 같이 읽을 수 있다.

어떤 x를 택하든, 만약 x가 S라면 그것은 P이다.

x가 무엇이든, 만약 x가 S라면 그것은 P이다.

모든 x에 대해, 만약 x가 S라면, 그것은 P이다.

다음으로 E명제를 번역해 보자. E명제는 "만약 어떤 것이 S라면, 그것은 P가 아니다."를 의미한다. 다시 말해서 "주어진 x가 그 어떤 것이라 하더라도, 만약 그것이 S라면 그것은 P가 아니다."를 의미한다. 그리고 그것은 (x)(Sx ⊃ ~Px)로 번역된다.

'(Sx ⊃ Px)'나 '(Sx ⊃ ~Px)'와 같은 명제 함수 속에 들어 있는 x를 '자유 변항(free variables)'이라고 한다. 그리고 그것이 앞에 위치한 양화사에 의해 구속되어 있을 때, 그 변수를 '구속 변항(bound variables)'이라고 한다. 어떤 기호화된 표현이 명제가 되기 위해서는 기호화된 표현 속에 자유 변항이 있어서는 안 된다. 즉 모든 개체 변항이 양화사에 의해 구속되어야 명제가 된다. 하나의 변항은 오직 하나의 양화사에 의해서만 구속될 수 있어야만 한다.

그럼 기호화된 다음 표현이 명제인지 아닌지 확인해 보자.

(c) $(x)(Ax \supset Rx)$

(d) $(x)Ax \supset Rx$

술어 논리에서도 괄호의 역할은 아주 중요하다. 위의 두 기호화된 표현은 괄호가 있고 없음에 따라 완전히 다른 표현이 된다. (c)는 전칭 명제이다. 보편 양화사 (x)는 괄호 속 명제 함수 전체에 영향을 미친다. 다시 말해서 보편 양화사 (x)가 지배하는 범위(scope)는 괄호 전체이다. 반면에 (d)는 명제가 아닌, 명제 함수이다. 기호화된 표현이 적어도 하나의 자유 변항을 가지고 있으면, 그것은 명제 함수이기 때문이다. (d)의 전건은 "모든 것이 A이다."라는 전칭 명제이며, 전건 '$(x)Ax$'의 x는 보편 양화사 (x)에 구속되어 있다. 그러나 후건 'Rx'의 x는 자유 변항이다. 이때 보편 양화사 (x)가 지배하는 범위는 전체가 아니라 Ax라는 명제 함수이다. 정리하자면 (c)는 전칭 명제이고, (d)는 명제 함수이다.

일상 언어로 표현되었을 때 A와 E명제에서 주어에 해당하던 것이 여기서는 술어가 되는 것을 알 수 있다. 다음 명제들을 번역해 보자.

모든 코끼리는 포유류이다. $(x)(Ex \supset Mx)$

모든 돼지는 배고프지 않다. $(x)(Px \supset \sim Hx)$

전칭 명제들이 다음과 같이 번역된다는 것을 알 수 있다.

명제 형식	기호화	읽기
A: 모든 S는 P이다.	$(x)(Sx \supset Px)$	모든 x에 대해서, 만약 x가 S라면, x는 P이다.
E: 모든 S는 P가 아니다.	$(x)(S x \supset \sim Px)$	모든 x에 대해서, 만약 x가 S라면 x는 P가 아니다.

이제 특칭 명제인 I명제와 O명제를 번역해 보자. 특칭 명제는 주어 집합의 이름 붙여지지 않은 원소 하나 이상에 대해 언급하는 명제이다. I명제는 "S이면서 P인 것이 적어도 하나 존재한다."는 의미를 가지고 있다. 다시 말해서 "어떤 것이 S이면서 P이다."는 의미를 가지고 있다. 이때 '어떤 것'은 구체적인 이름이 아니므로, x, y, z와 같은 개체 변항을 사용해야 한다. 'Sx • Px'로 번역한 다음 이번에도 역시 양화사로 자유 변항을 구속시켜야 한다. I명제는 모든 것이 아니라 적어도 하나가 존재한다는 것이므로, 존재 양화사 $(\exists x)$를 명제 함수 앞에 붙인다. 그래서 I명제는 $(\exists x)(Sx • Px)$로 바꿔 쓸 수 있다. 이제 기호화된 I명제를 다음과 같이 읽을 수 있다.

적어도 하나의 x가 S이면서 P이다.

S이면서 P인 x가 적어도 하나 존재한다.

어떤 x에 대해서, S이면서 P인 x가 존재한다.

마찬가지 방식으로 번역하면, O명제는 $(\exists x)(Sx • \sim Px)$로 바뀐다. 정리하자면 특칭 명제들은 다음과 같이 번역되는 것이다.

명제 형식	기호화	읽기
I: 어떤 S는 P이다.	$(\exists x)(Sx \cdot Px)$	어떤 x에 대해서, S이면서 P인 x가 존재한다.
O: 어떤 S는 P가 아니다.	$(\exists x)(Sx \cdot {\sim}Px)$	어떤 x에 대해서, S이면서 P가 아닌 x가 존재한다.

그럼 앞서 정언 논리에서 번역한 명제들을 술어 논리의 기호로 번역해 보자.

재미있는 영화가 있다.	$(\exists x)(Ix \cdot Mx)$
산삼이 있다.	$(\exists x)(Sx)$
귀신은 존재하지 않는다.	${\sim}(\exists x)(Gx)$
모든 것은 재미있을 수 있다.	$(x)Ix$
호랑이는 동물이다.	$(x)(Tx \supset Ax)$
호랑이가 울부짖는다.	$(\exists x)(Tx \cdot Gx)$
오직 친구들만 초대된다.	$(x)({\sim}Fx \supset {\sim}Ix)$
	또는 $(x)(Ix \supset Fx)$
모든 사람들이 다 만족하는 것은 아니다.	${\sim}(x)(Px \supset Sx)$
	또는 $(\exists x)(Px \cdot {\sim}Sx)$
어떤 친구도 그 자리에 없었다.	${\sim}(\exists x)(Fx \cdot Px)$
	또는 $(x)(Fx \supset {\sim}Px)$

이제 좀 더 복잡한 명제를 번역해 보자.

사과와 복숭아는 과일이다.	$(x)[(Ax \lor Px) \supset Fx]$
오직 토마토와 오이만 신선하다.	$(x)[Fx \supset (Tx \lor Cx)]$
잘 익은 과일은 영양가도 있고 맛도 좋다.	$(x)[(Rx \cdot Fx) \supset (Nx \cdot Dx)]$
고양이는 위협당하면 문다.	$(x)[Cx \supset (Fx \supset Bx)]$

그러나 잘 살펴보면, 위의 명제들은 모두 A유형의 명제라는 것을 알 수 있다.

이제 논리 연결사를 포함하고 있는 명제들을 번역해 보자.

만약 수진이가 의사라면, 어떤 여자는 의사이다. $Ds \supset (\exists x)(Wx \cdot Dx)$

만약 바이올린 주자가 지휘를 한다면, 어떤 오케스트라는 성공적이다.

$$(\exists x)(Vx \cdot Cx) \supset (\exists x)(Ox \cdot Sx)$$

모든 것이 물리적이라는 것이 사실이 아니라면, 암스트롱의 이론은 거짓이다. $\sim(x)Px \supset Fa$

어떤 소설들이 재미있다면 그리고 오직 그런 경우에만 모든 추리 소설은 재미있다. $(\exists x)(Nx \cdot Ix) \equiv (x)[(Rx \cdot Nx) \supset Ix]$

맨 마지막 명제는 꽤 복잡해 보인다. 번역을 간편히 하기 위해 논의의 세계(universe of discourse)를 제한할 수 있다. 즉 개체 변항의 영역을 제한할 수 있다. 아무런 제한이 없다면, x, y, z 같은 변항은 세계에 존재하는 모든 종류의 대상을 지시한다. 하지만 논의의 세계를 가령 사람이라고 제한하면, x, y, z 같은 변항은 사람을 지시한다. 또 마지막 명제를 번역하되 논의의 영역을 소설이라고 제한해 보자.

그러면 이제 개체 변항은 소설을 지시하게 된다. 그런 제한에 의해서 그 명제는 $(\exists x)Ix \equiv (x)(Rx \supset Ix)$로 번역된다.

2. 자연 연역

(1) 양화사 제거와 도입 규칙

앞서 명제 논리에서 배운 19개의 규칙은 명제에만 적용할 수 있다. 술어 논리는 단순 명제의 주어와 술어가 각기 다른 기호로 나타날 뿐 아니라 양화사를 포함하고 있다. 앞에서 배운 19개의 규칙을 사용해서 기호화된 논증의 결론을 유도하려면, 양화사를 제거하고 도입해야 한다. 여기에는 네 가지 규칙이 더 필요하다.

1) 보편 양화사 제거 규칙

먼저 보편 양화사를 제거하는 법칙을 살펴보자. 보편 양화사 제거 규칙에는 다음의 두 유형이 있다.

보편 양화사 제거(universal instantiation)

$$\frac{(x)\mathscr{F}x}{\mathscr{F}y} \qquad \frac{(x)\mathscr{F}x}{\mathscr{F}a}$$

첫 번째 유형은 주어가 개체 변항으로 예화하는 것이고, 두 번째는 주어가 개체 상항으로 예화하는 것이다. 이때 '$\mathscr{F}x$'라는 기호는 'Ax', 'Bx$\supset\sim$Rx', '$\sim$Cx $\lor$ (Kx • Mx)' 등의 구체적인 명제 함수 모두

를 대표한다.

"모든 것이 아름답다."는 문장을 예로 들어 설명해 보자. 세상의 모든 것이 아름다우니 세상에 있는 임의의 것을 선택하더라도 그것이 아름답다고 추론해도 좋다. 혹은 세상에 있는 '아롱이'라는 이름을 가진 사람이 아름답다고 추론해도 좋다.

다음의 논증을 보자.

> 모든 인류학자는 사회학자이다.
> 고들리에는 인류학자이다.
> 따라서 고들리에는 사회학자이다.

첫 번째 명제인 "모든 인류학자는 사회학자이다."는 어떤 인류학자라도 사회학자라는 것을 의미한다. 예를 들어 a라는 인류학자가 있다면 그 사람은 사회학자일 것이다. 이런 내용을 우리는 보편 양화사 제거 규칙에서 얻을 수 있다. 보편 양화사 제거 규칙은 전칭 명제에 대한 사례를 우리에게 제공한다.

이제 위 논증을 기호화하고 이 규칙을 사용해서 결론을 도출해 보자.

1. $(x)(Ax \supset Sx)$
2. Ag / Sg
3. $Ag \supset Sg$ 1, 보편양화사 제거
4. Sg 2, 3 전건 긍정식

2와 3에 전건 긍정식을 적용할 수 있다. 물론 1번에서 개체 변항

의 사례인 'Ax ⊃ Sx'나 개체 상항의 다른 사례인 'Ab ⊃ Sb'를 도출할 수 있다. 그러나 그런 사례는 결론을 도출하는 데 도움이 되지 않는다. 그런데 보편 양화사를 제거할 때 개체 변항 유형의 사례를 제시해야만 하는 경우가 있다. 그것은 다음 절에서 보편 양화사의 도입과 함께 알아보자.

2) 보편 양화사의 도입 규칙

이제 보편 양화사를 도입하는 규칙에 대해 알아보자. 보편 양화사 도입의 규칙은 다음과 같다.

보편 양화사 도입(universal generalization)

$$\frac{\mathcal{F}y}{(x)\mathcal{F}x}$$

예를 들어 특정한 것이 아닌 임의의 것을 선택했을 때, 그것이 아름답다면 그 사실을 일반화하여 모든 것이 아름답다는 것을 도출할 수 있다. 그러나 특정하게 명명된 것이 아름답다는 사실로부터 모든 것이 아름답다는 것을 타당하게 도출할 수는 없다. 즉 다음과 같이 보편 양화사를 도입할 수가 없다.

1. $\mathcal{F}a$
2. $(x)\mathcal{F}x$ 보편 양화사 도입(부당)

그럼 다음의 논증을 기호화하고 보편 양화사 제거와 보편 양화사 도입의 규칙을 사용하여 결론을 도출해 보자.

모든 음악가는 예술가이다.

모든 예술가는 천재이다.

따라서 모든 음악사는 천재이다.

1. $(x)(Mx \supset Ax)$

2. $(x)(Ax \supset Gx)$ / $(x)(Mx \supset Gx)$

3. $My \supset Ay$ 1, 보편 양화사 제거

4. $Ay \supset Gy$ 2, 보편 양화사 제거

5. $My \supset Gy$ 3, 4 가정적 삼단논법

6. $(x)(Mx \supset Gx)$ 5, 보편 양화사 도입

1과 2 각각에서 보편 양화사를 제거한다. 그리고 가정적 삼단논법을 적용한다. 3, 4, 5에 나타나 있는 것은 명제가 아니라 명제 함수이다. 명제 함수는 진리값을 가지고 있지 않으며 명제와 다르다. 그러나 우리는 3을 '만약 임의의 어떤 것이 M이라면 그것은 A이다."로 읽을 수 있다. 4, 5와 같은 명제 함수도 마치 명제인 것처럼 읽을 수 있다. 그래서 가정적 삼단논법을 적용할 수 있다. 그러고 나서 보편 양화사를 다시 도입해서 결론을 이끌어 낸다.

보편 양화사의 도입은 어떻게 가능할까? 만약 우리가 특정한 어떤 것이 아니라 임의의 어떤 것에 대해 어떤 언표를 한다면, 그것을

일반화할 수 있다. 앞의 3과 4에서 개체 변항이 아니라 개체 상항으로 보편 양화사를 제거하는 사례를 제시할 수 있다. 그리고 가정적 삼단논법까지 무난히 진행할 수 있다. 그러나 상항으로 된 예를 제시하면, 그다음 단계에서 보편 양화사를 도입할 수 없다. 그래서 개체 변항으로 된 예를 제시해야만 한다. 나중에 보편 양화사를 도입해야 한다면 개체 상항이 아니라 개체 변항을 사용해야 한다.

3) 존재 양화사 도입 규칙

이제 존재 양화사의 도입에 대해 알아보자. 존재 양화사의 도입 규칙은 다음과 같다.

존재 양화사 도입(existential generalization)

$$\frac{\mathcal{F}y}{(\exists x)\mathcal{F}x} \qquad \frac{\mathcal{F}a}{(\exists x)\mathcal{F}x}$$

임의의 것이 아름답다는 사실로부터 아름다운 것이 적어도 하나는 존재한다는 사실을 타당하게 도출할 수 있다. 또한 특정하게 명명된 것이 아름답다는 사실로부터 아름다운 것이 적어도 하나는 존재한다는 사실을 타당하게 도출할 수 있다.

다음의 논증을 기호화하고 전제들로부터 결론을 도출해 보자.

모든 생물학자들은 과학자이다.
다윈은 생물학자이다.

따라서 과학자가 적어도 한 사람은 존재한다.

1. (x)(Bx ⊃ Sx)

2. Bd / (∃x)Sx

3. Bd ⊃ Sd   1, 보편 양화사 제거

4. Sd   2, 3 전건 긍정식

5. (∃x)Sx   4, 존재 양화사 도입

4) 존재 양화사의 제거 규칙

마지막으로 존재 양화사를 제거하는 규칙에 대해 알아보자.

존재 양화사 제거(existential instantiation)

$$\frac{(\exists x)\mathcal{F}x}{\mathcal{F}a}$$

제한: a는 이전 줄에 나타나지 않은 새로운 이름이어야 한다

존재 양화사를 제거할 때 주의해야 할 것이 있다. 어떤 것이 아름답다는 주장으로부터 우리는 김태희가 아름답다거나, 아니면 이 집이 아름답다고 하는 주장을 타당하게 도출할 수 없다. 김태희나 이 집은 특정한 사람이나 사물을 지시하는 이름이다. 이 이름은 이미 구체적인 사람이나 사물을 지시하고 있다. 존재 양화사를 제거하고 그것을 어떤 사례로 대치할 때, 구체적인 것을 이미 지시하고 있는 이름을 피해야 한다. 그 대신 가상적인 이름을 사용해서 예를 들어야 한다.

이제 다음의 논증을 기호화하고 존재 양화사 제거 규칙을 사용하여 전제들로부터 결론을 도출해 보자.

모든 변호사들은 법률 공부를 한 사람들이다.
어떤 변호사들은 골프를 친다.
따라서 골프를 치는 어떤 사람들은 법률 공부를 한 사람들이다.

1. $(x)(Lx \supset Sx)$
2. $(\exists x)(Lx \cdot Gx)$ / $(\exists x)(Gx \cdot Sx)$
3. $La \cdot Ga$ 2, 존재 양화사 제거
4. $La \supset Sa$ 1, 보편 양화사 제거
5. La 3, 연언지 단순화
6. Sa 4, 5 전건 긍정식
7. $Ga \cdot La$ 3, 교환 법칙
8. Ga 7, 연언지 단순화
9. $Ga \cdot Sa$ 6, 8 연언
10. $(\exists x)(Gx \cdot Sx)$ 9, 존재 양화사 도입

위의 과정에서 보편 양화사를 먼저 제거한 다음, 존재 양화사를 제거하면 결론을 도출하지 못하게 된다.

1. $(x)(Lx \supset Sx)$
2. $(\exists x)(Lx \cdot Gx)$ / $(\exists x)(Gx \cdot Sx)$

3. La ⊃ Sa   1, 보편 양화사 제거

4. Lb • Gb   2, 존재 양화사 제거

4에서 존재 양화사를 제거하고, La · Ga라는 사례를 제시해서는 안 된다. 왜냐하면 a는 이전 줄에 나타난 이름이기 때문이다. 이것은 존재 양화사 제거 규칙을 잘못 적용한 것이다. 보편 양화사와 존재 양화사를 모두 제거해야 하는 경우, 반드시 존재 양화사를 먼저 제거해야 한다. 보편 양화사를 제거하고 다른 사례를 제시할 때는 개체 변항을 어떤 문자로 대체해도 상관없다.

약간 혼동될 수 있는 사례들에서 위의 네 가지 규칙이 잘 적용되었는지를 살펴보자. 그리고 잘못 적용한 경우들은 무엇이 잘못인지 지적해 보자.

〈잘 적용한 경우〉

1. Af • Bf

2. (∃x)(Ax • Bx)   1, 존재 양화사 도입

1. Af • Bf

2. (∃x)(Ax • Bf)   1, 존재 양화사 도입

1. Ax ⊃ Bx

2. (x)(Ax⊃Bx)   1, 보편 양화사 도입

1. Ax ⊃ Bx

2. (y)(Ay⊃By)   1, 보편 양화사 도입

⟨잘못 적용한 경우⟩

1. Gk

2. (x)Gx   1, 보편 양화사 도입

1. Ax ⊃ Bx

2. (y)(Ay⊃Bx)   1, 보편 양화사 도입

1. (x)Ax ⊃ (x)Bx

2. Ay ⊃ By   1, 보편 양화사 제거

1. ~(x)Rx

2. ~Rt   1, 보편 양화사 제거

1. Kh

2. (∃x)Gx

3. Gh   2, 존재 양화사 제거

1. (∃x)Kx

2. (∃x)Ox

3. Ka   1, 존재 양화사 제거

4. Oa   2, 존재 양화사 제거

(2) 양화사 변환 규칙

만약 양화사 앞에 부정 기호가 있다면, 우리는 그 양화사를 바로 제거할 수 없다. 그렇게 하려면 양화사 앞의 부정 기호를 제거하는 규칙에 대해 알아보아야 한다. 이 규칙이 바로 양화사 변환 규칙이다. 이 규칙은 직관적으로 잘 이해된다. 즉 "모든 것이 아름다운 것은 아니다."라는 명제는 "어떤 것은 아름답지 않다."와 같은 의미이다. "어떤 것이 아름답다는 것은 거짓이다."는 "모든 것이 아름답지 않다." 또는 "어떤 것도 아름답지 않다."와 같은 의미이다. 이것을 기호화하면 다음과 같이 나타낼 수 있다.

$$\sim(x)Bx \qquad :: \quad (\exists x)\sim Bx$$

$$\sim(\exists x)Bx \qquad :: \quad (x)\sim Bx$$

네 개의 점 '::'은 두 명제가 논리적 동치이므로 어떤 맥락에서나 대치할 수 있다는 것을 의미한다.

양화사 변환 규칙을 정리하면 다음과 같다.

$$(x)\mathcal{F}x \qquad :: \quad \sim(\exists x)\sim\mathcal{F}x$$

$$\sim(x)\mathcal{F}x \qquad :: \quad (\exists x)\sim\mathcal{F}x$$

$$(\exists x)\mathcal{F}x \qquad :: \quad \sim(x)\sim\mathcal{F}x$$

$$\sim(\exists x)\mathcal{F}x \quad :: \quad (x)\sim\mathcal{F}x$$

위의 규칙을 잘 살펴보면 다음과 같은 특징이 나타난다. 보편 양화사는 존재 양화사로, 존재 양화사는 보편 양화사로 바뀌면서 각양화사 앞뒤의 부정 기호의 유무가 뒤바뀐다.

이제 양화사 변환 규칙을 사용해 보자.

1. $\sim(\exists x)(Ax \cdot \sim Bx)$
2. $\sim(x)(\sim Cx \lor Bx)$ / $(\exists x)\sim Ax$
3. $(x)\sim(Ax \cdot \sim Bx)$ 1, 양화사 변환
4. $(\exists x)\sim(\sim Cx \lor Bx)$ 2, 양화사 변환
5. $\sim(\sim Ca \lor Ba)$ 4, 존재 양화사 제거
6. $\sim(Aa \cdot \sim Ba)$ 3, 보편 양화사 제거
7. $Ca \cdot \sim Ba$ 5, 드 모르간, 이중 부정
8. $\sim Aa \lor Ba$ 6, 드 모르간, 이중 부정
9. $\sim Ba$ 7, 교환법칙, 연언지 단순화
10. $Ba \lor \sim Aa$ 8, 교환법칙
11. $\sim Aa$ 9, 10 선언 삼단논법
12. $(\exists x)\sim Ax$ 11, 존재 양화사 도입

양화사 변환 규칙은 대치 규칙이므로 명제 전체 또는 일부분에도 적용할 수 있다. 다음 연역 과정을 살펴보자.

1. $(\exists x)Hx \supset \sim(\exists x)Ix$
2. $(x)\sim Ix \supset (x)\sim Kx$ / $(\exists x)Hx \supset \sim(\exists x)Kx$

3. $(\exists x)Hx \supset (x)\sim Ix$ 1, 양화사 변환

4. $(x)Hx \supset (x)\sim Kx$ 2, 3 가정적 삼단논법

5. $(\exists x)Hx \supset \sim(\exists x)Kx$ 4, 양화사 변환

(3) 조건 증명법과 간접 증명법

앞의 명제 논리에서 조건 증명법과 간접 증명법에 대해서 알아보았다. 결론을 도출하는 데 어려움이 있을 때, 술어 논리에서도 이 방법을 사용할 수 있다.

1) 조건 증명법

조건 증명법을 써서 다음 논증의 결론을 도출해 보자.

     1. $(x)(Fx \supset Gx)$ / $(\exists x)Fx \supset (\exists x)Gx$

        2. $(\exists x)Fx$ 조건 증명 가정

        3. Fa 2, 존재 양화사 제거

        4. $Fa \supset Ga$ 1, 보편 양화사 제거

        5. Ga 3, 4 전건 긍정식

        6. $(\exists x)Gx$ 5, 존재 양화사 도입

     7. $(\exists x)Fx \supset (\exists x)Gx$ 2–6, 조건 증명법

또 다른 논증의 결론을 도출해 보자.

1. $(x)[(Sx \lor Tx) \supset Ux]$　　/ $(x)(Sx \supset Ux)$

2. Sx	조건 증명 가정
3. $Sx \lor Tx$	2, 선언지 첨가
4. $(Sx \lor Tx) \supset Ux$	1, 보편 양화사 제거
5. Ux	3, 4 전건긍정식

6. $Sx \supset Ux$　　　　2-5, 조건 증명법

7. $(x)(Sx \supset Ux)$　　6, 보편 양화사 도입

만약 조건 증명법이 사용되는 과정의 첫 번째 줄에서 예화된 변항이 자유롭게 나타난다면, 조건 증명법이 사용되는 범위 내에서 보편 양화사 도입 규칙을 쓰지 않아야 한다. 이제 조건 증명법을 사용할 경우, 보편 양화사 도입에는 제약이 따른다는 것을 다음의 논증에서 살펴보자.

　다음 부당한 논증에 대한 잘못된 증명 과정을 보면 그 이유를 알 수 있을 것이다.

1. $(x)Ax \supset (x)Bx$　　　/ $(x)(Ax \supset Bx)$

2. Ax	조건 증명 가정
3. $(x)Ax$	보편 양화사 도입(부당함)
4. $(x)Bx$	1, 3 전건 긍정식
5. Bx	4, 보편 양화사 제거

6. $Ax \supset Bx$　　　　2-5 조건 증명법

7. $(x)(Ax \supset Bx)$　　6, 보편 양화사 도입

위의 논증은 부당한 논증이므로 전제들로부터 결론이 도출되지 않는다. 위의 논증에서 'Ax'는 "x는 사과이다."를, 'Bx'는 "x는 바나나이다."를 의미한다고 해보자. 그렇다면 전제는 "세상의 모든 것이 사과라면, 세상의 모든 것은 바나나이다."를 의미한다. 그리고 결론은 "모든 사과는 바나나이다."를 의미한다. 전제 명제의 전건이 거짓이므로 전제는 참이다. 그리고 결론이 거짓이므로 우리는 위 논증이 부당한 논증임을 알 수 있다. 따라서 타당한 과정에 의해 결론이 도출될 수 없다. 위의 연역 과정 중 문제가 있는 곳은 바로 3번째 줄이다. 부당한 논증의 결론이 타당하게 유도되는 것을 막으려면 조건 증명법 범위 내에서는 보편 양화사 도입을 제한해야 한다.

2) 간접 증명법

이제 술어 논리에 간접 증명법을 적용하여 결론을 유도해 보자. 간접 증명법을 사용할 때에도 조건 증명법을 사용할 때와 마찬가지로 보편 양화사 도입을 제한해야 한다. 보편 양화사 도입 규칙을 명시하면 다음과 같다.

$$\frac{\mathscr{F}y}{(x)\mathscr{F}x}$$

제한: 만약 조건(간접) 증명법이 사용되는 과정의 첫 번째 줄에서 예화된 변항이 자유롭게 나타난다면, 조건(간접) 증명법이 사용되는 범위 내에서 보편 양화사 도입 규칙을 쓰지 않아야 한다.

1. $(\exists x)Ax \lor (\exists x)Bx$

2. $(x)(Ax \supset Bx)$ / $(\exists x)Bx$

    3. $\sim(\exists x)Bx$ 간접 증명 가정

    4. $(\exists x)Bx \lor (\exists x)Ax$ 1, 교환 법칙

    5. $(\exists x)Ax$ 3, 4 선언 삼단논법

    6. Aa 5, 존재 양화사 제거

    7. $Aa \supset Ba$ 2, 보편 양화사 제거

    8. Ba 6, 7 전건 긍정식

    9. $(x)\sim Bx$ 3, 양화사 변환

    10. $\sim Ba$ 9, 보편 양화사 제거

    11. $Ba \cdot \sim Ba$ 8, 10 연언

12. $(\exists x)Bx$ 3–11, 간접 증명법

3. 부당성 증명: 유한한 세계 방법

자연 연역은 타당한 논증이 어떤 과정에 의해 타당한지를 단계별로 보여주는 증명법이다. 그러나 그것은 부당한 논증이 부당하다는 것을 증명할 수 없다. 술어 논리에서 논증의 부당성을 증명하는 데에는 두 가지 방법이 사용된다. 그 하나는 '반례법'이고, 다른 하나는 '유한한 세계 방법(finite universe method)'이다. 논증의 부당성을 증명하는 기본적인 생각은 전제가 모두 참이면서 결론이 거짓이 되는 것이 가능하다는 것을 보이는 것이다. 반례법은 이 책의 제3부 2장 2절에서 이미 소개되었다. 여기서는 유한한 세계 방법으로 논증의 부

당성을 증명하는 법을 알아보자.

유한한 세계 방법은 단일한 변항들로 표현된 부당한 논증의 부당성을 증명할 수 있는 방법이다. 타당한 논증은 실제 세계에 존재하는 사물들에 관계없이 타당하다. 따라서 어떤 논증이 타당한 논증 형식으로 이루어져 있다면, 그 논증은 (어떤 의미에서든) 세계가 축소되어 단 하나의 사물만 남게 된다고 하더라도 여전히 타당할 것이다. 단 하나의 사물 혹은 그 이상의 사물이 존재하는 세계에서 어떤 논증의 모든 전제가 참이고 결론이 거짓이라면, 그 논증은 부당한 것으로 판명된다.

그럼 단 하나의 사물로 구성된 세계를 생각해 보자. 그리고 바로 그 사물에 '아롱이'라는 이름을 붙이자. 그렇다면 "세계의 모든 것은 아름답다."라는 명제는 "아롱이는 아름답다."와 동치이다. 세계에 존재하는 모든 것이 바로 아롱이이기 때문이다. 그래서 "세계에 있는 어떤 것은 아름답다." 역시 같은 이유로 "아롱이는 아름답다."와 동치라고 말할 수 있다.

이런 동치 관계를 기호로 나타내 보자. 이 동치는 논리적인 동치는 아니다. 논리적 동치는 세계의 변화와 무관하지만, 이 동치는 세계의 변화에 의존하기 때문이다. 이것은 조건부의 동치이다. 이런 동치 관계를 나타내기 위해 (어떤 기호를 사용해도 상관없지만 여기서는) '$::^c$'를 사용하기로 하자. 이제 위의 명제들이 조건부로 동치라는 것을 나타내면 다음과 같다.

$$(x)Bx \quad ::^c Ba$$
$$(\exists x)Bx ::^c Ba$$

이제 두 개의 사물로 구성되어 있는 세계를 생각해 보자. 그 두 사물에 각각 '아롱이'(a)와 '바롱이'(b)라는 이름을 붙이자. 이제 "모든 것은 아름답다."(아름답다: B)는 "아롱이는 아름답고 바롱이는 아름답다."와 동치이다. 그리고 "어떤 것은 아름답다."는 "아롱이가 아름답거나 아니면 바롱이가 아름답다."와 동치이다. 다시 말해서 전칭 명제는 단칭 명제의 연언과, 특칭 명제는 단칭 명제의 선언과 동치이다. 이것을 기호로 나타내면 다음과 같다.

$(x)Bx ::^c (Ba \cdot Bb)$

$(\exists x)Bx ::^c (Ba \lor Bb)$

이제 세 개의 사물(아롱이 a, 바롱이 b, 사롱이 c)로 구성된 세계에서 "모든 사자는 포유류이다."와 "어떤 사자는 포유류이다."(사자: L, 포유류: M)를 각각 기호로 나타내 보자.

$(x)(Lx \supset Mx) ::^c \{(La \supset Ma) \cdot (Lb \supset Mb) \cdot (Lc \supset Mc)\}$

$(\exists x)(Lx \cdot Mx) ::^c \{(La \cdot Ma) \lor (Lb \cdot Mb) \lor (Lc \cdot Mc)\}$

그럼 양화사가 들어 있는 명제들이 연결된 것을 다루어 보자. 양화사를 포함하는 각 부분을 따로 기호화하고, 그것을 연결하면 된다. 따라서 "모든 것이 식물이라면 어떤 것은 광합성을 한다."는 다음과 같이 기호화된다.

$\{(x)Px \supset (\exists x)Mx\} ::^c \{(Pa \cdot Pb \cdot Pc) \supset (Ma \lor Mb \lor Mc)\}$

이제 논증이 부당하다는 것을 증명하는 방법을 알아보자.

제1단계: 하나의 구성원으로 되어 있는 세계 내에서 전제와 결론
을 기호화한다.

제2단계: 간접 진리표의 방법으로 논증의 타당성 유무를 판별한다.

  1) 모순되는 경우가 나타나면, 증명을 끝낸다.

  2) 모순되는 경우가 나타나지 않으면, 두 개의 구성원으로 되어
    있는 세계 내에서 같은 과정을 반복한다.

  3) 간접 진리표에서 모순 없이 계산이 될 때까지, 구성원의 수
    를 늘려가며 같은 과정을 반복한다.

위 방법의 배후에 있는 기본적인 생각은 타당한 논증이라면 모든 가능한 세계에서 타당해야 한다는 것이다. 따라서 만약 어떤 논증이 하나, 둘, 혹은 그 이상의 구성원으로 되어 있는 세계에서 부당하다면, 그 논증은 부당한 논증이라는 것을 의미한다.

위의 방법에 따라 다음 논증의 부당성을 증명해 보자.

  1. $(x)(Lx \supset Mx)$

  2. $(\exists x)Mx$ / $(\exists x)Lx$

먼저 하나의 구성원(a)으로 이루어진 세계에서 위의 논증을 기호

화하여 아래와 같이 연결해서 배치한다. 그리고 간접 진리표를 그려 모순이 일어나는지 따진다.

$$La \supset Ma, \qquad Ma \qquad / \ La$$
$$F \ \textcircled{T} \ T \qquad\qquad \textcircled{T} \qquad\qquad \textcircled{F}$$

위의 간접 진리표에서 보듯이, 이 논증에서는 모순이 일어나지 않는다. 전제가 모두 참이면서 결론이 거짓이 되는 것이 가능하다. 따라서 이 논증이 부당하다는 것이 증명되었다.

이제 또 다른 논증의 부당성을 증명해 보자.

1. $(x)(Lx \supset Mx)$
2. $(\exists x)Lx \qquad / \ (x)Mx$

먼저 하나의 구성원으로 이루어진 세계에서 이 논증을 살펴보자.

$$La \supset Ma, \qquad La \qquad / \qquad Ma$$
$$(모순) \boxed{T \ \textcircled{T} \ F} \qquad\qquad \textcircled{T} \qquad\qquad \textcircled{F}$$

위의 간접 진리표에서 보듯이, 이 논증에서 두 전제는 모두 참인데 결론이 거짓이라는 것은 모순이다. 즉 결론이 참으로 나타나야, 이 논증은 타당한 논증이 되어 모순이 나타나지 않는다. 따라서 하나의 구성원으로 이루어진 위의 논증은 부당하다는 것이 증명되지 않은 것이다.

그렇다면 이제 두 구성원(a, b)으로 이루어진 세계에서 이 논증을 살펴보아야 한다.

(La ⊃ Ma) • (Lb ⊃ Mb),	La ∨ Lb	/ Ma • Mb
T T T ⓉF T F	T Ⓣ F	T Ⓕ F
T T T Ⓣ F	T Ⓣ	F Ⓕ T
T T T Ⓣ F	T Ⓣ	F Ⓕ F

위의 간접 진리표의 첫 번째 경우에서 모순 없이 진리값이 계산되었으므로 위 논증의 부당함이 증명되었다.

요약

* 개체 상항(individual constant): 이름을 가진 구체적인 대상을 지시하며, a, b, c, …, u, v, w로 표시(고유명사, 지시대명사, 지시 형용사, 명사에 대응함)

* 개체 변항(individual variables): 이름을 가지지 않고 임의의 대상을 지시하며, x, y, z로 표시(명제를 번역할 때, 개체 변항은 양화사에 의해 반드시 구속되어야 함)

* 자유 변항(free variables): 양화사에 의해 구속되지 않은 변항

* 구속 변항(bound variables): 양화사에 위해 구속되어 있는 변항

* 보편 양화사(universal quantifier): (x)로 쓰고, '모든 x에 대해'로 읽음

* 존재 양화사(existential quantifier): (∃x)로 쓰고 '어떤 x에 대해'로 읽음

* 명제 함수(propositional function): 개체 변항에 개체 상항을 대입해서 하나의 명제가 나오는 표현으로, 진리값을 가지고 있지 않음

* 정언 명제의 표준 형식에 대한 번역

명제 형식	기호화	읽기
A: 모든 S는 P이다.	$(x)(Sx \supset Px)$	모든 x에 대해서, 만약 x가 S라면, x는 P이다.
E: 모든 S는 P가 아니다.	$(x)(Sx \supset \sim Px)$	모든 x에 대해서, 만약 x가 S라면 x는 P가 아니다.
I: 어떤 S는 P이다.	$(\exists x)(Sx \cdot Px)$	어떤 x에 대해서, S이면서 P인 x가 존재한다.
O: 어떤 S는 P가 아니다.	$(\exists x)(Sx \cdot \sim Px)$	어떤 x에 대해서, S이면서 P가 아닌 x가 존재한다.

* 양화사 제거와 도입 규칙

(1) 보편 양화사 제거
(universal instantiation)

$$\frac{(x)\mathcal{F}x}{\mathcal{F}y} \qquad \frac{(x)\mathcal{F}x}{\mathcal{F}a}$$

(2) 보편 양화사 도입
(universal generalization)

$$\frac{\mathcal{F}y}{(x)\mathcal{F}x}$$

제한: 만약 조건(간접) 증명법이 사용되는 과정의 첫 번째 줄에서 예화된 변항이 자유롭게 나타난다면, 조건(간접) 증명법이 사용되는 범위 내에서 보편 양화사 도입 규칙을 쓰지 않아야 한다.

(3) 존재 양화사 도입
(existential generalization)

$$\frac{\mathcal{F}y}{(\exists x)\mathcal{F}x} \qquad \frac{\mathcal{F}a}{(\exists x)\mathcal{F}x}$$

(4) 존재 양화사 제거
(existential instantiation)

$$\frac{(\exists x)\mathcal{F}x}{\mathcal{F}a}$$

제한: a는 이전 줄에 나타나지 않은 새로운 이름이어야 함

* 양화사 변환 규칙

$$(x)\,\mathcal{F}x :: \sim(\exists x)\sim\mathcal{F}x$$

$$\sim(x)\,\mathcal{F}x :: (\exists x)\sim\mathcal{F}x$$

$$(\exists x)\,\mathcal{F}x :: \sim(x)\sim\mathcal{F}x$$

$$\sim(\exists x)\,\mathcal{F}x :: (x)\sim\mathcal{F}x$$

* 부당성을 증명하는 방법 두 가지
  (1) 반례법: 제3부 2장 2절 참조
  (2) 유한한 세계 방법
    - 제1단계: 하나의 구성원으로 되어 있는 세계 내에서 전제와 결론을 기호화
      한다.
    - 제2단계: 간접 진리표의 방법으로 논증의 타당성을 판별한다.
      1) 모순이 나오면, 증명을 마친다.
      2) 모순이 나오지 않으면, 두 개의 구성원으로 되어 있는 세계 내에서 같은
         과정을 반복한다.
      3) 간접 진리표에서 모순 없이 계산이 될 때까지 구성원 수를 늘려가며 같
         은 과정을 반복한다.

연습문제

I. 괄호 안에 주어진 술어 기호를 이용하여, 다음 명제들을 술어 논리의 체계로
   번역하시오. 그리고 명제의 종류를 〈보기〉에서 고르시오.

〈보기〉

(a) 전칭 명제   (b) 특칭명제   (c) 단칭명제   (d) 부정문
(e) 연언문   (f) 선언문   (g) 조건문   (h) 쌍조건문

---

1. 철수는 학생이다. (Sx: x는 학생이다.)

2. 모든 모과는 과일이다. (Mx, Fx)

3. 어떤 꽃은 향기가 있다. (Fx, Gx)

4. 모든 자서전은 소설이 아니다. (Ax, Nx)

5. 어떤 손님은 반갑지 않다. (Gx, Wx)

6. 만약 네 말이 사실이라면, 지리산은 기(氣)가 충만한 곳이다. (Tx, Sx)

7. 사자는 있다. (Lx)

8. 인어는 없다. (Mx)

9. 폭력을 유발하는 것이면 그 무엇이건 옳지 않다. (Vx, Rx)

10. 모든 친절이 다 진정한 것은 아니다. (Kx, Tx)

11. 몇 사람이 신청했다. (Px, Ax)

12. 고래가 헤엄치고 있다. (Wx, Sx)

13. 고래는 포유류이다. (Wx, Mx)

14. 오직 신사만이 양보를 좋아한다. (Gx, Lx)

15. 잘 만들어진 도자기는 매끄럽고 단단하다. (Wx, Px, Sx, Hx)

16. 그 어떤 사람도 도움이 되지 않는다. (Px, Hx)

17. 전망 좋은 방이 없다. (Vx, Rx)

18. 전망 좋은 방은 싸지 않다. (Vx, Rx, Cx)

19. 만약 모든 친구들이 좋아하면 철수는 입후보할 것이다. (Fx, Lx, Ax)

20. 만약 어떤 친구가 좋아한다면, 민수나 예진이가 청소할 것이다.
    (Fx, Lx, Cx)

21. 만약 의미 있는 소설이 있다면, 『토지』는 의미 있는 소설이다.
    (Mx, Nx)

22. 만약 모든 소설이 재미있다면, 『심판』은 재미있는 소설이다. (Nx, Ix)

23. 스키와 스케이트는 겨울에 하는 스포츠이다. (Kx, Tx, Wx, Sx)

24. 열심히 일하는 사람이 칭찬받아야 한다면, 열심히 일하지 않는 사람
    은 칭찬받지 않아야 한다. (Hx, Px, Tx)

25. 만약 임직원들이 더 많은 돈을 받는다면 그리고 오직 그런 경우에만
    고용자들은 더 많은 돈을 받는다. (Mx, Tx, Ex)

II. 다음의 기호화된 표현을 읽어보시오.(Ax: x는 예술가이다, Px: x는 가난하다, Rx: x는 낭만적이다)

1. $(\exists x)(Ax \cdot Px)$

2. $(\exists y)(Ay \cdot \sim Py)$

3. $(x)(Ax \supset \sim Rx)$

4. $(\exists z)(Az \cdot Rz)$

5. $(\exists x)\{(Ax \cdot Px) \cdot \sim Rx\}$

6. $(y)\{Ay \supset \sim(py \cdot Ry)\}$

7. $(x)\{(Px \cdot Rx) \supset \sim Ax\}$

8. $(\exists x)Ax \supset (\exists x)Px$

9. $\sim(\exists x)Ax \supset \sim(\exists x)Px$

10. $(y)(Ry \supset Py) \supset \sim(\exists x)Ax$

III. 다음 논증을 직접증명법을 이용해서 증명하시오.

1. 1. $(x)(Px \supset Qx)$
    2. $(x)(Qx \supset Rx)$
    3. $(x)(Rx \supset Sx)$　　　　　　　/ $(x)(\sim Sx \supset \sim Px)$

2. 1. (x)Ax ∨ (x)Bx
   2. (x)Ax ⊃ (x)Cx
   3. ~(x)Cx   / (∃x)Bx

3. 1. (x)(Kx ⊃ Ax)
   2. ~Am   / (∃x)~Kx

4. 1. (x)(Dx • Ex)
   2. (∃x)Dx ⊃ (∃x)Kx   / (∃x)Kx

5. 1. (x){(Jx ∨ Ax) ⊃ Lx}
   2. (∃y)(Jy • Dy)   / (∃y)Ly

6. 1. (∃z)(Az • Bz)   / (∃z)Az • (∃z)Bz

7. 1. (x){Lx ⊃ (Mx ∨ Nx)}
   2. (∃x)(Lx • ~Nx)   / (∃x)Mx

8. 1. (x){(Ax ∨ Bx) ⊃ Qx}   / (x)(Ax ⊃ Qx)

9. 1. (x)(Ox ⊃ Px)
   2. Om ∨ On   / Pm ∨ Pn

10. 1. (∃x)(Cx • Rx)
    2. (∃x)Cx ⊃ (∃x)(Px • Rx)
    3. (x)(Px ⊃ Wx)   / (∃x)(Wx • Rx)

IV. 다음 논증을 직접 증명법으로 증명하시오.

1. 1. (x)Zx ⊃ (∃x)~Bx
   2. ~(x)Bx ⊃ (∃x)~Fx   / (x)Fx ⊃ (∃x)~Zx

2. 1. Ka ∨ (x)(Qx ⊃ Kx)
   2. ~(∃x)Kx   / ~Qa

3. 1. (∃x)~Cx ∨ (∃x)~Dx
   2. (x)Dx   / ~(x)Cx

4. 1. (∃x)(Ax • Bx) ⊃ (∃x)(Cx • Dx)
   2. (x)(Cx ⊃ ~Dx)   / (x)(Ax ⊃ ~Bx)

5. 1. (∃x)Ox ∨ (∃x)(Px • Qx)
   2. ~(∃x)Px   / (∃x)Ox

6. 1. (x)(Hx • Ix) ∨ (x)(Jx • Kx)
   2. ~(x)Kx   / (x)Ix

7. 1. (x){Px ⊃ (Qx ∨ Rx)} ⊃ ~(∃x)Ax
   2. Ad   / (∃x)(Px • ~Rx)

8. 1. (x)(Ax ⊃ Jx)
   2. ~(x)Lx ∨ (x)Ax
   3. ~(x)Jx   / (∃x)~Lx

9. 1. $\sim(\exists x)(Ex \cdot \sim Fx)$
   2. $\sim(\exists x)(Fx \cdot \sim Gx)$ / $(x)(Ex \supset Gx)$

10. 1. $(\exists x)(Kx \lor Ax) \supset (x)Lx$
    2. $(\exists x)\sim Lx$ / $\sim(\exists x)Kx$

V. 조건 증명법이나 간접 증명법을 이용해서 다음 논증의 결론을 도출하시오.

1. 1. $(\exists x)Ax \supset (x)Bx$
   2. $(\exists x)Bx \supset (x)Cx$ / $(x)Ax \supset (x)Cx$

2. 1. $(x)\{(Cx \lor Dx) \supset (Ex \cdot Fx)\}$ / $(x)(Cx \supset Ex)$

3. 1. $(\exists x)Hx \supset (x)(Bx \cdot Ix)$ / $(x)(Hx \supset Ix)$

4. 1. $(\exists x)Wx \supset (x)Zx$
   2. $Wn \supset \sim Zn$ / $\sim Wn$

5. 1. $(\exists x)(Qx \lor Rx) \supset \sim(\exists x)Qx$ / $(x)\sim Qx$

6. 1. $(\exists x)Mx \supset (\exists x)(Nx \lor Rx)$
   2. $(\exists x)(Rx \lor Ox) \supset (x)Px$ / $(x)(Mx \supset Px)$

7. 1. $(x)(Ox \cdot Wx)$
   2. $(\exists x)(Wx \cdot Ox) \supset Kd$ / $(\exists x)Ox \lor Kd$

8. 1. $(x)\{(Kx \lor Lx) \supset Mx\}$
   2. $(x)\{(Mx \lor Nx) \supset Ox\}$ / $(x)(Kx \supset Ox)$

9. 1. $(\exists x)Bx \supset (x)(Dx \supset Ax)$
   2. $(\exists x)Dx \supset (x)(Ax \supset Cx)$ $/ (\exists x)Bx \supset (x)(Dx \supset Cx)$

10. 1. $(\exists x)Sx \supset (\exists x)(Ex \cdot Wx)$
    2. $(\exists x)(Ex \lor Vx) \supset (\exists x)Mx$
    3. $(\exists x)Vx \lor (\exists x)Sx$ $/ (\exists x)Mx$

VI. 다음의 논증이 부당하다는 것을 유한한 세계 방법으로 증명하시오.

1. 1. $(\exists x)(Fx \cdot Gx)$ $/ (x)Gx$

2. 1. $(x)(Fx \lor Gx)$
   2. $\sim Fn$ $/ (x)Gx$

3. 1. $(x)(Kx \supset Dx)$
   2. $(\exists x)(Kx \cdot Jx)$ $/ (x)Dx$

4. 1. $(x)\{Fx \supset (Gx \lor Hx)\}$
   2. $(\exists x)Fx$ $/ (\exists x)Gx$

5. 1. $(x)\{(Gx \lor Hx) \supset Mx\}$
   2. Pa $/ (x)Mx$

6. 1. $(x)Ax \supset (x)Bx$ $/ (x)(Ax \supset Bx)$

7. 1. $(x)(Ax \supset Bx)$ $/ (x)(Ax \equiv Bx)$

8. 1. $(\exists x)Ox \supset (\exists x)Bx$

   2. $(\exists x)Cx \supset (\exists x)Fx$

   3. $Oa \cdot Ca$ / $(\exists x)(Bx \cdot Fx)$

9. 1. $(\exists x)(Lx \cdot Mx)$ $(\exists x)Nx$

   2. $(x)(Lx \supset Mx)$ / $(x)Lx \equiv (\exists x)Nx$

10. 1. $(\exists x)(Jx \cdot Kx)$

    2. $(\exists x)(\sim Jx \cdot \sim Kx)$ / $(x)(Jx \equiv Kx)$

2장
술어 논리 Ⅱ : 다항 술어

1. 다항 술어의 번역과 자연 연역

앞에서 술어는 단항 술어와 다항 술어로 구분한다고 이야기했다. 이제 2항 술어, 3항 술어 등의 다항 술어에 대해 알아보자. 1항 술어, 혹은 단항 술어는 개체가 들어가는 자리가 하나이지만, 다항 술어는 여러 개이다. 다항 술어는 여러 개체 사이의 관계를 표현한다. 두 개체 간의 관계를 표현하는 술어를 2항 술어, 세 개체들 간의 관계를 표현하는 술어를 3항 술어라고 한다. 예를 들면 "나는 너를 사랑한다."라는 명제를 구성하는 술어 "＿＿는 ＿＿를 사랑한다."는 2항 술어이다. "대전은 서울과 부산 사이에 있다."라는 명제를 구성하는 술어 "＿＿은 ＿＿과 ＿＿사이에 있다."는 3항 술어이다.

(1) 다항 술어

1) 다항 술어의 번역

이제 다항 술어들을 어떻게 번역하는지 알아보자.

진선이(j)는 민영이(m)를 사랑한다(L).　　　　Ljm

나(i)는 철진이(c)보다 키가 크다(T).　　　　Tic

여기서 소문자들의 순서에 유의해야 한다. 'Lmj'는 "민영이는 진선이를 사랑한다."라는 의미이다. 물론 어떤 술어의 경우에는 순서가 문제가 되지 않을 수 있다. 이와 같은 술어들의 관계를 대칭적 관계라고 한다. 다음과 같은 경우가 그렇다.

미선이와 지선이는 자매간이다.　　　　Smj 혹은 Sjm

이런 관계를 표현하는 술어에 대해서는 다음 절에서 자세히 알아보기로 하고, 이번에는 양화사를 가지고 있는 명제들을 번역해 보자.

그는 모든 것을 알고 있다.　　　　(x)Khx

그는 어떤 것을 알고 있다.　　　　(∃x)Khx

이제 양화사가 두 개인 경우를 번역해 보자.

모든 것은 모든 것과 유사하다.　　　　(x)(y)Rxy

어떤 것은 어떤 것과 다르다.	$(\exists x)(\exists y)Rxy$
모든 것은 어떤 것과 다르다.	$(x)(\exists y)Rxy$
어떤 것은 모든 것과 다르다.	$(\exists x)(y)Rxy$

그리고 양화사가 중복되어 있을 때, 어떻게 읽는지 알아보자.

$(x)(y)Rxy$	모든 x에 대해 그리고 모든 y에 대해, x는 y와 유사하다.
$(\exists x)(\exists y)Rxy$	어떤 x에 대해 그리고 어떤 y에 대해, x는 y와 유사하다.
$(x)(\exists y)Rxy$	모든 x에 대해 그리고 어떤 y에 대해 x와 y는 유사하다.
$(\exists x)(y)Rxy$	어떤 x에 대해 그리고 모든 y에 대해 x와 y는 유사하다.

양화사가 중복되어 있는 경우에 대해 조금 더 자세히 알아보자. 동일한 종류의 양화사가 서로 나란히 붙어 있는 경우, 그것들의 순서를 바꿔 써도 무방하다. 즉 '$(x)(y)Rxy$'와 '$(y)(x)Rxy$', 그리고 '$(\exists x)(\exists y)Rxy$'와 '$(\exists y)(\exists x)Rxy$'는 각각 논리적으로 동치이다. 그렇지만 다른 종류의 양화사가 서로 붙어 있을 때는 이와 다르다.

다른 종류의 양화사가 서로 붙어 있을 경우, 그 순서를 바꾸면 다른 명제가 되어 버린다. 즉 '$(x)(\exists y)Rxy$'와 '$(\exists y)(x)Rxy$'는 그 의미가 다르다. 전자는 모든 것에 대해 그것들 각각과 유사한 것이 적어도 하나 존재한다는 것이고, 후자는 어떤 것은 세상의 모든 것과 유사한 것이 적어도 하나 존재한다는 의미이다.

이런 내용을 더 쉽게 이해하기 위해 논의의 세계를 사람들로만 구성된 것으로 한정하자. 그러면 개체 변항 x와 y는 사람을 지시하게 된다. 이때 '(x)(∃y)Lxy'는 "모든 사람에 대해, 사랑하는 사람이 적어도 한 사람 있다."는 것을 의미한다. 즉 각자는 사랑하는 사람이 적어도 한 사람 있다는 것이다. '(∃y)(x)Lxy'는 "모든 사람이 사랑하는 사람이 적어도 하나가 존재한다."는 것을 의미한다. 즉 모든 사람의 사랑을 받는 사람이 적어도 하나는 존재한다는 것이다.

이제 다항 술어와 단항 술어가 함께 등장하는 명제들을 번역해 보자.

모든 선한 것은 악한 것을 물리친다.
(x){Gx ⊃ (y)(By ⊃ Dxy)}

어떤 선한 것은 모든 악한 것을 물리친다.
(∃x){Gx • (y)(By ⊃ Dxy)}

모든 선한 것이 악한 것을 다 물리치지는 못한다.
(x){Gx ⊃ (∃y)(By • ~Dxy)}
또는 (x){Gx ⊃ ~(y)(By ⊃ Dxy)}
또는 ~(∃x){Gx • (y)(By ⊃ Dxy)}

모든 사람은 어떤 사람을 사랑한다.
(x){Px ⊃ (∃y)(Py • Lxy)}

어떤 사람은 그 어떤 사람도 사랑하지 않는다.
(∃x){Px • (y)(Py ⊃ ~Lxy)}

누군가 어떤 사람을 사랑하는 모든 사람은 어떤 누군가로부터 사랑받는다.

$(x)[\{Px \cdot (\exists y)(Py \cdot Lxy)\}] \supset (\exists z)(Pz \cdot Lzx)\}$

모든 사람이 자기 자신을 사랑하는 것은 아니다.

$\sim(x)(Px \supset Lxx)$

또는 $(\exists x)(Px \cdot \sim Lxx)$

자기 자신을 사랑하지 않는 사람은 어떤 사람에게서도 사랑받지 못한다.

$(x)\{(Px \cdot \sim Lxx) \supset (y)(Py \supset \sim Lyx)\}$

$(x)\{(Px \cdot \sim Lxx) \supset \sim(\exists y)(Py \cdot Lyx)\}$

위의 번역이 복잡해 보이기는 하지만, 전칭일 경우에는 양화사 속이 조건문으로 또 특칭일 경우에는 연언문으로 번역된다는 기본적인 점에는 변함이 없다. 또 하나 꼭 기억해야 할 사항은 이런 종류의 명제들을 번역할 때, 모든 변수가 어떤 하나의 양화사에 의해 구속되어야 한다는 점이다.

그럼 이런 사항을 생각하면서 번역을 계속해 보자.

만약 어떤 것을 택하든 그것이 신선하고 모든 신선한 것이 팔린다면, **그것**은 팔린다.

$(x)[\{(Fx \cdot (y)(Fy \supset Sy)\} \supset Sx]$

만약 어떤 것을 택하든 그것이 신선하고 어떤 신선한 것은 팔리지 않는다면, **그것**은 팔리지 않는다.

$(x)[\{(Fx \cdot (\exists y)(Fy \cdot \sim Sy)\} \supset \sim Sx]$

만약 어떤 것이 신선하고 모든 신선한 것이 팔린다면, **어떤 것**은 팔린다.

$\{(\exists x)Fx \cdot (y)(Fy \supset Sy)\} \supset (\exists z)Sz$

만약 어떤 것이 신선하고 어떤 신선한 것이 팔리지 않는다면, **어떤 것**은 팔리지 않는다.

$\{(\exists x)Fx \cdot (\exists y)(Fy \cdot \sim Sy)\} \supset (\exists z)\sim Sz$

만약 각자가 자신을 사랑한다면, 모든 사람은 사랑받는다.

$(x)(Px \supset Lxx) \supset (x)\{Px \supset (\exists y)Lyx\}$

만약 어떤 사람이 자신을 사랑한다면, 어떤 사람은 사랑받는다.

$(\exists x)(Px \cdot Lxx) \supset (\exists x)(\exists y)(Px \cdot Lyx)$

2) 2항 관계의 속성

다항 술어는 대상들의 관계를 표현하기 때문에 다른 말로 관계적 술어라고도 부른다. 그럼 2항 관계가 가지고 있는 몇 가지 중요한 속성을 알아보자.

① 대칭성(symmetry)

"x는 y와 친구다."라는 관계를 살펴보자. 영수와 진민이가 친구 사이라고 하는 것은 곧 진민이와 영수가 친구 사이라고 하는 것을 의미한다. "x와 y는 이웃에 산다."와 "x와 y는 결혼했다." 그리고 "x와 y는 몸무게가 같다."와 같은 관계를 대칭적인 관계라고 한다. 대칭적 관계는 다음과 같이 정의된다.

대칭적 관계: 만약 (x)(y)(Rxy ⊃ Ryx)라면 그리고 오직 그런 경우, 관계 R은 대칭적(symmetrical)이다.

"키가 더 크다."는 관계는 어떠한가? 만약 내가 너보다 키가 크다면, 너는 나보다 키가 클 수 없을 것이다. 이런 관계를 반대칭적 관계이라고 한다. "x는 y의 북쪽에 있다.", "x는 y보다 길다." 등이 반대칭적 관계를 나타낸다. 반대칭적 관계는 다음과 같이 정의된다.

반대칭적 관계: 만약 (x)(y)(Rxy ⊃ ~Ryx)라면 그리고 오직 그런 경우, 관계 R은 반대칭적(asymmetrical)이다.

이런 반대칭적 관계와 혼동하지 않아야 할 것이 바로 비대칭적 관계이다. '사랑한다'는 관계가 좋은 예가 될 수 있다. 내가 너를 사랑한다는 것이 네가 나를 사랑한다는 것을 의미하는가? 그렇지 않다. 이 관계는 대칭적이지 않은 것이다. 이 관계는 또한 반대칭적이지도 않다. '사랑한다'와 같이 대칭적이지도 않고 반대칭적이지도 않은 관

계를 비대칭적 관계라고 한다.

② 이행성(transivity)

연재는 민주보다 키가 크고, 창남이는 연재보다 키다 크다고 하자. 그렇다면 창남이는 민주보다 키가 크다는 관계가 성립한다. 이런 관계를 이행적이라고 한다. 예를 들면, "x는 y의 북쪽에 있다.", "x는 y의 조상이다.", "x와 y는 몸무게가 같다."와 같은 관계는 이행적이다. 이행적 관계는 다음과 같이 정의된다.

> 이행적 관계: 만약 $(x)(y)(z)\{(Rxy \cdot Ryz) \supset Rxz\}$라면 그리고 오직 그런 경우, 관계 R은 이행적(transitive)이다.

"x는 y의 어머니다.", "x는 y의 아버지이다.", 그리고 "x는 y보다 정확히 2kg 더 무겁다."는 관계는 어떤가? 이런 관계는 전이되는 것이 불가능하다. 이런 관계를 반이행적 관계라고 한다. 반이행적 관계를 정의하면 다음과 같다.

> 반이행적 관계: 만약 $(x)(y)(z)\{(Rxy \cdot Ryz) \supset \sim Rxz\}$라면 그리고 오직 그런 경우, R은 반이행적(intransitive)이다.

'사랑한다'는 관계는 어떤가? 민정이가 철수를 사랑하고 철수가 혜진이를 사랑한다면, 민정이는 혜진이를 반드시 사랑하는가? 그렇지 않다. '사랑한다'와 같이 이행적이지도 반이행적이지도 않은 관계를 비이행적인 관계라고 한다. '다르다'도 비이행적인 관계이다.

③ 재귀성(reflexivity)

"x와 y는 같은 무게이다."라는 관계를 생각해 보자. 이런 관계는 어떤 존재와 다른 존재 사이에 성립할 수 있지만, 자기 자신에 대해 항상 성립한다. 즉 철수는 철수 자신과 같은 무게를 가지고 있다. 이런 관계를 재귀적 관계라고 한다. 예를 들면 "x와 y는 같은 나이이다.", "x와 y는 같은 색깔을 가지고 있다." 등이 그런 관계를 나타낸다. 만약 모든 것에 대해 어떤 관계를 맺는 것이 적어도 하나 있을 때 그 자신에 대해서도 그 관계가 성립한다면, 그 관계는 재귀적이다. 재귀적인 관계는 다음과 같이 정의된다.

재귀적 관계: 만약 (x)(∃y){(Rxy ∨ Ryx) ⊃ Rxx}라면 그리고 오직 그런 경우, 관계 R은 재귀적(reflexive)이다.

"x와 y는 동일하다."는 관계를 생각해 보자. 이 관계는 모든 것이 그 자신에 대해 가지고 있는 관계이다. 만약 모든 것이 그 자신에 대해 어떤 관계를 가지고 있다면, 그 관계는 완전히 재귀적이라고 한다. 완전히 재귀적인 관계를 다음과 같이 정의할 수 있다.

완전히 재귀적인 관계: 만약 (x)Rxx라면 그리고 오직 그런 경우, 관계 R은 완전히 재귀적(totally reflexive)이다.

"키가 더 크다."는 관계는 반대칭적일 뿐 아니라 반재귀적이기도 하다. 어떤 사람이든 자기 자신보다 키가 더 클 수 없기 때문이다. 만약 어떤 관계가 자기 자신에게 성립하는 것이 불가능하다면, 그 관계는 반재귀적이다. 반재귀적인 관계는 다음과 같이 정의된다.

반재귀적 관계: 만약 (x)~Rxx라면 그리고 오직 그런 경우, 관계 R은 반재귀적(irreflexive)이다.

"x는 y를 사랑한다."는 관계가 재귀적이지도 않고 반재귀적이지도 않다. 어떤 사람들은 자기 자신을 사랑하지만, 어떤 사람은 그렇지 않다. 재귀적이지도 반재귀적이지도 않은 관계를 비재귀적 관계라 한다.

어떤 관계는 위에서 소개한 속성들 중 세 가지를 가지고 있다. 예를 들면 "x는 y보다 더 무겁다."와 같은 관계는 반대칭적이고, 이행적이고, 반재귀적이다. "x와 y는 같은 무게를 가지고 있다."는 대칭적이고, 이행적이고, 재귀적이다. 이 속성들 중 어떤 것은 다른 것을 함축한다. 예를 들면 반대칭적 관계는 반재귀적 관계를 함축한다. 이것을 규칙에 의해 증명해 보자.

1. $(x)(y)(Rxy \supset {\sim}Ryx)$ / $(x){\sim}Rxx$
2. $(y)(Rxy \supset {\sim}Ryx)$ 1, 보편 양화사 제거
3. $Rxx \supset {\sim}Rxx$ 2, 보편 양화사 제거
4. ${\sim}Rxx \lor {\sim}Rxx$ 3, 단순 함축

5. ~Rxx   4, 동어 반복

6. (x)~Rxx   5, 보편 양화사 도입

다음 논증을 규칙에 의해 증명해 보자.

철수는 지민이와 몸무게가 같다.

지민이는 민영이와 몸무게가 같다.

몸무게가 같다는 관계는 이행적이다.

따라서 철수는 민영이와 몸무게가 같다.

먼저 위의 논증을 기호화해 보자.

1. Scj

2. Sjm

3. (x)(y)(z){(Sxy • Syz) ⊃ Sxz}   / Scm

4. (y)(z){(Scy • Syz) ⊃ Scz}   3, 보편 양화사 제거

5. (z){(Scj • Sjz) ⊃ Scz}   4, 보편 양화사 제거

6. (Scj • Sjm) ⊃ Scm   5, 보편 양화사 제거

7. Scj • Sjm   1, 2 연언

8. Scm   6, 7 전건 긍정식

(2) 자연 연역

이제 중복되는 양화사들을 포함한 논증에 규칙이 잘 적용된 경우

들을 살펴보자.

〈잘 적용된 경우〉

1. $(x)(\exists y)Pxy$

2. $(\exists y)Pxy$ 1, 보편 양화사 제거

3. Pxa 2, 존재 양화사 제거

4. $(\exists z)Pxz$ 3, 존재 양화사 도입

1. $(x)(y)Pxy$

2. $(y)Pxy$ 1, 보편 양화사 제거

3. Pxx 2, 보편 양화사 제거

4. $(x)Pxx$ 3, 보편 양화사 도입

1. $\sim(x)(\exists y)Pxy$

2. $(\exists x)\sim(\exists y)Pxy$ 1, 양화사 변환

3. $(\exists x)(y)\sim Pxy$ 2, 양화사 변환

1. $(\exists x)(\exists y)Pxy$

2. $(\exists y)Pay$ 1, 존재 양화사 제거

3. Pab 2, 존재 양화사 제거

4. $(\exists x)Pxb$ 3, 존재 양화사 도입

5. $(\exists y)(\exists x)Pxy$ 4, 존재 양화사 도입

마지막 예에서 동일한 종류의 양화사가 사용되고 있을 때, 양화사의 순서는 문제가 되지 않는다는 것을 알 수 있다. 그러나 다른 종류의 양화사가 사용될 경우, 순서가 달라지면 내용이 달라진다. (x)(∃y)Pxy와 (∃y)(x)Pxy는 논리적으로 동치가 아니다. 그러나 앞장에서 소개한 양화사 제거와 도입 규칙을 적용하면, 이 두 명제가 논리적으로 동치라는 것을 허용한다. 그러므로 그것을 방지하기 위해 보편 양화사 도입 규칙을 제한해야 한다.

보편 양화사 도입 규칙의 제한

$$\frac{\mathscr{F}y}{(x)\mathscr{F}x}$$

만약 y가 존재적인 이름을 포함하고 있고 그 이름이 도입되는 줄에서 y가 자유 변항이라면, 보편 양화사 도입 규칙을 사용해서는 안된다.

다음은 양화사의 도입과 제거 규칙들이 잘못 사용된 경우들이다. 어떤 점이 잘못인지 말해 보자.

〈잘못 적용된 경우〉

1. (∃x)Pxy
2. (x)(∃x)Pxx   1, 보편 양화사 도입(부당)

1. (∃x) Pxy
2. (x)(∃x) Pxx   존재 양화사 도입(부당)

1. (x)(∃y)Pxy
2. (∃y)Pxy   1, 보편 양화사 제거
3. Pxa   2, 존재 양화사 제거
4. (∃x)Pxx   3, 존재 양화사 도입

1. (x)(∃y)Pxy
2. (∃y)Pxy   1, 보편 양화사 제거
3. Pxa   2, 존재 양화사 제거(부당)
4. (x)Pxa   3, 보편 양화사 도입(부당)

이제 규칙을 사용하여 관계적인 술어와 중복되는 양화사가 들어
있는 논증의 결론을 유도해 보자.

1. (∃y)(x) Pxy   /   (x)(∃y)Lxy
2. (x) Pxa   1, 존재 양화사 제거
3. Pxa   2, 보편 양화사 제거
4. (∃y) Lxy   3, 존재 양화사 도입
5. (x)(∃y) Lxy   4, 보편 양화사 도입

여기서도 조건 증명법이나 간접 증명법의 기술을 사용할 수 있다.

1. (∃x)(∃y)(Axy ∨ Bxy) ⊃ (∃x)Cx
2. (x)(y)(Cx ⊃ ~Cy)   / (x)(y)~Axy

3. $\sim(x)(y)\sim Axy$	간접 증명 가정	
4. $(\exists x)\sim(y)\sim Axy$	3, 양화사 변환	
5. $(\exists x)(\exists y)Axy$	4, 양화사 변환	
6. $(\exists y)Amy$	5, 존재 양화사 제거	
7. Amn	6, 존재 양화사 제거	
8. $Amn \lor Bmn$	7, 선언지 첨가	
9. $(\exists y)(Amy \lor Bmy)$	8, 존재 양화사 도입	
10. $(\exists x)(\exists y)(Axy \lor Bxy)$	9, 존재 양화사 도입	
11. $(\exists x)Cx$	1, 10 전건 긍정식	
12. Ca	11, 존재 양화사 제거	
13. $(y)(Ca \supset \sim Cy)$	2, 보편 양화사 제거	
14. $Ca \supset \sim Ca$	13, 보편 양화사 제거	
15. $\sim Ca$	12, 14 전건 긍정식	
16. $Ca \cdot \sim Ca$	12, 15 연언	
17. $(x)(y)\sim Axy$	3-16, 간접 증명법	

2. 동일성 명제의 번역과 자연 연역

(1) 동일성 명제의 번역

일상 언어로 된 많은 논증들은 동일성의 관계를 포함하고 있다. 이것을 어떻게 번역해야 하는지 알아보자. 다음의 논증을 살펴보자.

나에게 유일한 친구는 덕희이다. 덕희는 혜수가 아니다. 혜수는 수영 선수다. 따라서 내 친구가 아닌 수영 선수가 있다.

위 논증을 구성하고 있는 명제들은 모두 주부의 주사와 술부의 빈사 사이의 동일성의 관계를 보여준다. 그러나 그 표현 방식은 다르다. 따라서 우선 그 표현 방식들을 살펴보는 것이 중요하다.

1) 단순한 동일성 명제

동일성을 포함한 가장 단순한 명제는 명명된 대상이 다른 명명된 대상과 동일하다는 것을 주장하는 것이다. 그 예는 다음과 같다.

앙드레 김은 김봉남이다. $a = k$

지킬 박사는 하이드 씨이다. $j = h$

토마스 쿤은 필립 쿤이 아니다. $t \neq p$

이진주는 신애정이 아니다. $l \neq s$

2) '단지', '유일한', '… 외의 그 어떤 것도'

정언 논리에서도 우리는 이런 표현들을 번역한 적이 있다. 그 경우에는 이 표현들의 앞이나 뒤에 온 단어가 복수 명사였다. 그러나 이 표현들 앞뒤에 나오는 단어가 개체일 때는 좀 다르게 나타내야 한다.

예를 들어 "단지 수진이만이 그 문을 열 수 있다."는 명제는 1) "수진이는 그 문을 열 수 있다."와, 2) "만약 어떤 사람이 그 문을 열 수 있다면, 그 사람은 수진이다."라는 것을 의미한다. 이런 명제들의 일반적인 형식은 명명된 개체가 진술된 속성을 가지고 있다는 것, 그리고 그 속성을 가지고 있는 모든 것은 그 명명된 개체와 동일하다는 것의 연언이다.

단지 수진이만이 그 문을 열 수 있다.

$Os \cdot (x)[Ox \supset (x=s)]$

베토벤이 작곡한 유일한 오페라는 「피델리오」이다.

$(Of \cdot Bf) \cdot (x)[(Ox \cdot Bx) \supset (x=f)]$

3) '…를 제외한 모든'
이런 경우의 명제는 다음과 같이 번역할 수 있다.

명진이를 제외한 모든 신입생은 동아리에 소속되어 있다. (명진이는 신입생이며, 동아리에 소속되어 있지 않다. 그리고 명진이가 아닌 모든 신입생은 동아리에 소속되어 있다.)

$(Fm \cdot \sim Cm) \cdot (x)\{[(Fx \cdot (x \neq m)] \supset Cx\}$

제주도를 제외한 모든 도는 섬이 아니다. (제주도는 도이고 섬이다. 그리고 제주도가 아닌 모든 도는 섬이 아니다.)

$(Pj \cdot Ij) \cdot (x)\{[(Px \cdot (x \neq j)] \supset \sim Ix\}$

4) 최상급
최상급은 어떤 집합의 원소들 중에서 어떤 것이 가장 크다, 작다 등등의 속성을 가진다는 것을 표현한다. 이런 내용을 표현하는 명제를 번역하기 위해서 우선 지적된 항목에 집합의 속성을 부여한다. 그런 다음 만약 어떤 다른 것이 그 속성을 가지고 있다면, 그것보다 지적된 항목이 더하다는 것을 번역한다.

가장 큰 대륙은 아시아이다. (아시아는 대륙이다. 그리고 아시아가 아닌 모든 대륙보다 아시아가 더 크다.)

$$Ci \cdot (x) \{[Cx \cdot (x \neq i)] \supset Lix\}$$

한국의 가장 높은 산은 백두산이다. (백두산은 산이고 한국에 있다. 한국에 있는, 백두산이 아닌 모든 산보다 백두산이 더 높다.)

$$(Mb \cdot Kb) \cdot (x)\{[(Mx \cdot Kx) \cdot (x \neq b)] \supset Hbx\}$$

5) 수적인 것을 표현하는 명제

"이 방에 세 개의 의자가 있다."와 같은 명제는 수적인 표현을 포함하고 있다. 동일성 기호는 수를 사용하지 않고 그런 명제를 번역할 수 있도록 한다. 세 가지 유형의 수적인 명제가 있다. 기껏해야, 적어도, 혹은 정확하게 n개의 것에 대해 어떤 속성을 단언하는 명제들이다.

기껏해야 하나의 산이 존재한다.

$$(x)(y)\{(Mx \cdot My) \supset (x \neq y)\}$$

기껏해야 두 개의 강이 존재한다.

$$(x)(y)(z)\{[(Rx \cdot Ry) \cdot Rz] \supset [(x = y \lor y = z) \lor x = z]\}$$

(괄호가 너무 많아질 때 동일성 기호가 연결하는 부분의 괄호를 생략하더라도 제대로 된 정식화라고 간주한다. 즉 동일성 기호는 왼쪽과 오른쪽에 직접 붙어 있는 명제에만 관계되는 것으로 간주하기로 하자.)

적어도 하나의 도박장이 라스베이거스에 있다.

$(\exists x)(Cx \cdot Lx)$

적어도 두 사람의 여성이 선출되었다.

$(\exists x)(\exists y)[\{(Wx \cdot Ex) \cdot (Wy \cdot Ey)\} \cdot (x \neq y)]$

적어도 세 가지 문제가 있다.

$(\exists x)(\exists y)(\exists z)[\{(Px \cdot Py) \cdot Pz\} \cdot \{(x \neq y \cdot y \neq z) \cdot z \neq x\}]$

정확히 하나의 오페라 극장이 인스부르크에 있다.

$(\exists x)[(Ox \cdot Ix) \cdot (y)\{(Oy \cdot Ly) \supset (x=y)\}]$

토탈 미술관에는 정확히 두 개의 입구가 있다.

$(\exists x)(\exists y)\langle\{(Tx \cdot Ex) \cdot (Ty \cdot Ey) \cdot (x \neq y)\}$
$\cdot (z)[(Tz \cdot Ez) \supset \{(z=x) \vee (z=y)\}]\rangle$

6) 정관사 기술구

정관사 기술구는 개체(개별적인 사람, 장소, 물건)을 확인하는 '어떠어떠한 그 무엇'이라는 형태를 가진 표현이다. 다음과 같은 것이 정관사 기술구를 포함한 명제이다.

『토지』의 작가

한국의 수도

송일국의 외할아버지

첫 번째 정관사 기술구는 박경리를, 두 번째는 서울을, 세 번째는 김좌진 장군을 가리킨다. 정관사 기술구는 이름과 마찬가지로 단지 하나의 사물만을 확인한다. 그러나 이름과 달리, 단지 하나의 사물이 만족하는 상황이나 관계를 서술한다. 정관사 기술구를 가진 명제들의 의미에 대해서 상이한 해석이 존재한다. 이로 인해 동일한 명제에 대해 상이한 진리값을 부여하게 된다. 가장 일반적인 예를 들어보자. "현재 프랑스 왕은 대머리이다."라는 명제가 그것이다. 이 명제의 진리값은 참인가, 거짓인가? 이 문제에 대해 오늘날 논리학자들 대부분은 러셀(Bertrand Russell, 1872~1970)이 제시한 해석을 받아들인다. 그 해석에 의하면 정관사 기술구를 포함한 명제는 세 가지 주장을 단언하는 것이다. 우선 어떤 종류의 대상이 존재한다. 다음으로 그런 대상은 그 명제에서 부여되는 속성을 가지고 있다. 그리고 만약 우리가 이 해석을 받아들인다면, 현재 프랑스 왕이 존재하지 않기 때문에 그 명제의 진리값은 거짓이 된다.

다음의 명제를 살펴보자.

『장길산』의 작가는 남자이다.

$$(\exists x)[Wxm \cdot \{(y)(Wym \supset y=x) \cdot Mx\}]$$

위의 기호는 다음과 같이 읽을 수 있다. "어떤 것이『장길산』을 썼다. 그리고 만약 어떤 것이『장길산』을 썼다면, 그것은 전자와 동일하다. 그리고 전자는 남자이다."

또한

「생 빅투아르 산」을 그린 화가는 폴 세잔이다.

$$(\exists x)[Pxv \cdot \{(y)(Pyv \supset y=x) \cdot x=p\}]$$

이 기호는 다음과 같이 읽을 수 있다. "어떤 것이「생 빅투아르 산」을 그렸다. 그리고 만약 그 무엇이든「생 빅투아르 산」을 그렸다면, 그것은 전자와 동일하다. 그리고 전자는 폴 세잔이다."

(2) 자연 연역

동일성을 포함한 논증의 결론을 도출하기 위해서는 동일성에 대한 규칙이 더 필요하다.

동일성 규칙		
1) 전제 $\dfrac{\quad}{a=a}$ (a, b는 개체 상항)	2) $a=b :: b=a$	3) $\mathscr{F}a$ $\dfrac{a=b}{\mathscr{F}b}$

이제 위의 규칙을 포함하여 다음 논증의 결론을 도출해 보자.

1. $Os \cdot (x)\{Ox \supset (x=s)\}$

2. $s \neq n$

3. Cn / $(\exists x)(Cx \cdot \sim Ox)$

4. $(x)[Ox \supset (x=s)]$ 1, 교환 법칙, 연언지 단순화

5. $On \supset (n=s)$ 4, 보편 양화사 제거

6. $n \neq s$ 2, 동일성 규칙

7. $\sim On$ 5, 6 후건 부정식

8. $Cn \cdot \sim On$ 3, 7 연언

9. $(\exists x)(Cx \cdot \sim Ox)$ 8, 존재 양화사 도입

요 약

* 보편 양화사 도입 규칙의 제한

$\dfrac{\mathcal{F}y}{(x)\ \mathcal{F}x}$	만약 $\mathcal{F}y$가 존재적인 이름을 가지고 있고 그 이름이 도입되는 줄에서 y가 자유 변수라면, 보편 양화사 도입 규칙을 사용해서는 안 된다.

* 대칭성
  - 만약 $(x)(y)(Rxy \supset Ryx)$라면 그리고 오직 그런 경우, 관계 R은 대칭적(symmetrical)이다.
  - 만약 $(x)(y)(Rxy \supset \sim Ryx)$라면 그리고 오직 그런 경우, 관계 R은 반대칭적(asymmetrical)이다.

* 이행성
  - 만약 (x)(y)(z){(Rxy · Ryz) ⊃ Rxz}라면 그리고 오직 그런 경우, 관계 R은 이행적(transitive)이다.
  - 만약 (x)(y)(z){(Rxy · Ryz) ⊃ ~Rxz}라면 그리고 오직 그런 경우, R은 반이행적(intransitive)이다.

* 재귀성
  - 만약 (x)(∃y){(Rxy ∨ Ryx) ⊃ Rxx}라면 그리고 오직 그런 경우, 관계 R은 재귀적(reflexive)이다.
  - 만약 (x)Rxx라면 그리고 오직 그런 경우, 관계 R은 완전히 재귀적(totally reflexive)이다.
  - 만약 (x)~Rxx라면 그리고 오직 그런 경우, 관계 R은 반재귀적(irreflexive)이다.

* 번역의 길라잡이

	일상어의 표현	번역어
1	오직 i만이 A이다.	Ai · (x){Ax ⊃ (x = i)}
2	B인 유일한 A는 i이다.	(Ai · Bi) · (x){(Ax · Bx) ⊃ (x = i)}
3	i 외의 그 어떤 A도 B가 아니다.	(Ai · Bi) · (x){(Ax · Bx) ⊃ (x = i)}
4	i를 제외한 모든 A는 G이다.	(Ai · ~Bi) · (x){[Ax · (x≠i)] ⊃ Bx]
5	기껏해야 하나의 A가 존재한다.	(x)(y){(Ax · Ay) ⊃ (x = y)}
6	적어도 두 개의 A가 존재한다.	(∃x)(∃y){(Ax · Ay) · (x≠y)}
7	정확히 두 개의 A가 존재한다.	(∃x)(∃y){{(Ax · Ay) · (x≠y)} · (z)[Az ⊃ {(z = x) ∨ (z = y)}]])
8	바로 그 A(the A)는 G이다.	(∃x)[Ax · (y){Ay ⊃ (y = x)} · Bx]

I. 다음 명제를 괄호 안의 술어를 사용하여 번역하시오.

1. 나는 『순례자』를 읽는다.(Rxy)

2. 『순례자』를 읽는 모든 사람은 산티아고에 가고 싶어한다. (Rxy, Wx)

3. 민정이는 민수의 동생이거나 민형이의 동생이다. (Sxy)

4. 만약 진민이가 친구가 있다면, 형수는 그중 하나이다. (Fxy)

5. 김 선생님은 오직 신입생만 가르친다. (Txy, Fx)

6. 이 선생님은 몇 명의 신입생을 가르친다. (Txy, Fx)

7. 모든 사람은 어떤 것을 산다. (Px, Bxy)

8. 어떤 사람은 팔 것이 없다. (Px, Sxy)

9. 어떤 사람도 모든 것을 사지는 않는다. (Px, Bxy)

10. 어떤 사람은 모든 것을 판다. (Px, Sxy)

11. 특급 호텔은 비싼 음식만 판다. (Sxy, Gx, Fx)

12. 대성식품은 그것이 만드는 모든 것을 광고한다. (Pxy, Axy)

13. 철수는 주차장에 있는 모든 차를 운전할 수 있다. (Dxy, Cx, Px)

14. 현수는 오직 자기 친구들에게만 인사한다. (Gxy, Fxy)

15. 미순이는 친구 몇 명을 초대했다. (Ixy, Fxy)

16. 어떤 사람은 손대는 모든 것을 깨뜨린다. (Px, Txy, Bxy)

17. 어떤 사람은 자신에게 말 거는 사람에게만 말한다. (Px, Sxy)

18. 모든 사람은 자신이 만난 어떤 사람을 존경한다. (Px, Mxy, Rxy)

19. 어떤 사람은 자신이 만난 모든 사람을 욕한다. (Px, Mxy, Cxy)

20. 어떤 경찰은 자신이 발견한 모든 위법자들을 처벌한다. (Px, Vx, Fxy, Pxy)

Ⅱ. 다음 논증을 추론 규칙을 이용하여 필요하다면 조건 증명법, 간접 증명법으로 증명하시오.

1. 1. (x)(∃y)Fxy ⊃ (x)Gxx
   2. (∃y)(x)Fxy   / (x)Gxx

2. 1. (x){Sx ⊃ (y)(Ty ⊃ Gxy)}
   2. Sm • Tn   / Gmn

3. 1. (x)(y)Axy   / (∃x)Azz

4. 1. (x){Wx ⊃ (y)Zy}   / (∃x)Wx ⊃ (∃y)Zy

5. 1. (∃x)Sx ⊃ (∃y)Ty   / (∃y)(x)(Sx ⊃ Ty)

6. 1. Po
   2. (x){(Px • Cx) ⊃ Sox}
   3. (x)(Px ⊃ ~Sxx)   / ~Co

7. 1. (x)(y)(Ax ⊃ Ky)
   2. (x)(∃y)(Ax ⊃ Ly)   / (x)(∃y){Ax ⊃ (Ky • Ly)}

8. 1. (x)(∃y) Ixy
   2. (x)(y)(Ixy ⊃ ~Lxy)   / (x)(∃y)~Kxy

9. 1. (∃x){Ox • (y)(Py ⊃ Qxy)}
   2. (x)(∃y)(Ox ⊃ Py)   / (∃x)(∃y)Cxy

10. 1. (x)(∃y)Wxy ⊃ (x)(∃y)Vxy
    2. (∃x)(y)~Vxy   / (∃x)(y)~Wxy

III. 다음 논증의 숨겨진 전제를 보충하고 기호화하고, 규칙을 사용하여 결론을 도출하시오.(숨겨진 전제는 대칭성, 이행성, 재귀성과 같은 2항 관계의 속성을 기술하는 명제이다.)

1. a는 b의 조상이다. b는 c의 조상이다. 따라서 a는 c의 조상이다.

2. 결론: 철수는 자기 자신의 아버지가 아니다.

3. 결론: 어떤 사람은 현정이와 키가 같다.

4. 수진이는 연주보다 점수가 더 높지 않다. 왜냐하면 연주는 수진이보다 점수가 더 높기 때문이다.

5. 어떤 사람은 구슬이보다 키가 크다. 구슬이는 인선이보다 키가 크다. 따라서 어떤 사람은 구슬이와 인선이보다 키가 크다.(논의의 세계를 사람에 제한함)

6. 진수는 혜진이보다 키가 크다. 따라서 진수보다 키가 큰 모든 사람은 혜진이보다 키가 크다.(논의의 세계를 사람에 제한함)

IV. 괄호 안에 주어진 술어를 사용하여 다음 명제들을 기호로 번역하시오.

1. 김소월은 김정한이다.

2. 신동엽은 김수영이 아니다.

3. 단지 장 폴 사르트르만이 노벨상을 거부했다. (Rx)

4. 국기에 단풍잎을 가지고 있는 유일한 나라는 캐나다이다. (Nx, Mx)

5. 충청북도 외의 모든 도는 바다에 인접해 있다. (Dx, Sx)

6. 에베레스트는 가장 높은 산이다. (Mx, Hxy)

7. 성균관대는 한국에서 가장 오래된 대학이다. (Kx, Ux, Oxy)

8. 스위스 외의 모든 선진국은 국제연합의 회원이다. (Px, Mx)

9. 선진이 외의 모든 학생들은 글 쓰기를 잘한다. (Sx, Wx)

10. 지하실에는 기껏해야 하나의 조각 작품이 있다. (Cx, Sx)

11. 몰타에는 기껏해야 두 개의 도시가 있다. (Mx, Cx)

12. 야구팀에는 적어도 한 명의 투수가 있다. (Px, Bx)

13. 강원도에는 적어도 두 개의 국립공원이 있다. (Nx, Gx)

14. 정확히 하나의 신이 존재한다. (Gx)

15. 정확히 두 개의 산이 이 마을에 있다. (Mx, Tx)

16. 소크라테스의 아내는 크산티페이다. (Wx)

17. 「자귀나무」의 작가는 중국에서 태어났다. (Wxy, Cx)

18. 「아이리스」를 그린 사람은 정신병에 시달렸다. (Pxy, Sx)

19. 「비너스의 탄생」을 그린 화가는 보티첼리이다. (Pxy, Ax)

20. 체코의 수도는 프라하이다. (Cxy)

V. 규칙을 사용하여 다음 논증의 결론을 도출하시오.

1. 1. a = b
   2. b = c   / c = a

2. 1. Fa   / (∃x)[Fx • (x = a)]

3. 1. (x)(∃y)(x = y) ⊃ Fa   / Fa

4. 1. (x)(y)[(Fx • Fy) ⊃ (x = y)] • (∃x)Fx
                    / (∃x){Fx • (y)(Fy ⊃ (x = y))}

5. 1. (∃y){Fx • (y)(Fy ⊃ (x = y))}
                    / (x)(y)[(Fx · Fy) ⊃ (x = y)] • (∃x)Fx

VI. 다음 논증을 기호화하고, 규칙을 사용하여 결론을 도출하시오.

1. 마거릿 미첼의 어떤 소설은 재미있다. 마거릿 미첼이 쓴 유일한 소설은 『바람과 함께 사라지다』이다. 따라서 『바람과 함께 사라지다』는 재미있다.

2. 단군은 가장 오래된 우리의 조상이다. 김알지는 우리의 조상이다. 김알지는 단군이 아니다. 따라서 단군은 김알지보다 나이가 많다. (Ax, Oxy)

3. 유일하게 짖는 개는 아롱이와 다롱이이다. 아롱이는 다롱이가 아니다. 아롱이 외의 모든 개는 물가로 달려갔다. 따라서 정확히 한 마리의 짖는 개가 물가로 달려갔다. (Bx, Dx, Rx)

4. 사무실에 정확히 두 명의 변호사가 있다. 모든 변호사는 전문가이다. 사무실에 기껏해야 두 명의 전문가가 있다. 따라서 사무실에 정확히 두 명의 전문가가 있다. (Ax, Ox, Px)

5. 다정이 외의 모든 후보자가 선출되었다. 선출된 유일한 후보자는 우진이다. 다정이는 우진이가 아니다. 따라서 정확히 두 후보자가 있었다. (Cx, Ex)

제7부

귀납 논증

귀납 논증은 고대 그리스의 철학자 아리스토텔레스가 처음 체계
화했다. 그리고 근대에 이르러 베이컨(Francis Bacon, 1561~1626)은
『신기관』(*Novum organum*: *Aphorism on the Interpretation of Nature*,
1620)에서 귀납적 방법을 과학적 방법으로 확립했다. 이어서 19세기
에 영국의 철학자인 밀(John S. Mill, 1806~1873)은『논리학의 체계』
(*The System of Logic*: *Ratiocinative and Inductive*, 1843)에서 귀납적 방
법을 논리적인 이론으로 확립하기에 이르렀다. 밀은 자신의 논의에
서 인과관계를 찾아내는 방법 몇 가지를 체계적으로 기술하고 있다.

  귀납 논증은 전제의 참이 결론의 참을 필연적으로가 아니라, 개연
적으로(또는 그럴듯하게) 지지해 주는 논증을 말한다. 귀납 논증에는
몇 가지 유형이 있는데, 유비 논증, 인과 논증, 귀납적 일반화, 통계
를 이용한 논증, 최선의 설명으로의 논증 등이 바로 그것이다. 여기
서는 이 유형들에 대해 살펴보기로 한다.

논의에 앞서 지적해야 할 것은 위 유형의 귀납 논증들은 서로 배타적인 것이 아니라는 점이다. 어떤 귀납 논증은 귀납적 일반화이면서 인과 논증일 수도 있다. 또 어떤 논증은 유비 논증이면서 인과 논증이기도 하다. 따라서 어떤 귀납 논증이 특정 유형의 귀납 논증이라고 단정해서 말하기 어려운 경우들이 있다. 무엇보다도 중요한 것은 각 유형의 귀납 논증에 대해서 충분히 익히는 것이다.

1장
유비 논증

우리가 흔히 쓰는 표현 중에 '유비(analogy)'라는 것이 있다. 유비는 특정한 사물이나 대상의 특성을 다른 사물이나 대상의 특성과 비교해서 그 유사성을 말하는 것이다. 다음 예를 보자.

원래 연어는 아주 맛있는 생선이라고 한다. 아까 연어와 아주 비슷하게 생긴 생선을 먹었는데 아주 맛있었다. 그래서 내가 먹은 게 맛있었나 보구나.

이것은 단지 유사한 특성을 비교하는 것에 불과하다. 연어가 맛있는 생선이듯이, 연어처럼 생긴 생선도 맛있는 생선이리라는 비유이다. 즉 위의 예는 유비를 이용해 어떤 현상을 설명하고 있다.

우리가 잘 쓰는 표현 중에는 '유추'라는 것도 있다. 유추는 유비 추론(흔히 쓰는 표현으로 유비 추리)을 줄인 말로, 유비를 이용한 추론을 의미한다. 유비 추론은 보통 특수한 예에 관한 전제로부터 다른 특수한 예에 관한 결론을 추리하는 것이다. 유비 추론은 두 유형의 대상을 비교하는 데 근거를 두고 있다. 혹은 여러 대상을 비교하는 데 근거를 두고 있다. 우리는 이런 유형의 추론을 일상생활에서 아주 흔하게 사용한다.

　다음과 같은 예를 보자. 새 학기에 수강 신청을 할 때 보통 수강생들은 어떤 교수가 지난 학기에 학점이 후했다는 사실을 근거로 이번 학기에도 그 교수의 강의를 들으면 학점을 잘 받을 것이라고 생각한다. 혹은 친구가 어떤 상표의 디지털 카메라를 샀는데, 그것이 다른 상표의 디지털 카메라에 비해 성능이 우수하다고 들었다. 그래서 바로 그 상표의 디지털 카메라를 사려는 생각을 갖게 된다. 이럴 때 우리가 사용하는 것이 바로 유비 추론이다. 결국 유비 추론은 다음과 같이 정식화될 수 있다.

　　A라는 대상은 a, b, … 등의 성질을 가지고 있다.
　　X라는 대상은 a, b, … 등의 성질을 가지고 있다.
　　그런데 A라는 대상은 z의 성질을 가지고 있다.
　　그러므로 X라는 대상은 z의 성질을 가지고 있다.

　또 어떤 경우에는 비교 대상이 둘 이상일 수 있다. 그것을 정식화해 보면 다음과 같다.

　　A라는 대상은 a, b, c, … 등의 성질을 가지고 있다.

B라는 대상은 a, b, c, … 등의 성질을 가지고 있다.

C라는 대상은 a, b, c, … 등의 성질을 가지고 있다.

X라는 대상은 a, b, c, … 등의 성질을 가지고 있다.

그런데 A, B, C라는 대상은 z의 성질을 가지고 있다.

그러므로 X라는 대상은 z의 성질을 가지고 있다.

아래의 논증을 보자.

(A) 내 친구 미정이가 시추 강아지 수컷을 키우고 있는데 그 강아지는 건강하다. 그 강아지는 처음 왔을 때 건강 검진을 받았으며 깨끗한 물과 사료를 공급받고 매일 적당한 운동을 한다. 나도 병에 잘 걸리지 않는 건강한 강아지를 원해서 시추 강아지 수컷을 샀다. 내 강아지도 미정이 강아지처럼 처음 왔을 때 건강 검진을 받았으며 깨끗한 물과 사료를 공급받고 매일 적당한 운동을 한다. 내 강아지는 아마도 건강하게 잘 지낼 것이다.

유비 논증의 유형에 가깝게 위의 (A)논증을 다시 정리해 보자.

여기에는 우리가 비교하려는 두 대상이 있다. 즉 미정이의 강아지와 내 강아지이다. 위 논증은 우선 이 두 강아지가 함께 가지고 있는 성질을 나열하고 있다. 즉 두 강아지는 같은 시추이며, 같은 수컷이고, 처음 왔을 때 건강 검진을 받았으며, 깨끗한 물과 사료를 공급받고 있으며, 매일 적당한 운동을 한다. 미정이의 강아지가 가지고 있는 또 하나의 특징은 그 강아지가 건강하게 잘 지내고 있다는 것이다. 물론 이 점에 대한 명시적인 표현은 없지만, 논증 전체에서 그것을 쉽게 찾아낼 수 있다.("나도 병에 잘 걸리지 않는 건강한 강아지를 원해서"라는 구절은 미정이의 강아지가 건강하게 잘 지내고 있다는 것을 함축하고 있다.) 이 논증의 결론은 "내 강아지가 건강하게 잘 지낼 것이다."이다.

위 논증에는 이 논증이 비교적 강하다고 주장할 수 있는 근거가 있다. 어떤 귀납 논증이 절대적으로 강하다고 말하기는 곤란하다. 어떤 전제를 덧붙이거나 원래 전제를 다른 전제로 바꿔 놓으면, 더 강한 논증이 될 수도 있기 때문이다. 수컷 시추 강아지가 처음 왔을 때 건강 검진을 받았으며 깨끗한 물과 사료를 공급받고 매일 적당한 운동을 한다는 속성은 강아지의 건강과 관련된 사항이다. 그런데 만약 이런 성질 대신에 미정이의 강아지와 내 강아지가 다른 성질들을 공유한다고 가정해 보자.

다음 예를 보라.

(B) 내 친구 미정이가 수컷 강아지를 키우고 있는데 그 강아지는 건강하다. 그 강아지는 처음 왔을 때 갈색이며 털이 긴 편이었다. 미정이 강아지는 처음 왔을 때 보라색 목걸이를 하고 있었고 그 어미 강아지가 낳은 세 번째 새끼였다. 나도 병에 잘 걸리지 않는 건강한 강아지를 원해서 수컷 강아지를 샀다. 내 강아지도 갈색이며 털이 긴 편이다. 내 강아지도 처음 왔을 때 보라색 목걸이를 하고 있었으며 그 어미 강아지가 낳은 세 번째 새끼였다. 미정이 강아지와 마찬가지로 내 강아지도 건강하게 잘 지낼 것이다.

위의 유비 논증은 (A)논증과 달리 약한 논증이다. 두 대상이 함께 가지고 있는 성질들은 강아지의 건강과 관련이 없는 것들이다. 이런 성질들을 가지고 있다는 근거에서, 미정이의 강아지가 건강한 것 같지는 않다.

유비 논증의 강도는 몇 가지 요인으로부터 영향을 받는다. 어떤 요인들이 있는지 살펴보자.

1. 유형 혹은 비교되는 대상들(A, B, C,… X)이 함께 가지고 있는 성질(a, b, c,…)이 목표로 하는 성질(z)과 얼마나 관련 있는 것인가가 어떤 유비 논증이 강한가 약한가를 결정하는 기준이 된다. 만약 두 대상이 가진 a, b, c 등의 성질이 z와 관련이 있어 z가 발생하는 것을 그럴듯하게 만들 수 있다면, 그 논증은 비교적 강한 논증이 되는 것이다.

2. A(B, C, …)와 X 사이에 z와 관련된 유사성의 수가 많을수록 유비 논증은 강해진다. 즉 각 대상이 함께 가지고 있는 성질 중 z가 발생하는 것과 관련 있는 성질이 증가한다면, 그 유비 논증은 이전보다 더 강해진다. 관련이 없는 유사성이 첨가될 때는 논증의 강도에 변화가 생기지 않는다.

3. A(B, C, …)와 X 사이에 z와 관련된 비유사성의 수가 많아지면, 유비 논증은 약해진다. 여기서도 비교되는 대상들이 가진 성질이 z

와 관련 없는 비유사성이라면, 논증의 강도가 영향을 받지 않는다. (여기서 여러분은 과연 어떤 성질이 z와 관련 있는 유사성인지 의문이 생길 수 있다. 두 성질 간에 관련성이 있다는 것은 두 성질 사이에 특정한 종류의 인과관계가 있음을 의미한다. 이에 대해서는 5장에서 알아보자.)

4. X와 비교되는 대상이 A만이 아니라 B, C 등 여러 대상으로 증가하면 유비 논증은 강해진다. A, B, C 등과 X가 함께 가지고 있는 성질(들)이 목표로 하는 성질 z와 연관성이 있다는 게 더욱 그럴듯해지기 때문이다.

5. X와 비교되는 대상들, 즉 A, B, C 등의 다양성이 크면 클수록 유비 논증은 더 강해진다. 현재 A, B, C 등과 X가 함께 가지고 있는 성질이 z라는 성질이 발생하는 것과 관련이 있음을 더 그럴듯하게 해주기 때문이다.

6. 대개 주장하는 바가 구체적이고 많을수록 그 주장을 뒷받침하기 어려워진다. z를 더 구체적이고 정확하게 정의할수록 유비 논증은 약해지는 것이다. 반면에 결론을 온건하게 주장할수록 유비 논증은 강해진다. 결론을 좀 더 완곡하게 주장하면 유비 논증은 강해지는 것이다. 요컨대 목표로 하는 z의 성질을 얼마나 구체적으로 서술하느냐에 따라 유비 논증의 강도가 달라진다. 이 기준은 유비 논증뿐 아니라 귀납 논증 일반에 적용된다.

이제 앞서 제시한 (A)논증에 다음 전제를 첨가했을 때, 기존 논증의 강도가 어떻게 바뀌는지 살펴보자.

> (a) 미정이는 한 달에 한 번 강아지가 병이 나지 않아도 동물 병원에 가서 검진을 받는다. 나도 그렇게 할 작정이다.

이런 전제를 덧붙이면, 위의 유비 논증은 더 강해진다. 왜냐하면 2번 기준을 만족시키기 때문이다.

그러면 다음 전제를 원래 논증에 첨가하면 어떨까?

> (b) 미정이의 강아지는 낮에 병원에 가는데, 내 강아지도 낮에 병원에 간다.

이런 전제를 원래 논증에 첨가했을 때, 논증은 더 강해지는가 아니면 약해지는가? 이 전제는 미정이의 강아지와 내 강아지 사이의 유사성을 진술하고 있다. 그런데 그 유사성은 목표로 하는 성질, 즉 건강한 강아지와 관련이 없으므로, 그 전제를 첨가한다 해도 논증의 강도가 변하지 않는다.

그러면 다음의 전제를 첨가해 보자.

> (c) 미정이는 목욕시키고 난 후 강아지 털을 말려 주지만, 나는 잘 말려 주지 않고 스스로 물을 털도록 내버려 둔다.

이런 전제를 원래 유비 논증에 첨가하면, 그 유비 논증은 약해진다. 왜냐하면 이것은 3번 기준을 충족시키기 때문이다. 즉 강아지를 목욕시킨 후 털을 말려 주는 것은 강아지의 건강과 관련 있는 비유사성이다. 털을 말려 주지 않으면 강아지는 감기에 걸리기 쉽기 때문이다.

(d) 미정이의 강아지는 짙은 갈색인데, 내 강아지는 연갈색이다.

이것은 미정이의 강아지와 내 강아지 사이의 비유사성을 지적하는 것이지만, 이 비유사성은 목표로 하는 속성, 즉 건강한 강아지와 관련 있는 비유사성이 아니다. 그러므로 이 전제를 첨가하는 것은 논증의 강도에 아무런 영향을 미치지 않는다.

(e) 미정이 말고 우리 옆집에서도 수컷 시추 강아지를 기르는데, 그 강아지는 처음 왔을 때 건강 검진을 받았으며 깨끗한 물과 사료를 공급받고 매일 적당한 운동을 한다. 그리고 건강하다.

이 전제를 원래 논증에 첨가하면 유비 논증은 더 강해진다. 이것은 4번 기준을 충족시킨다.

(f) 미정이네 강아지는 인터넷을 통해 일반 가정에서 데려온 것이고, 옆집 강아지는 충무로에서 데려온 것이다.

(e)를 첨가하고 또 위 전제를 첨가하면 유비 논증은 (e)만 첨가했을 때보다 더 강해진다. 왜냐하면 이 전제는 5번 기준, 즉 비교되는 대상들의 다양성을 기술하고 있기 때문이다.

이번에는 원래 유비 논증의 결론을 좀 덜 구체적으로, 완곡하게 표현해 보자. 즉 '내 강아지는 건강할 것이다.' 대신에

　　(g) 내 강아지는 적어도 큰 병을 앓지는 않을 것이다.

(g)를 결론으로 대치해 보자. 그렇게 하면 논증의 강도에 어떤 변화가 생기는가? 원래 논증보다 더 강한 논증이 될 것이다. 결론이 전보다 완곡하게 주장되고 있으므로 원래 논증보다 더 그럴듯해진다.

요약

* 유비: 대상들의 유사성을 이용해 비교하는 것

* 유비 논증: 유비 추론(혹은 유비 추리, 줄여서 유추라고도 부름)을 언어로 표현한 것으로서, 유비를 이용해서 어떤 주장을 지지함

* 유비 논증의 강도 평가
　(1) 유형 혹은 비교되는 대상들(A, B, C, …, X)이 함께 가지고 있는 성질(a, b, c, …)이 목표로 하는 성질(z)과 얼마나 관련이 있는가가 어떤 유비 논증이 강한가 약한가를 평가하는 기준이 된다.
　(2) A(B, C, …)와 X 사이에 z와 관련 있는 유사성의 수가 많을수록 유비 논증은 강해진다.

(3) A(B, C, …)와 X 사이에 z와 관련 있는 비유사성의 수가 많아지면, 유비 논증은 약해진다.
(4) X와 비교되는 대상이 A만이 아니라 B, C 등 여러 대상으로 증가하면, 유비 논증은 강해진다.
(5) X와 비교되는 대상들, 즉 A, B, C 등의 다양성이 클수록 유비 논증은 더 강해진다.
(6) 결론은 온건하게 주장하면 할수록 유비 논증은 강해진다.

연습문제

다음 유비 논증에서 비교되는 대상이 무엇인지, 두 대상 간의 공통된 성질이 무엇인지, 이 유비 논증이 목표로 삼고 있는 성질이 무엇인지 확인하시오. 그리고 아래에 주어진 문장을 전제로서 덧붙이거나 원래의 결론과 대치한다면 논증은 더 강해지는지, 약해지는지, 아니면 변화가 없는지 살펴보시오. 그리고 이유를 설명하시오.

1. 미선이와 영채는 대학생이다. 미선이는 다음 학기에 김치밀 교수의 수학 과목을 신청하려고 한다. 미선이의 친구 영채는 이번 학기 그 수업에서 A 학점을 받았다. 미선이는 영채처럼 수업에 빠지지 않고 과제를 충실히 해 갈 것이다. 미선이는 그 수업에서 A를 받을 것이다.
   (1) 영채는 고등학교 때 수학 과목에서 항상 A를 받았는데, 미선이는 항상 B를 받았다.
   (2) 영채는 선수 과목을 들었고 A 학점을 받았다. 미선이도 선수 과목을 들었고 A 평점을 받았다.
   (3) 영채의 종교는 불교인데, 미선이의 종교는 기독교이다.
   (4) 미선이는 이 과목에서 C만 면하려고 목표를 수정했다.
   (5) 영채는 그 수업에 대한 예습과 복습을 매일 30분씩 하는데 미선이도 그렇게 하려고 한다.

(6) 영채 외에 경진, 민선이도 그 과목을 들었는데 A를 받았다. 그들은 모두 결석을 하지 않고 과제를 충실히 해 갔다.

2. 미주네는 거실에 있는 카펫을 세탁소에 맡기려고 한다. 친구 동일이네 카펫은 청결 세탁소가 세탁을 했는데 아주 잘했다고 한다. 미주네와 동일이네의 카펫은 같은 회사 제품이며, 같은 방식으로 제작되었다.

(1) 동일이네는 그 세탁소에 다섯 번이나 카펫 세탁을 맡겼는데, 매번 깨끗하게 세탁되었다.

(2) 미주네 카펫은 세탁에 민감한 울로 되어 있는데, 동일이네 것은 쉽게 세탁되는 나일론으로 되어 있다.

(3) 미주네 카펫은 12월에 맡기는 데 반해, 동일이네 것은 6월에 맡긴다.

(4) 동일이네 외에 다섯 집도 같은 세탁소에 카펫을 맡겼는데, 다 깨끗하게 잘 되었다. 그런데 각 집에 있는 카펫은 다른 재질로 되어 있다.

(5) 세제에 환경오염 문제가 있어 청결 세탁소는 예전에 쓰던 세제를 더 이상 사용할 수 없다.

2장
귀납적 일반화

귀납적 일반화(inductive generalization)는 귀납 논증에서 가장 일반적인 것으로 보인다. 많은 경우, 귀납적 일반화를 귀납 논증의 전부로 잘못 알고 있을 정도이기 때문이다. 귀납적 일반화란 특수한 사례들에 관한 전제로부터 일반적인 경우에 관한 결론을 도출하는 논증을 말한다. 이처럼 귀납적 일반화는 귀납 논증의 한 가지 유형이다.

우리가 흔히 보는 여론 조사는 바로 이 논증에 의거하고 있다. 어떤 출마자가 자신이 유권자들에게 어느 정도 지지를 받을 것인지 알아보고자 할 때 사용하는 방법이 바로 이것이다. 이때 모든 유권자들에게 의견을 묻는 것은 비용이나 시간상 상당한 어려움이 있다. 그래서 여론 조사에서는 유권자들의 집단에서 표본을 선택해서, 그 표본 속의 유권자들에게 의견을 묻는 방법으로 조사를 한다. 표본 조사를 통한 이들의 대답에서 전체 유권자들의 의견을 이끌어 내는 것이다. 만약 표본의 60%에 해당하는 유권자들이 그 후보자를 지지

했다면, 그 사실을 가지고 실제 선거에서 전체 유권자의 60%가 그 후보자를 지지할 것이라는 결론을 이끌어 낸다.

그렇다면 귀납 논증의 강도를 평가할 때는 어떤 요인을 고려해야 하는가? 이 문제에 답하기에 앞서 우선 귀납적 일반화를 두 유형으로 구분해 보자. 그중 하나는 보편적 귀납적 일반화(universal inductive generalization)이고, 다른 하나는 통계적 귀납적 일반화(statistical inductive generalization)이다.

우선 다음의 경우를 보자.

(a) 백조 A는 하얗다.
    백조 B는 하얗다.
    백조 C는 하얗다.
            ⋮
    백조 P는 하얗다.
    그러므로 모든 백조는 하얗다.

위의 (a)논증에서는 개별적인 백조들에 대한 정보에서 전체 백조 집단에 대한 결론을 도출하고 있다. 그렇지만 아래의 경우처럼 전제나 결론이 모두 보편적인 명제로 이루어진 논증이 있을 수도 있다.

(b) 이제까지 관찰된 모든 백조는 하얗다.
    그러므로 모든 백조는 하얗다.

⒝논증은 검토된 모든 경우에다 검토되지 않은 경우까지 합해서 모든 경우에 대한 결론을 도출하고 있다.

주어 집합에 속하는 모든 원소에 대해 논의하고 있는 명제는 보편적 일반화가 된다. 예를 들어 "모든 사람은 죽는다." 혹은 "모든 사람은 식물이 아니다."는 보편적 일반화이다. 또한 "0%의 사람들이 영원히 산다." 혹은 "100%의 사람들은 공기 없이 살 수 없다."도 보편적 일반화이다.

이에 반해 특수한 사례들에서 도출된 결론이 주어 집합에 속하는 원소 중 일부에 대해 논의하고 있는 논증은 통계적 일반화이다. 통계적 일반화의 경우, 반드시 숫자로 표시될 필요는 없다. 예를 들어 "이 마을 사람들은 80%가 채식주의자이다.", "이 마을 사람들은 대부분 여가를 즐긴다.", "이 마을 사람들 중 다수는 감기에 걸리지 않는다." 등은 모두 통계적 일반화이다.

이 장의 첫 부분에서 다룬 여론 조사로 돌아가 보자. 그것을 정리하면, 다음과 같은 논증을 얻게 된다.

⒞ 표본 유권자들의 60%가 출마 후보자에게 투표했다.
　　그러므로 전체 유권자의 60%가 출마 후보자에게 투표할 것이다.

이제 보편적 일반화이건 통계적 일반화이건, 귀납적 일반화의 강도를 평가하려면 어떤 요인들에 유의해야 하는지 알아보자. 귀납적 일반화에서 중요한 것은 선택된 표본이 전체 집단을 대표하는 표본인가 하는 점이다. 표본이 대표적이지 않을 경우, 편향적(biased)이라고 말한다. 표본이 대표성이 있는지를 알아보기 위해서는 다음 사항들을 고려해야 한다.

첫째, 표본이 충분한 다양성을 가지고 있는가. 표본을 무작위로 (randomly) 끄집어 내는 것도 한 가지 방법이다. 표본을 무작위로 추출했다는 것은 추출될 기회가 전체 집단의 모든 원소에 동등하게 부여되었다는 것을 뜻한다. 그러면 표본이 한쪽으로 쏠리는 것을 방지할 수 있다. 여론 조사 과정에서 조사 시기, 조사 장소, 조사 방법 등을 고려하는 것은 바로 이런 이유에서이다.

둘째, 표본의 크기가 충분한가. 그런데 얼마나 많아야 충분한 크기의 표본인지 말하는 것은 분명 쉬운 일이 아니다. 그렇기는 하지만 너무 적은 표본에서 얻어 낸 정보를 이용해서 전체 집단에 대한 정보를 이끌어 내는 것은 성급한 일반화의 오류를 범하는 것에 해당한다. 그러나 전체 집단의 원소들이 성격상 편차가 크지 않다면, 적은 수의 표본으로 전체 집단에 대한 정보를 도출하는 데 무리가 있다고 할 수는 없다.

예를 들어 어떤 회사에서 생산한 전구가 다른 회사에서 생산한 전구보다 더 오래가는지를 알아본다고 하자. 여기서 불량품이 아닌 제품들만 고려했을 때, 사람들은 아주 많은 표본을 비교하지 않더라도 그럴듯한 결론을 도출할 수 있다. 그러나 우리가 귀납적 일반화를 하는 것은 대부분 전체 집단의 원소들이 균일하지 않은 경우이므로, 표본의 크기를 고려하는 것이 일반적이다.

* 귀납적 일반화(inductive generalization): 특수한 사례에서 일반적 사례를 이끌어
  내는 논증으로, 귀납 논증의 한 유형(특히 귀납 논증과 귀납적 일반화를 혼동하지
  말 것)

* 귀납적 일반화의 두 유형
  (1) 보편적 귀납적 일반화(universal iductive generalization): 결론이 주어 집합의
      모든 원소에 대해 논의한다.
  (2) 통계적 귀납적 일반화(statistical iductive generalization): 결론이 주어 집합의
      일부에 대해 논의한다.

* 귀납적 일반화의 강도 평가: 선택된 표본 집단의 대표성에 따라 평가
  (1) 표본이 다양성을 충분히 가지고 있는가를 평가한다.
  (2) 표본의 크기가 충분한지 고려해서 평가한다.

연습문제

I. 다음의 귀납적 일반화가 강한 논증이 아닌 이유를 설명하시오.

1. 무작위로 추출된 전국의 주택 보유자 1000명에게 주택 보유세를 인상하
   는 것에 대한 의견을 물었다. 그 중 70%가 반대했다. 그러므로 전체 성
   인의 70% 정도가 주택 보유세 인상에 반대한다고 생각한다.

2. 내가 프랑스를 방문했을 때 프랑스 대학생 10명을 만났는데, 그들은 기
   꺼이 영어로 이야기를 했다. 아마도 프랑스 대학생들은 외국인에게 영
   어로 이야기하기를 즐기나 보다.

3. 지난 10년간의 통계에 따르면, 비행기 사고가 일어나는 확률이 자동차 사고나 선박 사고가 일어나는 확률보다 훨씬 낮다. 며칠 전 커다란 비행기 사고가 있었다. 나는 앞으로 여행할 일이 있으면 사고의 위험을 줄이기 위해 결코 비행기를 타지 않을 것이다.

4. 지난 수요일에 비가 내렸다. 이번 수요일에도 비가 내렸다. 아마도 수요일마다 비가 내리려나 보다.

5. 흡연실에 있던 학생 100명을 대상으로 실내 흡연 허용 여부에 대한 여론 조사를 실시했다. 99%의 학생들이 실내 흡연실을 그대로 두어야 한다고 했다. 아마도 이 학교 학생들은 실내 흡연실이 유지되기를 바라는 것 같다.

II. 다음 진술이 참인지 거짓인지 답하시오.

1. 대표적이지 않은 표본은 전체 집단을 정확하게 반영하지 못한다.

2. 여론 조사를 할 때 대표적인 표본을 선택하는 유일한 방법은 무작위로 표본을 뽑는 것이다.

3. 통계적 일반화에서 표본의 수가 늘어나면, 그 비율에 정확하게 비례해서 결론의 신뢰도가 커진다.

4. 귀납적 일반화의 결론은 반드시 통계적 일반화의 문장이어야 한다.

5. 무작위로 추출한 표본은 항상 전체 집단을 대표한다.

3장
통계적 삼단논법

통계적 삼단논법(statistical syllogism)은 전제가 둘인 논증으로, 전제에 통계 명제가 포함되어 있는 경우이다. 또한 앞에서 다룬 통계적 일반화와는 반대 방향으로 이루어지는 논증이다. 통계적 일반화는 표본 집단을 서술하는 정보에서 전체 집단에 관한 결론을 도출하는 논증인 데 반해, 통계적 삼단논법은 전체 집단에 대한 정보에서 그 전체 집단의 한 원소나 부분 집합에 대한 결론을 도출하는 것이다. 우선 통계적 삼단논법의 예를 보자.

(a) 독감 예방주사를 맞지 않은 노약자 90%가 이번 겨울에 독감에 걸렸다.
우리 할머니는 독감 예방주사를 맞지 못했다.
그러므로 우리 할머니는 이번 겨울에 독감에 걸리셨을 것이다.

이와 같은 통계적 삼단논법의 일반적인 형태를 정식화하면 다음과 같다.

> F집합의 X%가 G라는 성질을 가진다.
>
> a는 F이다.
>
> 그러므로 a는 G라는 성질을 가진다.

여기서 'F'는 준거 집합(reference class)을 말하며, 'G'는 그 집합에 속하는 개체들이 가진 성질을 가리킨다. 'a'는 개체를 나타낸다. 이런 통계적 삼단논법이 강한지 약한지를 평가하는 데는 G라는 성질을 가진 F집합의 퍼센트가 중요할 것이다. 아마도 그 퍼센트가 100에 가까울수록 그 논증은 강하다고 할 수 있다. 그런데 퍼센트가 0에 가까울 때도, 우리는 강한 논증을 내세울 수 있다. 다음과 같은 통계적 삼단논법이 그러하다.

> (b) 독감 예방주사를 맞은 노약자 10%가 이번 겨울에 독감에 걸렸다.
>
> 우리 할머니는 독감 예방주사를 맞으셨다.
>
> 그러므로 우리 할머니는 이번 겨울에 독감에 걸리지 않으셨을 것이다.

이처럼 결론이 부정문인 경우를 고려한다면, 통계적 삼단논법은 그 수치가 100%나 0%에 가까울 경우에 강하고 50%에 가까울수록 약하다.

통계적 삼단논법의 강도를 평가하는 데 좀 더 중요한 것은 단순한 수치보다는 전제가 결론과 얼마나 관련이 있는가이다. 특히 통계적 삼단논법에서 상이한 준거 집합에 대한 정보를 다룰 때는 서로 양립 불가능한 결과를 가져올 수 있다는 점에 유의해야 한다. 다음의 두 통계적 삼단논법을 살펴보자.

(c) 음식 조절을 하면서 다이어트를 시도하는 사람들의 90%가 다이어
   트에 성공하지 못했다.
   소영이는 음식 조절을 하면서 다이어트를 시도한다.
   그녀는 아마도 다이어트에 성공하지 못할 것이다.

(d) 하루에 2시간씩 운동과 병행해서 음식 조절로 다이어트를 시도하
   는 사람들의 85%가 다이어트에 성공했다.
   소영이는 하루 2시간씩 운동과 병행해서 음식 조절을 하고 있다.
   그녀는 아마도 다이어트에 성공할 것이다.

(c)논증에서는 소영이가 다이어트에 성공하지 못할 것이라는 결론이 그럴듯하다. 그러나 (d)논증을 보면 소영이가 다이어트에 성공할 것이라는 결론도 마찬가지로 그럴듯하다. 즉 (c)와 (d), 두 논증은 서로 상반되지만, 아주 그럴듯한 결론을 내놓고 있다.

이럴 때 우리는 이 두 가지 결론에서 어떤 논증의 결론을 신뢰할 만한 것으로 보아야 하겠는가? 결론부터 말하자면, 더 신뢰할 만한 쪽은 (d)논증이다. 그 이유는 다이어트에 성공할 것인지를 판단하기

위해 고려하는 문제와 관련된 준거 집합으로서 (d)가 (c)보다 더 구체적이기 때문이다. 즉 하루 2시간씩 운동을 하면서 음식 조절을 하며 다이어트를 시도하는 사람들의 집합은 그냥 음식 조절만 하면서 다이어트를 시도하는 사람들의 집합의 부분 집합에 해당한다. 이 부분 집합은 앞의 집합보다 더 동질적이다. 결국 결론에서 목표로 하는 사안과 관련된 성질이 많아서 좀 더 크기가 작은 준거 집합을 기반으로 구성되는 논증이 더 강한 논증이 되는 것이다. 결론 내리자면 (c)는 약한 논증이고 (d)가 강한 논증이다.

이와 같이 어떤 준거 집합을 선택하느냐에 따라 통계적 삼단논법의 강도가 달라진다. 즉 결론에서 문제 삼는 성질과 관련된 준거 집합을 선택할수록 논증의 강도는 강해진다. 그렇지만 때로는 어떤 요인이 관련이 있고 어떤 요인이 관련이 없는지를 알기가 쉽지 않다. 이것은 귀납 논증이 가진 어떤 특징을 잘 보여준다.

그 특징이란 귀납 논증은 하나의 논증만으로 그 강도를 결정하기 어렵다는 것이다. 어떤 성질이 중요하고 어떤 성질은 그렇지 않은지 결정하는 것을 도와줄 수 있는 좀 더 큰 틀 속에 있을 때, 그 강도를 결정할 수 있는 것이다.

* 통계적 삼단논법(statistical syllogism): 전제가 둘인 논증으로, 일반적인 사례에 대한 명제(통계적 일반화의 명제)에서 개별적인 사례에 대한 명제를 도출하며, 전제에 통계 명제를 포함한다.

* 통계적 삼단논법의 정식화

  집합 F의 X%가 G라는 성질을 가진다.

  a는 F이다.

  그러므로 a는 G라는 성질을 가진다.

  [F는 준거 집합(reference class), G는 F에 속한 원소의 성질, a는 개체, 즉 F의 원소]

* 통계적 삼단논법의 강도 평가: 전제와 결론의 관련 정도에 따라 결정됨

연습문제

I. 다음 논증을 통계적 삼단논법의 형태로 나타내시오.

1. 내일 너와 그 영화를 보러 갈 거야. 하지만 별로 기대는 안 해. 요즘 하는 영화는 별로 재미가 없으니 말이야.

2. 이라크를 방문한 많은 사람들이 테러의 위협을 느꼈다고 한다. 나는 그곳 유적지에 가보고 싶지만 가지 않을 것이다.

3. 이번 경품에는 90%의 신청자가 상품을 받게 됩니다. 여러분 신청만 하십시오.

4. 대부분의 사람이 한 번에 자동차 면허를 따지 못한다. 나는 여러 차례 시험 볼 각오가 되어 있어.

5. 많은 학생들이 아파서 오늘 수업에 나오지 못했다. 그래서 인철이도 오늘 집에서 쉬나 보다.

II. 다음 진술이 참인지 거짓인지 답하시오.

1. 통계적 삼단논법은 일반적인 명제를 포함한 전제들에서 개별적인 명제를 도출한다.

2. 통계적 일반화는 개별적인 명제(들)에서 통계적인 일반 명제를 도출한다.

3. 어떤 귀납 논증은 일반적인 사례에 대한 명제에서 특수한 사례에 대한 명제를 도출한다.

4. 통계적 삼단논법은 전제가 둘이고 결론은 하나인 귀납 논증이다.

5. 어떤 귀납 논증은 특수한 사례에 대한 명제에서 특수한 사례에 대한 명제를 도출한다.

4장
최선의 설명에 의한 논증

이번에는 최근에 더 널리 논의되고 있는 귀납 논증의 한 형태를 살펴보자. 어떤 가설이 그전에 우리가 가지고 있던 믿음에 덧붙여졌을 때, 그것이 만약 문제가 되는 어떤 현상을 설명해 주면 그 가설은 귀납적인 지지를 받는 것으로 여겨진다. 우리는 어떤 가설이 어떤 현상에 대한 설명력을 확대한다는 이유로 그 가설이 참이거나 참일 것 같다고 받아들이는 것이다. 바로 이런 논증을 '최선의 설명에 의한 논증(argument by the best explanation)'이라고 한다.

다음과 같은 경우를 예로 들어 보자. 철수는 며칠간의 여행을 마치고 혼자 사는 집에 돌아왔을 때 현관문이 열려 있고 베란다 유리창이 깨져 있는 것을 발견했다. 그리고 집 안이 어질러져 있고 귀중품들이 없어진 것도 알 수 있었다. 누구나 그러하겠지만, 그도 자기가 집을 비운 사이에 도둑이 든 것이라고 곧바로 추정했다. 이때 철수가 구성하고 있는 논증이 바로 최선의 설명에 의한 논증이다.

이전에 주어진 사실과 원리를 결합해 볼 때, 철수의 집에 도둑이 들었
　　다는 가설은 어지러운 집 안과 깨진 유리창, 열린 현관문 등에 대한
　　적합한 설명을 제공해 준다.
이 가설이 다른 어떤 가설보다 설명을 더 잘한다.
그러므로 철수의 집에 도둑이 들었을 가능성이 아주 높다.

　이 논증은 이런 상황을 마주치면, 누구나 구성할 수 있는 유형의 논증이다. 그렇기는 하지만, 조금 더 살펴보자.

　물론 위에서 문제가 되는 상황(또는 현상)을 다른 가설을 이용해서 설명할 수도 있다. 예를 들어 말썽꾸러기 동생이 갑작스레 돈이 필요해서 철수를 찾아왔다가, 형이 여행 간 것을 알고 난리를 피운 것일 수도 있다. 철수의 집에서 돈이 될 만한 것을 찾아야 했고, 그 와중에 유리창을 깨뜨렸으며 집 안을 어질렀을 수도 있는 것이다. 아니면 여행 간 며칠 동안 집을 봐주기로 한 철수의 친구가 그를 놀래주려고 도둑이 든 것처럼 꾸민 것일 수도 있다. 아니면 어디선가 범죄 신고를 받은 경찰이 집을 잘못 찾아와 가택 수색을 한 황당한 경우일 수도 있다. 이런 온갖 일이 가능하다. 그런데 왜 철수는 바로 도둑이 들었을 것이라고 했으며, 우리는 도둑이 들었을 것이라는 가설을 쉽게 받아들일 수 있겠는가? 그 가설이 우리가 가진 다른 믿음들과 잘 맞아떨어져서, 문제가 되는 현상을 가장 그럴듯하게 설명하고 있기 때문이다.

　위의 예에서 최선의 설명에 의한 논증이 귀납 논증의 하나임은 잘 알 수 있을 것이다. 우리가 채택한 가설이 문제가 되는 현 상황을 적

절하게 설명해 준다고 하더라도, 결론이 거짓일 가능성은 얼마든지 있다. 물론 당장은 충분히 납득할 수 있을지라도, 바로 그 설명이 적절하지 못한 것으로 밝혀질 수도 있다. 또한 앞으로 이루어질 연구에서 새로운 가설이 나와, 문제가 되는 현상을 적절하게 설명하는 것으로 밝혀질 수도 있다.

어떤 가설이 최선의 설명이 될 것인가에 대한 법칙 같은 기준은 없다. 그렇지만 어떤 가설이 최선의 설명이 될 수 있을 것인가를 결정하는 주요 요인은 다음과 같이 나열해 볼 수 있다.

① 설명은 참이 될 것 같지 않은 주장들을 포함하지 않아야 한다.
② 설명은 더 설명될 필요가 있어서는 안 된다.
③ 같은 현상을 적절히 설명해 준다면, 단순한 설명이 탁월한 설명이다. 왜냐하면 단순한 설명이 이해하기 더 쉽고 설명은 이해를 목적으로 하는 것이기 때문이다.
④ 설명은 강력해야 한다. 다시 말해서 어떤 설명이 탁월한 것인가는 얼마나 많은 경우들에 그 설명이 성공적으로 사용될 수 있는가에서 나타난다.
⑤ 만약 설명이 이제까지 잘 정립된 다른 믿음들을 포기하도록 한다면, 그런 설명은 채택하지 않는 것이 좋다. 설명은 과거 믿음에 대해 보수적인 태도를 취해야 한다.
⑥ 설명은 문제가 되는 현상들을 진정으로 설명해야 한다. 좋은 설명은 그것이 설명하고자 하는 것에 대해 진정으로 어떤 것을 밝혀주는 것이다.

물론 좋은 설명에 영향을 미치는 이런 요인들은 맥락의 영향을 받는다. 맥락에 따라 각 요인이 얼마나 엄격히 적용되는가도 달라지고, 또 이 요인들 간의 우선 순위도 달라진다. 때로는 강한 설명력을 위해 단순성의 요인은 경시되기도 한다. 그리고 근본적인 난점을 극복하기 위해 보수성의 기준이 경시되기도 한다. 어떤 특수한 설명이 이런 기준들에 비추어 볼 때 다른 설명들보다 우월할 경우, 이 설명에 근거를 둔 논증이 강해질 수도 있다.

요약

* 최선의 설명에 의한 논증(argument by the best explanation):

> 어떤 가설은 a라는 현상을 설명해 준다.
> 그 가설은 다른 대안적 가설보다 더 좋은 최선의 설명이다.
> 그러므로 그 가설은 참이다.

* 최선의 설명이 되기 위한 일반적인 조건
  (1) 설명은 참이 될 것 같지 않은 주장들을 포함해서는 안 된다.
  (2) 설명은 그 자체로 더 설명될 필요가 있어서는 안 된다.
  (3) 같은 현상을 적절히 설명해 준다면, 단순한 설명이 탁월한 설명이다.
  (4) 설명은 강력해야 한다.
  (5) 만약 설명이 이제까지 잘 정립된 다른 믿음들을 포기하도록 한다면, 그런 설명은 채택하지 않는 것이 좋다.
  (6) 설명은 문제가 되는 현상들을 진정으로 설명해야 한다.

다음 사건을 가장 잘 설명하는 가설은 어떤 것인가? 그리고 대안적인 가설은 어떤 것인가?

1. 집 안의 벽에 금이 가기 시작한다.

2. 집에 돌아와 문을 열려고 하니 열쇠가 열쇠 구멍에 들어가지 않는다.

3. 슈퍼마켓에 있던 검은 쌀이 모두 팔리고 없다.

4. 어제 로또 추첨이 있었다. 수많은 취재진이 우리 아파트 입구에서 웅성거리고 있었다.

5. 나는 천사들의 합창을 들으면서 잠에서 깨어났다.

6. 결혼하는 신세대 부부들은 독립해 사는 것을 원하지 않는다.

7. 인간이 다른 것을 학습하는 것에 비해서 어린 시절 모국어를 제1언어로서 배우는 데에는 어려움이 덜하다.

8. 오스트리아 내에 소금 광산이 있다.

9. 영국은 우리나라보다 위도가 더 높지만 겨울에 기온이 더 높다.

10. 사람들은 일반적으로 군중으로부터 소외되는 것을 원하지 않는다.

5장
인과 논증

1. 원인의 여러 의미

　인과 논증(causal argument)은 전제와 결론에서 인과적 관계를 주장하는 논증이다. 인과관계란 원인과 결과의 관계를 말한다. 그런데 '원인'은 사실 몇 가지 의미로 사용되는 애매한 단어이다. '원인'이라는 단어가 무엇을 의미하는가는, 어떤 상황에 대해 우리가 얼마나 많이 알고 있는가에, 그리고 그것을 지배하는 인과관계에 대해 우리가 어떤(이론적, 실천적) 관심을 가지고 있는가에 달려 있기 때문이다.

　예를 들어 차를 몰고 가던 어떤 사람이 맞은편 차선에서 오다 중앙선을 침범한 트럭과 정면 충돌했고, 결국 출혈이 심해 병원으로 옮겨지던 중에 사망했다고 하자. 이런 사건에 대해 사람들은 대개 교통사고가 사망 원인이라고 생각한다. 하지만 교통사고 조사를 맡는 경찰은 마주 오던 트럭 운전사의 부주의라는 원인에 관심을 둔다. 그리고 사망자의 사망진단서를 작성해야 하는 의사는 사망 원인을 과다 출혈로 기재한다. 이처럼 교통사고 환자의 사망에 대해 경찰관과 의사가 파악한 원인은 다르다. 그렇지만 두 원인이 서로 무관한 것은 아니다. 경찰관은 교통사고에서 사망에 이르는 인과관계의 연쇄 중 한 부분에 관심을 가지는 것이고, 의사는 그중 다른 부분에 관심을 가지는 것이다. 즉 경찰은 누가 벌을 받아야 하는가에 관심을 가지는 반면, 의사는 어떤 신체 부위의 손상이 심장을 멎게 했는가를 살펴보는 것이다.

이 예에서 알 수 있듯이, 어떤 사건은 아주 복잡한 인과관계의 연쇄상에 놓여 있다. 그래서 사람들은 그 복잡한 연쇄적 인과관계를 특별히 세밀하게 검토해서, 그 가운데 어떤 부분을 가리켜 그 사건의 원인이라고 말한다. 이런 원인은 그 인과 과정의 다른 측면들보다 더 쉽게 복잡한 인과관계를 지배할 수 있기 때문이다.

인과관계의 한 측면으로서 원인도 여러 의미로 사용된다. 뇌염모기는 뇌염의 원인이라고 한다. 이때의 원인은 필요조건으로서의 원인을 의미한다. 여기서 'A가 B에 대한 필요조건'이라는 것은 A라는 조건 없이는 B가 결코 일어날 수 없음을 의미한다. 뇌염모기에 물리지 않으면, 결코 뇌염에 걸리지 않는다는 말이다. 어떤 원치 않는 결과를 제거하기 위해서 우리는 필요조건으로서의 원인에 관심을 가진다. 필요조건으로서의 원인을 제거하면, 그 결과가 발생할 수 없기 때문이다.

한편 충분조건으로서의 원인도 있다. 'A가 B의 충분조건'이라는 것은 A라는 조건이 만족되면 B가 일어나는 것이 보장된다는 뜻이다.

우리는 어떤 결과를 산출하고 싶을 때 충분조건으로서의 원인에 관심을 가진다. 예를 들어 독감에 대한 면역력을 키우기 위해 독감 예방주사를 맞는다. 그때 예방주사는 면역체를 형성하여 독감을 예방하는 충분조건이 된다.

그런데 실제로 충분조건으로서 원인을 이야기하는 가운데 우리는 일련의 사실을 가정하고 있다. 다음과 같은 예를 보자. 집을 지을 때 단열재를 사용하는 것은 겨울에 실내온도를 높게 유지할 수 있는 충분조건으로서의 원인이 된다. 그런데 실제로 충분조건으로서의 원인은 일련의 필요조건을 배경으로 하고 있다. 위에서 단열재를 사용하는 것은 겨울에 실내온도를 유지하는 원인이라고 했지만, 실제로는 다른 원인들도 작용하고 있다. 가령 건물 관리자가 그 건물의 창문을 거의 다 닫아 두었으며, 적절하게 난방 장치를 가동했다. 또한 무엇보다도 그 건물은 기본적으로 난방 시스템에 문제가 없으며, 일조량을 적당히 확보하고 있다. 이처럼 여러 필요조건을 충족시키면서 그 건물에 단열재를 사용한 경우, 건물은 적절한 실내 온도를 유지할 수 있는 것이다.

때로는 어떤 경우에 대해서 우리는 어떤 인과적 조건이 "개별적으로는 필요하고, 결합해서는 충분하다."고 말한다. 각 조건이 필요조건이고, 그 조건들이 모두 결합해서는 충분조건이 되는 경우가 여기에 해당한다. 집에서 고무나무를 키우는 경우를 예로 들어 보자. 그 고무나무가 잘 자라는 데 필요한 것들을 조사해 보니 ① 적당한 물, ② 높은 온도, ③ 원활한 산소 공급, ④ 충분한 햇빛이 필요했다. 여기서 각 원인은 고무나무가 잘 자라는 데 개별적으로 꼭 필요하다.

또 그 모든 조건들이 갖추어지는 경우, 고무나무는 제대로 성장할 수 있다.

사실 우리가 어떤 상황에 대해 매우 많은 것을 알고 있다 하더라도 원인을 밝혀내는 데는 여전히 문제가 있다. 왜냐하면 필요조건이나 충분조건으로서의 원인들을 남김없이 확인해 내기에는 실제로 우리가 분석하는 인과적 상황이 너무나 복잡하기 때문이다. 현재 발견된 것 이상의 필요한 원인이 밝혀질 수도 있고, 또 다른 방식의 충분조건이 밝혀질 수도 있다. 그래서 인과 논증은 귀납 논증이지, 결코 연역 논증이 아니다.

이 밖에도 우리는 때로 필요조건도 충분조건도 아닌 원인에 대해 이야기한다. 예를 들어 흡연이 폐암의 원인이라고들 한다. 그렇지만 흡연은 폐암을 일으키는 필요조건도 아니고 충분조건도 아니다. 어떤 사람은 담배를 피우지 않아도 폐암에 걸리고, 또 어떤 사람은 담배를 피워도 폐암에 걸리지 않기 때문이다. 그렇지만 흡연은 폐암 발병과 어떤 연관성이 있다고 추정된다. 이때 이 추정이 의미하는 것은 흡연이 폐암의 확률적인(probabilistic) 원인이 된다는 것이다. 담배를 피우지 않는 경우보다 담배를 피울 때, 폐암이 발생할 확률이 더 높다는 말이다.

이제까지 설명한 것은 원인이라는 단어가 여러 맥락에서 여러 가지로 다르게 사용된다는 것이다. 그러므로 우리는 '원인'이 여러 의미로 다양하게 사용되는 방식을 이해해야 할 것이다.

2. 밀의 방법

19세기의 영국 철학자 밀은 자신의 저서『논리학의 체계』에서 인과관계를 찾아내는 가장 기본적인 방법 몇 가지를 체계적으로 기술하고 있다. 이것에 대해 알아보자.

(1) 일치법

일치법(the method of agreement)은 어떤 결과가 발생한 모든 경우에 공통으로 존재하는 요인이 원인이라고 간주하는 것이다. 예를 들어 몇몇 학생이 기숙사 식당에서 점심을 먹고 식중독에 걸렸다고 가정해 보자. 이 상황에서 사람들은 무엇보다도 점심 식사에 문제가 있었다고 생각할 것이다. 그래서 대개는 그 학생들이 점심 식사로 어떤 음식물을 먹었는지를 알아보고, 그중 어떤 음식물에 문제가 있는지 찾으려고 한다. 우선 식중독에 걸린 학생들이 먹은 음식물을 조사해서, 다음과 같은 표를 작성했다.

	증상	샐러드	프렌치프라이	수프	햄버거	아이스크림	커피	생선
철수	식중독	○	○	×	○	○	○	×
영희	식중독	○	○	○	×	○	×	○
민수	식중독	×	×	○	○	○	×	×
미화	식중독	○	×	○	×	○	○	○
혜정	식중독	○	○	×	×	○	○	○

※ ○는 먹은 음식물을, ×는 먹지 않은 음식물을 가리킨다.

우선 식중독 환자들 중 일부는 먹었지만 일부는 전혀 먹지 않은 음식물을 찾아서, 그것이 식중독의 원인은 아니라고 간주한다. 그리고 그런 음식물은 원인이 아닌 것으로서 표에서 지워 나간다.

이 경우에 철수는 수프와 생선을 먹지 않았기 때문에, 수프와 생선은 식중독을 일으킨 원인이 되지 못한다. 그리고 영희의 경우에서는 햄버거와 커피를, 또 인수의 경우에서는 샐러드, 프렌치프라이를 식중독의 원인 목록에서 제거할 수 있을 것이다. 그러고 나면 미화와 혜정은 굳이 따지지 않아도 된다. 결국 유일하게 남는 것은 아이스크림이다. 아이스크림은 식중독을 일으킨 학생들이 공통으로 먹은 음식물인 것이다. 이런 상황에서 식중독의 원인을 학생들이 먹은 음식물들 가운데서 찾는다면, 바로 아이스크림을 꼽게 된다. 어떤 결과가 발생하는 데 나타난, 모든 경우에 공통되는 요인을 원인으로 간주할 수 있기 때문이다.

아이스크림이 식중독의 원인이었다고 결론 내리는 것은 어떤 제한된 상황 안에서 가능하다. 왜냐하면 아이스크림을 먹은 사람들이 모두 식중독을 일으켰다 하더라도, 그것이 식중독의 원인이라고 단정할 수는 없기 때문이다. 아이스크림에 문제가 있는 것이 아니라, 아이스크림을 담은 그릇이 오염된 것이었을 수도 있다. 그리고 한 가지 음식만이 아니라 두 가지 이상의 음식물을 함께 먹으면서 문제가 일어났을 수도 있다. 예를 들어 샐러드와 수프가 다 문제가 있는 것이라면, 그것들은 식중독의 원인이 된다. 이처럼 원인이 될 수 있는 다른 경우들을 다 배제하는 상황이어야만 아이스크림이 식중독의 원인이라는 결론이 그럴듯할 수 있는 것이다.

(2) 차이법

일치법과 마찬가지로 차이법(the method of difference)은 일상생활에서 흔히 쓰이는 아주 간단한 방법이다. 두 가지 경우를 조사했는데 그중 한 경우는 어떤 결과를 보이고 있지만 다른 경우는 그 결과를 보이지 않을 때, 어떤 결과를 보인 경우에만 존재하는 요인이 원인이라고 간주하는 방법이다. 예를 들어 친구와 나, 둘이 함께 식당에서 식사를 했다고 가정해 보자. 그런데 친구는 괜찮았지만, 나만 식중독에 걸렸다. 그래서 그날 친구와 내가 먹은 음식물을 따져 보았더니, 다음과 같았다.

	증상	생선구이	닭고기	당근	잡곡밥	달걀	아이스크림	아욱국	나물
친구	이상 없음	○	○	○	○	○	○	○	×
나	식중독	×	○	○	○	×	×	○	○

※ ○는 먹은 음식물을, ×는 먹지 않은 음식물을 가리킨다.

우선 친구의 경우를 보자. 생선구이, 닭고기, 당근, 잡곡밥, 달걀, 아이스크림, 아욱국은 식중독의 원인에서 제외된다. 그것을 모두 먹은 친구는 식중독에 걸리지 않았기 때문이다. 여기서 나만 먹고, 친구가 먹지 않은 음식물을 식중독의 원인으로 간주할 수 있을 것이다. 유일한 차이는 나물을 먹고 먹지 않았는가이므로, 나물을 식중독의 원인으로 볼 수 있다. 물론 이렇게 결론 내리는 것도 어떤 제한된 상황에서만 가능하다. 즉 친구와 내가 먹은 음식물들 가운데 어느 한 가지가 식중독의 유일한 원인일 경우이다. 그렇지 않다면, 다른 것이 원인일 수도 있다. 예를 들어 친구는 소화기능이 활발한데,

나는 위장이 예민하고 평소에 식중독이 잘 일어나는 체질이라든지 하는 다른 차이점이 원인일 수도 있다.

(3) 일치 차이 병용법

일치 차이 병용법(the joint method of agreement and difference)은 일치법과 차이법을 결합한 것으로, 일치법이나 차이법보다도 조금 더 정교해 보인다. 이 방법에 대해 알아보기 위해서 다음 예를 보자.

아래의 여섯 사람 중 반은 식중독에 걸렸고, 나머지 반은 식중독에 걸리지 않았다.

	증상	햄버거	아이스크림	프렌치프라이	익힌 채소	샐러드	수프	생선
인정	식중독	○	○	○	○	×	×	×
수진	식중독	×	×	○	○	○	○	○
영철	식중독	○	○	○	×	○	×	×
미혜	이상 없음	×	○	×	×	○	×	○
영수	이상 없음	×	×	×	○	○	○	○
철민	이상 없음	○	×	×	○	×	○	×

※ ○는 먹은 음식물을, ×는 먹지 않은 음식물을 가리킨다.

위 경우에 식중독에 걸린 세 사람이 공통으로 먹은 음식은 프렌치프라이이다. 식중독에 걸리지 않은 세 사람은 그것을 먹지 않았다. 이 방법은 통상적으로 일치법이나 차이법만을 사용하는 것보다 더 신뢰할 만하다고 할 수 있다. 왜냐하면 단순히 프렌치프라이를 먹은 사람들이 식중독에 걸렸다고 말하는 것보다, 프렌치프라이를 먹은 사람들은 식중독에 걸렸고, 그것을 먹지 않은 사람들은 식중독에 걸리지 않았다고 말하는 것이 훨씬 더 정확해 보이기 때문이다. 다시 말해서 프렌치프라이가 식중독의 원인인지 아닌지를 따지는 경우, 일치 차이 병용법을 사용하는 것이 개연성이 훨씬 높다.

(4) 공변법

공변법(the method of concomitant variation)은 어떤 조건일 때 어떤 유형의 사건이 발생하는 빈도를 다른 조건일 때 그와 동일한 유형의 사건이 발생하는 빈도와 비교해서, 두 현상 간의 인과관계를 확인하는 방법이다.

우선 공변법을 정식화하면 다음과 같다.

A, B, C가 일어나자, X, Y, Z가 발생했다.
A, B↑, C가 일어나자, X, Y↑, Z가 발생했다.
A, B↓, C가 일어나자, X, Y↓, Z가 발생했다.
그러므로 B는 Y의 원인이다.

예를 들어 사회학자들이 연구를 진행하여 이혼율의 상승과 실업률 간에 인과관계가 있다는 결론을 내렸다고 하자. 실업률이 증가했을 때 이혼율이 증가했으며, 실업률이 감소했을 때 이혼율도 감소했다는 것이다. 이때 사용한 방법이 바로 공변법이다. 여기서 유의할 것은 앞서 설명한 인과관계의 난점과 같다. 즉 단순히 병행해서 일어나는 두 현상이 서로 인과관계에 있다고 단정할 수는 없다는 것이다. 위의 예에서 보자면 실업률이 이혼율의 원인일 수도 있지만, 이혼율이 실업률의 원인일 수도 있다. 또한 실업률과 이혼율은 여러 원인에 따른 결과일 가능성도 있다.

(5) 잉여법

잉여법(the method of residue)은 이미 알려진 선행 상황과 그 결과에 대해서 추론하는 것이다. 즉 이미 알려져 있는 선행 상황과 어떤 현상들 간의 인과관계를 빼고 나서 남은 선행 상황과 다른 현상들 사이에 인과관계가 있다고 추론하는 방법이다.

이것은 다음과 같이 정식화할 수 있다.

ABC는 abc의 선행 요인이다.
A는 a의 원인으로 알려져 있다.
B는 b의 원인으로 알려져 있다.
그러므로 C는 c의 원인이다.

이런 예를 들어 보자. 한 슈퍼마켓의 주인이 한 달 동안의 손실액을 계산해 보았더니, 1억 원의 적자가 났다. 이를 검토해 보니, 불필요한 고용인 때문에 발생한 손실이 2500만 원이었고, 불량품 증가에 따른 손실이 3000만 원이었다. 또 물류비용 상승으로 지난 달에 비해서 2000만 원을 더 지불하였다. 나머지 손실에 대해서는 다른 원인을 찾을 수 없었고, 생각할 수 있는 가능성은 도난과 분실이었다. 그래서 그는 나머지 2500만 원의 손실이 도난과 분실에 의한 것이라고 간주했다.

이 논증도 그 결론의 참을 절대적으로 보장할 수 없는 귀납 논증이다. 왜냐하면 전제가 모두 참이라 하더라도, 주인이 미처 생각하지 못한 다른 요인이 있을 수 있기 때문이다. 그가 다른 사람에게 빌려준 돈을 잊고 있을 수도 있고, 또 물품 구입 비용을 미처 포함시키지 않았을 수도 있다.

밀은 이와 같은 다섯 가지 방법을 인과관계를 발견하는 원리로 제시했다. 그리고 인과관계를 정당화할 수 있는 원리라고도 생각했다. 그러나 이러한 생각은 잘못된 것이다. 밀의 방법은 중요한 것이기는 하지만, 이 방법만으로는 인과관계를 발견할 수 없고 또 인과관계를 정당화하지도 못한다. 밀의 방법이 의미가 있으려면, 검토하려는 논의와 관련 있는 다양한 배경 지식과 여러 전제를 받아들여야 한다.

예를 들어 밀의 일치법은 어떤 결과가 발생한 경우들에 한 가지 공통 요인이 있음을 가정하고 있다. 그러나 실로 그 경우들에 적용되는 공통 요인은 한 가지만이 아니다. 식중독을 일으킨 사람들 간의 공통점으로 어느 식당에서 먹은 아이스크림을 들 수도 있겠지만, 그들이 모두 만성 위장병을 앓고 있는 것도 들 수 있고, 그들이 모두 아이스크림을 먹기 전에 찬물로 샤워를 해서 몸이 찼다는 것 등도 들 수 있다. 이럴 경우 어떤 공통 요인이 식중독이라는 결과와 관련이 있는지 알아야 할 것이다. 밀의 다른 방법도 마찬가지이다. 원인 중에 무엇이 결과와 유관한가에 대한 사전 배경 지식과 가설들이 있을 때에만 밀의 방법은 유효하다. 밀이 제시한 방법은 그 자체로는 과학적 방법이 되지 못한다.

3. 인과적 오류

두 사건이 서로 인과관계에 있다면, 일반적으로 그 인과관계는 단지 두 사건에 국한된 것이 아니다. 인과관계는 어떤 사건 유형들 간의 관계를 정립하는 것이기 때문이다. 그래서 두 사건 사이에 인과관계가 성립할 때, 다음과 같은 사실들을 확인할 수 있다. 원인과 결과는 규칙성을 가지고 발생한다는 것, 그리고 원인은 결과보다 나중에 발생하지 않는다는 것이다. 그러나 두 유형의 사건 간에 인과관계가 있는지 없는지를 결정할 수 있는 일반적인 원리를 제시할 수는 없다. 지금부터 어떤 경우에 인과관계가 성립한다고 할 수 없는지를 알아보자.

(1) 우연적 관계와 인과관계의 혼동

우선 A유형의 사건이 B유형의 사건 다음에 발생한다고 해 보자. 단지 그 이유만으로 이 두 유형의 사건 간에 인과관계가 있다고 생각한다면, 그 생각은 잘못된 것일 수 있다. 다음과 같은 논증이 그런 경우에 해당한다.

오늘 나는 세차를 했다. 아마도 비가 올 것이다. 요즘 내가 세차를 하고 난 다음에는, 늘 비가 왔기 때문이다.

어, 미정이가 오네. 쟤가 오면, 꼭 문제가 생기더라.

어떤 두 유형의 사건에서 인과관계가 성립한다고 할 경우, 한 유형의 사건이 다른 유형의 사건에 선행하는 것만을 근거로 해서는 안 된다. 시간상 선후 관계를 가지고 두 유형의 사건이 반복해서 일어나는 것은 우연일 수도 있다. 그런데 그 사건들이 반복되는 것이 특별하다고 여기거나 우리에게 중요한 사항이라고 생각해서, 그 우연한 관계를 인과관계로 오해할 수 있다.

어떤 두 유형의 사건 간의 관계가 우연적인지 인과적인지를 구분하는 한 가지 방법이 있다. 두 유형의 사건 간의 규칙적인 발생이 항상 지속하는 것인가 결정할 수 있도록 많이 관찰하는 것이다. 만약 그럴 기회가 없다면, 그 관계가 우연적인지 아니면 인과적인 것인지에 대한 판단을 유보하는 것이 합당하다. 그런데 계속 관찰한 결과 두 유형의 사건이 지속적, 규칙적으로 발생하지 않는다면, 그것들 간에는 인과관계가 없다는 것이 판명된다. 그러나 두 유형의 사건이 계속해서 규칙적으로 발생한다 하더라도 그 사이에 인과관계가 성립한다는 것을 보장할 수는 없다. 그 이유를 다음 항목들에서 알아보자.

(2) 공통 원인의 무시

이번에는 두 유형의 사건 사이에 규칙적인 발생관계가 있다고 하자. 그렇다고 하더라도 이 두 사건 사이에 어떤 인과관계가 있다고 추론하는 것은 잘못일 수 있다. 예를 들어 번개가 번쩍이고 난 다음, 천둥소리가 들리는 경우가 규칙적으로 발생한다. 이런 경우에 번개가 천둥소리의 원인이라고 추론한다면, 그것은 아주 잘못이다. 번개와 천둥소리는 구름들이 서로 충돌할 때 일어나는 방전 현상이다. 천둥소리가 번개가 친 다음에 들리는 것은 소리의 속도가 빛의 속도

보다 느린 탓이다. 결국 그 둘은 구름들의 충돌 때 일어나는 방전의 두 측면이다. 다시 말해 번개와 천둥소리는 구름의 충돌이라는 공통 원인의 결과인 셈이다.

두 유형의 사건이 규칙적으로 발생하는 경우, 그 둘이 어떤 공통 된 원인 때문에 일어나는 것이 아닌가를 의심해 보아야 한다.

(3) 원인과 결과의 혼동

원인과 결과의 혼동이라는 오류는 일정하게 발생하는 두 유형의 사건들 간의 관계에서 방향을 잘못 파악할 때 저지르게 된다. 결과 는 결코 원인에 선행할 수 없다.

예를 들어 올해 이혼율을 조사했더니 이혼율이 올라갈 때마다 실 업률이 상승했다. 이를 발견하고 그 사이에 인과관계가 성립한다고 추정한다. 그런데 이혼율이 실업률의 원인이라고 추정하는 것은 잘 못일 수 있다. 왜냐하면 사실 실업률의 상승은 이혼율의 상승에 시 간상 선행하는 것으로 밝혀질 수 있기 때문이다. 만약 이 두 유형의 현상 간에 인과관계가 있다면, 실업률 상승이 이혼율 상승의 원인이 되는 것이다.

이런 오류를 피하고자 한다면, 두 유형의 사건이 일어나는 시간적 순서에 주의해야 한다. 그렇지만 많은 경우 인과관계는 복잡하다. 그래서 두 유형의 현상에서 어떤 것이 시간상 선행하는가를 판단하 는 것은 결코 쉽지 않을 수 있다.

요 약

* 인과 논증: 전제와 결론 사이의 인과관계를 주장하는 논증

* 원인의 여러 의미
  (1) 필요조건으로서의 원인: 그 사건 없이 결코 어떤 결과가 나타날 수 없는 경우
  (2) 충분조건으로서의 원인: 어떤 사건이 주어지면, 결과를 보장할 수 있는 경우
  (3) 확률론적 원인: 어떤 사건이 결과를 발생시킬 확률이 높은 경우

* 밀의 방법: 인과관계를 찾아내는 5가지 방법. 밀의 의도와는 달리 분명한 한계를
  보여주며, 다양한 배경 지식과 충분한 전제가 있어야 유효함.
  (1) 일치법(The Method of Agreement): 어떤 결과가 발생한 경우들에서 공통으로
      선행하는 요인을 찾아 그것을 원인으로 간주하는 방법
  (2) 차이법(The Method of Difference): 어떤 결과가 발생했을 때 거기에 선행하는
      요인과 그 결과가 발생하지 않았을 때, 거기에 결여된 요인을 찾아 그것을
      원인으로 간주하는 방법
  (3) 일치 차이 병용법(The Joint Method of Agreement and Difference): 일치법과
      차이법을 결합하여 원인을 확인하는 방법
  (4) 공변법(the Method of Concomitant Variation): 두 사건들 간의 변이 양태에 따
      라 원인을 확인하는 방법
  (5) 잉여법(the Method of Residue): 어떤 복합적 요인들이 복합적인 결과를 낳을
      때, 기존에 알고 있는 인과관계를 추출하고 나서 남은 것으로부터 원인을 확
      인하는 방법

* 인과적 오류: 잘못된 인과 논증
  (1) 우연적 관계와 인과관계의 혼동
  (2) 공통 원인의 무시
  (3) 원인과 결과의 혼동

I. 다음 진술에서 제시된 원인의 의미를 〈보기〉에서 찾으시오.

---〈보기〉---

(A) 필요조건으로서의 원인   (B) 충분조건으로서의 원인   (C) 확률론적 원인

1. 이 수업에서 중간고사, 기말고사를 보고 3번 이상 결석하지 않으면 F를 받지 않는다. 나는 중간고사와 기말고사를 보았고 2번 결석했으니 D- 이상은 받을 것이다.

2. 하루에 30분씩 걷기 운동을 하면 소화 장애를 막을 수 있다.

3. 저 유리창은 아주 잘 깨어지는 것이다. 저 유리창에 돌을 힘껏 던지게 되면 그 유리창은 깨질 것이고 우리는 창문으로 들어갈 수 있다.

4. 카메라의 셔터를 누름으로써 필름에 이미지가 나타난다.

5. 맥주 한 잔을 마시면 얼굴이 붉어진다.

6. 전기가 들어와 전등에 불이 들어왔다.

7. 그는 선물을 받아서 기뻤다.

8. 안개가 너무 심해 비행기 운항이 취소되었다.

9. 극심한 탈수로 그는 기절했다.

10. 밤새워 공부하여 시험을 잘 보았다.

Ⅱ. 다음 논증을 보고, 밀이 제시한 〈보기〉의 방법 중 어떤 방법을 사용하여 인과관계를 파악하고 있는지 말하시오.

〈보기〉

(A) 일치법   (B) 차이법   (C) 일치 차이 병용법   (D) 공변법   (E) 잉여법

---

1. 하나의 물질을 다른 물질에 마찰시켰을 때 열이 발생한다. 마찰되는 힘이 커지면 생산되는 열이 더 많아지고, 마찰되는 힘을 줄이면 생산되는 열이 줄어드는 현상을 관찰할 수 있었다.

2. 나는 두 개의 쇠붙이 덩이를 이상하게 생긴 막대 근처에 놓았더니 그 쇠붙이들이 막대에 끌려가는 현상을 관찰할 수 있었다. 그러고 나서 유리컵, 실, 옷감, 플라스틱 모자, 종이를 그 막대 가까이에 가지고 갔는데, 그 물건들은 막대에 끌려가지 않았다. 이 막대는 쇠를 끌어당기는 힘을 가지고 있나 보다.

3. TV에 케이블 안테나를 연결했더니 화면이 깨끗하게 나왔다. 그러나 일반 안테나를 연결했더니 TV 화면이 선명하지 않았다. TV에 문제가 있는 것이 아니라 안테나에 문제가 있나 보다.

4. 통계 수치는 고용시장의 불안정이 노숙자 증가에 영향을 준다는 것을 보여준다. 지난해 매월 조사한 결과는 퇴직률이 높아질수록 노숙자의 숫자가 증가함을 보여주고 있으며, 퇴직률이 떨어질수록 노숙자의 숫자가 감소함을 나타내고 있다.

5. 범죄 용의자가 5명으로 압축되었다. 그중 한 사람의 알리바이만이 증명되지 않고 있다. 이제까지의 수사 결과에 따라 그 사람을 범인으로 추정할 수 있다.

6. 토마토 화분 5개 중 3개에 식초를 뿌려주고 나머지는 주지 않았다. 식초를 뿌려준 화분은 병충해가 없었다. 식초가 해충을 막은 것 같다.

7. 어떤 마을 사람들 중 독감 예방 주사를 맞은 사람들 모두 감기에 걸리지 않았다. 그리고 몇몇은 독감 예방 주사를 맞지 않았는데 그들은 감기에 걸렸다. 이로부터 독감 예방주사는 감기를 예방하는 데 효과가 있다고 생각된다.

8. 바이러스는 이 메일에 의해 전파된 것이 틀림없다. 왜냐하면, 어제까지만 해도 내 컴퓨터에는 이상이 없었고, 오늘 나는 어제 하던 작업을 컴퓨터에서 계속했는데, 도중에 단 한 번 이 메일을 점검했기 때문이다.

9. 갑철이는 담배를 많이 피우고 술을 마시고 노래를 많이 부르며, 기관지가 나쁘다. 을란이는 담배를 피우지 않으며, 술을 마시지 않지만, 노래를 많이 부르며 기관지가 나쁘지 않다. 병철이는 담배를 피우지 않으며, 술은 많이 마시고, 노래를 부르지 않으면 기관지가 나쁘지 않다. 그러므로 담배를 피우는 것은 기관지에 해롭다고 말할 수 있다.

10. 휘발유 판매량이 증가됨에 따라 교통사고가 증가하고, 휘발 판매량이 감소함에 따라 교통사고가 줄어드는 현상을 관찰했다. 이로부터 휘발유 판매를 제한하는 것이 교통사고 유발을 줄인다고 정책입안자는 결론을 내렸다.

III. 다음 인과 논증이 오류를 범하고 있다면, 어떤 오류를 범하고 있는지 지적하시오.

1. 통계에 의하면, 재계의 CEO 100명을 조사한 결과 그들은 주말에 골프 치는 비율이 노동자들보다 훨씬 더 높았다. 그러므로 만약 여러분이 재계에서 활약하고자 한다면, 골프를 쳐야 할 것이다. 그러면 여러분은 CEO 자리에 오를 것이다.

2. 철수는 어제 저녁부터 기침을 하기 시작하더니 오늘은 열이 났다. 철수는 매번 기침을 시작하면 열이 나고 감기에 걸렸다. 철수가 열이 나지 않도록 하려면 기침을 없애야 한다.

3. 어떤 사람들은 정서적 불안정과 스트레스가 암의 원인이라고 한다. 그들은 말기 암 환자들이 심한 정서적 불안정과 스트레스에 시달리고 있다는 잘 알려진 사실을 그 근거로 제시한다.

4. 두 학생의 기말 리포트는 내용이 완전히 동일하였다. 교수님은 그들 중 누군가가 다른 학생의 것을 베꼈다고 생각하고 누가 베꼈는지 찾아내려고 한다. 그런데 두 학생은 서로 모르는 사이였다.

5. 내가 오피스텔에 들어갈 때마다 자동문 앞에서 "열려라 참깨!"라고 외치면 문이 열렸다. 아마도 그 문은 내 주문을 알아듣나 보다.

제8부

개별 영역과 비판적 사고

제1부에서는 비판적 사고에 대해 알아보았으며, 비판적 사고의 핵심에는 논증이 있다고 했다. 그래서 제2부부터 제7부까지에서는 논증에 대해 분석하고 평가해 보았다. 즉 논증을 지배하는 논리가 어떤 것인지 살펴보았다. 일상생활에서든 학술 영역에서든 주제나 분야와는 상관없이 논의에 적용해야 할 비판적 사고의 구성요소와 보편적 평가 기준은 동일하다. 실제로는 학술 영역의 논의가 일상생활의 경우보다 훨씬 엄격하게 진행될 수도 있겠지만, 근본적으로 두 경우에 적용되는 비판적 사고가 다를 이유는 없다. 비판적 사고를 위해 앞 장들에서 한 다양한 논의들은 이런 이유에서 충분히 의미가 있으며, 이에 대한 제대로 된 학습은 꼭 필요하다고 할 수 있다.

　　이제까지 우리가 다룬 논의는 독립된 논증이었다. 그런데 비판적 사고는 그 무엇보다도 특정한 주제와 관련해서 세밀한 논의를 할 때 가장 필요하다. 학문 영역에서든 일상생활 영역에서든 개별 영역 내에서 비판적으로 사고할 때는, 논증이 독립해서 원자적으로 나타나지 않는다. 어떤 영역 내에서 다루려는 주제에 따라 논증은, 그 영역이 배경으로 삼는 기존의 지식, 원리와 관련되어 사용된다. 독립된 원자적인 논증에 대해서 충분히 익혔다면, 이제는 그것을 바탕으로 좀 더 큰 맥락 속에서 그 배경 지식과 원리를 따져 보아야 할 것이다.

여기서는 특히 과학의 영역과 도덕의 영역 그리고 미와 예술의 영역에서 비판적으로 사고할 때 고려해야 할 사안에 대해 주로 다루어 보고자 한다.[*]

---

[*] 제8부에서는 각 영역에서 고려해야 할 중요한 주제에 대해 논의하면서 비판적 사고를 적용해 보려고 한다. 따라서 이에 대한 좀 더 세부적이고 전반적인 논의는 해당 개별 분야에서 그 분야에 대한 더욱 폭넓은 지식을 가지고 해 나가야 한다.

1장
과학과 비판적 사고

1. 과학과 가설

일상 언어에서 '가설(hypotheses)'은 애매한 용어이다. 그것은 추측이나 추정과 동의어로 이해되기도 하고 제대로 정립되지 않은 믿음이나 주장을 의미하기도 한다. 여기서 논의하는 '가설'은 어떤 현상에 대해 설명하는 명제로서, 거기에서 도출되는 어떤 예측은 시험 가능한 것이어야 한다.

예를 들어 형광등을 작동시키는 스위치를 켰는데 불이 켜지지 않았다. 이 현상에 대해 사람들은 대개 "아마도 형광등(의 수명)이 다 되었나 보다."라고 말한다. 그리고 이 가설로부터 "아마 형광등을 갈아 끼운다면, 불이 들어올 것이다."는 것을 예측한다. 그리고 실제로 관찰이나 실험을 통해 이것을 시험하게 된다. 만약 다른 형광등을 갈아 끼웠을 때 불이 들어온다면, 흔히 그 가설은 입증되었다고 한다. 반대로 형광등을 갈아 끼웠는데 여전히 형광등에 불이 들어오지 않았다면, 흔히 그 가설은 입증되지 않은(반증된) 것이라고 한다.

그런데 이때 시험은 대체로 그 가설이 참인지 거짓인지를 결정적으로 확인해 주지 못한다. 예를 들어 새 형광등을 갈아 끼웠는데, 그 형광등에 불이 들어왔다고 하자. 이 경우에 "아마도 사용하던 형광등은 수명이 다 되었다."는 가설이 반드시 참이라는 게 입증될 수 있을까? 그렇지 않다. 쓰던 형광등을 켤 때 우연히 스위치를 잘못 눌러서 켜지지 않았다가, 형광등을 바꿔서 다시 켤 때 새 형광등이 켜졌을 수도 있다. 이번에는 지금 예측한 명제가 거짓이라고 해보자. 즉 새 형광등으로도 불이 들어오지 않았다고 가정하는 것이다. 이 경우에는 "아마도 지난 형광등의 수명이 다 되었다."는 가설이 절대적인 거짓으로 입증되지 않는 것일까? 그 또한 그렇지 않다. 예를 들어 새로 끼운 형광등이 우연히도 불량품이라든가 하는 문제가 있을 수 있다. 그래서 예측에 대한 시험은 가설을 귀납적으로 지지하거나 반박할 수 있을 뿐이다.

일상생활에서 우리는 가설 추리를 한다. 가설을 세우고 그것으로부터 도출할 수 있는 예측을 시험하고 그 결과에 따라 가설을 입증하거나 입증하지 않는 것이다. 그런데 이런 가설 추리는 무엇보다도 과학에서 중요한 역할을 한다.

과학에 대한 전통적인 견해에 따르면, 과학은 관찰에서 시작한다. 우선 관찰 결과에 대한 귀납적 일반화를 통해 어떤 가설을 세운다. 그리고 그 가설로부터 도출할 수 있는 어떤 예측을 시험한다. 만약 그 시험을 통과하면 그 가설은 입증되는 것이고, 만약 그러지 못하면 그 가설은 입증되지 못하는 것이다. 과학에 대한 전통적인 입장에 의하면, 이런 가설 추리가 과학 방법론에서 중요한 부분을 차지하고 있다. 물론 전통적인 과학관을 지지하는 사람들이 주장하는 방식대로는 아니겠지만, 가설 추리가 과학적 사고의 주요 부분을 차지하고 있는 것은 분명하다.

2. 가설 연역적 방법

과학적인 가설의 참·거짓을 시험하는 방법을 흔히 가설 연역적 방법(hypothetico-deductive method)이라고 한다. 즉 어떤 과학적 가설이 참인지 아닌지 알기 위해 우선 그것으로부터 어떤 예측을 도출한다. 만약 그 예측이 관찰이나 실험에 의해 참이라고 밝혀지면 그 가설은 입증되고, 그렇지 않으면 그 가설은 입증되지 않는다. 그런데 이런 가설 연역적 방법에 따른 가설 입증의 절차는 실제 과학에서 사용하고 있는 추리를 지나치게 단순화한 것이다.

실제 과학에서는 어떤 식으로 가설 추리가 진행되는지 예를 들어 보자. 이와 관련해서 자주 거론되는 대표적인 경우는 갈릴레오(Galileo Galilei, 1564~1642)가 지구와 다른 행성들이 태양 주위를 돈다는 가설에서 도출한 어떤 예측을 망원경으로 입증한 사례이다.

갈릴레오가 살던 16세기에는 여전히 고대 그리스의 천문학자 프톨레마이오스(Ptolemaeos, 85~165)가 제시한 천동설이 지배적이었다. 천동설에 의하면 지구는 움직이지 않고 태양을 포함한 다른 행성들이 지구를 중심으로 공전한다. 이런 지구 중심체계 내에서는 행성들의 궤도를 계산해 내기가 아주 복잡했지만, 당시 천문학자들은 별과 행성들의 위치를 예측할 수 있었다. 그러나 1543년 코페르니쿠스(N. Copernicus, 1473~1543)는 지구와 다른 행성들이 태양을 중심으로 공전한다는 지동설을 주장했다. 이 태양 중심체계는 천체들의 운행 경로 계산이 지구 중심체계보다 단순했다. 이후 덴마크의 천문학자 튀코 브라헤(Tycho Brahe, 1546~1601)는 지구 중심도 태양 중심도 아닌 제3의 가설을 제시했다. 이 견해에 따르면 태양과 달은 지구를 중심으로 회전하고, 나머지 다른 행성들은 태양을 중심으로 회전한다는 것이다. 즉 부분적으로는 프톨레마이오스에, 또 부분적으로는 코페르니쿠스에 따르는 체계였다. 그러나 행성의 궤도 계산이 프톨레마이오스의 체계보다 단순하여 이 체계는 코페르니쿠스의 체계에 필적하는 것이었다.

1609년 망원경이 발명되었고, 갈릴레오는 천문 관측을 위해 처음으로 망원경을 사용했다. 갈릴레오의 제자 중 한 사람이 만약 코페르니쿠스의 체계가 옳다면, 금성도 달과 같이 차고 기울 것이라고 예측했다. 갈릴레오는 그것을 망원경으로 관찰했다. 그는 이 관찰을 코페르니쿠스의 체계를 입증하는 증거로 간주했다.

갈릴레오의 주장은 다음과 같은 가설 추론에 의존하고 있다.

가설: 코페르니쿠스의 체계가 옳다.
그것으로부터 도출되는 관찰할 수 있는 예측: 금성은 차고 기운다.

이것을 하나의 논증으로 재구성해 보자.

만약 코페르니쿠스의 체계가 옳다면, 금성은 차고 기운다.

금성은 차고 기운다는 것이 관찰되었다.

그러므로 코페르니쿠스의 체계는 옳다.

위의 가설을 입증하는 절차를 일반적인 형태로 나타내면 다음과 같다.

(a) 만약 가설이 참이라면, 그것으로부터 연역된 어떤 예측은 참이다.

그 예측은 참으로 관찰되었다.

그러므로 가설은 참이다.

이 논증은 좀 더 단순하게 다음과 같이 정식화할 수 있다.

(a′) 만약 H라면, P이다.

P이다.

그러므로 H이다.

연역적인 관점에서 보자면 위 논증은 부당한 논증이다. 이것은 후건 긍정의 오류를 범하고 있다. (즉 위 논증은 "p ⊃ q, q, 그러므로 p"의 형식으로 되어 있다.) 앞에서 지적했듯이 가설 추리는 연역적으로 정당화되는 것이 아니라, 귀납적으로 정당화된다. 가설로부터 연역된 예측이 참이라면, 그 가설은 입증된 것이다. 그런데 가설이 입증된다는 것은 가설의 참이 절대적으로 보증된다는 뜻이 아니라, 단지 그럴듯하게 지지된다는 뜻이다.

가설 연역적 방법이라는 용어에서 우리는 언뜻 가설이 입증되는 방식이 연역적이라고 오해할 수 있겠다. 그런데 '연역적'이라는 말이 그 가설이 연역적으로 정당화된다는 의미에서 사용되는 게 아니다. 가설에서 그것을 시험할 예측을 도출하는 방식이 연역적이라는 의미에서 사용되는 것이다.

3. 과학적 추리의 복잡성

앞에서 제시한 가설 연역적 방법은 실제 과학에서 가설을 입증하는 절차를 설명하기에는 너무 단순하다. 실제 과학에서 가설의 참, 거짓을 판별하는 데는 가설로부터 연역된 예측에 대한 관찰이나 실험을 하는 것만으로 충분하지 않다. 보조 가설이나 대안적인 가설도 고려해야 하기 때문이다.

(1) 보조 가설

앞에서 본 갈릴레오의 예로 돌아가 보자. 갈릴레오가 코페르니쿠스의 가설을 시험하기 위해 그 가설로부터 관찰이나 실험 가능한 예측을 연역했을 때, 그는 다른 가정들을 전제로 삼고 있었다. 이런 가정들을 보조 가설(auxiliary hypotheses)이라고 한다. 물론 그 가설들은 명시적으로 진술되지 않을 수도 있다. 왜냐하면 이런 가설들은 관찰이나 실험 조건의 일반적인 배경이나 표준적인 주장들이기 때문이다. 이런 보조 가설들은 시험에서 당연히 참이라고 전제되는 것이다. 물론 필요하다면 시험이 아닌 다른 맥락에서는 이 보조 가설 자체도 시험할 수 있다. 갈릴레오의 예에서 그가 전제로 하고 있던 보조 가설은 "망원경은 천체를 관찰하는 데 신뢰할 만한 도구이다." 와 "금성은 지구와 태양 사이에 있다."이다.

위의 두 보조 가설은 보조 가설의 두 가지 중요한 유형을 보여준다. 첫 번째 보조 가설은 예측을 시험하는 적절한 조건에 관한 것이다. 즉 이런 유형의 보조 가설은 어떤 가설에서 연역된 예측을 시험할 때 어떤 장치나 방식이 적절한지에 관한 것이다. 그런데 우리는 이 보조 가설이 참인지 거짓인지 의문을 제기할 수 있다. 망원경이 역사상 처음으로 사용되었을 때, 그것이 과연 아주 멀리 있는 천체들을 있는 그대로 보여줄 것인가는 충분히 의심할 만했다.

갈릴레오의 두 번째 보조 가설은 이론적인 배경 지식이 되는 가설이다. 모든 가설은 그것이 배경으로 삼고 있는 어떤 지식을 가정하고 있다. 갈릴레오의 경우 망원경과 관련된 광학 이론이 그 이론적인 배경 지식이다. 어떤 이론적 지식 자체도 하나의 가설로서 시험을 거쳐야 하지만, 다른 가설을 시험하는 맥락에서 그것은 참이라고 가정된다.

이제 그의 논증을 이 보조 가설들과 함께 다시 구성해 보자.

만약 코페르니쿠스의 체계가 옳다면, 그리고 만약 망원경이 신뢰할 만한 관찰 도구라면, 또 만약 금성이 지구와 태양 사이에 있다면, 금성이 차고 기우는 것을 볼 수 있다.

금성은 차고 기운다는 것이 관찰되었다.

그러므로 코페르니쿠스의 체계는 옳고, 망원경은 신뢰할 만한 관찰 도구이며, 또 금성이 지구와 태양 사이에 있다.

이것으로부터 가설을 입증하는 절차를 정식화해 볼 수 있다.

   (b) 만약 가설과 그것에 대한 보조 가설들이 참이라면, 그것들로부터 연역적으로 도출되는 예측은 참이다.

     그 예측은 참으로 관찰되었다.

     그러므로 가설과 그것에 대한 보조 가설들은 참이다.

   (b′) 만약 H이고 또 (A1, A2⋯An)이라면, P이다.

     P이다.

     그러므로 H이고 또 (A1, A2⋯An)이다.

어떤 가설을 거짓으로 반증하는 경우에도 그 가설이 절대적으로 거짓임이 정립되는 것은 아니다. 그런데 포퍼(Karl R. Popper, 1902~1994)는 가설이 입증되는 것은 귀납적 절차로 이루어지나 그것이 반박되는 것은 연역적인 절차에 의한다고 주장했다. 이런 입장은 소박한 반증주의(falsificationism)라고 불린다.

그것을 간단히 정식화하면 다음과 같다.

   (c) 만약 어떤 가설이 참이라면, 그것으로부터 연역되는 어떤 예측은

참이다.

그런데 그 예측은 거짓으로 관찰되었다.

그러므로 그 가설은 거짓이다.

이 논증은 다음과 같이 좀 더 단순화할 수 있다.

(c′) 만약 H라면, P이다.

~P이다.

그러므로 ~H이다.

이 논증은 타당한 논증으로서, 후건 부정식의 타당한 형식으로 이루어져 있다.(즉 "p ⊃ q, ~q, 그러므로 ~p"의 형식이다.)

문제는 실제 과학에서 가설의 참을 시험할 때에는 암묵리에 가정하고 있는 보조 가설을 고려해야 한다는 것이다. 그래서 가설 추론을 반증하는 절차를 다시 써 보면 다음과 같다.

(d) 만약 가설과 그것에 대한 보조 가설들이 참이면, 그것들로부터 연역적으로 도출되는 예측은 참이다.

그 예측은 거짓으로 관찰되었다.

그러므로 가설이나 그것에 대한 보조 가설들은 거짓이다.

위 논증을 단순하게 나타내면 다음과 같다.

(d′) 만약 H이고 또 (A1, A2…An)이라면, P이다.

P가 아니다.

그러므로 H가 거짓이거나 또는 (A1, A2…An)은 거짓이다.

달리 표현하면, 위의 결론은 H가 거짓이거나 아니면 그 보조 가설들 중 어느 것 혹은 모든 것이 거짓일 수 있다는 것이다. 그러므로 위의 전제를 가지고 그 가설이 거짓이라고 단정할 수는 없다. 과학적 가설의 참·거짓은 모두 귀납에 의해 확립되지, 연역에 의해 확립되지 않는다.

(2) 대안적 가설

가설이 참인지 거짓인지 시험할 때에 보조 가설이라는 항목 외에 고려해야 할 또 다른 항목이 있다. 대안적 가설(alternative hypotheses)이 바로 그것이다. 대안적 가설은 동일한 보조 가설들로 시험(관찰이나 실험)했을 때 동일한 예측을 도출할 수 있는 가설을 말한다. 앞에서 예로 든 천체 체계에 대한 세 가설로 돌아가 보자. 적어도 튀코 브라헤(Tycho Brache, 1546~1601)의 가설은 코페르니쿠스의 가설과 예측 내용이 동일하다. 즉 금성이 차고 기운다는 그 예측은 망원경을 이용한 관찰을 통해 참으로 판명되었다. 이럴 경우 어떤 가설을 채택해야 하는가? 위의 가설 연역적 방법은 이 문제를 해결하는 데 별로 도움이 되지 않는다.

이것을 결정해 줄 다른 원리가 있어야 할 것이다. 그 원리란 가설들로부터 도출된 동일한 예측을 시험 전 상태의 가설들과 비교하여 그것들 중 더 그럴듯한 가설을 채택하는 것이다. 이것을 좀 더 전문적인 용어로 말하면, 선행 확률(prior probability)이 높은 가설을 그 예측이 참임을 입증하는 것으로 선택한다고 한다. 한 가설의 선행 확률이란 그 가설로부터 도출되는 예측에 대한 특수한 시험을 하기 전에 그 가설이 참이 될 확률을 말한다. 만약 어떤 가설의 선행 확률이 너무 낮다면, 과학자들은 그 가설을 시험하려고 하지 않을 것이다. 그런데 만약 어떤 가설의 선행 확률이 아주 높다면, 과학자들은 설사 그 가설이 반증된다 해도 그 가설을 포기하지 않고 오히려 관찰이나 실험이라는 시험 자체를 의심해 볼 것이다. 아니면 보조 가설이 과연 참인지를 의심해 볼 것이다.

태양 중심체계와 지구 중심체계라는 대안적 가설은 코페르니쿠스의 지동설이 발표된 후 100여 년 동안이나 경쟁해 왔다. 그런데 마침내 태양 중심체계가 지구 중심체계의 가설보다 선행 확률이 더 높다는 것이 밝혀졌다. 뉴턴(I. Newton, 1642~1727)의 중력 법칙과 운동 법칙에 의해서였다. 이 법칙들은 불가능한 운동을 받아들여야만 지구 중심체계의 가설이 성립한다는 것을 보여주었는데, 거의 모든 과학자들이 그 점을 인정했다. 잘 정립된 기존의 과학 이론과 양립할 수 없는 가설이 그렇지 않은 가설보다 선행 확률이 높다.

(3) 과학적 가설의 입증 절차

가설의 참, 거짓을 결정하는 데 관련된 복잡한 구조를 염두에 두고, 그 입증 절차를 정리해 보자. 그 절차는 다음과 같이 정식화할 수 있다.

① 가설은 현재의 새로운 시험을 하기 전 그럴듯한 것으로 간주된다. 즉 상당 정도의 선행 확률값을 가지고 있다.

② 만약 그 가설과 보조 가설이 참이라면, 그것들로부터 연역적으로 도출된 관찰 가능한 어떤 예측은 참이다.

③ 그 예측은 참이라고 관찰된다.

④ 지금 시험되고 있는 가설과 선행 확률값이 같거나 그보다 선행 확률값이 높은 다른 대안적 가설이 없다.

⑤ 따라서 그 가설은 참이다.

이 논증은 귀납 논증이다. 가설에 대한 입증이나 반증에는 귀납적인 추론이 개입하므로, 그것의 참·거짓에 대해 결정적으로 말할 수 없다고 이미 지적했다. 그래서 비록 이 논증의 결론은 "그 가설이 참이다."이지만, 그 결론은 거짓이 될 가능성이 있다. 즉 그 결론은 전제들로부터 절대적으로 지지되는 것이 아니라, 귀납적, 상대적으로 강하게 지지될 뿐이다. 만약 그 가설이 대안적인 가설들보다 선행 확률값이 조금 더 높다면, 그 가설은 대안적인 가설보다 조금 더 그럴듯한 것에 지나지 않는다.

위의 변형된 가설 연역적 방법을 적용하는 데 여전히 의문이 남는다. 위 논증의 ①번 절차를 보자. 어떤 가설이 처음에 그럴듯하다고 받아들여지는 것은 어떤 기준이나 원리에 의한 것인가? 즉 '어떤 가설이 상당한 정도의 선행 확률을 가진다는 것은 어떻게 알 수 있는가?'라는 질문을 할 수 있다. 그리고 ④번 절차를 보자. 경쟁하고 있는 대안적 가설들이 다른 것만큼의 혹은 그것보다 더 많은 선행 확률을 가지고 있다는 것의 기준은 무엇인가? 이런 문제에 대해서 여기서는 더 이상 논의하지 않겠다. 이처럼 좀 더 깊은 질문은 과학에 대한 좀 더 심화된 비판적 사고 강좌에서 논의할 수 있을 것이다.

요약

* 가설: 어떤 현상을 설명하는 명제. 그 명제에서 어떤 예측을 도출할 수 있는데 그 예측은 관찰이나 실험을 통해 시험할 수 있다.

* 입증: 가설에서 도출된 예측을 시험했을 때 그 예측이 참임이 관찰되는 것을 말한다. 확증이라고도 한다.

* 입증되지 않음: 가설에서 도출된 예측을 시험했을 때 그 예측이 관찰되지 않거나 거짓임을 관찰되는 것을 말한다.

* 가설 연역적 방법: 가설의 참, 거짓을 입증하거나 반증하기 위해 그것으로부터 연역적으로 도출된 예측을 시험한다. 그 예측이 참임을 보여주면 그 가설은 입증된 것이고, 거짓임을 보여주면 그 가설은 입증되지 않은 것이다.

* 가설의 입증 절차

> 만약 가설이 참이라면, 그것으로부터 연역된 어떤 예측은 참이다.
> 그 예측은 참인 것으로 관찰되었다.
> 그러므로 가설은 참이다.

* 가설의 반증 절차

　　만약 가설이 참이라면, 그것으로부터 연역된 어떤 예측은 참이다.
　　그 예측은 거짓인 것으로 관찰되었다.
　　그러므로 가설은 거짓이다.

* 과학적 가설의 입증 절차
　(1) 가설은 현재의 새로운 시험을 하기 전 그럴듯한 것으로 간주된다. 즉 상당한
　　　정도의 선행 확률값을 가지고 있다.
　(2) 만약 그 가설과 보조 가설이 참이라면, 그것들로부터 연역적으로 도출된 관찰
　　　가능한 어떤 예측은 참이다.
　(3) 그 예측은 참이라고 관찰된다.
　(4) 지금 시험되고 있는 가설과 선행 확률값이 같거나 그보다 선행 확률값이 높은
　　　다른 대안적 가설은 없다.
　(5) 따라서 그 가설은 참이다.

연습문제

I. 다음 진술이 참인지 거짓인지 답하시오.

1. 어떤 가설이 입증되었다는 것은 그 가설로부터 도출할 수 있는 예측이
   참임이 관찰되었다는 것이다.

2. 어떤 가설이 입증되었다면, 그 가설은 거짓일 수 없다.

3. 어떤 가설이 입증되지 않았다면 이 사실은 그 가설이 거짓임을 결정적
   으로 보여준다.

4. 어떤 가설을 세울 때 반드시 귀납적 일반화에 의해야 한다.

5. 어떤 가설이 입증되지 않았다는 것은 그 가설로부터 도출할 수 있는 예측이 거짓임이 관찰되었다는 것이다.

II. 다음 진술이 참인지 거짓인지 답하시오.

1. 가설 연역적 방법은 과학적 가설의 참, 거짓을 시험하는 방법으로서, 연역적인 절차로 이루어진다.

2. 가설이 참이라고 입증하는 절차는 귀납적으로 이루어진다.

3. 가설이 거짓이라고 반증하는 절차는 연역적으로 이루어진다.

4. 가설 연역정 방법에서 '연역적'이라는 말은 가설로부터 예측을 연역적으로 도출한다는 뜻에서 붙여진 것이다.

5. 가설이 입증되는 과정을 연역적인 관점에서 평가하자면 그 과정은 부당한 논증의 형식을 가지고 있다.

III. 다음 사례에 사용된 가설 추론은 무엇인가? 그리고 그것의 입증 방식에 대해서 설명하시오.

진화론으로 유명한 다윈이 처음부터 진화론을 받아들인 것은 아니다. 당시의 대표적인 견해는 신의 지혜와 능력이 자연 현상에서 나타나며, 특히 동식물의 형태와 구조는 신의 '설계(design)'에 따라 나타났다는 것이었다. 그래서 진화론은 잘못된 과학 이론으로 간주되었다.

다윈은 비글 호를 타고 남미를 항해하면서 특히 갈라파고스 군도에서 중요한 생물학적 관찰을 할 수 있다. 갈라파고스 군도의 각 섬에 서로 다른 종류의 동식물이 분포한다는 사실에서, 그는 지역마다 다르게 나타난 동식물의 형태를 확인할 수 있었다.

IV. 다음 진술이 참인지 거짓인지 답하시오.

1. 소박한 반증주의에 의하면 가설이 반증되는 것은 연역적 절차에 의해서이다.

2. 소박한 반증주의에 의하면 가설이 입증되는 것은 귀납적 절차에 의해서이다.

3. 소박한 반증주의에 의하면 가설이 반증되는 것은 후건 부정식에 의해 정당화된다.

4. 어떤 가설에 보조 가설과 대안적 가설이 관련되어 있는 것으로 보아 그 입증 절차는 귀납적이다.

5. 어떤 가설로부터 도출된 예측이 거짓으로 관찰되면 그 가설과 더불어 가정하고 있는 보조 가설이 거짓일 수 있다.

2장
도덕과 비판적 사고

　도덕적 판단은 우리가 어떤 행위를 해야 하는지 또는 하지 않아야 하는지, 우리 행위의 목적이 어떤 것이어야 하는지, 혹은 우리는 어떤 품성을 가진 사람이 되어야 하는지 등의 문제에 대한 것이다. 도덕적 문제에 관한 비판적 사고는 다른 분야에 관한 비판적 사고와 전혀 다른 것이 아니다. 도덕적 논의에서 나타나는 논증은 다른 논증과 마찬가지로 연역 논증이 아니면 귀납 논증으로서, 우리가 지금까지 살펴본 유형들과 유사하다.

　다만 도덕적 논증은 가치를 나타내는 단어를 담은 명제를 포함하고 있다. 가치를 표현하는 문장과 그렇지 않은 문장이 어떻게 다른지 살펴보자. 그리고 가치를 표현하는 문장으로 논증을 구성하는 것이 가능한지 살펴보자.

1. 기술적 주장과 규정적 주장

기술적 주장(descriptive claims)은 사실을 있는 그대로 기술하거나 (또는 그 주장이 거짓일 경우에는) 사실이라고 간주하는 사태를 기술하는 것을 말한다. 즉 그것은 사태가 과거에 어떠했는지, 아니면 현재 어떠한지, 미래에 어떠할 것인지를 기술한다. 반면에 규정적 주장 (prescriptive claims)은 가치를 표현하는 말을 포함하는 주장이다. 예를 들면 이런 주장은 어떤 사람이 무엇을 해야 한다거나 하지 않아야 한다는 것을 명시적으로든 암시적으로든 진술한다.

가치를 나타내는 말에는 '좋은(good)', '나쁜(bad)', '… 해야 한다 (ought to)', '… 하지 않아야 한다(ought not to)', '옳은(right)', '그른 (wrong)' 등이 있다. 이 말들은 도덕적 가치를 표현하기도 하고 도덕 외적인 가치를 표현하기도 한다. 예를 들어 "이것은 좋은 비누이다." 라는 진술에서 '좋은'이라는 말은 가치를 표현하지만 도덕적 가치를 나타내는 것은 아니다.

예를 들어 "곤경에 처한 다른 사람을 돕는 것은 선한 일이다."라는 진술을 보자. 이 주장은 다른 사람을 돕는 행위에 긍정적인 도덕적 가치를 부여한다. 그런 행위를 승인하고 칭찬하면서 권장하고 있는 것이다. 이와 달리 긍정적 가치 외에 부정적인 도덕적 가치를 표현하는 말을 포함하는 진술도 있다. 예를 들어 "약속을 어기는 것은 나쁜 짓이다."라는 진술을 보자. 이 진술은 약속을 어기는 행위에 부정적인 도덕적 가치를 부여하고 있다. 또한 그 행위를 받아들이지 않고 있으며, 암암리에 비난하고 있기도 하다. 그리고 그렇게 해서, 약

속을 어겨서는 안 된다는 것을 암묵적으로 규정한다.

도덕적 영역과 관련이 있는 가치 영역으로는 법적 영역이 있다. 도덕 영역과 법 영역의 공통점은 어떤 개인이 어떤 행위를 해야 하고 어떤 행위를 하지 않아야 하는지 규정한다는 것이다.

그러나 법적 규정의 경우에는 어떤 행위를 해야 하는지 아니면 하지 않아야 하는지를 결정하는 문제에 정부가 개입되어 있지만, 도덕적 규정의 경우에는 그렇지 않다. 정부는 각 개인의 권리를 지지하기도 하지만, 다른 사람의 권리를 침해하는 사람들을 처벌하기도 하는 것이다. 요컨대 도덕적 법칙을 어기면 비난받는 것에 그치는 데 반해, 법률을 어기면 비난이 아니라 처벌을 받기도 한다.[*]

2. 존재에서 당위를 이끌어 내기

흔히 사실에 대한 주장은 도덕적 가치를 포함하는 주장을 함축할 수 없다고들 한다. 사실로부터 도덕적 당위를 정당하게 이끌어 낼 수 없다는 말이다. 바꿔 말하면, 순수하게 기술적인 전제로부터 어떤 규정적 결론도 이끌어 낼 수 없다는 것이다. 다음의 도덕적 논증을 살펴보자.

(a) 정호는 나에게 돈을 빌려 주겠다고 약속했다. 그러므로 정호는 나

---

[*] 이 책에서는 법적 영역을 세부적으로 다루지 않는다. 도덕적, 법적 가치 영역 외에 미적인 가치 영역이 있다. 여기서는 '아름답다(beautiful)', '예술적(artistic)', '미적 (aesthetic)' 등, 미와 관련된 가치를 표현하는 말들이 사용된다. 미적 가치의 영역에 대해서는 다음 절에서 다룬다.

에게 돈을 빌려 주어야 한다.

이 논증의 전제는 정호의 행동이라는 어떤 사실을 진술하고 있다. 그리고 결론은 정호의 도덕적 의무에 대해 진술하고 있다. 18세기 영국의 철학자 흄(David Hume, 1711~1776)은 사실에 대한 순수하게 기술적인 진술로부터 도덕적 의무나 가치를 표현하는 진술을 도출할 수 없다고 주장했다. 그런데 우리는 실제로 사실적인 진술로부터 도덕적 의무를 도출해 낸다. 그렇다면 흄의 지적이 잘못된 것인가? 이것을 어떻게 이해해야 하는가?

우리는 흄의 입장을 받아들이면서도 이런 현실을 충분히 설명할 수 있다. 결론에서 도덕적 의무를 주장하면서 전제에서는 사실에 대한 기술만 제시하고 있는 논증은 전제에 어떤 규정적 주장이 생략된 것이라고 볼 수 있다. 그러한 전제는 예외 없이 일정한 행동, 사물, 상황, 사람에게 하나의 가치를 부여하거나 의무를 부과하는 일반적 내용이 될 것이다.

⒜논증 역시 숨어 있는 전제를 명확히 드러내어 다음과 같이 규정적 결론을 제시하는 논증으로 만들 수 있다.([ ]는 숨은 전제이다.)

⒜′ 정호는 나에게 돈을 빌려 준다고 약속했다.
[모든 약속은 지켜야 한다.]
그러므로 정호는 나에게 돈을 빌려 주어야 한다.

이것은 타당한 연역 논증이다. 두 전제가 모두 참이면, 결론도 반드시 참일 수밖에 없다. 정호가 내게 돈을 빌려 주지 않으려고 한다고 가정해 보자. 나는 정호가 돈을 빌려 주어야 한다고 강력하게 주장할 수 있다. 이 주장의 근거는 두 가지, 즉 "네가 그렇게 약속했으니까."와 "약속은 지켜야 하는 것이니까."이다.

그런데 정호는 이 논증이 타당하다는 데 동의하지만, 그 결론을 받아들이려고 하지 않을 수도 있다. 우리 주변에서 흔히 보듯이, 타당한 논증이라고 해서 꼭 그 결론이 받아들여지지는 않는 법이다. 그러니 우리는 어떤 논증이 타당한 논증인데도 그 결론을 받아들이려 하지 않는 경우들에 대해서 비판적으로 생각해 보아야 한다. 그런 경우 가운데 하나가 전제들에 문제가 있다고 생각되는 경우인데, 이 논증에서 생략된 전제는 아주 중요하다. 이 전제가 없으면 결론은 도출되지 않기 때문이다. 그러므로 우리의 관심이 그 전제로 옮아가는 것은 아주 정당하다. 이렇게 되면 우리는 이제 어느 특수한 경우가 아니라 도덕에 대한 일반적 주장을 검토해야 하는 상황에 놓이게 된다.

도덕의 이런 일반적인 주장은 어디에서 나온 것인가? 이런 일반적인 주장은 좀 더 근본적인 도덕의 원리를 탐구하는 도덕 이론에 근거를 두고 있다. 도덕의 원리를 탐구하는 이론으로는 공리주의, 의무론, 덕 이론 등이 있다.

공리주의(utilitarianism)는 유용성의 원리를 따르는 도덕 이론이다. 이 입장에 의하면 도덕적으로 올바른 행위는 가능한 한 행복을 극대화하고 불행을 극소화하는 것이다. 이 입장은 행위의 결과에 관심을 둔다. 그래서 어떤 행위가 불행보다는 행복을 더 많이 산출한다면, 그 행위는 도덕적으로 옳다고 판단한다.

이 입장과는 대조적으로 의무론(duty theory)은 행위자의 선의나 인간의 위엄 등을 잘 반영하고 있다. 독일의 철학자 칸트(I. Kant, 1724~1804)는 도덕적인 원리가 누군가의 행복이나 이익을 증진시키는 데 있는 것이 아니라고 주장한다. 물론 예를 들어 "약속을 지켜라."와 같은 도덕에 대한 어떤 일반적인 주장을 따를 때, 우리의 행복을 증진시킬 수도 있다. 그러나 그 주장을 따르는 것은 그것이 옳기 때문이지 우리의 행복을 증진시키기 때문이 아니라는 것이다.

공리주의와 의무론은 "어떤 행위를 해야 하는가?"라는 문제를 다루고 있는 데 반해, 덕 이론(virtue theory)은 "우리는 어떤 사람이 되어야 하는가?"라는 문제에 관심을 가진다. 덕 이론은 어떤 행위 혹은 어떤 유형의 행위가 올바른가를 논의하는 것이 아니라, 어떤 품성을 길러야 하는가를 문제 삼는 것이다.

앞에 나온 논증 (a)′가 타당할 뿐 아니라 건전한 논증인지를 평가하려면, 이런 배경 이론과 원리에 대해 더 많이 논의해야 할 것이다. 어떤 도덕 이론과 도덕적 원리를 채택해야 할 것인가에 대해 여기서는 더 이상 논의하지 않겠다.*

3. 도덕적 추론의 가능성

다시 정호의 약속에 대한 도덕적 논의로 돌아가자. 어떤 사람은 앞의 예에서 결코 도덕적 논증이 성립할 수 없기 때문에, 그 결론을

---

* 이런 이론들에 대한 비판적인 탐구는 도덕 문제에 대한 좀 더 심화된 비판적 사고 강좌에서 계속해 갈 수 있을 것이다.

받아들일 수 없다고 주장한다. 도덕적 문장은 참도 거짓도 아니기 때문에, 그런 문장들로 논증을 구성할 수 없다는 것이다. 이처럼 도덕적 문장에 대한 입장에 따라서 도덕적 추론이 가능한가에 대한 논의가 있을 수 있는데, 이 절에서는 이 문제에 대한 철학자들의 입장을 구분해 보자.

(1) 인지주의

인지주의(cognitivism)는 도덕적 문장이 참 혹은 거짓이라는 주장이다. 이 입장은 도덕적 문장을 참이나 거짓으로 만드는 것이 무엇인가에 따라 주관주의와 객관주의로 나뉜다.

주관주의에 의하면, 도덕적 문장을 참이나 거짓으로 만드는 것은 그 문장을 진술하는 사람의 심리적 상태이다. 예를 들어 철수가 "어려움에 처한 사람들을 돕는 것은 좋다."라는 도덕적인 문장을 진술했다고 하자. 주관주의자에 의하면, 이 문장은 "나는 어려움에 처한 사람을 돕기를 좋아한다."를 의미한다. 다시 말해서 어려움에 처한 사람을 돕는 것에 대해 승인하는 태도를 가진다는 자신의 마음 상태를 철수가 기술한 것이다. 결국 그 말을 하면서 실제로 철수가 그처럼 승인하는 태도를 가지고 있다면, 그 문장은 참이지만 그렇지 않다면 거짓이 되는 것이다.

객관주의에 의하면 도덕적 문장을 참이나 거짓으로 만드는 것은 그 문장을 진술하는 사람의 심리적 상태가 아니라 객관적인 어떤 것이다. 어떤 사람은 사람마다 도덕적 견해가 다르기 때문에 결코 객관주의를 옹호할 수 없다고 주장하지만, 객관주의자들은 단지 사람들이 어떤 도덕적 주제에 대해 다른 견해를 가지고 있다는 것 자체가 도덕에 대한 객관주의를 논박하지는 못한다고 본다. 객관적으로 참인 도덕적 문장에 대해 사람들이 잘못된 인식을 하는 것은 얼마든지 가능하기 때문이다.

(2) 비인지주의

비인지주의(non-cognitivism)는 도덕적 문장은 참도 아니고, 거짓도 아니라는 주장이다. 도덕적 문장은 어떤 현상을 기술하는 것이 아니라, 다른 기능을 한다는 것이다. 비인지주의의 한 갈래인 극단적 정서주의(radical emotivism)에 의하면, 도덕적 문장의 기능은 감정을 표현하는 것이다. 그래서 도덕적 문장이 대개 서술문으로 되어 있지만, 실제로는 감탄문으로 표현되는 것이 옳다고 이해한다. 예를 들어 "남의 돈을 훔치는 것은 나쁘다."라는 문장을 보자. 이 문장은 '남의 돈을 훔치는 것'이 '나쁘다'는 속성을 가지고 있음을 서술하는 것이 아니다. '남의 돈을 훔치는 것'에 대한 말하는 사람의 부정적 느낌을 표현하는 것으로서, 어떤 끔찍한 장면을 보았을 때 "아이구!", "어머나!" 같은 감탄사를 내뱉는 것과 같다는 것이다.

다른 유형의 비인지주의는 극단적 규정주의(radical prescriptivism)이다. 이 입장에 따르면 도덕적 문장의 기능은 권유나 명령을 하는 것이다. 그래서 도덕적 문장이 대개 서술문으로 되어 있지만, 실제로는 명령문으로 표현되는 것이 옳다고 이해한다. 가령 "약속을 지키는 것이 도덕적으로 올바르다."는 문장은 사실 알고 보면 "약속을 지키시오!"라는 명령문이라는 것이다.

인지주의자에 의하면 도덕적 추론은 가능하다. 도덕적 문장은 참, 거짓의 진리값을 가지는 명제를 나타내기 때문이다. 그러나 비인지주의자에 의하면 도덕적 추론은 가능하지 않다. 도덕적 논증을 구성하는 도덕적 문장이 참이거나 거짓일 수 없는 문장이기 때문이다. 그런데 정서주의나 규정주의를 옹호한다 하더라도, 반드시 도덕적 추론이 불가능하다고 보게 되는 것은 아니다.

극단적인 정서주의에 의하면, 도덕적 문장은 단지 감정을 표현하는 것이다. 또 극단적인 규정주의에 의하면, 도덕적 문장은 어떤 행위를 하라고 명령하는 것이다. 그러나 온건한 형태의 정서주의나 온건한 규정주의는 조금 다르다.

온건한 정서주의(moderate emotivism)는 도덕적 문장을 이해하는데 정서가 개입되어 있음을 고려하지 않으면, 도덕적 문장을 제대로 이해한 것이 아니라는 입장이다. 이 입장은 도덕적 문장이 어떤 명제 내용을 포함하고 있다는 입장과 양립 가능하다. 그러므로 도덕적 추론이 불가능하다는 것을 함축하지 않는다. 온건한 규정주의(moderate prescriptivism) 또한 도덕적 문장이 어떤 명제 내용을 포함하고 있다는 입장과 양립 가능하다. 온건한 규정주의에 의하면 도덕적 문장에 행동을 지시하는 기능이 있음을 고려하지 않으면, 도덕적 문장을 제대로 이해한 것이 아니기 때문이다.

요 약

* 기술적 주장과 규정적 주장
  – 기술적 주장(descriptive claims): 어떤 사태를 서술하는 주장
  – 규정적 주장(prescriptive claims): 가치를 표현하는 단어가 들어 있는 주장

* 존재를 나타내는 문장과 당위를 나타내는 문장
  – 존재를 나타내는 문장: 사실에 대한 문장
  – 당위를 나타내는 문장: 가치에 대한 문장

* 도덕 논증의 구조
      전제: 존재를 나타내는 문장
      생략된 전제: (당위를 나타내는 일반적인 원리)
      결론: 따라서 당위를 나타내는 문장

* 도덕적 문장의 성격에 대한 여러 입장들
  (1) 인지주의(cognitivism): 도덕적 문장은 진리값을 가진다. 즉 참이거나 거짓이다.
      1) 주관주의(subjectivism): 도덕적 문장을 참이거나 거짓으로 만드는 것은 그 문장을 진술하는 자의 (승인하거나 부인하는) 심리적 상태이다.
      2) 객관주의(objectivism): 도덕적 문장을 참이거나 거짓으로 만드는 것은 객관적인 어떤 것이다.
  (2) 비인지주의(non-cognitivism): 도덕적 문장은 진리값을 가지지 않는다. 즉 참도 거짓도 아니다.
      1) 극단적 정서주의(radical emotivism): 도덕적 문장의 기능은 감정의 표현이다. 그러므로 감탄문과 유사하다.
      2) 극단적 규정주의(radical prescriptivism): 도덕적 문장의 기능은 명령하는 것이다. 그러므로 명령문과 유사하다.

I. 다음 진술이 기술적 주장인지 아니면 도덕적 가치를 나타내는 규정적 주장인지 판별하시오.

1. 현재 정국에 대한 그의 입장은 부정적이다.

2. 거짓말을 하는 것은 나쁘다.

3. 노숙자들의 생활은 비참하다.

4. 약속을 했으면 지켜야 한다.

5. 자신의 재능을 개발하는 것은 의무이다.

6. 교통법규를 지켜야 한다.

7. 당신은 가난한 사람들을 도우려고 애써야 한다.

8. 스키를 탈 때 넘어지지 않으려면 다리를 구부려야 한다.

9. 그는 점프력이 좋은 운동 선수이다.

10. 그녀는 품성이 좋은 사람이다.

II. 다음 논증에서 생략된 일반적인 원리를 보충하시오.

1. 혜민이는 친구의 카메라를 쓰다가 고장을 냈다. 혜민이는 수리비를 책임져야 한다.

2. 국회의원 한 사람이 기업에서 불법 정치 자금을 받은 것이 입증되었다. 그는 국회의원직을 그만두어야 한다.

3. 현수 회사는 현수에게 일정액의 보너스를 지급해야 한다. 현수는 어제 늦게까지 야근을 했다.

4. 최근 유기견의 숫자가 부쩍 늘어나고 있다. 그 개들의 주인은 애완견을 키우지 않았어야 한다.

5. 개인이나 국가차원에서 미국 국민들은 못사는 나라에 대한 해외 원조금을 증가시켜야 한다. 아직도 기아에 허덕이는 많은 사람들이 같은 세계에 살고 있다.

III. 다음 진술이 참인지 거짓인지 답하시오.

1. 도덕적 진술에 대한 주관주의는 인지주의가 아니다.

2. 도덕적 진술에 대한 극단적 정서주의는 비인지주의이다.

3. 도덕적 진술에 대한 객관주의는 비인지주의이다.

4. 인지주의는 도덕적 진술의 참, 거짓을 우리가 알 수 있다는 입장이다.

5. 비인지주의는 도덕적 진술의 참, 거짓을 우리가 알 수 없다는 입장이다.

6. 극단적 정서주의자는 도덕적 문장의 기능이 어떤 사실을 서술하는 것이 아니라고 주장한다.

7. 극단적 규정주의는 도덕적 문장의 기능이 어떤 사실을 서술하는 것이 아니라는 입장이다.

8. 사람들이 도덕적 판단을 할 때 서로 다른 의견을 가지고 있다면 객관주의는 참일 수 없다.

9. 극단적 정서주의가 올바른 입장이라면 도덕적인 문제에 대해 논의하는 것이 결코 가능하지 않다.

10. 어떤 의미에서도 규정주의는 도덕적 문장이 진리값을 가지고 있다는 입장과 양립할 수 없다.

3장
미 · 예술과 비판적 사고

    미와 예술에 대한 판단은 기술적 판단과 가치 판단 둘 다를 포함하고 있다. 미와 예술에 대한 판단이 다른 종류의 판단과 다른 점은 도덕적 문장과 마찬가지로 가치에 대한 문장을 포함하고 있다는 것이다.

    다음의 두 주장을 비교해 보자.

    (a) 이 그림에는 다른 색보다 빨간색이 더 많다.

    (b) 이 그림은 아름답다.

주장 (a)는 순전히 기술적이다. 그림에 관한 어떤 사실을 기술하고 있다. 반면에 주장 (b)는 이 그림에 특정한 가치, 곧 미적 가치를 부여하고 있다.

    미적인 가치는 간단히 말해서 '아름다운(beautiful)' 외에도 '예술적 (artistic)', '미적(aesthetic)' 등의 말로 표현되는 것들이다. 그림에 특정한 미적 가치를 부여할 수 있다고 하는 것은 그 그림이 감상할 만한 가치가 있음을 주장하는 것이다. 그리고 그것을 다른 사람도 감상하라고 권유하는 의미도 포함하고 있다. 그러므로 미적 가치를 표현하는 문장도 규정적인 문장이다.

1. 여러 가지 미적 원리

도덕적 판단을 검토할 때, 개별적인 도덕적 판단이 사실은 어떤 일반적인 주장이나 원리 등을 전제로 하고 있음을 확인했다. 미와 예술에 대한 비판적 사고도 도덕에 대한 비판적 사고와 마찬가지이다. 어떤 대상이나 현상이 아름다운가, 과연 예술작품인가에 대해서 판단을 내릴 때, 그 판단은 이미 그 어떤 미적 가치나 예술적 가치의 근본적인 원리에 입각해 있다. 즉 개별적인 사안에 대해 미적인 판단을 내릴 때, 우리는 명시적으로는 아니지만 이미 미적 개념과 원리에 의존하고 있는 것이다.

다음에 제시된 것은 예술에 대한 비판적 사고를 지지하거나 거기에 영향을 미치는 다양한 미적 원리이다.[*] 이 원리들은 예술의 창조와 감상에 커다란 영향을 미치고 있다. 그렇다면 이 원리들은 과연 어디에서 나왔는가? 어떤 사람은 그것이 '예술' 개념의 정의에서 나온 것이라고 한다. 즉 미학적 원리가 예술에 대한 정의를 상술한 것으로 간주한다. 이것은 어떤 사물을 확인하기 위하여 우리가 때로는

---

[*] 이 원리들은 Brooke Noel Moore와 Richard Parker의 *Critical Thinking*(Mayfield Publishing Co., 1995, 제4판)에 제시된 것이다.

정의에 의뢰하는 것과 마찬가지 방식이다. 삼각형을 확인하기 위해 삼각형의 정의에 따라 세 변과 세 각을 찾는 것이 그 예다.

만약 미적 원리들이 바로 예술에 대한 정의에서 나온 것이라면, 예술인지 아닌지를 판단하는 법을 배우는 것은 바로 예술이란 개념의 정의를 배우는 것이다. 어떤 대상이나 현상을 이런 식으로 정의에 의해 이해할 수 있는 것은, 그것이 필요충분조건에 의해 정의되는 경우에 한해서이다. 그렇지만 예술을 과연 그런 방식으로 충분히 이해할 수 있겠는가라는 또 다른 물음을 던질 수 있다. 사실상 이런 물음은 아주 유효하다. 왜냐하면 우리는 주변에서 기존의 예술에 대한 정의에서 벗어나는 혁신적인 작품을 흔히 볼 수 있기 때문이다. 이는 예술가들이 항상 독창성을 추구해 왔고, 예술이 과학 기술의 발달이나 다른 문화적 변화와 더불어 확연히 변화해 온 데 힘입은 것이라 할 수 있다.

따라서 어떤 사람은 미적 원리들이 경험적 일반화에 의한 것이라고 생각한다. 즉 미적 원리는 가치 있는 예술로 간주된 다양한 작품들에서 공통적으로 발견될 수 있다는 것이다. 예를 들어 우리가 미적으로 가치가 있다고 여기는 비극 작품 대부분은 인간 조건의 아주 중요한 것에 대해 말한다. 이런 경험적 사실을 근거로 해서, 우리는 아직 제대로 평가되지 않은 비극이나 앞으로 나올 비극 작품들이 이런 특징을 가지고 있으리라고 기대하게 된다. 또 다른 예를 들자면, 아주 높은 평가를 받아 몇 세기 동안 계속해서 연주되는 음악 작품은 우리에게 기쁨이나 슬픔 같은 정서를 느끼게 한다. 그로 인해 우리는 새로이 작곡되는 작품이 분명히 이와 유사한 정서를 불러일으킨다면, 그 작품도 비슷하게 높은 평가를 받을 것이라고 생각한다.

미적 원리의 근원에 대한 이 두 설명 중 어느 쪽이 옳은가? 사실 어느 한쪽만이 옳다고 하기는 어렵다. 이 두 설명은 서로 보완적인 관계에 있다. 예술에 대한 우리의 원리는 과거에 경험한 예술 작품들에서 나타나는 공통된 특징을 어느 정도 반영한다. 그런데 우리가 어떤 대상이나 현상들을 구분하여 선택했고, 그것들 속에서 공통된 특징을 끄집어 내서 경험적으로 일반화했다고 하자. 이때 우리는 이미 예술에 대한 어떤 방식의 정의에 의존하고 있는 것이다. 즉 우리의 경험은 우리가 가진 정의에 의해 어느 정도 제한을 받는다.

아래에 제시된 미적인 원리들은 예술작품의 미적 가치에 대한 견해를 총망라한 것이 아니다. 그렇지만 이 원리들은 예술이 가진 미적 가치를 평가하는 주요 방식으로서, 미와 예술에 대한 비판적 사고를 이끌어 낼 수 있을 것이다.

(1) 만일 대상이 우리에게 진리를 가르쳐 준다면, 그 대상은 미적 가치가 있다.

아리스토텔레스에 의하면, 비극은 실제 삶의 경험과 비교할 수 없는 극적인 방식으로 인간 조건에 대한 일반적인 진리를 가르쳐 준다. 하지만 비극뿐 아니라 소설이나 그림 등, 다른 예술 장르에 속하는 작품들도 우리에게 진리를 가르쳐 주기 때문에 미적으로 가치 있다고 말할 수 있다. 특히 리얼리즘의 소설이나 그림도 일상생활의 실용적 관심에서 숨겨진 진리를 우리에게 보여준다고 하겠다. 이런 입장을 주지주의적 예술관이라고 한다.

(2) 만일 어떤 대상이 그것이 유래한 문화나 전통, 혹은 그것을 만든 예술가가 중요하다고 여기는 가치나 믿음을 드러낸다면, 그 대상은 미적 가치가 있다.

르네상스 미술가들은 겉으로 드러나는 자연 외에 그 이면에 있는 자연의 원리나 생명의 메커니즘을 파악하는 것이 중요한 일이라고 믿었다. 왜냐하면 그것은 인간의 이성을 바탕으로 신의 섭리를 파악하는 일이기 때문이다. 레오나르도 다빈치(Leonardo da Vinci, 1452~1519), 미켈란젤로(Michaelangelo, 1475~1564) 등이 만든 르네상스 미술은 이런 르네상스 문화의 중심적 가치를 잘 실현하고 있으므로 미적 가치가 있다고 평가할 수 있다.

(3) 만약 어떤 대상이 사회적, 정치적 변화를 일으키는 데 도움을 준다면, 그 대상은 미적 가치가 있다.

브레히트(B. Brecht, 1898~1956)의 『억척 어멈과 그 자식들』이나 막심 고리키(M. Gorki, 1868~1936)의 『어머니』 같은 작품은 노동자 계급으로 하여금 역사의 흐름에서 자신들의 정치적인 임무를 일깨우게 했다는 이유에서 높은 평가를 받는다. 이런 입장은 사회 변혁에 기여하는 대상을 진정으로 미적 가치가 있는 것으로 간주한다.

위의 세 가지 미적 원리는 어떤 대상이 지적, 문화적, 사회적 기능을 완수하면 미적 가치가 있다고 보는 것이다. 이와 달리 다음에 제시되는 원리는 어떤 대상이 그것을 경험하거나 감상하는 사람들에게서 주관적(또는 심리적) 상태를 산출하는 능력을 가지면, 그 대상을 미적 가치가 있는 것으로 간주한다.

⑷ 만약 어떤 대상이 그것을 경험하거나 감상하는 사람들에게서 즐거움을 산출한다면, 그 대상은 미적 가치가 있다.

예를 들어 19세기 독일 철학자 니체(F. Nietzsche, 1844~1900)는 청중에게서 무아경의 연대감을 창조하는 능력을 미적 가치의 하나로 간주한다.

⑸ 만약 우리가 가치 있게 생각하는 어떤 정서를 어떤 대상이 산출한다면, 그 대상은 미적 가치가 있다.

『시학』에서 아리스토텔레스는 비극이 우리에게서 연민과 공포의 감정을 불러일으킨다고 주장했다. 일상생활에서 느끼는 연민이나 공포와 달리, 비극에서 느끼는 연민과 공포는 가치가 있는 정서이다. 왜냐하면 비극을 감상하면서 그 정서를 느끼는 사람은 자신이가진 부정적인 정서를 배출하고 카타르시스(정화된 정서)에 이를 수 있기 때문이다. 카타르시스에 이르려면 비극에서 연민과 공포를 느끼는 것이 필수적이다. 진리를 알려 주는 것 외에 카타르시스에 이르게 하는 것이 비극이 가진 가치라고 아리스토텔레스는 주장한다.

⑹ 만약 어떤 대상이 상상력을 자유롭게 펼치게 하는 경험을 산출한다면, 그 대상은 미적 가치가 있다.

이것은 19세기 낭만주의를 지지하는 많은 예술가와 비평가가 옹호한 원리이다. 상상력은 우리를 자유롭게 하고 인간의 생각을 진부하지 않게 창의적으로 이끌어 가는 원천이다. 또한 20세기에 등장한 초현실주의자들도 현실을 지배하는 논리에 얽매이지 않고 우리의 무의식적 세계까지 넘나들게끔 자유로운 상상력을 펼치는 작품을 추구했다.

(7) 만약 어떤 대상이 일상적인 사물에서는 찾아볼 수 없는 특별한 미적인 형식을 나타낸다면 그 대상은 미적 가치가 있다.

예를 들어 20세기 초반 예술 비평가 클라이브 벨(Clive Bell, 1881~1964)의 주장에 따르면, 훌륭한 예술은 어떤 기능을 충족하기 때문이 아니라 그 자체로 가치가 있기 때문에 훌륭하다. 이때 어떤 대상이 예술작품인지 아닌지, 아니면 어떤 예술작품이 미적으로 훌륭한지 그렇지 않은지는 그 대상이나 작품이 '의미 있는 형식(significant form)'을 가졌는지 확인해 보면 알 수 있다. '의미 있는 형식'을 가진 예술작품은 그것이 수행하는 다른 기능 때문에 가치가 있는 게 아니라 그 자체로 가치가 있다는 이런 입장을 형식주의적 예술관이라고 한다.

(4), (5), (6)의 원리들은 어떤 기능을 충족하는 능력과 미적인 가치를 동일시한다는 점에서 (1), (2), (3)과 닮았다. 그렇지만 이 원리들이 내세우는 구체적인 기능은 청중에게서 어떤 종류의 주관적이거나 내적인 상태를 창조하는 것이다. 그러나 앞의 세 가지 원리에 의하면, 예술의 기능은 정보나 지식을 드러내는 것, 또는 문화나 사회를 보존하거나 변화시키는 것이다. 객관적인 성과를 획득하는 것을 예술의 기능으로 보는 셈이다. 반면에 (7)은 기능을 수행하는 능력의

관점에서 미적인 가치를 특징짓지 않는 미적 원리이다.

⑻ **어떤 근거 있는 논증이라도 그 대상이 미적 가치가 있는지 없는지를 결론 내릴 수 없다. 이 원리는 "취미는 논쟁할 수 없다."는 속담으로도 표현된다.**

이 원리는 예술에 대한 판단을 지지하는 데는 어떤 이유나 근거도 주어질 수 없음을 주장한다. 바꿔 말하면 이 원리를 고집하는 사람들은 예술을 승인하고 부인하는 것은 판단을 내리는 것이 아니라, 단순히 개인의 선호도를 표현하는 것이라고 생각한다.

2. 미적 추론의 가능성

위의 원리들 중 어떤 것들은 서로 양립할 수 있다. 그래서 비판적으로 생각하는 사람은 어떤 대상의 미적 가치를 판단할 때 둘 이상의 원리에 의존할 수 있다. 예를 들어 비극을 평가하기 위하여 ⑴과 ⑸를 결합해서 사용하는 것은 일관성이 있다. 실제로 아리스토텔레스는『시학』에서 그렇게 하고 있다. 그는 인간 조건에 대해 일반적인 진리를 드러내고 관객이 연민과 공포를 느껴 정서를 순화하게 해야 훌륭한 비극이라고 썼다. 또한 두 역할 중 하나만 하는 비극은 둘 다를 성취하는 비극보다 가치가 덜하다고 하고 있다.

그러나 어떤 원리들은 서로 일관되지 않는다. 즉 그 원리들은 둘 다 동시에 거짓일 수는 있지만, 둘 다 동시에 참일 수 없다. 예를 들어 예술은 (그것이 어떤 기능을 수행하기 때문이 아니라) 그 형식과 구성

자체 때문에 가치가 있다는 원리와, 예술은 사회적이거나 정치적인 기능을 수행하기 때문에 가치가 있다는 원리는 서로 일관되게 함께 사용될 수 없다.

이와 달리 (8)은 다른 7가지 원리와 모순된다. 앞의 7가지 원리는 우리가 예술을 평가하는 것을 인도하고 지지하는 근거를 구체화하고 있다. 그러나 마지막 원리는 그런 근거가 존재하지 않는다고 말하고 있다. 사람들이 미적 판단을 하는 데 의견이 분분하다는 이유 때문에, 미적인 것에 대해 논의할 수 없다고 결론 내리는 것은 적절하지 못하다. 사람들이 미적인 것에 대해 잘 몰라서 그런 것일 수 있기 때문이다.

사람들이 모든 미적 판단에서 일치되는 견해를 보이는 것은 아니지만, 때로는 서로 일치하는 경우도 있다. 그런 경우 중에는 어떤 근거를 제시할 수 있는 경우도 있다. 그러므로 미적인 판단을 단순히 개인의 취미 문제로 간주하는 것은 온당하지 못하다. 예를 들어 어떤 비평가가 고흐(V. van Gogh, 1853~1890)의 「별이 빛나는 밤에」에 나타난 붓 터치는 역동적이고 색깔은 아주 심도가 있으며 그로 인해 우리는 격렬한 정서를 경험하게 된다고 말한다고 하자. 이때 그는 어떤 관찰할 수 있는 근거를 제시하면서, 그 그림을 보는 사람들이 이런 특질들에 주목하기를 제안하는 것이다.

미적 추론은 결국 미학적 원리라는 개념틀 내에서 판단하는 것이다. 미적 가치에 대한 하나의 원리가 지배하지 않더라도, 근거 있는 논증을 구성할 수 있는 가능성은 얼마든지 있다. 예를 들어 각기 다른 원리가 서로 양립할 수 있는가 논의해 볼 수 있고, 어떤 원리를 다른 원리와 결합할 수 있는지도 논의할 수 있다. 또한 어떤 예술 작품들이 전형적으로 어떤 원리와 관련되어 있는지 논의할 수 있다. 예술에 대한 근거 있는 논의에서 우리는 예술 작품을 감상하고 이해하며 창조하는 데 필요한 것들을 얻을 수 있다.

위에 제시된 원리는 모두 여러분이 예술에 대한 비판적 사고를 하는 데 필요한 기본적인 개념틀이다. 그러나 예술에 대해 더 본격적으로 광범위하게 비판적 사고를 하려면, 이 영역에 대한 좀 더 복잡하고 정교한 개념틀이 필요하다. 이러한 개념들을 제대로 이해한 후에 평가를 해야만 미와 예술에 대한 좀 더 심화된 사고를 비판적으로 할 수 있을 것이다.

요약

* 미적 추론: 미적 가치에 대한 기본적인 원리에 의거해서 어떤 판단을 내리는 것. 예를 들면 아래와 같은 미적 원리들을 제시할 수 있다.
  (1) 만일 어떤 대상이 우리에게 진리를 가르쳐 준다면 그 대상은 미적 가치가 있다.
  (2) 만일 어떤 대상이 그것이 유래한 문화나 전통, 혹은 그것을 만든 예술가가 중요하다고 여기는 가치나 믿음을 드러낸다면, 그 대상은 미적 가치가 있다.
  (3) 만약 어떤 대상이 사회적, 정치적 변화를 일으키는 데 도움을 준다면, 그 대상은 미적 가치가 있다.
  (4) 만약 어떤 대상이 그것을 경험하거나 감상하는 사람들에게서 즐거움을 산출한다면, 그 대상은 미적 가치가 있다.
  (5) 만약 어떤 대상이 우리가 가치 있게 생각하는 어떤 정서를 산출한다면, 그 대상은 미적 가치가 있다.
  (6) 만약 어떤 대상이 상상력을 자유롭게 펼치게 하는 경험을 산출한다면, 그 대상

은 미적 가치가 있다.

(7) 만약 어떤 대상이 일상적인 사물에서는 찾아볼 수 없는 특별한 미적인 형식을 나타낸다면, 그 대상은 미적 가치가 있다.

(8) 어떤 근거 있는 논증도 대상이 미적 가치가 있는지 없는지를 결론내릴 수 없다. 이 원리는 "취미는 논쟁할 수 없다."는 속담으로도 표현된다.

* 미적인 것에 대한 주장은 어떤 일반적인 원리에 근거를 두고 있다. 서로 양립되는 원리들도 있고 양립되지 않는 원리들도 있다. 사람들이 서로 다른 미적 판단을 내린다는 것이 미적 논의가 불가능하다는 것을 보여주는 것은 아니다. 오히려 이처럼 다양한 방식의 미적 논의는 우리가 예술작품을 감상하고 이해하는 데에 도움을 준다.

연습문제

I. 다음의 미적 판단은 위에서 제시한 8가지 미적 원리 중 어느 원리(들)을 근거로 하고 있는가?

1. 카프카(F. Kafka)의 『변신』은 탁월한 예술 작품이다. 그것은 현대인의 부조리한 삶에 대한 진실을 은유적으로 보여주고 있다.

2. 미술을 아는 사람이라면 20세기 미술가들 중 잭슨 폴록(J.Pollock)이라는 이름을 빠뜨리지 않을 것이다. 그는 어떤 형태를 묘사하려고 하지 않는다. 형태들이 스스로 드러내는 것을 보이려고 한다.

3. 피카소(P. Picasso)의 말년 작품들은 포르노와는 거리가 멀다. 그것은 성에 대한 인간의 자유로운 상상력을 보여준다.

4. 톨스토이(L. Tolstoi)는 자신의 저서 『예술이란 무엇인가?』에서 인류의 형제애를 고무시키는 정서를 담아내는 예술이 훌륭하다고 주장한다. 나도 그의 견해에 공감한다.

5. 나는 친구와 영화를 보고 난 후 영화에 대해 이야기하지 않는다. 그것은 어리석은 일이다. 왜냐하면 각자 다른 느낌을 받는 것이 당연하므로 논쟁할 여지가 없기 때문이다.

II. 이 책에서 제시한 8가지 미적 원리의 체계 외에 다른 방식으로는 미적 원리의 체계를 어떻게 제시할 수 있겠는가? 미학자들은 예술에 대한 판단을 하기 위해 대안이 되는 다른 어떤 미적 원리를 제시하고 있는지 조사해 보시오.

III. 다음 진술이 참인지 거짓인지 답하시오.

1. 앞 절에서 공부한 8가지 미적 원리는 서로 겹치지 않는다. 그리고 예술에 관한 모든 원리를 망라한 것이다.

2. 앞 절 원리들 중(8)은 다른 어느 원리들과도 양립 가능하지 않다.

3. 사람들이 서로 다른 미적 판단을 내린다는 사실에서 미적인 논의는 가능하지 않다는 결론이 나온다.

4. 미적 논의는 감상과는 별개의 영역이므로, 감상에는 아무런 영향을 미치지 않는다.

5. 서로 다른 미적 원리들이 있고 사람마다 다른 원리를 옹호할 수 있으므로 미적인 논의를 하는 것은 무의미하다.

IV. 다음 예에 대해 미적 추리를 전개해 보시오.

1. 1917년 뉴욕 시의 독립미술가협회(Society of Independent Artists) 첫 번째 연례 전시회의 프랑스 출신의 미술가 마르셀 뒤샹의 「샘」이라는 제목이 붙은 작품을 출품했다. 뒤샹이 구입한 평범한 소변기였던 그 작품은 90도 각도로 세워져 있었고, 'R. Mutt'라는 가명으로 사인이 되어 있었다. 독립미술가협회는 그것은 예술이 아니라 비도덕성의 표출에 지나지 않는다는 이유로 작품의 접수를 거부하였다. 뒤샹은 다음과 같은 글을 발표하여 이에 대응하였다.

　"머트 씨의 샘은 비도덕적이지 않다. 그것은 부조리할 뿐이며, 목욕통이 비도덕적이지 않은 것처럼 비도덕적이지 않다. 샘은 배관공의 진열장에서 당신이 매일 보는 하나의 욕실용품일 뿐이다…. 머트 씨가 샘을 자기 손으로 직접 만들었는가 하는 문제는 별로 중요하지 않다. 그는 그것을 선택했다. 그는 일상생활의 물품을 취하여 가져다 놓았고, 그리하여 새로운 제목과 새로운 관점에서 그 일상용품의 유용성이라는 의의는 사라져 버렸다. 다시 말해 그 대상에 대한 새로운 사고를 창출해 낸 것이다."

　「샘」의 도덕적 의미가 그것을 예술로 인식하는 데 문제가 될 수 있을까? 만약 여러분이 1971년 독립미술가협회의 심사위원이었다면, 이 작품에 대해 어떤 결정을 내렸을까? 뒤샹이 하나의 소변기를 선택하고 그것을 어떤 방식으로 제시했다는 사실이 그것을 예술로 인정하는 데 충본한 근거가 되는가?

2. 다음과 같은 상황을 가정해 보자. 한 유명한 '미니멀리즘' 조각가가 어떤 유명한 미술관에 작품을 전시하였다. 그는 120개의 벽돌을 사서 이 유명한 미술관 바닥에 배열하였다. 가로 6개, 세로 10개의 직사각형 모향에 높이는 2단이었다. 그리고 그는 여기에 「벽돌 더미」라는 제목을 붙였다. (1976년 영국의 테이트 갤러리에서 칼 앙드레가 실제로 이러한 전시를 한 적이 있다.) 비슷한 시기에 한 벽돌공이 시내의 건축공사장

에서 설계도에 따라 똑같은 벽돌 120개를 똑같은 방식으로 배열했다. 그는 미술관의 작품에 대해서는 전혀 알지 못했다.

이들 두 더미의 벽돌들 중 첫 번째 것은 예술장품이 되는 반면, 두 번째 것은 예술작품이 될 수 없는 것인가? 이들은 어느 모로 보나 동일한 벽돌 더미이다. 그런데 왜 미술관의 벽돌 더미는 예술작품이 되고, 벽돌공의 것은 예술작품이 될 수 없는가?

3. 현대 작곡가 존 케이지의 가장 유명한 작품 중에는 「4분 33초」라는 제목이 붙은 피아노곡이 있다. 이 작품을 연주하기 위해 피아니스트는 무대에 올라와서, 피아노 앞에 앉아 키보드를 연 다음, 정확히 4분 33초 동안 있어야 한다. 시간이 다 지나면 피아니스트는 키보드를 닫고 무대를 떠난다.

「4분 33초」는 예술작품인가? 그것은 음악이라고 할 수 있는가? 만약 케이지가 이 작품 또한 하나의 '듣는 경험', 즉 이를 통해 청중들이 장내의 소음들을 듣게 되는 경험이라고 주장한다면, 이러한 주장은 이 작품을 음악으로 인정하는 데 충분한 근거가 되는가? 만약 케이지의 작품을 연주하려던 피아니스트가 몸이 아파서 「4분 33초」를 연주할 수 없게 되었다고 하자. 그래서 대신 무대감독이 공연했다고 한다면, 이것은 과연 케이지의 작품을 공연한 것이라고 할 수 있을가? 그리고 그것은 과연 음악 공연이라고 할 수 있을까?

용어해설

가설(hypotheses): 어떤 문제를 해결하기 위해 제안된 설명. 과학적 가설이라면 그것에서 도출된 예측이 관찰이나 실험으로 시험될 수 있음.

가설 연역적 방법(hypothetico-deductive method): 가설의 참 여부를 테스트하는 방법으로, 가설에서 연역적으로 도출되는 예측이 참으로 관찰되면 그 가설은 입증되고, 그렇지 않으면 그 가설은 입증되지 않는다는 절차를 말함.

가설 추리(hypothetical reasoning): 가설을 내놓기 위해 사용하는 사고 과정.

간접 증명법(indirect proof): 이끌어 내려는 결론을 부정해서 결론의 모순을 이끌어 내면, 원래 논증의 결론은 참으로 증명된 것이다. 수학이나 철학에서 잘 쓰이는 귀류법(*reductio ad absurdum*)도 그 가운데 한 가지임.

강한 논증(strong argument): 전제의 참이 결론의 참을 아주 그럴듯하게/개연적으로 보장해 주는 귀납 논증. ☞ 귀납 논증, 약한 논증.

개체 변항(individual variables): 이름을 가지지 않고, 임의의 대상을 지시하며, x, y, z로 표시됨. 명제를 번역할 때, 개체 변항은 양화사에 의해 반드시 구속되어야 함.

개체 상항(individual constant): 이름을 가진 구체적인 대상을 지시하며, a, b, c, …, u, v, w로 표시됨. 고유명사, 지시대명사, 지시 형용사, 명사에 대응함.

건전한 논증(sound argument): 타당하면서 전제가 참인 연역 논증.

건전하지 않은 논증(unsound argument): 부당한 논증, 또 형식적으로 타당한 논증이라고 하더라도 적어도 하나의 전제가 실제적으로 거짓인 연역 논증.

격(figure): 표준형식의 정언 삼단논법에서 매개념이 전제에 놓인 상태에 따른 위치로, 4개의 격이 있음.

결론(conclusion): 논증에서 전제에 의해서 지지되는 명제. ☞ 전제

결론 지시어(conclusion indicator): 논증에서 결론을 가리키는 전형적인 표현. '그러므로', '따라서', '결국', '…결과로', '그런 이유로' 등.

계사(copula): 주어 집합과 술어 집합을 연결하는 부분. 표준형식의 정언명제이다. '이다' 혹은 '아니다'를 가리킴.

구속 변항(bound variables): 양화사에 의해 구속되어 있는 변항.

귀납 논증(inductive argument): 전제의 참이 결론의 참을 개연적으로/그럴듯하게 보장해 준다고 주장되는 논증. ☞ 강한 논증, 약한 논증, 설득력 있는 논증, 설득력 없는 논증, 논증

귀납적 일반화(inductive generalization): 특수한 사례에서 일반적 사례를 이끌어 내는 논증으로, 귀납 논증의 한 유형. 다음의 두 가지 유형이 있다.

보편적 귀납적 일반화(universal inductive generalization): 결론이 주어 집합의 모든 원소에 대해 논의하는 귀납적 일반화.

통계적 귀납적 일반화(statistical inductive generalization): 결론이 주어 집합의 일부에 대해 논의하는 귀납적 일반화.

규정적 문장(prescriptive sentence): 가치를 표현하는 단어가 들어 있는 문장.
　　☞ 기술적 문장

기술적 문장(descriptive sentence): 어떤 사태를 기술하는 문장.
　　☞ 규정적 문장

기호 논리학(symbolic logic): 일종의 인공 언어 체계로 기호를 사용함.
　　☞ 명제 논리

내포(intension, connotation): 단어가 적용되는 사물/대상의 모든 속성들.
　　☞ 외연

논리 연결사(logical connectives): 단순 명제들을 연결해 주는 역할을 하며, '~', '•', '∨', '⊃', '≡'의 다섯 가지가 있음.

논리적 동치관계(logical equivalent): 동일한 진리값을 갖는 명제들의 관계.

논리적으로 거짓인 명제(logically false proposition): 자기 모순 명제

논리적으로 참인 명제(logically true proposition): 동어반복의 명제 (tautology).

논증(argument): 전제와 결론이라는 명제들의 집합으로, 추론 과정의 언어적 표현. ☞ 귀납 논증, 연역 논증, 추론

논증 형식(argument form): 논증이 가진 구조를 보여주는 형식(영어 소문자 p, q, r 등을 사용해서 나타냄).

논증 형식의 대입례(substitution instantiation): p, q, r 대신에 구체적인 명제를 일관되게 대치해서 얻게 되는 논증.

단순 명제(simple proposition): 명제 논리의 가장 기본적인 단위로, 논리 연결사를 포함하지 않은 명제. A, B, C, …, Z의 영어 대문자로 표시하며, 긍정 단순 문장의 주장 내용. ☞ 명제, 복합 명제

대개념(major term): 표준형식의 정언 삼단논법에서 결론의 술어로, 보통 'P'로 줄여 사용함.

대전제(major premise): 표준형식의 정언 삼단논법에서 결론의 술어를 포함한 전제. ☞ 전제

대당사각형(square of opposition): 표준형식의 정언 명제인 A, E, I, O 간에 성립하는 논리적 관계를 나타낸 사각형으로, 두 가지 해석이 가능함.

전통적 관점의 대당사각형(traditional square of opposition): 위의 관계 외에, A와 E 사이에 반대 관계, A와 I 사이에 대소 관계, E와 I 사이에 대소 관계, I와 O 사이에 소반대 관계가 성립함.

현대적 관점의 대당사각형(modern square of opposition): A와 O, E와 I 사이에 모순관계 성립.

명제(proposition): 문장의 주장 내용. 참이거나 거짓인 문장. ☞ 문장, 진술

명제 논리(propositional logic): 일종의 인공 언어 체계로, 명제를 기본 단위

로 간주한다. 명제 논리의 구성요소는 단순 명제, 논리 연결사, 괄호임. (괄호는 수학에서의 사용법과 같다.) ☞ 기호 논리학

명제 함수(propositional function): 개체 변항에 개체 상항을 대입해서 하나의 명제가 나오는 표현으로, 진리값을 가지고 있지 않음.

명제 형식(propositional form): 명제가 가진 구조를 보여주는 형식. (영어 소문자 p, q, r 등을 사용)

명제 형식의 대입례(substitution instance): p, q, r 대신 구체적인 명제를 일관되게 대치해서 얻는 명제.

매개념(middle term): 표준형식의 정언 삼단논법에서 전제에서만 쓰인 개념으로 보통 'M'으로 줄여 사용함.

모순관계(contradictory): 두 명제가 서로 상반된 진리값을 가짐.

모호함(vagueness): 단어가 적용되는 영역의 경계가 흐린 경우. ☞ 애매함

문장(sentence): 진술될 수 있도록, 언어의 규칙에 맞게 낱말을 나열한 것.

밀의 방법(Mill's method): 인과관계를 찾아내는 다음과 같은 5가지 방법. 이 방법은 밀의 의도와는 달리 분명한 한계를 보여주며, 관련된 논의를 위해서 다양한 배경 지식과 충분한 전제가 필요함.

일치법(the Method of Agreement): 어떤 결과가 발생한 여러 경우들에 공통적으로 선행하는 요인을 찾아 그것을 원인으로 간주하는 방법.

차이법(the Method or Difference): 어떤 결과가 발생하는 데 선행하는 요인과 그 결과가 발생하지 않을 때 결여된 요인을 찾아 그것을 원인으로 간주하는 방법.

일치 차이 병용법(the Joint Method of Agreement and Difference): 일치법과 차이법을 결합하여 원인을 확인하는 방법.

공변법(the Method of Concomitant Variation): 두 사건들 간의 변이에 따라 원인을 확인하는 방법.

잉여법(the Method of Residue): 어떤 복합적인 요인들이 복합적인 결과를 낳을 때 기존에 알고 있는 인과관계를 추출하고 남는 것으로부터 원인을 확인하는 방법.

반대 관계(contrary): 두 명제가 동시에 참일 수 없는 관계.

벤 다이어그램(Venn's Diagramm): 표준형식의 정언 명제의 내용을 그림으로 도식화한 것. 19세기 영국의 수학자 벤(John Venn, 1834~1923)이 고안 해 냄.

보편 양상화(universal quantifier): (x)로 쓰고 '모든 x에 대해'로 읽음.

복합 명제(compound proposition): 적어도 하나의 단순 명제와 하나의 논리 연결사를 포함하는 명제로, 주 논리 연결사가 어떤 것인가에 따라 복 합 명제의 종류가 결정됨. ☞ 단순 명제, 명제

부당한 논증(invalid argument): 전제의 참이 결론의 참을 필연적으로 보장해 준다고 주장되나 실제로 그렇지 못한 연역 논증. ☞ 타당한 논증, 연역 논증

부정문(negation): 논리 연결사가 '~'가 전체를 지배하는 명제.

비판적 사고(critical thinking): 어떤 주장을 적극적으로 더욱 깊고 폭넓게 이해하려는 것. 추리(하는 사고), 즉 이유에 근거를 둔 합당한 사고 (reasonalble thought). 어떤 주제나 주장에 대해 동적으로 분석하고 종 합하며 평가하기 위한 사고로, 의식적이고 반성적인 사고. ☞ 추론 추리

비판적 사고의 구성요소 10가지: 목적, 현안 문제, 개념, 가정, 정보, 추론 을 통해 도달한 결론, 관점, 결론이 함축하는 귀결, 맥락, 대안.

비판적 사고의 평가 기준 10가지: 분명함, 정확성, 명료성, 적절성, 중요성, 깊이, 폭넓음, 논리성, 공정성, 충분성.

비판적으로 사고하는 방법: 비판적 사고는 원리에 따른 일률적으로 어떤 것 을 도출해 내는 기계적인 사고가 아니라, 각 주제에 따라 위의 10가 지 구성요소와 10가지 평가 기준을 적절히 결합시켜 사고함.

비형식적 오류(informal fallacy): 논증의 잘못된 내용에서 기인하며, 주로 귀 납 논증에서 나타남. 그러나 내용상의 문제 때문에 연역 논증에서도 나타남. (예: 선결 문제 요구의 오류 등) ☞ 오류, 형식적 오류.

(1) 유관성의 오류(fallacies of relevance): 전제와 결론이 서로 관련 없는

경우의 오류.

1) 힘에 호소하는 오류(fallacy of appeal to force): 결론을 받아들이게 할 목적으로 청자나 독자를 위협하는 식의 논증.

2) 연민에 호소하는 오류(fallacy of appeal to pity): 결론을 받아들이게 할 목적으로 청자나 독자의 동정심에 호소하는 논증.

3) 군중에 호소하는 오류(fallacy of appeal to the people): 군중 심리나 속물주의에 호소하는 논증.

4) 사람에 대한 오류(argument against person): 어떤 논증자가 다른 논증자의 성품이나 직업, 정황, 문제점 등을 부각시킴으로써 그 사람의 주장을 논박하는 논증.

   i) 인신공격의 오류(*ad hominem abusive*)

   ii) 정황적 오류(*ad hominem circumstantial*)

   iii) 피장파장의 오류(*tu quoque*)

5) 우연의 오류(fallacy of accident): 일반적인 규칙을 특수한 사례에 잘못 적용함으로써 발생하는 논증.

6) 허수아비 논증의 오류(strawman): 논박하고자 하는 입장을 왜곡하거나 변형해 원래 입장이 아니라 변형된 입장을 논박하는 논증.

(2) 약한 귀납의 오류(fallacies of weak induction): 아주 약한 귀납 논증으로, 전제에서 결론으로의 이행이 어려움.

1) 잘못된 권위에의 논증(appeal to unqualified authority): 신뢰할 수 없는 증인이나 그 분야의 전문가가 아닌 자의 말을 인용하여 어떤 주장을 정당화하는 논증.

2) 무지에 호소하는 오류(appeal to ignorance): 확실하지 않은 것으로부터 그것의 부정을 확신하는 논증.

3) 성급한 일반화의 오류(hasty generalization): 대표적이지 못한 표본이나 너무 적은 수의 표본으로부터 전체에 대해 일반화하는 논증.

4) 거짓 원인의 오류(false cause): 인과관계가 없는데 그것을 가정하는 논증.

(3) 언어적 오류(*fallacia in dictione*): 언어의 불완전한 성격 때문에 일어 나는 오류.

    1) 애매어의 오류(equivocation): 단어나 구의 의미가 둘 이상인 것 을 서로 혼동해서 발생하는 논증.

    2) 애매한 문장의 오류(amphiboly): 애매한 단어나 구는 없으나 문 장의 구조적인 문제 때문에 문장이 둘 이상의 의미로 해석됨으 로써 발생하는 논증.

    3) 결합의 오류(fallacy of compositon): 부분이 가진 성질을 전체에 잘못 전이시킴으로써 발생하는 논증.

    4) 분해의 오류(fallacy of division): 전체가 가진 성질을 부분에 잘 못 전이함으로써 발생하는 논증.

(4) 가정의 오류(fallacies of presumption): 논증에서 증명하려는 것을 이 미 전제에서 가정하는 경우 발생하는 오류.

    1) 선결 문제 요구의 오류(begging the question): 문제가 되는 전제 를 이미 참이라고 전제함으로써 결론을 정당화하는 논증.

    2) 복합 질문의 오류(fallacy of complex question): 하나의 질문과 그 것에 하나의 답이 주어지지만, 실제로는 여러 질문에 하나의 답 을 적용함으로써 대답하는 사람이 원하지 않는 내용을 참으로 가정하는 논증.

    3) 잘못된 이분법(false dichotomy): 논증자가 두 가지 선택지를 제 시하지만, 그 선택지가 서로 배타적이면서 포괄적이지 않은 경 우 발생하는 잘못.

    4) 은폐된 증거의 오류(suppressed evidence): 논증자의 결론을 뒤 엎을 수 있는, 관련된 어떤 증거를 의도적으로 무시하고는 자신 의 주장을 옹호하는 경우에 발생하는 논증.

삼단논법(syllogism): 두 개의 전제와 결론으로 구성된 논증.

선언지(disjunct): 선언문의 양쪽 구성요소를 말함.

선언문(disjunction): 논리 연결사 '혹은' (∨)으로 연결되는 복합 명제

설득력 있는 논증(cogent argument): 강한 귀납 논증으로 전제가 참인 논증. ☞ 강한 논증, 귀납 논증.

설득력 없는 논증(uncogent argument): 약한 논증, 또한 강한 논증이긴 하지만 적어도 하나의 전제가 실제적으로 거짓인 논증. ☞ 귀납 논증, 약한 논증

설명(explanation): 어떤 사건이나 현상에 대해 해명해 주는 명제(들).

　설명항(*explanans*): 어떤 사건이나 현상에 대해 해명하는 내용을 서술한 명제.

　피설명항(*explanandum*): 설명되어야 하는 사건이나 현상을 서술하는 명제.

소개념(minor term): 표준형식의 정언 삼단논법에서 결론의 술어로 'S'로 줄여 사용함.

소반대 관계(subcontrary): 두 명제가 동시에 거짓일 수 없는 관계. ☞ 반대 관계

소전제(minor premise): 표준형식의 정언 삼단논법에서 결론의 주어를 포함한 전제. ☞ 전제

술어 논리(predicate Logic): 연역 논증의 타당성이 단어와 명제의 배열에 의해 결정되는 논리체계로, 주어(개체 상항, 개체 변항), 술어, 양화사, 논리 연결사, 괄호로 이루어진다. 술어의 상황에 따라 단항 술어 논리와 다항 술어 논리로 구분한다.

식(mood): 정언적 삼단논법의 표준형식에서 대전제-소전제-결론의 명제 유형을 순서대로 적은 것.(예: AEO, EOI 등) ☞ 격, 삼단논법

쌍조건문(bi-conditional propostion): '만약 …라면 그리고 오직 그런 경우에만 …'으로 표현되는 명제. 논리 연결사 '≡'가 전체를 지배하는 복합 명제.

애매함(ambiguity): 한 단어의 뜻이 2가지 이상 있음. ☞ 모호함

약한 논증(weak argument): 전제의 참이 결론의 참을 개연적으로/그럴듯하

게 보장해 준다고 주장되나, 실제로 그렇지 못한 귀납 논증. ☞ 강한 논증, 귀납 논증

언어(language): 의사소통(communication)을 가능하게 하는 도구.

　언어의 사용(use): 언어가 어떤 대상을 가리키기 위해 일상적 의미로 사용 되는 경우. 예: 대한민국은 동아시아에 있다.(대한민국이 어떤 대상, 즉 국가를 지시함)

　언어의 언급(mention): 언어가 그 표현 자체를 가리키기 위해 사용되는 경 우. 예: '대한민국'은 네 음절을 가진다.(어떤 대상, 즉 국가가 아니라 '대한민국'이라는 말을 지시함)

연언지(conjunct): 연언문의 양쪽 구성요소.

연언문(conjunction): 논리 연결사 '그리고'(·)로 연결된 복합 명제.

연역 논증(deductive argument): 전제의 참이 결론의 참을 필연적으로 보장 해 준다고 주장하는 논증. ☞ 타당한 논증, 부당한 논증, 건전한 논증, 건전하지 않은 논증, 논증

오류(fallacy): 잘못된 논증으로, 논증의 형식적 측면이나 내용적 측면에서 일어나는 잘못이나 결함. 형식적 오류와 비형식적 오류가 있음. ☞ 형 식적 오류, 비형식적 오류

외연(extension, denotation): 내포가 적용되는 대상들의 집합. ☞ 내포.

우연적 명제(contingent proposition): 진리표를 그렸을 때 그 결과로 나타나 는 줄에서 적어도 한 줄은 참이고 적어도 한 줄은 거짓인 명제.

유비(analogy): 대상의 유사성을 이용해서 비교하는 것.

유비 논증(argument by analogy): 유비 추론(혹은 유비 추리, 줄여서 유추라고 도 부름)을 언어로 표현한 것. 즉 유비를 이용해서 어떤 주장을 지지하 는 논증. ☞ 유비

이환(contraposition): 명제의 주어와 술어를 각각 부정하고 그 위치를 바꾸 는 것으로, A와 O의 경우, 원래의 명제와 이환문은 논리적으로 동 치임.

인과 논증(causal argument): 전제와 결론 사이의 인과관계를 주장하는 논증.

인과적 오류(causal fallacy): 잘못된 인과 논증. ☞ 오류.

일관성이 있는 관계(consistent): 진리표를 만들었을 때 그 결과를 보면 적어도 한 줄이 모두 참인 경우가 존재하는 명제들의 관계.

일관성이 없는 관계(inconsistent): 진리표를 만들었을 때 그 결과를 보면 적어도 한 줄도 모두 참인 경우가 존재하지 않는 명제들의 관계.

자비의 원리(principle of charity): 주어진 글을 치밀한 논증이 되도록 재구성할 때, 글쓴이의 의도를 최대한 유리하게 파악해야 한다는 원리.

자유 변항(free variables): 양화사에 의해 구속되지 않은 변항.

전건(antecedent): 조건문에서 조건 기호의 왼쪽 부분. ☞ 후건, 조건문

전제(premise): 결론에 대한 근거로, 증거(혹은 이유)를 제시하는 명제.
    ☞ 결론

전제 지시어(premise indicator): 전제를 가리키는 전형적인 표현. '왜냐하면', '…이므로', '…이기 때문에', '…을 고려한다면' 등.

전칭 명제(universal proposition): 한 집합의 모든 원소에 대해 언급하는 명제
    ☞ 명제, 특칭 명제

정언 명제(categorical proposition): 두 집합(개념, 범주)을 관련시키는 명제로, 두 가지 해석이 있음.

　전통적 해석(traditional interpretation): 전칭 명제의 경우 주어 집합 S의 원소가 존재한다고 가정하는 해석.

　현대적 해석(modern interpretation): 전칭 명제의 경우 주어 집합 S의 원소가 존재하는지에 대해 중립적임.

정언적 삼단논법(categorical syllogism): 두 개의 전제로 이루어진 논증으로, 세 명제가 모두 정언 명제인 논증. ☞ 삼단논법

정의(definition): 단어에 의미를 부여하는 것으로, 정의항(*definiens*, 정의하는 말)은 피정의항(*definiendum*, 정의되는 말)에서 의미 부여됨.

　1) **직시적 정의**(ostensive df.): 단어가 지시하는 대상을 손으로 가리키면서 의미를 부여하는 것.

2) **열거적 정의**(enumerative df.): 단어가 지시하는 집합의 원소 이름을 나열함으로써 단어의 의미를 부여하는 것.

3) **내포적 정의**(intensive df.): 단어에 적용되는 성질이나 속성을 지시함으로써 단어의 의미를 부여하는 것으로, 다음의 5가지가 있음.

① 사전적 정의(lexical df.): 어떤 언어 내에서 실제 사용되는 방식으로 단어의 의미를 부여하는 것.

② 약정적 정의(stipulative df.): 어떤 새로운 단어에 처음으로 의미를 부여하는 것.

③ 명료화 정의(precising df.): 단어의 모호함을 줄여주는 식으로, 즉 단어가 적용되는 범위를 확정해 주는 식으로 의미를 부여하는 것.

④ 이론적 정의(theoretical df.): 단어의 의미를 어떤 이론에 근거를 두어 부여하는 것.

⑤ 설득적 정의(persuasive df.): 정의되는 단어가 의미하는 바에 대해 선호하거나 아니면 꺼리도록 하는 감정이나 태도를 유발하는 식으로 단어에 의미를 부여하는 것.

4) **맥락적 정의**(contextual df.): 어떤 단어가 사용되는 맥락을 제시함으로써 단어의 의미를 부여하는 것.

5) **조작적 정의**(operational df.): 어떤 단어가 적용되는 경우를 결정하기 위한 실험적인 절차를 상술함으로써 단어에 의미를 부여하는 것.

제대로 된 정식화(well-formed formulas: WFFs): 명제 논리에서 구성요소가 문법에 맞게 배열된 기호.

조건문(conditional proposition): '만약 …라면'으로 시작하는 명제. 논리 연결사 '⊃'가 전체를 지배하는 명제.

조건 증명법(conditional proof): 증명할 논증의 결론에 해당하는 명제가 조건문일 때, 혹은 그것을 조건문으로 대체할 수 있을 때, 결론의 참을 밝히는 데 사용하는 증명법. 결론의 전건을 참으로 간주해서, 결론의 후건을 이끌어 냄.

존재 양화사(existential quantifier): (∃x)로 쓰고, '어떤 x에 대해'로 읽음.

주 논리 연결사(main logical connectives): 복합 명제 전체를 지배하는 논리 연결사.

진리값(truth value): 명제에 귀속되는 성질로서 참이거나 거짓을 말함.

진리표(truth table): 복합 명제의 가능한 진리값을 요소 명제가 가지는 진리 값의 조합에 의해 보여주는 표.

진리 함수적 복합명제(truth-functional compound proposition): 구성요소가 되는 단순 명제의 진리값에 의해 복합 명제의 진리값이 전적으로 결정 되는 그런 복합 명제.

진술(statement): 논리학에서는 문장을 구체적인 상황에서 말이나 글로 나타 내 사용하는 것. ☞ 문장

최선의 설명에 의한 논증(argument by the best explanation): 어떤 현상을 설 명해 주는 가설이 있는데, 그 가설은 다른 대안들과 비교해서 최선의 것이다. 그럴 경우 그 가설이 참이라고 주장하는 귀납 논증의 일종임.

추론(inference): 어떤 생각을 증거/근거/논거로 해서 다른 생각인 주장을 도출해 내는 사고 과정

추리(reasoning): 이성을 사용하여 어떤 것의 근거를 따지는 사고 행위. 대개 몇 단계의 추론을 포함하는 사고 과정.

충분조건(sufficient condition): 'A가 B이기 위한 충분조건이라는 것'은 A가 발생할 때마다 B가 발생한다는 의미. ☞ 필요조건.

타당한 논증(valid argument): 전제의 참이 결론의 참을 필연적으로 보장해 주는 논증. ☞ 부당한 논증, 연역 논증

통계적 삼단논법(statistical syllogism): 일반적인 사례에 대한 명제(통계적 일반 화의 명제)로부터 개별적인 사례에 대한 명제를 도출하는 전제가 둘인 논증으로, 전제에 통계 명제를 포함한다.

특칭 명제(particular proposition): 어떤 집합의 일부 원소에 대해 논의하는 명제.

필요조건(necessary condition): 'A가 B이기 위한 필요조건이라는 것'은 A의 발생 없이 B가 발생하지 않는다는 의미. ☞ 충분조건

필요충분조건(necessary and sufficient condition): 'A가 B이기 위한 필요충분조건이라는 것'은 A의 발생 없이 B가 발생하지 않으며, A가 발생할 때마다 B가 발생한다는 의미.

형식적 오류(formal fallacy): 논증이 타당하지 않은 형식을 가짐으로써 잘못되는 것. ☞ 비형식적 오류, 오류

환위(conversion): 명제의 주어와 술어의 자리를 바꾸는 것으로, E와 I의 경우 원래의 명제와 환위문은 논리적 동치임.

환질(obversion): 명제의 질만을 변화시킨 다음, 술어를 부정하는 것으로, A, E, I, O의 경우, 원래의 명제와 환질문은 논리적 동치임.

후건(consequent): 조건문의 조건 기호 오른쪽 부분. ☞ 전건, 조건문

비판적 사고를 위한

논리

1판 1쇄 펴냄 | 2004년 3월 5일
1판 7쇄 펴냄 | 2007년 12월 30일
개정판 1쇄 펴냄 | 2008년 6월 15일
개정판 23쇄 펴냄 | 2023년 3월 24일

지은이 | 김희정, 박은진
펴낸이 | 김정호
펴낸곳 | 아카넷

출판등록 | 2000년 1월 24일(제406-2000-000012호)
주소 | 10881 경기도 파주시 회동길 445-3
전화 | 031-955-9511 (편집) · 031-955-9514 (주문)
팩시밀리 | 031-955-9519
www.acanet.co.kr

Printed in Paju, Korea

ISBN 978-89-5733-132-3 03170